AF558750

Legamus! PLUS

3 Lateinisches Lesebuch

Berchtold/Hotz

Herausgegeben von Volker Berchtold und
Michael Hotz

Erarbeitet von Volker Berchtold, Michael Hotz,
Robert Reisacher, Dr. Cordula Safferling,
Dr. Elisabeth Strobl und Ulrich Vogel

Legamus! PLUS

Lateinisches Lesebuch

Herausgeber: Volker Berchtold, Michael Hotz

Erarbeitet von: Volker Berchtold, Michael Hotz, Robert Reisacher, Dr. Cordula Safferling, Dr. Elisabeth Strobl und Ulrich Vogel

Redaktion: Dr. Silke Anzinger

Karten und Grafiken S. 19, 31, 51: Detlef Seidensticker
Umschlaggestaltung und Layoutkonzept: Studio SYBERG, Berlin
Bildnachweis Cover: li. o.: akg-images/Bildarchiv Steffens; re. o.: Shutterstock.com/Maxx-Studio; u.: akg-images/Florian Monheim/Bildarchiv Monheim/www.bildarchiv-monheim.de
Layout und technische Umsetzung: Straive und CMS – Cross Media Solutions GmbH, Würzburg

www.cornelsen.de

1. Auflage, 1. Druck 2023

Alle Drucke dieser Auflage sind inhaltlich unverändert und können im Unterricht nebeneinander verwendet werden.

Druck: Mohn Media Mohndruck, Gütersloh

ISBN 978-3-637-02837-1 (Schülerbuch)
ISBN 978-3-637-02840-1 (E-Book)

Liebe Schülerinnen und Schüler,

in diesem Jahr lernen Sie lateinische Texte kennen, die auf jeweils besondere Weise zum Nachdenken und Weiterdenken einladen: Der Historiker Sallust und der Redner Cicero reflektieren die Krise der Republik – manchmal überraschend aktuell; Ovid erzählt von mythischen Verwandlungen seit Entstehung der Welt, und die antiken Philosophen fragen, was die Welt ist – und wie der Mensch sich dazu stellen soll.

Die Texte sind in **drei Kapiteln** nach Themen angeordnet. Das erste beschäftigt sich mit der **römischen Republik in der Krise,** und zwar in zwei Varianten: Variante A mit Schwerpunkt Sallust, Variante B mit Schwerpunkt Cicero, das zweite mit dem **Mythos als Verwandlung und Spiel**, das dritte mit der **Philosophie** bei Griechen und Römern. In diesem Kapitel regen ‚Denkblasen' zum eigenen Nach- und Weiterdenken an – auch zum gemeinsamen Diskutieren in der Lerngruppe.

Das Buch will dazu anregen, lateinische Texte nicht nur zu übersetzen, sondern sich auch mit ihren Inhalten zu beschäftigen. Daher beginnt jedes Kapitel mit einer **Themendoppelseite**, die auch einen Bogen zur Gegenwart schlägt. Zusätzlich gibt es in diesem Band auch zwischendurch immer wieder Doppelseiten, die zu einem tiefer- oder weitergehenden **Ausblick** einladen. Zudem ist jedem Unterkapitel eine **Einleitung zu Leben und Werk** des jeweiligen Autors vorangestellt.

Das Erschließen und Übersetzen der Texte wird Ihnen durch mehrere **Hilfen erleichtert**:

Im **Lesebuch**-Teil selbst wird jeder lateinische Text auf einer Doppelseite geboten:

- **Vor** jedem Text finden Sie **Aufgaben**, die den ersten Zugang zum Text erleichtern.
- Der **Text selbst** ist oft mit **Hervorhebungen** versehen, die bei der Beantwortung der Aufgaben helfen.
- Direkt am Text stehen **Anmerkungen**, in denen seltene Vokabeln angegeben und zu schwierigen Sätzen Hilfestellungen geboten werden.
- **Nach** dem Text und auf der rechten Seite stehen weitere Aufgaben und Informationen:
  - Die **GUT ZU WISSEN**-Abschnitte sind wichtige Hilfsmittel für das Verständnis der lateinischen Texte; sie sollen stets einbezogen werden.
  - Die **MEHR ERFAHREN**-Abschnitte vertiefen das Verständnis und geben weiterführende Anregungen.
  - Die **Paralleltexte** bieten Zitate anderer Autoren zum behandelten Inhalt.
- **Querverweise** in einer **„Linkleiste"** am Seitenende weisen auf zusätzliche Informationen innerhalb und außerhalb des Buches hin.
- Außerhalb des Buches sind dies
  - die Legamus-Bände Bd. 1 und Bd. 2
  - die Grundkenntnisse Latein (GK), die Sie hier finden: **https://www.isb.bayern.de/fileadmin/user_upload/Gymnasium/Faecher/Latein/Grundkenntnisse/grundkenntnisse_latein.pdf**
- Das 📖-Symbol kennzeichnet Texte oder Abschnitte, die Sie nicht im Einzelnen übersetzen müssen, sondern kursorisch (sinnentnehmend) lesen können. Informationen dazu sind ebenfalls über die Linkleiste zu finden.
- Das **Grundwissen** fasst am Ende jedes Kapitels das Wichtigste noch einmal zusammen.

Mit dem **„Werkstatt"**-Teil können Sie sich auf die Lesetexte **vorbereiten**. Hier findet man:

- zu jedem Textabschnitt den **Lernwortschatz**,
- **Übungen**, die genau auf Wortschatz, Grammatik und Inhalte des Textes abgestimmt sind.
- Um Erklärungen zu den sprachlichen Phänomenen zu erhalten, ist stets zusätzlich eine **Systemgrammatik** heranzuziehen.

Der **Anhang**-Teil bietet:

- **Methodenseiten**, auf die in den Linkleisten hingewiesen wird,
- weitere ausführliche Anhänge.

Vielfältige Möglichkeiten zur digitalen Vorbereitung bietet außerdem **LateinLex** (**www.lateinlex.de**), wo unter *Legamus! Plus* Texte aus dem Buch **in unterschiedlichen Schwierigkeitsgraden** aufbereitet sind. Direkte Links zu diesen **binnendifferenzierten** Texten finden Sie in der Linkleiste mit dem Kürzel → **BD**.

Nun wünschen wir Ihnen viel Spaß bei der Lektüre!

Die Herausgeber

LEKTÜRE-TEIL

WERKSTATT-TEIL

METHODEN-TEIL

ANHÄNGE

VERZEICHNIS DER ABKÜRZUNGEN UND ZEICHEN

Aufg.	*Aufgabe*	griech.	*griechisch*	s.	*siehe*
Bd.	*Band*	ital.	*italienisch*	sog.	*sogenannt(e)*
BD	*Binnendifferenzierung*	Jh.	*Jahrhundert*	u. a.	*unter anderem*
d. h.	*das heißt*	KNG	*Kasus, Numerus, Genus*	Übers.	*Übersetzung*
dt.	*deutsch*	Jgst.	*Jahrgangsstufe*	V.	*Vers(e)*
engl.	*englisch*	jds.	*jemandes (Gen.)*	v. a.	*vor allem*
etw.	*etwas*	jmd.	*jemand(en) (Nom./Akk.)*	vgl.	*vergleiche*
f.	*folgende (Einzahl)*	jmdm.	*jemandem (Dat.)*	Vgl.	*Vergleich*
ff.	*folgende (Mehrzahl)*	lat.	*lateinisch*	z. B.	*zum Beispiel*
Forts.	*Fortsetzung*	m.	*mit*	Z.	*Zeile(n)*
frz.	*französisch*	myth.	*mythisch*	—	*von - bis (übersetzt in Vokabelhilfe)*
ggf.	*gegebenenfalls*	PPA	*Partizip Präsens Aktiv*		
GK	*„Grundkenntnisse" → Link s. S. 3*	PPP	*Partizip Perfekt Passiv*	< >	*Einfügung in lat. Text*
		S.	*Seite*	[...]	*Auslassung*

POLITIK IN KRISENZEITEN

Die letzten Jahrzehnte der Republik waren eine bewegte, gewalttätige, aber auch spannende Zeit: Rom expandierte weiter, Reichtum und Luxus wuchsen, die gesellschaftliche Moral wurde laxer und freizügiger – auch für Frauen; und literarisch war diese Epoche äußerst fruchtbar: Cicero, Caesar, Catull und Nepos schrieben damals – um nur einige zu nennen. Und es war eine Zeit des Umbruchs: Die Republik endete in Bürgerkriegen, dann begann der Prinzipat.

Der Kampf um Ämter und Ehren

Nach der blutigen **Diktatur** des **Sulla** (79 v. Chr.) war die republikanische Verfassung fürs erste wiederhergestellt. Die 70er und 60er Jahre waren geprägt vom Wettstreit um Ämter und Ehren derer, die damals am Anfang ihrer Karriere standen: darunter **Cicero**, **Catilina**, **Caesar** und **Cato d.J.**, alle etwa um 100 v.Chr. geboren. Es war ein harter Wettkampf, für den man vor allem eines brauchte: sehr viel **Geld**. Wer keines hatte, verschuldete sich und sanierte sich später als Proprätor und Prokonsul durch die Ausbeutung einer **Provinz**. Wer viel investierte, aber das **Konsulat** nicht erreichte, sah sich, hochverschuldet, zuletzt um Ehre wie Existenz gebracht – so **Catilina**, der schließlich zum verzweifelten Mittel der **Verschwörung** griff **(63 v.Chr.)**. **Cicero** als **Konsul** deckte diese auf und ließ die Verschwörer als **Staatsfeinde** ohne Prozess **hinrichten**. **Cato** sprach im Senat für die Hinrichtung, **Caesar** dagegen. Cicero musste wegen des Beschlusses später in die Verbannung gehen, wenn auch nur für ein Jahr.

Diktatur und Freiheit

Nachdem das erste Triumvirat zerbrochen war, besiegte **Caesar** im **Bürgerkrieg** (ab 49 v.Chr.) erst Pompeius und dann **Cato**, der sich selbst das Leben nahm. Auch Caesar starb gewaltsam **(15. März 44 v. Chr.)**, ermordet von **Brutus**, Cassius und anderen, nachdem er sich zum **Diktator auf Lebenszeit** erklärt hatte. Die Caesarmörder wollten die republikanische **Freiheit** wiederherstellen, doch es kamen nur neue **Bürgerkriege**.

Neue Bürgerkriege

Nach Caesars Tod regierte der etwa 20 Jahre jüngere **Marcus Antonius** als **Konsul**. Ihn griff **Cicero** in heftigen **Reden** an: Antonius sei ein Tyrann, schlimmer als Caesar, geradezu ein neuer Catilina: ein **Staatsfeind**. Gegen Antonius brachte er den erst 18-jährigen Adoptivsohn und **Erben Caesars**, C. Caesar **Octavianus,** in Stellung. Doch Ciceros Rechnung ging nicht auf: Octavian verbündete sich bald mit Antonius und Lepidus zum **Zweiten Triumvirat**. Es war eine Diktatur unter anderem Namen: Gemeinsam veranstalteten sie neue blutige **Proskriptionen**, denen nun auch **Cicero** zum Opfer fiel (**43 v.Chr.**).

Würde es immer so weitergehen? Es war, als könne Rom den Geist Sullas (und Catilinas) einfach nicht loswerden. So jedenfalls schien es **Sallust**, einem Altersgenossen des M. Antonius und gescheiterten Politiker, der gerade in dieser Zeit den Beruf des **Historikers** ergriff und sich die Verschwörung Catilinas als erstes Thema aussuchte.

→ Bd. 2, S. 8 f. (zu Sulla)

→ GK 3.2 Späte Republik

Das Ende der Kriege

Die Triumvirn besiegten bei **Philippi Brutus** und Cassius, die sich, wie zuvor Cato, das Leben nahmen. Bald zerbrach auch das Zweite Triumvirat; und nachdem er Antonius bei **Actium** besiegt hatte **(31 v. Chr.)**, blieb **Octavian** allein übrig. Er nahm nun den Namen **Augustus** und den Titel ***princeps*** an. Dies war das Ende der Bürgerkriege, aber auch das Ende der Republik.

1 Erläutern Sie, wie die abgebildeten Persönlichkeiten miteinander zusammenhängen.

2 Erläutern Sie die Darstellung auf der Münzrückseite.

a

b

c

d

a Münze des Marcus Brutus. Rückseite: Freiheitsmütze mit Dolchen und der Beischrift EID(ibus) MAR(tiis) (43/42 v. Chr.)
b Cicero (1. Jh. v. Chr.)
c Marcus Antonius (1. Jh. v. Chr.)
d Augustus mit Eichenkranz (*corona civica*, eigtl. Auszeichnung für die Rettung von Bürgern in einer Schlacht; dem Augustus für die Beendigung der Bürgerkriege verliehen; 1. Jh. v. Chr.).

SALLUST: CONIURATIO CATILINAE

Kindheit und Jugend

Gaius Sallustius Crispus (um 86–35/34 v. Chr.) wurde in eine unruhige Zeit hineingeboren: Während seiner Kindheit war Sulla Diktator in Rom. Als junger Mann sah er die Triumphe des großen Pompeius über die Seeräuber und über König Mithradates von Pontos, erlebte aber zugleich die Zerrissenheit des Staates im Inneren, die oft in Gewalt ausartenden Parteienkämpfe und die Korruption in Staat und Gesellschaft.

Sallusts Anfänge als Politiker

Über Sallusts Laufbahn wissen wir wenig Sicheres. Wie Cicero war er ein ***homo novus***, stammte aus einer Landstadt (Amiternum, nahe dem heutigen L'Aquila) und aus dem Ritterstand. Anders als Cicero war Sallust ein ***popularis***. Etwa 55/54 v. Chr. war er Quästor und trat damit in den Senat ein, 52 v. Chr. war er **Volkstribun**. In diesem Jahr wurde der (populare) Bandenführer Clodius von dem (optimatischen) Milo im Straßenkampf umgebracht, und Sallust beteiligte sich an Pro-Clodius-Krawallen, während Cicero Milo vor Gericht verteidigte.

Sallust und Caesar

50 v. Chr. endete Sallusts Zeit als Senator schon wieder, da ein besonders strenger Censor den Senat von Männern mit „unmoralischem Lebenswandel" – oder vielleicht eher von politisch Missliebigen – säuberte, darunter auch Sallust. Sallust schloss sich nun Caesar an und nahm auf Caesars Seite am Bürgerkrieg gegen Pompeius teil. Caesar belohnte ihn mit der Prätur (46 v. Chr.) und mit der Statthalterschaft der Provinz *Africa nova*. Dort scheint Sallust sich allerdings so skrupellos bereichert zu haben, dass er danach mit einem Repetundenprozess (d.h. wegen Unterschlagung) zu rechnen hatte, der nur mit Caesars Hilfe niedergeschlagen werden konnte.

Von der Politik zur Geschichte

Anfang 44 v. Chr. kehrte Sallust der Politik den Rücken, um sich von da an ganz der Geschichtsschreibung zu widmen. Unklar ist der genaue Zeitpunkt – vor oder nach Caesars Ermordung? – und damit auch ein möglicher konkreter Anlass. Dass Sallust aber auch unter dem Zweiten Triumvirat (ab 43 v. Chr.) nicht in die Politik zurückkehrte, geschah sicher aus Überzeugung. In seinen Werken äußert er mehrfach seine Abscheu gegen die Proskriptionen der Triumvirn.

Sallust als Historiker

Sallust schrieb die Monografien (Monografie = Darstellung eines einzelnen historischen Ereignisses) ***De Catilinae coniuratione*** (über die Verschwörung des Catilina 63 v. Chr.), ***De bello Iugurthino*** (über den Krieg gegen den Numiderkönig Jugurtha 111–105 v. Chr.) und sein nur in Fragmenten erhaltenes Hauptwerk ***Historiae*** (eine Geschichte seiner eigenen Zeit ab 78 v. Chr.). Er sieht seine eigene Zeit als eine des Niedergangs und fragt in seinen Werken nach dessen Ursachen.

Wie beginnt man ein Geschichtswerk?

Cat. 1.1–2

Sallust eröffnet den „Catilina" so:

Alle Menschen, die sich darum bemühen, über den anderen Lebewesen zu stehen, müssen sich mit höchster Kraft anstrengen, das Leben nicht in Stillschweigen zu verbringen wie das Vieh, das von Natur aus gebeugt geht und nur seinem Bauch gehorcht. All unsere Kraft hingegen beruht auf Geist und Körper: Den Geist benutzen wir eher zum Befehlen, den Körper eher zum Gehorchen; den einen haben wir mit den Göttern, den anderen mit den wilden Tieren gemeinsam.

→ S. 41 Die Iden des März und die Folgen
→ GK 3.2 Späte Republik
→ GK 4 Gesellschaft
→ GK 4 Politik und Karriere

→ GUT ZU WISSEN

Die catilinarische Verschwörung

L. Sergius Catilina (ca. 108–62 v. Chr.) absolvierte den *cursus honorum* bis zur Prätur und einer Statthalterschaft in Africa (67 v. Chr.), wo er sich skrupellos bereicherte. Als er sich **64 v. Chr.** um das Konsulat bewarb, verlor er gegen **Cicero**. Die Optimaten stützten Cicero, weil sie Catilina für zu gefährlich hielten, da er die Besitzlosen aufwiegelte und einen Schuldenerlass forderte. Im **Konsulatsjahr Ciceros, 63 v. Chr.**, scheiterte im **Juli** dann auch Catilinas zweite Bewerbung (für 62). Da griff er, finanziell ruiniert, zur Gewalt und versuchte durch einen Staatsstreich an die Macht zu gelangen:

Herbst 63: In Rom gibt es Gerüchte über Catilinas Pläne. In **Etrurien** sammeln sich Aufständische um einen gewissen **Manlius**.

21. Okt.: Der Senat beschließt deshalb den **Notstand** (→ S. 24 f.).

7. Nov.: Ein **Mordanschlag** von Catilinariern auf den Konsul **Cicero** scheitert.

8. Nov.: Cicero attackiert im Senat Catilina mit einer Rede **(1. Catilinarische Rede)**.

8./9. Nov.: **Catilina** begibt sich zu **Manlius**. Darauf erklärt der Senat beide zu **Staatsfeinden *(hostis)***. Die **Verschwörer in Rom** planen weiter den Umsturz. Mit Catilina verständigen sie sich durch Briefe und Boten.

3. Dez.: Cicero fängt Briefboten ab und kann mit diesen Beweisen die **Verschwörung aufdecken**. Fünf Hauptverschwörer werden im Senat verhört und ins Gefängnis geworfen.

5. Dez.: **Senatsdebatte** über das Schicksal der Verhafteten: Beschluss der sofortigen Hinrichtung (→ S. 25–29).

Anfang 62: Die Armee des Staates besiegt Catilina und Manlius bei Pistoria (nahe Florenz) (→ S. 32 f.).

→ GUT ZU WISSEN

Sallusts Stil

Stilistisch bildet Sallust einen **Gegensatz** zu **Cicero** mit seinen langen, kunstvollen Hypotaxen. Typisch sind:

- *brevitas*: Kürze, Gedrängtheit
- Stilmittel wie Parataxe, Ellipse, historischer Infinitiv, Asyndeton
- Inkonzinnität: Bewusstes Durchbrechen klassischer Stilmittel wie Parallelismus, Chiasmus, Trikolon
- ‚schwebende' Hinzufügungen mit unklarem syntaktischen Bezug
- Archaismen → S. 136

Sallusts Stilvorbild ist der griechische Historiker **Thukydides**, doch lehnt er sich auch an **Cato d. Ä.** an und schafft letztlich einen ganz neuen, unruhigen, vibrierenden Stil.

1 Entwickeln Sie eine Vermutung, warum man gerade vor einem Parlament Statuen von Historikern (s. Abb.) aufgestellt hat.

2 **a** Arbeiten Sie aus Cat. 1.1–2 heraus, welches Menschenbild hier zum Ausdruck kommt.
b Nennen Sie die Art von Literatur, die Sie sich nach einem solchen Beginn eher erwarten würden als ein Geschichtswerk.

3 Definieren Sie den Begriff „Verschwörung" und stellen Sie (ggf. durch Recherche) historische Beispiele zusammen.

Statue Sallusts als Teil eines Ensembles von acht Statuen antiker Geschichtsschreiber vor dem Parlamentsgebäude in Österreichs Hauptstadt Wien (Ende 19. Jh.).

→ S. 226 Stilmittel

→ GK 7.4 Geschichtsschreibung

Über die Schwierigkeit, Geschichte zu schreiben Cat. 1.3–4; 3.1–2

Zu Beginn seines Werkes hat Sallust einen Gegensatz zwischen Geist und Körper formuliert, wobei er den Geist als überlegen ansieht (vgl. das Zitat S. 8). Sallust fährt fort:

1 Z. 1–11: Arbeiten Sie mithilfe der markierten Gegensatzpaare das Spannungsfeld heraus, innerhalb dessen Sallust die Tätigkeit eines Geschichtsschreibers sieht.

2 Z. 12–23: Sallust meint, die Aufgabe eines Historikers sei sehr schwer. Stellen Sie vor dem Lesen eine Vermutung an, worin die Schwierigkeit besteht.

3 Arbeiten Sie römische Wertbegriffe aus dem Text heraus.

Quo mihi rectius videtur ingeni quam virium opibus gloriam quaerere et, quoniam vita ipsa, qua fruimur, brevis est, memoriam nostri quam maxume longam efficere. Nam divitiarum et formae gloria fluxa atque fragilis est, virtus clara aeternaque habetur. [...]

Die bis hierhin gesteckten Ziele lassen sich auf zwei Wegen erreichen:

Pulchrum est bene facere rei publicae, etiam bene dicere haud absurdum est; vel pace vel bello clarum fieri licet; et qui fecere et qui facta aliorum scripsere, multi laudantur. Ac mihi quidem, tametsi haudquaquam par gloria sequitur scriptorem et actorem rerum, tamen inprimis arduom videtur res gestas scribere:

primum,
quod facta dictis exaequanda sunt;
dehinc,
quia plerique,
quae delicta reprehenderis,
malevolentiā et invidiā dicta putant;
<sed,>
ubi de magna virtute atque gloria bonorum memores,
quae sibi quisque facilia factu putat,
aequo animo accipit,
supra ea veluti ficta pro falsis ducit.

4 **flūxus** flüchtig
fragilis, *-e* zerbrechlich
7 **absurdus** unangebracht, abwegig
8 **facere** *(hier)* Taten vollbringen
multī *(hier)* in großer Zahl
9 **haudquāquam** keineswegs
10 **arduus** schwierig
13 **dictīs** *(= Abl.)* **exaequāre** etw. angemessen (sprachlich) darstellen, etw. mit Worten gerecht werden
14 **dehinc** *(Adv.)* zweitens
16 **quae dēlicta** *ordne:* dēlicta, quae
20 **memorēs** *übersetze mit Indikativ*
23 **suprā ea** was aber darüber hinausgeht (*bezogen auf* quae ... putat)
velutī ficta als sei es erfunden

→ BD lateinlex.de/d1yc

Variante A (Schwerpunkt Sallust): Zeile 6–23

4 **a** Stellen Sie aus dem Text Beispiele für Archaismen zusammen (→ S. 136).
b Weisen Sie in Z. 1–5 eine Inkonzinnität nach.
→ Sallusts Stil, S. 9

5 Z. 1–11:
a Arbeiten Sie aus Z. 6–8 heraus, welche zwei Alternativen sinnvoller Betätigung es für Sallust gibt und in welchem Verhältnis sie zu der Antithese in Z. 1–5 stehen.
b Vergleichen Sie die Gründe, warum Sallust sich für den Historikerberuf entscheidet, anhand Ihres Vorwissens mit entsprechenden Äußerungen des Nepos und des Plinius.

6 Z. 12–23:
a Erläutern Sie die „Schwierigkeit, Geschichte zu schreiben" und vergleichen Sie dies mit Ihrer Vermutung aus **2**.
b Arbeiten Sie aus dem Text heraus, worin die Hauptaufgaben des Historikers bestehen. Beziehen Sie auch die Abbildung ein.
c Vergleichen Sie dies mit der Auffassung des Thukydides. → Thukydides: Prinzipien
d Arbeiten Sie, ggf. in Gruppen, die Aufgaben der modernen Geschichtswissenschaft aus dem Text von Kocka (s. Kasten) heraus und vergleichen Sie diese mit den Äußerungen Sallusts.

→ MEHR ERFAHREN

Thukydides: Prinzipien eines Historikers

Thukydides (5. Jh. v. Chr.), Sallusts großes Vorbild, war der erste griechische Historiker mit **wissenschaftlichem** Anspruch: Für seine *Geschichte des Peloponnesischen Krieges* erforschte er seine Quellen gründlich und **kritisch**, „mit größtmöglicher **Genauigkeit** in jedem einzelnen Fall". Der **Nutzen** solcher anspruchsvollen Geschichtsschreibung besteht für ihn darin, dass ihre **Wahrheiten zeitlos** seien: „Wer **klare Erkenntnis des Vergangenen** erstrebt und damit auch des **Künftigen**, das wieder einmal nach der menschlichen Natur so oder ähnlich eintreten wird, der wird mein Werk für nützlich halten, und das soll mir genügen. Als ein **Besitz für immer**, nicht als Glanzstück für einmaliges Hören ist es aufgeschrieben." (Thuk. 1.22)

Klio, die Muse der Geschichtsschreibung (2. Jh. n. Chr.). In der Antike galt *historia* als Musenkunst und damit als Bereich der Literatur. Dargestellt wird Klio oft mit einer Trompete und/oder einem Buch (hier Buchrolle).

J. Kocka: Geschichte als Wissenschaft

Jürgen Kocka, einer der einflussreichsten deutschen Historiker der Gegenwart, schreibt über die Geschichte als Wissenschaft, wie sie professionell an Universitäten betrieben wird:
Als „allgemeine Standards" gelten heute „die Empirie, also die Bindung an auf ihre Zuverlässigkeit geprüfte Quellen; eine geregelte Methode, die eine intersubjektiv *[d. h. objektiv in einem etwas weiteren Sinn]* überprüfbare Interpretation ermöglicht; die Reflexion der Standortgebundenheit historischer Erkenntnis; wissenschaftliche Kritik."

→ S. 228 Inkonzinnität
→ GK 7.4 Geschichtsschreibung
→ GK 7.5 Nepos; Bd. 1, S. 53–55 (zu Aufg. **5 b**)
→ GK 7.5 Plinius; Bd. 2, S. 35 (zu Aufg. **5 b**)

Wie Sallust zum Historiker wurde Cat. 3.3–4.5

Unmittelbar im Anschluss an die Darstellung der Schwierigkeiten des Historikers (S. 10) kommt Sallust auf die eigene politische Laufbahn zu sprechen und nennt den Grund für seinen Wechsel von der Politik zur Geschichtsschreibung:

1 Z. 1–3: Weisen Sie am Text nach, dass Sallust im ersten Satz den Beginn seines Werdegangs beschreibt.

2 Z. 3–9: Arbeiten Sie aus dem Text positive und negative Wertbegriffe heraus. Stellen Sie eine Vermutung an, in welchem Verhältnis diese zur *res publica* und zu Sallust selbst stehen.

3 Z. 10–19: Sallust erzählt hier von drei Entscheidungen, die er getroffen hat. Geben Sie die drei Ausdrücke des Entscheidens an und stellen Sie eine Vermutung über den Inhalt der Entscheidungen an.

Sed ego adulescentulus initio, sicuti plerique, studio ad rem publicam latus sum ibique mihi multa advorsa fuere. Nam pro pudore, pro abstinentia, pro virtute audacia, largitio, avaritia vigebant. Quae tametsi animus aspernabatur insolens malarum artium, tamen inter tanta vitia imbecilla aetas ambitione conrupta tenebatur; ac me, quom ab reliquorum malis moribus dissentirem, nihilo minus honoris cupido eadem, qua ceteros, famā atque invidiā vexabat.

Igitur ubi animus ex multis miseriis atque periculis requievit et mihi reliquam aetatem a re publica procul habendam decrevi, non fuit consilium socordia atque desidia bonum otium conterere neque vero agrum colundo aut venando – servilibus officiis – intentum aetatem agere; sed, a quo incepto studioque me ambitio mala detinuerat, eodem regressus statui res gestas populi Romani carptim, ut quaeque memoria digna videbantur, perscribere – eo magis, quod mihi a spe, metu, partibus rei publicae animus liber erat.

Igitur de Catilinae coniuratione, quam verissume potero, paucis absolvam; nam id facinus in primis ego memorabile existumo sceleris atque periculi novitate. De quoius hominis moribus pauca prius explananda sunt, quam initium narrandi faciam.

1 **sīcutī** = sīcut
4 **largītiō**, *-ōnis f* Bestechung
vigēre *(hier)* herrschen
5 **āspernārī** ablehnen; zurückweisen
īnsolēns, *-entis (m. Gen.)* nicht gewöhnt an; ungeübt in
6 **imbēcilla aetās** mein noch schwaches Jugendalter
7 **tenērī** *(hier)* festgehalten werden durch, gefangen bleiben in
7/8 **dissentīre ā** nichts zu tun haben wollen mit
nihilō minus trotzdem
quā *(hier)* wie
9 **fāma** *(hier negativ)* üble Nachrede
12 **sōcordia** Sorglosigkeit, Verantwortungslosigkeit
13 **dēsidia** Nichtstun, Faulenzen
conterere, *-ō* vergeuden
14 **vēnārī** jagen
15 **ā quō ... studiōque** *lies:* ad inceptum studiumque, ā quō ...
16 **eōdem** *(bleibt unübersetzt)*
regredī (*Perf.* regressus sum) **ad** zurückkehren zu
17 **carptim** in Auswahl
17/18 **ut — vidēbatur** je nach historischer Relevanz
19 **partēs reī publicae** Parteiinteressen
20/21 **paucīs absolvere dē** etwas knapp darstellen
23 **explānāre aliquid dē** etwas sagen/ausführen zu/über etwas

→ BD lateinlex.de/d1yd

Variante A (Schwerpunkt Sallust)

Emilia Fester zog bei den Wahlen 2021 als jüngste Abgeordnete in den Bundestag ein. Das Foto zeigt sie bei einer Rede am 23.9.2022.

→ **GUT ZU WISSEN**

Moralische Geschichtsschreibung

Diese **typisch römische** Art der Geschichtsschreibung war aus der **hellenistischen** entstanden. Sie fragt nach den *mores* in der Geschichte; Psychologie und Charakter der Handelnden spielen eine große Rolle. Typisch ist auch, dass der Historiker urteilt, nicht nur berichtet. Man nennt sie auch **tragische** Geschichtsschreibung, denn die **Erzählweise** ist **dramatisch**, pathetisch, **emotionalisierend** und reich an **bildhaften Momentaufnahmen**, die **Figuren** wie die der Tragödie weder ganz gut noch ganz böse: Auch wenn sie durch **eigene Schuld** untergehen, wecken sie Bedauern und Bewunderung. **Vor Sallust** bestand das „Moralische" aber oft einfach nur darin, dem Leser vorbildhafte ***exempla*** zu präsentieren.

4 Z. 1–9:
- **a** Arbeiten Sie aus dem Text die biografischen Informationen heraus, die Sallust liefert.
- **b** Vergleichen Sie diese mit denen auf S. 8 f. und arbeiten Sie heraus, welches Bild Sallust von sich entwirft.
- **c** In Z. 3 f. charakterisiert Sallust die politischen Sitten seiner Zeit mit Wertbegriffen. Nennen Sie, u. a. anhand Ihres Vorwissens, Fakten, die damit gemeint sein könnten. → S. 6; S. 8 f.

5
- **a** Z. 10–15: Beschreiben Sie, welche Lebensentscheidung Sallust getroffen hat und von welchen Lebensentwürfen er sich abgrenzt. Untersuchen Sie, ob er sich damit auch vom traditionellen Wertesystem der römischen Aristokratie abgrenzt.
- **b** Auch Cicero hat sich zeitweise aus der Politik zurückgezogen. Geben Sie, u. a. anhand Ihres Vorwissens, die Gründe an und vergleichen Sie sie mit denen Sallusts. Nennen Sie den Hauptunterschied.

6 Z. 16–22: Hier (ab *statui*) äußert sich Sallust programmatisch zu seinem Selbstverständnis als Geschichtsschreiber.
- **a** Arbeiten Sie heraus,
  - worüber Sallust schreiben will,
  - wie er dabei vorgeht und
  - warum er dafür geeignet zu sein glaubt.

  → Moralische Geschichtsschreibung
- **b** Vergleichen Sie Sallusts Wahrheitsanspruch mit dem des Thukydides.

  → Thukydides: Prinzipien eines Historikers, S. 11
- **c** Überarbeiten bzw. ergänzen Sie mit Ihren Ergebnissen diejenigen aus S. 11 **6**.

7
- **a** Formulieren Sie auf der Basis des bisher Gelesenen ein eigenes Statement zu der Frage: Wozu ist die Beschäftigung mit Geschichte gut? Was muss Geschichtsschreibung demnach leisten?
- **b** Beziehen Sie dabei ggf. ein, welche Rolle Geschichte in aktuellen politischen Auseinandersetzungen – ggf. auch außerhalb Deutschlands – spielt.

8
- **a** Diskutieren Sie, auch anhand der Abbildung, was junge Menschen heute dazu bewegen könnte, in die Politik zu gehen, und auf welche Probleme sie dabei stoßen.
- **b** Vergleichen Sie das mit den Äußerungen Sallusts.

→ GK 3.2 Späte Republik; Bd. 1, S. 76 f. (zu Aufg. **4 c**)

→ S. 34; GK 7.5 Cicero (zu Aufg. **5 b**)

Catilina – kein gewöhnlicher Mensch Cat. 5.1–8

Wie angekündigt (→ S. 12 Z. 23 f.), stellt Sallust der eigentlichen Erzählung eine Charakteristik der Hauptfigur, Catilina, voran.

→ Die catilinarische Verschwörung, S. 9

1 Z. 1–9: Erschließen Sie in zwei Gruppen Catilinas Vorzüge und Fehler. Erstellen Sie dazu eine Übersicht, die Sie im Laufe der Lektüre erweitern.

2 Z. 10–18: Sallust beschreibt hier die „Triebfedern" für Catilinas Handeln. Geben Sie aus dem Text die beiden Prädikate aus dem Wortfeld „(an)treiben" an und erschließen Sie mithilfe des Textes Catilinas „Triebfedern".

L. Catilina, nobili genere natus, fuit magna vi et animi et corporis, sed ingenio malo pravoque. Huic ab adulescentia bella intestina, caedes, rapinae, discordia civilis grata fuere ibique iuventutem suam exercuit. Corpus patiens inediae, algoris, vigiliae supra quam quoiquam credibile est. Animus audax, subdolus, varius, quoius rei lubet simulator ac dissimulator, alieni adpetens, sui profusus, ardens in cupiditatibus; satis eloquentiae, sapientiae parum. Vastus animus inmoderata, incredibilia, nimis alta semper cupiebat. Hunc post dominationem L. Sullae lubido maxuma invaserat rei publicae capiundae; neque id quibus modis adsequeretur, dum sibi regnum pararet, quicquam pensi habebat. Agitabatur magis magisque in dies animus ferox inopiā rei familiaris et conscientiā scelerum, quae utraque iis artibus auxerat, quas supra memoravi. Incitabant praeterea conrupti civitatis mores, quos pessuma ac divorsa inter se mala – luxuria atque avaritia – vexabant.

2 **prāvus** schlecht, verdorben
3 **bellum intestīnum** Bürgerkrieg
rapīna Raub(zug)
4 **inedia** Hunger
5 **algor**, *-ōris m* Kälte
suprā quam = magis quam
6 **subdolus** heimtückisch
quōiuslubet reī *(Genitiv)* einer jeden beliebigen Sache
7 **adpetēns**, *-entis (m. Gen.)* gierig nach
profūsus *(m. Gen.)* verschwenderisch mit
8 **vāstus** *(hier)* unbändig, unersättlich
9 **inmoderātus** maßlos
11/13 **neque … quicquam pēnsī habēbat** und es war ihm gleichgültig
14 **quae utraque** beides Dinge, die *(gemeint:* inopia *und* cōnscientia)

→ BD lateinlex.de/d1ye

Variante A (Schwerpunkt Sallust)
Variante B

3 **a** Weisen Sie in Z. 1–9 Archaismen (→ S. 136) und typisch sallustischen Stil nach.
→ Sallusts Stil, S. 9

b Weisen Sie weitere Stilmittel nach.

c Beschreiben Sie das Verhältnis der Stilmittel aus **a** und **b** zum Inhalt.

4 Gliedern Sie den Text und zeigen Sie, dass sich die Abschnitte stilistisch unterscheiden.

5 **a** Erläutern Sie anhand Ihres Vorwissens, was mit *dominatio L. Sullae* (Z. 10) gemeint ist und auf welche konkreten Fakten Z. 3 sowie Z. 16 f. Bezug nehmen.

b **EXTRA:** Wenn Sie genauer wissen wollen, was Catilina unter Sulla tat, recherchieren Sie nach Marius Gratidianus.

6 Vergleichen Sie Sallusts Catilina-Charakteristik mit der Ciceros (s. Kasten).

7 Überprüfen Sie, inwieweit Sallusts Catilina-Charakteristik in ein modernes Geschichtswerk passen würde (vgl. Kasten S. 11).

8 Erschließen Sie, welche Wirkung Sallust durch diese Charakteristik beabsichtigt.

9 **a** Diskutieren Sie, ob Catilina in Sallusts Darstellung die Kriterien für einen „guten Schurken" erfüllt. → Der „gute" Schurke

b Recherchieren Sie die Charakterzüge des Jokers in *The Dark Knight* und vergleichen Sie sie mit denen Catilinas.

c **EXTRA**: Vergleichen Sie Catilina mit weiteren Schurken Ihrer Wahl.

→ MEHR ERFAHREN

Der „gute" Schurke

In Literatur und Film gibt es eine große Anzahl an Schurken. Was aber macht einen guten Schurken aus?

- Er ist vielschichtig und dadurch interessant.
- Er ist der Held seiner eigenen Geschichte, d. h. er hat Ziele, die er mit (aus seiner Sicht) guten Gründen verfolgt.
- Er ist dem Helden ebenbürtig, übertrifft ihn vielleicht sogar.

Ein Paradebeispiel dafür ist der Joker in *The Dark Knight* (2008) aus der Batman-Trilogie von Ch. Nolan.

Cicero: Und nochmals Catilina **Pro Caelio 12**

Einige Jahre nach dem Ende der Verschwörung charakterisiert Cicero Catilina rückblickend:

„Denn jener Mann hatte, wie ihr euch vermutlich erinnert, sehr viele – nicht ausgeprägte, aber skizzenhaft angedeutete – Anzeichen größter Tugenden. Er hatte Umgang mit vielen üblen Kerlen – tat dabei aber so, als sei er den besten Männern ergeben. Es gab bei ihm einen starken Hang zur Zügellosigkeit; es gab aber auch einigen Drang nach Fleiß und Anstrengung. Leidenschaftliche Begierden loderten in ihm; stark war auch der Drang zum Soldatendasein. Noch nie hat es meiner Meinung nach auf Erden ein derart monströses Wesen gegeben, derart aus widersprüchlichen, verschiedenen und miteinander im Kampf stehenden Bedürfnissen und Leidenschaften zusammengeschmiedet."

The Dark Knight. Filmplakat mit Heath Ledger (1979–2008) als Joker (2008).

→ S. 226 Stilmittel
→ S. 9 Die catilinarische Verschwörung (zu Aufg. **5**)
→ GK 3.2 Späte Republik; Bd. 2, S. 8 (zu Aufg. **5**)

Rückblick: Die römische Geschichte – eine Geschichte des Verfalls?

Cat. 5.9; 10.1–6

Sallust unterbricht seine Darstellung mit einem Exkurs über den Aufstieg Roms und die Ursachen seines Niedergangs.

1 Z. 7–12: Arbeiten Sie anhand der farbigen Markierungen heraus, worin Sallust den historischen Ursprung des Verfalls sieht.

2 Z. 13–26: Arbeiten Sie Begriffe heraus, mit denen Sallust den Verfall beschreibt.

Da ich auf die Moral des Staates zu sprechen kam, scheint es das Thema zu fordern, weiter auszuholen und kurz die Einrichtungen unserer Vorfahren im Frieden und im Krieg darzustellen: wie sie den Staat verwalteten und wie groß sie ihn uns hinterließen, wie er sich aber allmählich veränderte und vom herrlichsten und besten zum schlechtesten und schändlichsten wurde. [...]

Im Folgenden kommt Sallust auf die Gründe des Verfalls zu sprechen:

Sed ubi labore atque iustitia res publica crevit,
reges magni bello domiti,
nationes ferae et populi ingentes vi subacti,
Karthago, aemula imperi Romani, ab stirpe interiit,
cuncta maria terraeque patebant,
saevire fortuna ac miscere omnia coepit.

Qui labores, pericula, dubias atque asperas res facile toleraverant, iis otium divitiaeque – optanda alias – oneri miseriaeque fuere. Igitur primo pecuniae, deinde imperi cupido crevit: Ea quasi materies omnium malorum fuere. Namque avaritia fidem, probitatem ceterasque artis bonas subvortit; pro his superbiam, crudelitatem, deos neglegere, omnia venalia habere edocuit. Ambitio multos mortalis falsos fieri subegit, aliud clausum in pectore, aliud in lingua promptum habere, amicitias inimicitiasque non ex re, sed ex commodo aestumare magisque voltum quam ingenium bonum habere. Haec primo paulatim crescere, interdum vindicari; post, ubi contagio quasi pestilentia invasit, civitas inmutata, imperium ex iustissumo atque optumo crudele intolerandumque factum.

10 **aemula** Konkurrentin, Rivalin
ab stirpe von Grund auf, völlig
14 **optanda aliās** sonst wünschenswerte Dinge (*gemeint:* ōtium dīvitiaeque)
16 **materiēs**, *-ēī f* Nährboden
18 **subvortere** (*Perf.* subvortī) zunichte machen
19 **omnia vēnālia habēre** alles für käuflich halten
ēdocuit = docuit (*Subjekt ist* avāritia)
20 **subigere** (*hier m. Inf.*) zwingen zu
21 **prōmptus** (*hier*) offen (*Gegensatz:* clausum)
23/24 **crēscere; vindicārī** *historische Infinitive*
24 **contāgiō**, *-ōnis f* Ansteckung (*mit den genannten Übeln*)
25 **inmūtāre** (zum Schlechten) verkehren, verwandeln

→ BD lateinlex.de/d1yf
Variante A (Schwerpunkt Sallust)
Variante B: Zeile 7–26
→ S. 227 Historischer Infinitiv
→ GK 3.3 Rom und Karthago

→ MEHR ERFAHREN

Karthago als „Wetzstein“

Cato d. Ä. (234–149 v. Chr.) soll jede seiner Reden im Senat mit dem Satz beendet haben: *Ceterum censeo Karthaginem esse delendam!* Gegen die **Zerstörung Karthagos** sprach **Scipio Nasica**. Als Begründung soll er angeführt haben, Rom brauche Karthago als eine Art **Wetzstein**, um sich daran zu reiben: Nur so, durch die **Furcht** vor einem mächtigen Gegner, könne Rom Einigkeit und Kampfkraft bewahren.

Sallust: Historien frg. 11

„Unrecht seitens der Stärkeren, deshalb die Trennung der Plebejer von den Patriziern, und andere Konflikte gab es im Innern von Anfang an, und nicht länger als bis zur Vertreibung der Könige, so lange die Furcht vor Tarquinius [...] anhielt, wurde maßvoll und gerecht agiert. Danach drangsalierten die Patrizier die Plebejer, als ob es ihre Sklaven wären [...]. Das Ende der Zwietracht und des Streits auf beiden Seiten brachte erst der Zweite Punische Krieg.“

3 **a** Veranschaulichen Sie durch eine Grafik, welche Bedeutung nach Sallust *avaritia* und *ambitio*, aber auch *metus* für den Verlauf der römischen Geschichte hatten.
→ Karthago als „Wetzstein“

b Die Beschreibung des Werteverfalls ist stilistisch bewusst gestaltet. Weisen Sie dies an ausgewählten Stellen nach (Stilmittel u. a.: Antithese, Chiasmus, Inkonzinnität).

4 **a** Arbeiten Sie aus den hier nicht abgedruckten Kapiteln 7 und 9 anhand einer zweisprachigen (Online-)Ausgabe – ggf. in zwei Gruppen – Folgendes heraus (mit lateinischen Belegen):
- Cat. 7: Haltungen/Werte, durch die das republikanische Rom groß wurde,
- Cat. 9: Haltungen/Werte, durch welche Roms Größe erhalten wurde.

b Stellen Sie die Aspekte des Aufstiegs denen des Verfalls (vgl. **2**) in einer Grafik gegenüber.

5 Vergleichen Sie Sallusts Geschichtsbild im *Catilina* mit dem späteren in den *Historien* (s. Kasten) und arbeiten Sie heraus, welche Entwicklung es genommen hat.

6 **a** Beschreiben Sie die Renaissance-Allegorie der „schlechten Regierung“.

b Vergleichen Sie diese im Hinblick auf Aussage und Formensprache mit der Darstellung Sallusts.

c Diskutieren Sie, ob und ggf. inwiefern die Diagnose beider zeitlos ist.

Allegorie der schlechten Regierung. Fresko von A. Lorenzetti im Alten Rathaus von Siena (ca. 1339, Ausschnitt).
Die Abbildung zeigt die Tyrannei als Teufel, umgeben von Personifikationen: u. a. *avaritia, superbia, vana gloria, fraus, furor* sowie unten *iustitia*.

→ S. 226 Stilmittel

Catilinas Anhänger Cat. 14.1–6

In den vorausgegangen Kapiteln ist Sallust mit seiner eigenen Zeit hart ins Gericht gegangen: Seit und infolge der Diktatur Sullas seien die Zustände in Rom vollends unheilbar geworden; Reichtum, Verschwendung und Unmoral hätten jedes Maß überschritten – ein äußerst fruchtbarer Boden für Catilinas Bemühungen, Menschen um sich zu scharen, die zu allem bereit sind.

1. Z. 1–16: Ergänzen Sie das Textgerüst auf S. 19 inhaltlich, ggf. in Gruppen.
2. Z. 17–25: Stellen Sie aus dem Text Begriffe zum Sachfeld „Freundschaft/Verpflichtung" zusammen.

In tanta tamque conrupta civitate Catilina, id quod factu facillumum erat, omnium flagitiorum atque facinorum circum se tamquam stipatorum catervas habebat.

Nam

quicumque inpudicus, adulter, ganeo manu, ventre, pene bona patria laceraverat,

quique alienum aes grande conflaverat,

quo flagitium aut facinus redimeret,

praeterea omnes undique parricidae, sacrilegi, convicti iudiciis aut pro factis iudicium timentes,

ad hoc,

quos manus atque lingua periurio aut sanguine civili alebat,

postremo omnes,

quos flagitium, egestas, conscius animus exagitabat,

ii Catilinae proxumi familiaresque erant.

Quod si quis etiam a culpa vacuus in amicitiam eius inciderat, cottidiano usu atque inlecebris facile par similisque ceteris efficiebatur. Sed maxume adulescentium familiaritates adpetebat: Eorum animi molles etiam et fluxi dolis haud difficulter capiebantur.

Nam ut quoiusque studium ex aetate flagrabat, aliis scorta praebere, aliis canes atque equos mercari; postremo neque sumptui neque modestiae suae parcere, dum illos obnoxios fidosque sibi faceret.

2 **flāgitia atque facinora** *(hier)* Schurken und Verbrecher
3 **stīpātor**, *-ōris m* Begleiter, *Pl. auch* Gefolge
caterva Schar, Horde
5 **adulter**, *-erī m* Ehebrecher
gāneō, *-ōnis m* Vielfraß
6 **manū** *(gemeint: beim Würfelspiel)*
pēnis, *-is m* Penis
lacerāre zerreißen; verschleudern
7 **cōnflāre** „zusammenblasen", ansammeln
8 **redimere**, *-ō (m. Akk.)* sich loskaufen von
9 **sacrilegus** Frevler, Tempelräuber
12 **periūrium** Meineid *(gemeint: als gekaufter Zeuge vor Gericht)*
sanguine cīvīlī *(gemeint: als Auftragsmörder von Mitbürgern)*
15 **exagitāre** = agitāre
18 **cottīdiānus** täglich, alltäglich
inlecebra Verlockung, Reiz
20 **flūxus** *(hier)* haltlos
22 **ut** *(hier)* je nachdem, wie
flagrāre brennen
scortum, *-ī n (hier)* Hure
23 **mercārī** kaufen
23/24 **praebēre; mercārī; parcere** *historische Infinitive*

→ BD lateinlex.de/d1yg
→ S. 218 Kursorisch lesen
→ S. 219 Wörterbuchgebrauch

Variante A (Schwerpunkt Sallust): Zeile 1–21

→ S. 227 Historischer Infinitiv

Textgerüst: Catilinas Anhänger, Z. 4–16

„Denn (...)
ferner (...) ,
dazu (...),
schließlich (...):
die bildeten Catilinas nächste und vertraute Anhänger."

IS-Terror – Rekrutierung von Anhängern

Die SZ berichtet über die Rekrutierung junger IS-Anhänger am Beispiel des 16-jährigen J., der aus Syrien nach Deutschland geflohen ist:
J. plagen offenbar Fragen, für die er simple Antworten sucht. J. tippt sie in die Google-Suchleiste seines Mobiltelefons, auch in vielen der Abertausenden Chat-Nachrichten tauchen sie auf. Es sind die Fragen eines Jungen, der auf einmal mitten in einer Welt gelandet ist, die ihm völlig fremd ist.
Plötzlich ist jemand da, der ihm Antworten gibt: Bilal.
Bilal findet offenbar den richtigen Ton, bewegt sich zwischen großem Bruder und Lehrer, wechselt zwischen Humor und Furor. Aus den Antworten auf die Fragen eines 16-Jährigen werden die Befehle eines 24-jährigen IS-Mentors. J. übernimmt offenbar die radikalen Ansichten des Verführers ... *(Text gekürzt)*

3 Z. 1–16:

a Arbeiten Sie aus Z. 4–16 Merkmale von Sallusts Stil und Sprache heraus.
→ Sallusts Stil, S. 9

b Vergleichen Sie die Beschreibung der Anhänger stilistisch mit der Charakteristik Catilinas (→ S. 14, Z. 1–9).

c Sallust teilt die Anhänger zunächst in vier Gruppen ein (siehe Textgerüst). Erörtern Sie, inwieweit es sich hier um klar abgrenzbare Gruppen handelt.

d Stellen Sie Vermutungen über den Grund für diese Art der Darstellung an.

4 Z. 17–25: Bei der fünften Gruppe beweist Catilina sein ganzes Talent als Manipulator.

a Arbeiten Sie seine Strategie heraus.

b Erstellen Sie daraus eine strukturierte „Anleitung".

c Vergleichen Sie Catilinas Strategie bei der fünften Gruppe mit der Rekrutierung von Anhängern durch rechtsextreme (vgl. Grafik) und islamistische (vgl. SZ-Artikel) Organisationen im Hinblick auf Zielgruppe und Methode.

d Das Internet erleichtert extremistischen Gruppen die Rekrutierung von Anhängern bzw. die Beeinflussung der öffentlichen Meinung. Stellen Sie anhand von Recherche (z. B. bei der Bundeszentrale für politische Bildung) Gefahren und Präventionsmaßnahmen zusammen.

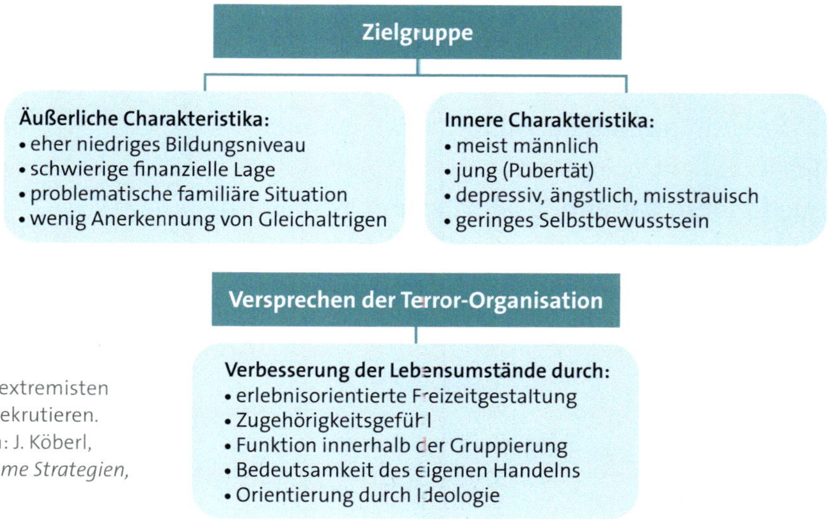

Zielgruppe

Äußerliche Charakteristika:
- eher niedriges Bildungsniveau
- schwierige finanzielle Lage
- problematische familiäre Situation
- wenig Anerkennung von Gleichaltrigen

Innere Charakteristika:
- meist männlich
- jung (Pubertät)
- depressiv, ängstlich, misstrauisch
- geringes Selbstbewusstsein

Versprechen der Terror-Organisation

Verbesserung der Lebensumstände durch:
- erlebnisorientierte Freizeitgestaltung
- Zugehörigkeitsgefühl
- Funktion innerhalb der Gruppierung
- Bedeutsamkeit des eigenen Handelns
- Orientierung durch Ideologie

Wie Rechtsextremisten Anhänger rekrutieren. Grafik nach: J. Köberl, *Rechtsextreme Strategien*, S. 49–72.

→ S. 226 Stilmittel
→ S. 136 Archaismen (zu Aufg. 3)
→ S. 240 Projekt: Frauen und Politik in der späten Republik

„Ihr seid stark!“ Catilinas Rede (Teil 1) Cat. 20.2–9

Catilina sieht sein Ziel, die Macht, zum Greifen nahe und beruft (laut Sallust noch vor den Wahlen des Jahres 64) seine Anhänger zu einer geheimen Versammlung in sein Haus, wo sie sich in einer regelrechten Zeremonie durch Eide einander „verschworen“ haben sollen. Zuvor hält Catilina eine flammende Rede, um sie auf seine Ziele zu verpflichten:

1 Z. 1–4: Geben Sie zu den in der Übersetzung auf S. 21 blau hervorgehobenen Wörtern die lateinischen Entsprechungen an und beschreiben Sie die Unterschiede.

2 Erschließen Sie mithilfe der hervorgehobenen Passagen das gedankliche Grundgerüst des ersten Teils von Catilinas Rede.

„Ni virtus fidesque vostra spectata mihi forent, nequiquam opportuna res cecidisset; spes magna, dominatio in manibus frustra fuissent, neque ego per ignaviam aut vana ingenia incerta pro certis captarem.

Sed quia multis et magnis tempestatibus vos cognovi fortis fidosque mihi, eo animus ausus est maxumum atque pulcherrumum facinus incipere, simul quia vobis eadem, quae mihi, bona malaque esse intellexi; nam idem velle atque idem nolle – ea demum firma amicitia est.

Sed ego quae mente agitavi, omnes iam antea divorsi audistis. Ceterum mihi in dies magis animus adcenditur, quom considero, quae condicio vitae futura sit, nisi nosmet ipsi vindicamus in libertatem. Nam postquam res publica in paucorum potentium ius atque dicionem concessit, semper illis reges, tetrarchae vectigales esse, populi, nationes stipendia pendere; ceteri omnes – strenui, boni, nobiles atque ignobiles – volgus fuimus, sine gratia, sine auctoritate, iis obnoxii, quibus, si res publica valeret, formidini essemus. Itaque omnis gratia, potentia, honos, divitiae apud illos sunt aut ubi illi volunt; nobis reliquere pericula, repulsas, iudicia, egestatem.

Quae quousque tandem patiemini, o fortissumi viri? Nonne emori per virtutem praestat quam vitam miseram atque inhonestam, ubi alienae superbiae ludibrio fueris, per dedecus amittere?“

5 **tempestās** *(gemeint: im übertragenen Sinne)*
6 **eō** deshalb
10 **dīvorsī** *(hier)* getrennt voneinander
12 **nōsmet** = nōs
13/14 **in iūs atque diciōnem concēdere** in die Herrschaft und Kontrolle übergehen
15 **tetrarcha**, *-ae m* (ausländischer) Fürst
vectīgālis, *-is (m. Dat.)* jmdm. tributpflichtig
15/16 **esse; pendere** *historische Infinitive*
16 **stīpendia pendere** Steuern zahlen
19 **formīdō**, *-inis f* Schrecken
21 **repulsa** Zurückweisung *(bei Amtsbewerbungen)*
22 **quousque tandem** wie lange denn noch?
23 **ēmorī** = morī
24 **aliēnae** *(gemeint: der paucī potentēs)*
fueris *übersetze die 2. Pers. Sg. mit „man …“*

→ BD lateinlex.de/d1yh
→ S. 218 Kursorisch lesen
→ S. 219 Wörterbuchgebrauch

Variante A (Schwerpunkt Sallust)
Variante B

→ S. 227 Historischer Infinitiv

Übersetzung: „Ihr seid stark!“, Z. 1–4

„Wenn eure Mannhaftigkeit und eure Treue von mir nicht hinlänglich erprobt wären, hätte sich die Lage ganz umsonst so günstig für uns entwickelt. Die großen Erwartungen, die mit Händen zu greifende Macht wären umsonst gewesen; ich würde ja nicht mit Feiglingen und Taugenichtsen nach Unsicherem statt Sicherem greifen.“

3 Durch die Rede zeichnet Sallust Catilina als exzellenten Manipulator, der seine Worte strategisch einsetzt. Weisen Sie das am Text nach:

- **a** Analysieren Sie Stilmittel (in Auswahl).
- **b** Analysieren Sie die genau auf sein Publikum (→ S. 18) abgestimmte Psychologie.
- **c** Der Romanist B. Huß beschreibt als wesentliches Merkmal von „Revolutionsrhetorik“ die „Entwertung und Umdeutung von Schlüsselbegriffen des politischen Diskurses“. Weisen Sie eine solche Um-/Entwertung von Begriffen durch Catilina nach.

4 Ein Beispiel für **3 c** ist *amicitia* in dem Satz Z. 8 f.: Erläutern Sie, inwiefern gerade dieser Satz Catilina als Manipulator ausweist; beziehen Sie ggf. Ihre Ergebnisse aus S. 19 mit ein.

5 Diskutieren Sie anhand von Teil 1 der Rede, ob Sallust damit Catilina ein Forum gibt oder aber ihn demaskiert. → Reden bei antiken Historikern

6 **a** Erörtern Sie, inwieweit Catilinas Rede als „demagogisch“ bezeichnet werden kann. → Demagogie

b Erörtern Sie, inwieweit die Karikatur der Redesituation (in Teil 1) entspricht.

Die „entflammende“ Wirkung von Demagogie.

→ GUT ZU WISSEN
Reden bei antiken Historikern

Schon seit Thukydides (→ Thukydides, S. 11) war es Tradition in der antiken Geschichtsschreibung, Reden frei zu erfinden – passend zu Person und Situation, aber im eigenen Stil. Sie geben eher wieder, was eine Person in einer bestimmten Lage hätte sagen müssen, als was sie tatsächlich gesagt hat. Dies geht so weit, dass Sallust z. B. auf eine Cicero-Rede verzichtet, gerade *weil* von Cicero berühmte Reden gegen Catilina publiziert waren. Diese im sallustischen Stil frei nachzugestalten, wäre unpassend gewesen. Dementsprechend ist Sallusts Catilina-Rede kein „O-Ton“, sondern ein literarisches Werk des Historikers: Sie soll Catilina charakterisieren und zugleich demaskieren.

→ MEHR ERFAHREN
Demagogie

Der Begriff **Demagogie** („Volksführung“), ursprünglich neutral, wird heute nur noch abwertend verwendet: für Volksverführung, Aufwiegelung und politische Hetze. Ein Demagoge **schmeichelt** seinem Publikum, appelliert an **Emotionen** und **Instinkte**, nutzt **Klischees**, **Vorurteile** und grobe **Vereinfachung** bis hin zur **Lüge**. Sein Ziel ist meist nur die Vermehrung der eigenen Macht.

→ S. 224 Übersetzungsvergleich

„Es reicht!“ Catilinas Rede (Teil 2) Cat. 20.10–17

1 Z. 1–4: Catilina will seinen Zuhörern Mut machen: Stellen Sie entsprechende Begriffe aus dem Text zusammen.

2 Z. 5–17: Catilina will auf Missstände hinweisen:
- **a** Arbeiten Sie diese aus dem deutschen Text heraus.
- **b** Stellen Sie entsprechende Begriffe aus dem lateinischen Text zusammen.

3 Z. 18–26: Stellen Sie aus dem Text Leitbegriffe zusammen, die für Catilinas Strategie wesentlich sind.

„Verum enim vero, pro deum atque hominum fidem, victoria in manu nobis est: Viget aetas, animus valet; contra illis annis atque divitiis omnia consenuerunt. Tantummodo incepto opus est, cetera res expediet.

Denn welcher Mensch, der wie ein echter Mann denkt, kann es hinnehmen, dass sie im Geld schwimmen, das sie verschwenden, um im Meer zu bauen und Berge einzuebnen, dass uns aber die Mittel selbst für das Notwendigste fehlen? Dass sie zwei oder mehr Häuser aneinanderreihen, dass wir hingegen nirgends auch nur irgendeinen Hausgott besitzen? Auch wenn sie Gemälde, Statuen und Reliefarbeiten kaufen, neue Gebäude einreißen und stattdessen andere bauen, schließlich auf jede erdenkliche Weise Geld verschleudern und vergeuden, sind sie trotzdem nicht in der Lage, mit ihrer maßlosen Genusssucht ihren eigenen Reichtum zu besiegen.

At nobis est domi inopia, foris aes alienum, mala res, spes multo asperior: Denique quid reliqui habemus praeter miseram animam?

Quin igitur expergiscimini? En illa, illa, quam saepe optastis, libertas, praeterea divitiae, decus, gloria in oculis sita sunt; fortuna omnia ea victoribus praemia posuit.

Res, tempus, pericula, egestas, belli spolia magnifica magis quam oratio mea vos hortantur. Vel imperatore vel milite me utimini! Neque animus neque corpus a vobis aberit. Haec ipsa, ut spero, vobiscum una consul agam – nisi forte me animus fallit et vos servire magis quam imperare parati estis.“

1 **vērum enim vērō** aber wahrlich
prō — fidēm so wahr die Götter auf unserer Seite sind
2 **vigēre** kräftig sein
3 **illīs** *(gemeint: die Gegner Catilinas)*
tantummodo nur
4 **inceptum** Anfang, Beginnen
expedīre erledigen, zustande bringen

15 **forīs** draußen
spēs *(hier)* Zukunftsaussicht
17 **anima** *(hier)* Leben
18 **expergīscī**, *-or* aufwachen
ēn seht doch!
19/20 **in oculīs sita sunt** schon in Reichweite sein
21 **spolia bellī** Kriegsbeute
24 **cōnsul** *(zu diesem Zeitpunkt, vor den Wahlen, glaubt Catilina noch an eine legale Machtübernahme)*
25 **nisī forte** es sei denn, dass

→ BD lateinlex.de/d1yk

Variante A (Schwerpunkt Sallust)
Variante B: Zeile 15–26

Aufgaben zu Catilinas Rede (Teil 2)

4 Geben Sie die Stelle an, an der Catilinas eigennützige Zielsetzung zutage tritt.

5 Z. 1–14: Typisch für Demagogie ist das Polarisieren, indem man extreme Auswüchse des gegnerischen Fehlverhaltens als Regel darstellt. Weisen Sie diese Methode bei Catilina nach.

6 Z. 1–14: Erörtern Sie, welche politischen, sozialen und ethischen Problemstellungen aus der von Catilina beklagten Verschwendung der Superreichen als zeitlosem Phänomen erwachsen können. Die Abbildung kann Ihnen Hilfestellung geben.

7 Z. 18–26: Arbeiten Sie heraus, inwiefern Catilina sich hier geradezu als Kriegsfeind Roms zu erkennen gibt.

Aufgaben zu Catilinas Rede (Teil 1 und 2)

8 Wenden Sie Aufgabe **3** von S. 21 auf den zweiten Teil der Rede an und ergänzen Sie entsprechend Ihre Ergebnisse.

9 Gliedern Sie die gesamte Rede: Versehen Sie die Abschnitte mit Zwischenüberschriften und arbeiten Sie den Gedankengang heraus.

10 **a** Es finden sich auch schlagkräftige Parolen, die für verschiedenste Zwecke einsetzbar scheinen. Stellen Sie solche zusammen und bewerten Sie deren Überzeugungskraft.

b Überarbeiten Sie ggf. Ihre Ergebnisse aus S. 21 **5**.

11 Erörtern Sie, ob die Rede Hinweise bietet, dass Catilina ernsthafte politische Absichten verfolgt. → Catilina – ein Sozialrevolutionär?

→ **GUT ZU WISSEN**

Catilina – ein Sozialrevolutionär?

Über Catilinas wirkliche Ziele weiß man wenig: Handelte er aus reinem Eigennutz oder strebte er ernsthaft eine soziale Revolution an? Armut und Überschuldung waren jedenfalls wirklich ein Problem in Rom. Im Wahlkampf gab Catilina sich als Patron der Armen und versprach Enteignungen der Reichen. Über seine geheimen Absichten kursierten Gerüchte. Als aber Cicero ihn einmal direkt darauf ansprach, erwiderte Catilina recht offen: „Der Staat hat zwei Körper, einen gebrechlichen mit schwachem Haupt und einen starken, aber bislang ohne Haupt. Für dieses Haupt werde ich sorgen!" (zitiert in Ciceros Rede *Pro Murena* [Cic. Mur. 51] im November 63 v. Chr.).

Künstlich angelegte Palmeninsel in Dubai (Luftaufnahme, 2017).

→ S. 226 Stilmittel

Steht die *res publica* auf dem Spiel? Cat. 29; 31.1–3

Im Herbst 63 v. Chr., nach Catilinas zweiter Wahlniederlage, überschlagen sich die Ereignisse (→ Die catilinarische Verschwörung, S. 9): In Etrurien sammelt Manlius ein Heer von Aufständischen, in Rom plant Catilina den gewaltsamen Umsturz. Der Staat muss endlich handeln – aber noch fehlen dem Konsul Cicero die entscheidenden Befugnisse.

1 Geben Sie die Stelle an, an der Sallust die Formel des Notstandsbeschlusses (S. C. U.) zitiert (→ Das S.C.U., S. 25).

2 Z. 21–30: Stellen Sie aus dem Text alle Vokabeln zum Sachfeld „Emotionen“ zusammen.

Ea cum Ciceroni nuntiarentur,
ancipiti malo permotus,
quod neque urbem ab insidiis privato consilio longius tueri poterat
neque,
exercitus Manli quantus aut quo consilio foret,
satis conpertum habebat,
rem ad senatum refert iam antea volgi rumoribus exagitatam.

Itaque – quod plerumque in atroci negotio solet – senatus decrevit, <ut> darent operam consules, ne quid res publica detrimenti caperet.

Ea potestas per senatum more Romano magistratui maxuma permittitur:

– exercitum parare,
– bellum gerere,
– coercere omnibus modis socios atque civis,
– domi militiaeque imperium atque iudicium summum habere.

Aliter sine populi iussu nullius earum rerum consuli ius est.
[...]

Quibus rebus permota civitas atque inmutata urbis facies erat. Ex summa laetitia atque lascivia, quae diuturna quies pepererat, repente omnis tristitia invasit: festinare, trepidare, neque loco neque homini quoiquam satis credere, neque bellum gerere neque pacem habere, suo quisque metu pericula metiri. Ad hoc mulieres, quibus rei publicae magnitudine belli timor insolitus incesserat, adflictare sese, manus supplices ad caelum tendere, miserari parvos liberos, rogitare omnia, omni rumore pavere, superbia atque deliciis omissis sibi patriaeque diffidere.

1 **ea** *(gemeint: die Ereignisse in Etrurien)*
2 **anceps**, *ancipitis* zweifach
6 *Ordne*: quantus aut quō cōnsiliō exercitus Mānlī foret (= esset)
8 **exagitāre** *(hier)* hitzig diskutieren
21 **quibus rēbus** *(gemeint: der Aufstand in Etrurien und die Umsturzgerüchte in Rom)*
inmūtāre (zum Schlechten) wandeln
22 **lascīvia** Ausgelassenheit
diūturna quiēs *(gemeint: seit Sulla)*
23–30 *historische Infinitive; wo kein Subjekt, ergänze* hominēs
26 **metīrī** *(m. Akk. + Abl.)* etwas nach etwas beurteilen
27 **adflīctāre sēsē** sich gegen die Brust schlagen *(als Ausdruck der Klage)*
26/27 **(reī pūblicae) māgnitūdine** *Abl. causae („aufgrund von ...“) zu* īnsolitus
28 **miserārī** bedauern
29 **pavēre** *(m. Abl.)* sich ängstigen bei/wegen
30 **diffīdere**, *-ō (m. Dat.)* kein Vertrauen mehr haben zu

→ BD lateinlex.de/d1ym
→ S. 218 Kursorisch lesen
→ S. 219 Wörterbuchgebrauch

Variante A (Schwerpunkt Sallust)

→ GK 3.2 Späte Republik; Bd. 2, S. 8 (zu Sulla)
→ S. 227 Historischer Infinitiv

Cicero klagt Catilina im Senat der Verschwörung an. Lithografie von Hans W. Schmidt (1912).

→ GUT ZU WISSEN

Das S. C. U.

Das ***senatūs consultum ultimum*** („äußerster Senatsbeschluss") ist ein **Notstandsbeschluss**, der in einem **Ausnahmezustand** den Konsuln **umfassende Vollmachten** überträgt. Sallust zitiert die Formel *(videant consules, ne quid res publica detrimenti capiat!)* im Text und nennt auch die Einzelbefugnisse.

→ MEHR ERFAHREN

Kennt Not kein Gebot?

Sallust ist beim **S. C. U.** deshalb so ausführlich, weil es höchst umstritten war – nicht in seiner Anwendung gegen Manlius, sondern später gegen die in Rom Verhafteten (→ Die catilinarische Verschwörung, S. 9). Das S.C.U. erlaubte zwar die Hinrichtung von Bürgern, verstieß damit aber gegen das Recht zur ***provocatio*** (d. h. zum Appell an das Volk), das an sich jedem Römer bei drohender Todesstrafe zustand. Der Konsul Cicero beschloss deren Hinrichtung daher auch nicht eigenmächtig, sondern ließ den Senat darüber entscheiden (→ S. 26–29). Dennoch wurde Cicero später (59 v. Chr.) verbannt, weil er römische Bürger ohne Prozess hingerichtet habe.

3 Z. 1–20: Arbeiten Sie aus dem Text die im S. C. U. enthaltenen Einzelbefugnisse heraus.
→ Das S. C. U.

4 Z. 21–30: Arbeiten Sie aus dem Text heraus, welche Stimmung in Rom herrscht.

5 In beiden Abschnitten (Z. 1–20 und 21–30) wird Information vermittelt, aber auf ganz unterschiedliche Weise. Vergleichen Sie die beiden Abschnitte stilistisch und arbeiten Sie die jeweilige Aussageabsicht heraus.

6 Beschreiben Sie die Abbildung und ordnen Sie die dargestellte Situation in den Verlauf der catilinarischen Verschwörung ein.
→ Die catilinarische Verschwörung, S. 9

7 Auch das deutsche Grundgesetz kennt Regeln für den Ausnahmezustand: Dazu gehören u.a.:

- Einschränkung von Grundrechten,
- Einsatz der Bundeswehr im Inneren,
- Ausschuss statt Parlament, um schnelle Entscheidungen zu ermöglichen.

Die Hürden für deren Anwendung sind jedoch sehr hoch.
Diskutieren Sie, warum die Anwendung von Notstandsgesetzen grundsätzlich problematisch ist.
→ Kennt Not kein Gebot?

8 Diskutieren Sie anhand eines aktuellen Beispiels (z. B. Aktionen gegen Klimawandel), ob es Fälle gibt, in denen „Not kein Gebot" kennt.

→ S. 226 Stilmittel

Die Rede Caesars Cat. 51 (gekürzt)

5. Dezember 63 v. Chr.: Die Verschwörer in Rom – ihr Anführer heißt Publius Lentulus – sind verhaftet und überführt (→ Kennt Not kein Gebot?, S. 25). In der großen **Debatte** am 5. Dezember äußern sich die Senatoren der Reihe nach zu der Frage, was nun geschehen soll: Alle sind für die sofortige Todesstrafe. Dann ist Caesar an der Reihe und Sallust lässt ihn so argumentieren:

1 Gruppenarbeit (A/B) – Teil I:
Caesars Argumentation basiert auf zwei Hauptaspekten. Weisen Sie diese anhand von Belegen nach:
(A) Z. 1–14: die Folgen der Senatsentscheidung für die Senatoren,
(B) Z. 15–25: die Folgen der Senatsentscheidung für den Staat.

(A) „Omnis homines, patres conscripti, qui de rebus dubiis consultant, ab odio, amicitia, ira atque misericordia vacuos esse decet. Haud facile animus verum providet, ubi illa officiunt, neque quisquam omnium lubidini simul et usui paruit. Ubi intenderis ingenium, valet; si lubido possidet, ea dominatur, animus nihil valet. Magna mihi copia est memorandi, patres conscripti, quae reges atque populi ira aut misericordia inpulsi male consuluerint. Sed ea malo dicere, quae maiores nostri contra lubidinem animi sui recte atque ordine fecere.
[*Es folgen historische Beispiele.*]
Hoc item vobis providendum est, patres conscripti, ne plus apud vos valeat P. Lentuli et ceterorum scelus quam vostra dignitas neu magis irae vostrae quam famae consulatis. [...] Equidem ego sic existumo, patres conscripti, omnis cruciatus minores quam facinora illorum esse. Sed plerique mortales postrema meminere et in hominibus inpiis sceleris eorum obliti de poena disserunt, si ea paulo severior fuit. [...]

(B) At enim quis reprehendet, quod in parricidas rei publicae decretum erit? Tempus, dies, fortuna, quoius lubido gentibus moderatur. Illis merito adcidet, quicquid evenerit; ceterum vos, patres conscripti, quid in alios statuatis, considerate! Omnia mala exempla ex rebus bonis orta sunt. Sed ubi imperium ad ignaros eius aut minus bonos pervenit, novom illud exemplum ab dignis et idoneis ad indignos et non idoneos transfertur. [...]
Atque ego haec non in M. Tullio neque his temporibus vereor; sed in magna civitate multa et varia ingenia sunt. Potest alio tempore, alio consule, quoi item exercitus in manu sit, falsum aliquid pro vero credi. Ubi hoc exemplo per senatus decretum consul gladium eduxerit, quis illi finem statuet aut quis moderabitur?"

Abschließend beantragt Caesar, das Vermögen der Verschwörer einzuziehen und sie selbst in verschiedenen Landstädten in Haft zu halten.

→ BD lateinlex.de/d1yn
→ S. 218 Kursorisch lesen
→ S. 219 Wörterbuchgebrauch

Übersetzung: Die Rede Caesars **Cat. 51 (gekürzt)**

(A) „Senatoren! Alle Menschen, die über Zweifelsfälle beraten, sollten von Hass, Gunst, Zorn und Mitleid frei sein. Wenn diese Gefühle im Wege stehen, gewinnt der Geist nicht leicht den Blick für das Wahre, und noch nie hat sich jemand zugleich von seinen Emotionen und seinem Vorteil leiten lassen. Wenn du deinen Intellekt einsetzt, ist er stark; wenn ihn aber Emotionen im Griff haben, dann herrschen diese, und der Geist vermag nichts. Ich könnte, Senatoren, viel von schlechten Entscheidungen erzählen, die Könige und Völker aus Zorn oder Mitleid getroffen haben. Ich will aber lieber davon berichten, was unsere Vorfahren entgegen all ihren Emotionen richtig und ordnungsgemäß getan haben. [*Es folgen historische Beispiele.*]
Ebenso müsst ihr darauf achten, Senatoren, dass bei euch das Verbrechen des Publius Lentulus und der anderen nicht mehr Gewicht hat als eure Würde und ihr nicht mehr für euren Zorn als für euren Ruhm tut. [...] Ich persönlich, Senatoren, bin zwar der Ansicht, dass alle Folterstrafen für die Vergehen jener Leute zu gering sind. Doch die meisten Menschen erinnern sich nur an die jüngsten Ereignisse und reden bei Verbrechern nur noch von der Strafe, wenn diese ein wenig härter ausgefallen ist, ohne sich an deren Vergehen zu erinnern. [...]

(B) Doch wer wird schon tadeln – so könntet ihr einwenden –, was gegen die Mörder der Republik beschlossen werden wird? Ich sage es euch: Die Situation, die Zeit, das Schicksal, dessen Willkür über die Völker herrscht. Den Catilinariern wird recht geschehen, ganz gleich, wie es ausgeht; aber bedenkt, Senatoren, welchen Präzedenzfall ihr damit auch gegen andere schafft! Alle schlechten Vorgehensweisen sind aus ursprünglich guten hervorgegangen. Sobald aber die Macht an inkompetente oder weniger gute Menschen übergeht, kann dieses neue Vorgehen von Schuldigen, die es verdienen, auf Unschuldige übertragen werden, die es nicht verdienen. [...]
Und das befürchte ich nicht von Cicero oder überhaupt in unserer Zeit; aber in einem großen Staat gibt es viele unterschiedliche Menschen. Es kann zu einer anderen Zeit, unter einem anderen Konsul, der ebenso über ein Heer verfügt, etwas Falsches anstelle der Wahrheit geglaubt werden: Wenn dann aufgrund des heutigen Präzedenzfalls einmal ein [anderer] Konsul durch Senatsbeschluss das Schwert zückt, wer wird ihm dann Grenzen setzen, wer ihn mäßigen können?

2 Gruppenarbeit (A/B) – Teil II:
- **a** Entwickeln Sie auf der Basis der zentralen lateinischen Begriffe eine detaillierte Argumentationsstruktur Ihres Textabschnitts (A bzw. B).
- **b** Weisen Sie anhand einer ausgewählten Stelle das bewusste Zusammenspiel von Aussageabsicht und stilistischer Gestaltung nach.
- **c** *Plenum*: Präsentieren Sie Ihre Ergebnisse und fügen Sie sie zu einer Gesamtübersicht der Argumentation zusammen.

3 Stellen Sie Begriffe zu den Wortfeldern „Gefühlsregungen“ (A) und „Zeitumstände“ (B) zusammen und nehmen Sie Stellung zu deren deutscher Wiedergabe.

4 Sachlichkeit – Prinzipienlosigkeit– Emotionslosigkeit – Bagatellisierung – Einfühlungsvermögen – Pragmatismus – Deeskalation: Wählen Sie die Beschreibungen aus, die am besten zu Caesars Rede passen, und begründen Sie Ihre Wahl am Text.

5
- **a** Stellen Sie, u. a. auf der Grundlage Ihres Vorwissens über Caesars Rolle in der späten Republik, begründete Vermutungen über Sallusts Einstellung gegenüber Caesar an.
- **b** Erörtern Sie, ob bzw. inwiefern in der Art, wie Sallust Caesar auftreten lässt, eine Wertung durch den Autor enthalten ist.

6 Übertragen Sie die damalige Bedrohungslage auf eine vergleichbare heutige Situation und diskutieren Sie, welche Gefahren oder Chancen von einem Politiker wie Sallusts Caesar ausgehen könnten. → Strafe und Sicherheit, S. 29

→ S. 224 Übersetzungsvergleich

Die Rede des Cato Cat. 52 (gekürzt)

5. Dezember 63 v. Chr.: Caesars Rede hat durchschlagende Wirkung, und es sieht fast so aus, als würde Caesar sich durchsetzen. Dann kommt Cato an die Reihe (→ Cato Uticensis, S. 31). Cato hält nun ein leidenschaftliches Plädoyer für die Todesstrafe, das Sallust so wiedergibt:

1 Z. 1–3:
- **a** Arbeiten Sie heraus, wie Cato die Catilinarier beschreibt.
- **b** Handeln statt diskutieren! – Weisen Sie nach, dass dies die Devise Catos ist.

2 Z. 12–16: Arbeiten Sie heraus, durch welche Eigenschaften Rom groß wurde und welche stattdessen (*pro his*) in der Gegenwart Catos vorherrschen.

„Longe alia mihi mens est, patres conscripti! [...] Illi mihi disseruisse videntur de poena eorum, qui patriae, parentibus, aris atque focis suis bellum paravere; res autem monet cavere ab illis magis quam, quid in illos statuamus, consultare.
Nam cetera maleficia tum persequare, ubi facta sunt; hoc, nisi provideris, ne accidat, ubi evenit, frustra iudicia inplores: capta urbe nihil fit reliqui victis.
Sed, per deos inmortalis, vos ego appello, qui semper domos, villas, signa, tabulas vostras pluris quam rem publicam fecistis: si ista, quoiuscumque modi sunt, quae amplexamini, retinere, si voluptatibus vostris otium praebere voltis, expergiscimini aliquando et capessite rem publicam! Non agitur de vectigalibus neque de sociorum iniuriis: Libertas et anima nostra in dubio est! [...]

Jede Nachsicht gegenüber Lentulus und den anderen Anhängern Catilinas, so fährt Cato fort, bedeute eine Stärkung für die Verschwörung selbst.

„Nolite existumare maiores nostros armis rem publicam ex parva magnam fecisse! [...] Alia fuere, quae illos magnos fecere, quae nobis nulla sunt: domi industria, foris iustum imperium, animus in consulendo liber, neque delicto neque lubidini obnoxius. Pro his nos habemus luxuriam atque avaritiam, publice egestatem, privatim opulentiam. Laudamus divitias, sequimur inertiam. Inter bonos et malos discrimen nullum, omnia virtutis praemia ambitio possidet. Neque mirum: ubi vos separatim sibi quisque consilium capitis, ubi domi voluptatibus, hic pecuniae aut gratiae servitis, eo fit, ut impetus fiat in vacuam rem publicam. [...]
Postremo, patres conscripti, si mehercule peccato locus esset, facile paterer vos ipsa re conrigi, quoniam verba contemnitis. Sed undique circumventi sumus. Catilina cum exercitu faucibus urget, alii intra moenia atque in sinu urbis sunt hostes: Quo magis properandum est!“

Abschließend beantragt Cato, die Todesstrafe unverzüglich zu vollstrecken.

→ BD lateinlex.de/d1yp
→ S. 218 Kursorisch lesen
→ S. 219 Wörterbuchgebrauch

Übersetzung: Die Rede Catos
Cat. 52 (gekürzt)

„ Denn die übrigen Verbrechen kann man verfolgen, nachdem sie geschehen sind; wenn man dieses aber nicht schon im Vorfeld verhindert, dann wird man hinterher vergeblich die Gerichte anrufen: Ist die Stadt erst erobert, bleibt den Besiegten nichts. Aber – bei den unsterblichen Göttern! – ich appelliere an euch, die ihr immer eure Häuser, Villen, Statuen und Gemälde geschätzt habt als den Staat: wenn ihr das, woran ihr euch so klammert – welcher Art es auch sein mag –, behalten, wenn ihr für eure Vergnügungen Muße haben wollt, dann wacht endlich auf und **engagiert euch für den Staat**! Hier geht es nicht um Steuern oder um Unrecht gegen Bundesgenossen: Unsere Freiheit und unser Leben stehen auf dem Spiel! […]

Glaubt nicht, dass unsere Vorfahren mit Waffen unseren Staat aus kleinen Anfängen groß gemacht haben!

Und kein Wunder: Wenn jeder von euch nur für sich und in seinem Privatinteresse Entscheidungen fällt, wenn er zu Hause nur auf Vergnügungen und hier im Senat auf Geld und Günstlingswirtschaft aus ist, dann ist ein Angriff auf **den sich selbst überlassenen Staat** möglich. […]

Zum Schluss, Senatoren: Ich würde es gerne zulassen, wenn – beim Herkules! – Spielraum für Fehler wäre, dass ihr **durch die Realität eines Besseren belehrt werdet**, denn auf Worte gebt ihr ja nichts. Aber wir sind von allen Seiten umzingelt. Catilina mit seinem Heer packt uns schon an der Kehle, andere Feinde sind innerhalb der Mauern und im Herzen der Stadt: Umso mehr ist Eile geboten!

1 Beschreiben Sie, wie die fettgedruckten Stellen in der Übersetzung vom Original abweichen, und bewerten Sie sie im Hinblick auf Texttreue und Verständlichkeit.

2 Arbeiten Sie die Argumentationsstruktur von Catos Rede auf der Grundlage zentraler lateinischer Begriffe heraus.

3 **a** Dramatisierend – beschwichtigend – aufrüttelnd – pathetisch – unversöhnlich – schmeichelnd – empathisch: Wählen Sie Adjektive aus, die den Tonfall der Rede beschreiben könnten, und begründen Sie Ihre Wahl am Text.

b Analysieren Sie die stilistische Gestaltung ausgewählter Stellen und beschreiben Sie, wie diese der Aussageabsicht entspricht.

c Vergleichen Sie Catos Rede in Aussageabsicht, Tonfall und Stil mit der Rede Caesars.

d Vergleichen Sie die Rede mit Sallusts Rückblick (→ S. 16) und nehmen Sie Stellung zu der Frage, ob Sallust durch die Rede Catos seine eigene Haltung zum Ausdruck bringt.

4 **a** Diskutieren Sie auf der Basis des Textes, wie eine derartige Rede auf die Senatoren gewirkt haben mag.

b Recherchieren Sie, wie Sallust die Reaktion der Senatoren beschreibt **(Cat. 53.1)**, und vergleichen Sie das mit Ihren Ergebnissen aus **a**.

5 Bearbeiten Sie S. 27 **6** im Hinblick auf Catos Rede. → Strafe und Sicherheit

→ MEHR ERFAHREN
Strafe und Sicherheit

In Rom gab es keine Haftstrafe, keine Hochsicherheitsgefängnisse und keine Polizei. Was Caesar in seiner Rede vorschlägt, ist etwas anderes: Hausarrest bei zuverlässigen Bürgern, die dann die Rolle von Gefängniswärtern übernehmen. Doch es ist abzusehen, dass diese Häuser dann attackiert, die Gefangenen gewaltsam befreit werden, vielleicht von Catilina selbst bzw. von der Armee des Manlius. Die Unruhen wären damit also nicht beseitigt, vielleicht sogar im Gegenteil.

→ S. 224 Übersetzungsvergleich

Cato und Caesar – unvereinbare Gegensätze? Cat.53.6–54

Am **5. Dezember 63** hat der Senat die Hinrichtung der verhafteten Verschwörer beschlossen. Die entscheidenden Reden an diesem Tag kamen von **Caesar** (→ S. 26 f.) und **Cato** (→ S. 28 f.), die damals erst am Anfang ihrer Karriere standen, die später aber berühmt werden und bis zum Ende Gegner bleiben sollten. Dies nimmt Sallust zum Anlass für eine vergleichende Charakteristik beider Männer:

1 Z. 1–2: Cato und Caesar werden nach zwei Hauptkriterien miteinander verglichen. Geben Sie die beiden Begriffe an.

2 Z. 3–22: Arbeiten Sie in zwei Gruppen die Charaktereigenschaften Caesars und Catos heraus.

Sed memoriā meā ingenti virtute, divorsis moribus fuere viri duo, M. Cato et C. Caesar. [...]. Igitur iis genus, aetas, eloquentia prope aequalia fuere, magnitudo animi par, item gloria, sed alia alii: Caesar beneficiis ac munificentia magnus habebatur – integritate vitae Cato. Ille mansuetudine et misericordia clarus factus, huic severitas dignitatem addiderat. Caesar dando, sublevando, ignoscundo, Cato nihil largiundo gloriam adeptus est. In altero miseris perfugium erat, in altero malis pernicies. Illius facilitas, huius constantia laudabatur. Postremo Caesar in animum induxerat laborare, vigilare; negotiis amicorum intentus sua neglegere, nihil denegare, quod dono dignum esset; sibi magnum imperium, exercitum, bellum novom exoptabat, ubi virtus enitescere posset. At Catoni studium modestiae, decoris, sed maxume severitatis erat; non divitiis cum divite neque factione cum factioso, sed cum strenuo virtute, cum modesto pudore, cum innocente abstinentia certabat; esse quam videri bonus malebat: Ita, quo minus petebat gloriam, eo magis illum sequebatur.

1 **sed** (*gemeint: im Gegensatz zu langen Jahren ohne* virtus)
3 **aequālis**, *-e* gleich, ebenbürtig
4 **aliī** *(hier)* bei jedem anders
9 **sublevāre** unterstützen
largīrī schenken, spenden
13 **in animum indūcere** zu seinem Grundsatz machen
15/16 **sibi exoptāre** für sich sehnlich wünschen
16 **ēnitēscere**, *-ō* sich in vollem Glanze zeigen
18 **factiō**, *-ōnis f* Partei; *(hier)* Eifer, Engagement für eine Partei
19 **factiōsus** Parteianhänger
22 **sequebātur** (*Subjekt ist* glōria)

→ BD lateinlex.de/d1yr
→ S. 218 Kursorisch lesen
→ S. 219 Wörterbuchgebrauch

Variante A (Schwerpunkt Sallust)

3 Arbeiten Sie aus dem Text heraus, wie Sallust die Gegenüberstellung von Caesar und Cato stilistisch gestaltet.

4 **a** Stellen Sie die Eigenschaften des Cato und des Caesar übersichtlich zusammen.
b Überprüfen Sie, inwiefern diese den Reden Caesar bzw. Catos (→ S. 26–29) entsprechen.
c Wem gibt Sallust den Vorzug – Cato, Caesar oder keinem von beiden? Diskutieren Sie diese Frage anhand des Textes und Ihres Wissens über Sallust.

5 Diskutieren Sie, u. a. auch anhand Ihres Vorwissens, ob bzw. wem von den beiden Sie selbst den Vorzug geben würden. → Cato Uticensis

6 Nehmen Sie Stellung zu der Frage, ob die beiden Porträtbüsten Ihrem Bild von Cato bzw. Caesar entsprechen.

7 **a** Übertragen Sie die in der Statistik genannten Eigenschaften auf Cato und Caesar und diskutieren Sie, wie die beiden heute bei Wahlen abschneiden würden.
b Stellen Sie in der Lerngruppe weitere Kriterien für ideale Politiker bzw. Politikerinnen zusammen.

→ MEHR ERFAHREN
Cato Uticensis

Marcus Porcius Cato, der Urenkel des Cato d. Ä. (→ Karthago als „Wetzstein", S. 17), war ein Optimat, ein glühender Verfechter der traditionellen Republik. Er kämpfte kompromisslos gegen Korruption und auch gegen die republikgefährdende Vormachtstellung großer Militärs, sei es Pompeius oder Caesar. Im Bürgerkrieg führte er nach Pompeius' Tod (48 v. Chr.) den Kampf gegen Caesar weiter. Nach Caesars Sieg 46 v. Chr. zog er es vor, sich in Utica (Afrika) das Leben zu nehmen, als sich dem Diktator zu unterwerfen. Cato wurde so zum Inbegriff des stoischen Republikaners, der sich gegen jede Tyrannei stellt.

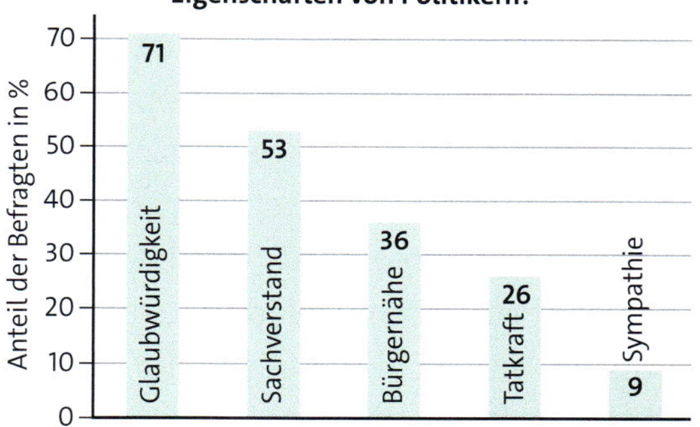

Umfrage: statista (Deutschland 2008)

M. Porcius Cato Uticensis (spätes 1. Jh. v. Chr.).

C. Iulius Caesar (wegen der Farbe des Marmors sog. „grüner Caesar", Anfang 1. Jh. n. Chr.).

→ S. 226 Stilmittel
→ GK 7.5 Caesar (zu Aufg. 5)

Das blutige Ende der Verschwörung Cat. 61

Anfang 62 v. Chr.: In Etrurien stellen sich Catilina und Manlius mit ihrer Rebellenarmee den Legionen der Republik zur letzten Schlacht. Sallust schildert eindrücklich, wie Catilina „die Pflichten eines tapferen Soldaten und eines guten Feldherren zugleich erfüllt" und sich schließlich mit Absicht ins Getümmel stürzt, um den Tod zu finden. Sallusts Buch endet mit einem langen Blick auf das Schlachtfeld:

1 Weisen Sie nach, dass der Text sich folgendermaßen gliedern lässt:
I. Die Kriegsparteien:
– Die Seite Catilinas
– Die Seite des Staates
II. Ergebnis: Gemischte Gefühle bei den Siegern

Sed confecto proelio tum vero cerneres, quanta audacia quantaque animi vis fuisset in exercitu Catilinae. Nam fere quem quisque vivus pugnando locum ceperat, eum amissa anima corpore tegebat. Pauci autem, quos medios cohors praetoria disiecerat, paulo divorsius, sed omnes tamen advorsis volneribus conciderant. Catilina vero longe a suis inter hostium cadavera repertus est, paululum etiam spirans ferociamque animi, quam habuerat vivus, in voltu retinens. Postremo ex omni copia neque in proelio neque in fuga quisquam civis ingenuus captus est: Ita cuncti suae hostiumque vitae iuxta pepercerant.

Neque tamen exercitus populi Romani laetam aut incruentam victoriam adeptus erat; nam strenuissumus quisque aut occiderat in proelio aut graviter volneratus discesserat.

Multi autem, qui e castris visundi aut spoliandi gratia processerant, volventes hostilia cadavera amicum alii, pars hospitem aut cognatum reperiebant; fuere item, qui inimicos suos cognoscerent. Ita varie per omnem exercitum laetitia, maeror, luctus atque gaudia agitabantur.

2/3 *Ordne:* Nam quisque locum fere, quem vīvus ...
4 **mediōs** *(hier)* im Zentrum *(der Schlachtreihe)*
4/5 **cohors praetōria** Leibtruppe des Generals der Senatstruppen *(sie hatte den Hauptangriff geführt)*
5 **disicere**, *-iō* (*Perf.* disiēcī) auseinandertreiben
dīvorsius weiter abseits *(von ihrem ursprünglichen Standort)*
6 **advorsa volnera** Wunden auf der Brust *(gemeint: als Beweis ihrer Tapferkeit in der Schlacht)*
concidere = cadere
7 **etiam** *(hier)* immer noch
10 **ingenuus** freigeboren
11 **iūxtā** *(Adv.) (hier)* gleich wenig
17 **aliī ... pars** = aliī ... aliī
18 **cōgnātus** (Bluts-) Verwandter
19 **variē** durcheinander
20 **maeror**, *-ōris m* Trauer
agitārī *(hier)* geäußert werden, herrschen

→ **BD** lateinlex.de/d1ys

Variante A (Schwerpunkt Sallust)
Variante B: Zeile 9–20

2 Z. 1–15:

a Stellen Sie aus dem Text wertende Begriffe zusammen und ordnen Sie diese auf der Basis von **1** den beiden Kriegsparteien zu.

b Die Beschreibung des Schlachtfelds ist von hoher Symbolkraft. Arbeiten Sie diese Symbolik heraus.

c Überprüfen Sie anhand inhaltlicher und stilistischer Kriterien, inwiefern es sich hier um ein Paradebeispiel moralischer und tragischer Geschichtsschreibung handelt.

→ Moralische Geschichtsschreibung, S. 13

3 Blicken Sie auf die gelesenen Texte zurück:

a Überprüfen Sie, inwieweit die Geschichte Catilinas insgesamt als Tragödie bzw. tragische Geschichtsschreibung angelegt ist.

b Überarbeiten Sie ggf. Ihre Ergebnisse aus S. 15 **9** (Catilina als „guter" Schurke).

4 Den Römern war es für die Beurteilung einer historischen Persönlichkeit immer wichtig, mit welcher Haltung sich diese dem Tod gestellt hatte. Vergleichen Sie diesbezüglich Catilina mit Hannibal und Plinius dem Älteren.

5 Sallust führt eindrücklich die spezifischen Schrecken eines Bürgerkrieges vor.

a Arbeiten Sie diese anhand lateinischer Zitate heraus. Gehen Sie dabei auch auf die Problematik des Begriffs *hostis* ein.

b Beschreiben Sie das Gemälde und arbeiten Sie heraus, inwiefern es die Aussage des Textes abbildet.

c Z. 16–20: Sallust hätte sein Werk auch mit der Meldung der Siegesbotschaft in Rom beenden können, hat sich aber für dieses Schlusswort entschieden. Stellen Sie anhand Ihres Wissens über Sallust und anhand Ihrer Ergebnisse aus **2** – **4** Gründe dafür zusammen.

Entdeckung von Catilinas Leiche nach der Schlacht von Pistoria. Gemälde von Alcide Segoni (1871).

→ S. 226 Stilmittel

→ GK Rom und Karthago; Bd. 1, S. 72 f. (zu Hannibal)
→ Bd. 2, S. 37 (zu Plinius d. Ä.)

CICERO: PHILIPPICAE

Während Sie **Cicero** (106–43 v. Chr.) letztes Jahr als politisch engagierten Anwalt kennen gelernt haben, steht nun der rhetorisch brillante Politiker im Mittelpunkt, der die römische Republik in ihrer schlimmsten Krise retten will.

Ciceros Laufbahn

Geboren in Arpinum, in eine Familie aus dem Ritterstand (106 v. Chr.), fehlte Cicero trotz all seiner Talente die wichtigste Voraussetzung für eine politische Karriere: Er war kein *nobilis*. Als *homo novus* standen ihm grundsätzlich zwei Möglichkeiten offen: Er hätte sich durch militärische Leistungen einen Namen machen können, aber Krieg lag ihm nicht. Cicero wählte die zweite, wenn auch weit schwierigere Möglichkeit: die **Redekunst**. Als **Anwalt** erreichte er mit 26 Jahren im Fall **Roscius** seinen ersten großen Erfolg, mit dem er sich auch politisch positionierte. Er durchlief die **Ämterlaufbahn** *(cursus honorum)* jeweils im Mindestalter *(suo anno)* und errang **63 v. Chr.** sogar das höchste Amt der Republik, das Konsulat.
Als Konsul deckte er die Verschwörung des **Catilina** auf und blieb sein Leben lang stolz darauf – gerade deshalb, weil er auch dies allein durch Beredsamkeit erreicht und einen Bürgerkrieg verhindert hatte: *Cedant arma togae, concedat laurea linguae!* („Mögen die Waffen der Toga, der [Sieges-]Lorbeer der Rede weichen!"), wie er selbst darüber schrieb.

Cicero und das 1. Triumvirat

Die Grenzen seiner Wirkungsmöglichkeiten zeigten sich dann in den folgenden Jahren, als die Machthaber Pompeius, Caesar und Crassus sich zum 1. Triumvirat zusammenschlossen.
59 v. Chr. musste Cicero wegen der ungesetzlichen Hinrichtung der Catilinarier in die **Verbannung** gehen. Als er nach etwa einem Jahr zurückgerufen wurde, war klar, dass er gegen oder außerhalb des Triumvirats nichts bewegen konnte. In diesen Jahren schrieb Cicero viel und wandte sich der **Philosophie** zu.

Sein politisches Ziel war nach wie vor eine funktionierende *res publica* mit einem Gleichgewicht der Kräfte, die ihre Konflikte friedlich, ohne Gewalt und Bürgerkrieg, aushandelten, mit einem Wort: *concordia ordinum* („Eintracht der Stände"). Sich selbst sah er in einer parteiübergreifenden Rolle – tatsächlich geriet er aber eher zwischen die Stühle. Im **Bürgerkrieg** zwischen Caesar und Pompeius mochte er sich lange keiner der beiden Seiten anschließen, obwohl er mehr Sympathien für Pompeius hatte; **Caesars Diktatur** lehnte er ab, hielt sich aber abseits und opponierte nicht offen.

Cicero, Brutus, Antonius – und ein neuer Caesar

Nach der **Ermordung Caesars** durch **Brutus** und andere sprach Cicero sich zunächst für eine Versöhnung zwischen Caesarianern und Caesarmördern aus (→ Die Iden des März und die Folgen, S. 41). Sein Vorschlag fand Anklang, und der caesarianische Konsul **M. Antonius** übernahm die Regierung und behandelte die Caesarmörder ehrenvoll und mit Respekt. In seiner Politik wurde er aber zusehends senatsfeindlicher und strebte angeblich nach Alleinherrschaft. **Cicero** zog sich zurück und wollte nach Griechenland reisen – da erreichte ihn plötzlich die Nachricht, es formiere sich **Widerstand** gegen Antonius. Von da an sah es Cicero als seine Aufgabe an, dessen Kopf und Stimme zu sein. Noch einmal wollte er die *concordia omnium bonorum* schmieden – diesmal als Koalition zwischen dem Senat, den Caesarmördern und dem jungen **Octavian** (Caesars Erben) gegen Antonius. Diesem Ziel dienten seine ***Philippischen Reden*** (der Name erinnert an die Reden des athenischen Redners Demosthenes gegen den Makedonenkönig Philipp).
Es war eine Fehlkalkulation: Die unwahrscheinliche Front kam zwar zustande, zerbrach aber bald. Und als sich Octavian mit Antonius und Lepidus zum **zweiten Triumvirat** verband und wieder einmal **Proskriptionen** folgten, stand Ciceros Name ganz oben auf den neuen Proskriptionslisten. Cicero wurde im November 43 v. Chr. ermordet.

→ S. 9; S. 24 f. (zu Ciceros Konsulat)
→ S. 108 Cicero (als Philosoph)

→ GK 3.2 Späte Republik
→ GK 4 Gesellschaft
→ GK 7.4 Rhetorik
→ GK 7.5 Cicero

Die *Philippicae* – Wirkung und Gehalt

Die *Philippicae* waren eine rhetorische Meisterleistung, die – wie übrigens schon die des Demosthenes – ihrem Urheber jedoch kein Glück brachte: Hätte er sich nicht so kompromisslos gegen Antonius gestellt, wäre er vermutlich auch nicht ermordet worden. Für die Nachwelt bieten die Reden einen einzigartigen Einblick in die letzten Monate der römischen Republik; ihre Figuren – u.a. Caesar, Brutus, Octavian (der spätere Augustus) und natürlich Marcus Antonius zählen zu den berühmtesten der Weltgeschichte und wurden u.a. in Shakespeares *Julius Caesar* verewigt. Inhaltlich geht es um die großen Themen der Politik: um Bürgerkrieg und Freiheit, um Diktatur und die Berechtigung des Tyrannenmordes.

→ GUT ZU WISSEN

Senats- und Volksreden

Ciceros politische Reden teilen sich in **Senats**- und **Volksreden**. Der **Senat** tagte in der **Curie** oder auch in einem **Tempel** (z. B. dem der Concordia – bereits die Wahl der Gottheit, unter deren Dach man tagte, war eine politische Aussage). Auch wenn man dabei die **Türen** gerne demonstrativ **geöffnet** hielt, um zu zeigen, dass man nichts zu verbergen oder zu befürchten hatte, hatte das **Volk** keinen Anteil daran. Oft fand jedoch im Anschluss eine **Volksversammlung *(contio)*** statt, um über die Beschlüsse im Senat zu informieren – und um Stimmung zu machen. Cicero nutzte diese Möglichkeit gerne. Daher gibt es manchmal von ihm zwei Reden zum selben Anlass: die vor dem Senat und die vor dem Volk – oft mit sehr interessanten Unterschieden.

1 Erläutern Sie, inwiefern die Reden für S. Roscius, gegen Catilina und die *Philippicae* wichtige Eckpunkte in der Karriere Ciceros darstellen.

2 Stellen Sie in einer Mindmap überblicksartig das politische Verhältnis Ciceros zu folgenden Personen dar: Caesar – Caesarmörder – Octavian – Antonius.

→ GUT ZU WISSEN

Wer war Antonius?

Marcus Antonius (ca. 83–30 v. Chr.) nahm auf **Caesars** Seite am **Bürgerkrieg** gegen Pompeius teil und wurde **44 v. Chr. Konsul** mit Caesar als Kollegen, was Caesars große Wertschätzung für ihn beweist – so sehr Cicero diese in den *Philippicae* auch herunterzuspielen versucht. Antonius' Amtsführung als Konsul war wohl nicht frei von Korruption und Willkür, aber wie skandalös sie wirklich war, lässt sich heute schwer einschätzen. **Angefeindet** wurde Antonius zuerst vor allem von Caesarianern wie **Octavian**, Caesars Erben, weil er die Caesarmörder nicht bestraft hatte – dann von **Cicero**, weil er allzu „caesarianisch" agierte. **43 v. Chr.** verbündete Antonius sich mit Octavian und Lepidus zum **2. Triumvirat**. Die drei teilten das Reich unter sich: Antonius übernahm die Macht im Osten, wo er sich mit **Kleopatra** zusammentat. Schließlich kam es zum Bruch und abermals zum Bürgerkrieg **(Actium, 31 v. Chr.)**. Nach der Niederlage nahmen Kleopatra und Antonius sich das Leben.

3 Bisweilen findet man bei Justiz- oder Parlamentsgebäuden Cicero-Statuen wie die hier abgebildete. Erklären Sie, warum.

Cicerostatue vor dem Justizpalast in Rom (19. Jh.; Kopf nach einem Original aus dem 1. Jh. v. Chr.)

ÜBERBLICK Cicero gegen Antonius

Ereignisse 44 v. Chr.	*Philippica* Nr.	Datum und Inhalt
1. September: Rede des Konsuls Antonius vor dem Senat.		
	1 [Senat]	**2. September:** Cicero mahnt Antonius zur Umkehr (Antonius ist nicht anwesend). → F S. 38: *Wie ein Politiker sein soll*
19. September: Antonius antwortet, ebenfalls im Senat, mit einer Schmährede gegen Cicero (Cicero ist nicht anwesend).		
	2 [Flugschrift, die eine Senatsrede fingiert]	**Ende September:** Cicero rechnet in schriftlicher Form umfassend, politisch wie persönlich, mit Antonius ab. → F S. 40: *Ein Dummkopf und Ekelpaket!* → F S. 42: *Die schlimmste Tat des Antonius* → B S. 44: *Die wahren Hüter der Republik* → F S. 46: *Bis zum bitteren Ende*
Oktober bis Dezember: Es formiert sich Widerstand gegen Antonius: • Octavian, der Erbe Caesars, macht sich mit seinem adoptierten Namen (C. Caesar) und mit Geld beim Volk und beim Heer beliebt; er stellt mit eigenem Geld eine Privatarmee auf: U. a. laufen zwei der vier in **Brundisium** stationierten Legionen zu ihm über. • Antonius kann das nicht verhindern, obwohl er die Meuterei in **Brundisium** blutig zu unterdrücken versucht. Mit den zwei übrigen Legionen marschiert er nach **Gallia Cisalpina**, wo er nächstes Jahr sein Prokonsulat ausüben soll. • Decimus Brutus, einer der Caesarmörder, Statthalter von **Gallia Cisalpina**, weigert sich, Antonius seine Provinz zu übergeben, und verschanzt sich in **Mutina**.		
	3 [Senat]	**20. Dezember:** Cicero drängt den Senat, Decimus Brutus in Mutina gegen Antonius zu unterstützen und dabei auch auf die militärische Hilfe des Octavian (= C. Caesar) zurückzugreifen; Antonius sei als Staatsfeind ***(hostis)*** zu betrachten. → B S. 48: *Ein neuer Caesar?* → B S. 50: *Wacht auf!* Ergebnis: • **Senatsbeschluss**, der die Aktivitäten des Decimus Brutus und des Octavian **legalisiert**. • Aber **kein Beschluss**, der Antonius zum ***hostis*** erklärt.
	4 [Volk]	Anschließend informiert Cicero das Volk in einer Volksversammlung *(contio)* über die Beschlüsse, wobei er Antonius immer wieder betont als *hostis* bezeichnet. → A B S. 52: *Ein „Feind des Menschengeschlechts“*

Legende: A = Variante A
B = Variante B (Schwerpunkt Cicero)
F = fakultativ

Ereignisse 43 v. Chr.	*Philippica* Nr.	Datum und Inhalt
1. Januar: Amtsantritt der neuen Konsuln **Hirtius** und **Pansa**. **1.–4. Januar:** Senatsdebatte über Antonius. Das antoniusfreundliche Lager beantragt – erfolgreich – eine **Gesandtschaft** zu Antonius, die ihm ein Ultimatum unterbreiten soll: Er soll von Mutina abziehen sowie seine Provinzen aufgeben.		
	5 [Senat]	Cicero spricht – erfolglos – dagegen: Eine Gesandtschaft sei sinnlose Zeitverschwendung; statt dessen solle man Antonius endlich zum *hostis* erklären und den Krieg beschließen.
	6 [Volk]	**4. Januar:** Cicero schwört auch das Volk auf diese Linie ein: Keine Kompromisse mit Antonius! Er ist sicher, dass die Gesandtschaft scheitert. → A B S. 54: *Gemeinsam sind wir frei*
Mitte/Ende Januar: Während die Gesandtschaft unterwegs ist, werden im Senat Grundsatzdebatten gehalten. Antonius' Anhänger diffamieren Cicero als Kriegstreiber.		
	7 [Senat]	**Mitte/Ende Januar:** Cicero begründet und bekräftigt seine Kriegspolitik.
2. Februar: Rückkehr der Gesandtschaft: Antonius schlägt das Ultimatum aus, bietet aber Verhandlungen an. Der Senat beschließt den „Aufruhr" *(tumultus)*, aber nicht den Krieg und erklärt auch jetzt Antonius nicht zum *hostis*. Viele befürworten eine neue Gesandtschaft.		
	8 und 9 [Senat]	**3./4. Februar:** Cicero erklärt erneut, dass Krieg unausweichlich und kein Kompromiss möglich sei. → A B S. 56: *Warum es keinen Frieden geben kann*
Mitte Februar: Es wird bekannt, dass die Caesarmörder Marcus Brutus und Cassius den gesamten Osten des Reiches in ihre Hand gebracht haben. Die Position aller Caesarianer wird dadurch entscheidend geschwächt.		
April: Der Senat bzw. die Konsuln Hirtius und Pansa, unterstützt von Octavian und Decimus Brutus, führen eine Armee gegen Antonius und besiegen ihn am **27. April** bei Mutina.	10–14	**Februar bis Ende April:** Cicero spricht im Senat für die Legalisierung der Macht des Brutus und Cassius und plädiert weiterhin für Kompromisslosigkeit gegen Antonius. Die letzte erhaltene *Philippica* ist eine Dankes- und Lobrede für den Sieg bei Mutina.

Wie ein Politiker sein soll Phil. 1.33–35

Da Antonius als Konsul zunehmend populare und caesarianische Politik macht (→ Wer war Antonius?, S. 35), formiert sich allmählich eine Opposition – allerdings erst ab dem Herbst 44. Am **1. September** hält Antonius eine Rede, wobei er das Senatsgebäude mit Militär sichern lässt; Cicero bleibt der Sitzung fern. Doch am nächsten Tag, dem **2. September**, hält Cicero seine erste Rede gegen Antonius – nun in Abwesenheit des Antonius. – Im Vergleich zu den späteren ist diese erste Rede eher moderat, Cicero nimmt die Rolle des väterlichen Mahners ein:

1 Z. 1–7:
- **a** Cicero beschreibt hier zwei Möglichkeiten des *„iter gloriae"*. Erschließen Sie beide mithilfe der farbigen Markierungen. → Unsterbliche Ahnen, S. 39
- **b** Erschließen Sie, wie Cicero die beiden Wege beurteilt und welchen der beiden Wege wohl Antonius verfolgt.

2 Z. 8–12: *„Oderint, dum metuant"*: Cicero zitiert hier aus einer berühmten Tragödie das Motto des mythischen Königs Atreus. Übersetzen Sie es und erschließen Sie mithilfe der Markierungen den positiven Gegenentwurf Ciceros.

3 Z. 13–22: Arbeiten Sie alle Ausdrücke heraus, die eine Aufforderung beinhalten, und erschließen Sie, wozu Cicero Antonius bewegen will.

Illud magis vereor, ne – ignorans verum iter gloriae – gloriosum putes plus te unum posse quam omnes et metui a civibus tuis quam diligi malis. Quodsi ita putas, totam ignoras viam gloriae. Carum esse civem, bene de re publica mereri, laudari, coli, diligi gloriosum est; metui vero et in odio esse invidiosum, detestabile, imbecillum, caducum.

Quod videmus etiam in fabula illi ipsi, qui „Oderint, dum metuant!" dixerit, perniciosum fuisse. Utinam, M. Antoni, avum tuum meminisses! De quo tamen audisti multa ex me, eaque saepissime. Illa erat vita, illa secunda fortuna, libertate esse parem ceteris, principem dignitate.

Sed quid oratione te flectam? Si enim exitus C. Caesaris efficere non potest, ut malis carus esse quam metui, nihil cuiusquam proficiet nec valebit oratio. Quem qui beatum fuisse putant, miseri ipsi sunt. Beatus est nemo, qui ea lege vivit, ut non modo impune, sed etiam cum summa interfectoris gloria interfici possit. Quare flecte te, quaeso, et maiores tuos respice atque ita guberna rem publicam, ut natum esse te cives tui gaudeant, sine quo nec beatus nec clarus nec tutus quisquam esse omnino potest.

6 **invidiōsus** Missfallen erregend
dētēstābilis, *-e* verabscheuenswert
imbēcillus schwächlich
7 **cadūcus** zum Scheitern verurteilt
8 **quod** *(bezieht sich auf Z. 5 f.:* metuī et in ōdiō esse)
fabula *(hier)* Tragödie (vgl. **2**)
10 **avum tuum** → Die Antonier, S. 39
15 **quem** *(gemeint: Caesar)*
16/17 **eā lēge** *(hier)* auf solche Weise
impūne *Adv.* ungestraft

→ BD lateinlex.de/d1yt
→ S. 218 Kursorisch lesen
→ S. 219 Wörterbuchgebrauch

→ GUT ZU WISSEN

Unsterbliche Ahnen

Der antike Historiker Polybios beschreibt die Allgegenwart des *mos maiorum* für jeden Römer des Senatorenstandes (hist. 6.53 f.): „Am sichtbarsten Platz des Hauses, im Atrium, werden lebensechte Porträtmasken der verstorbenen Vorfahren ausgestellt. Wenn ein Familienmitglied stirbt, tragen Angehörige im Leichenzug dessen Maske und die der Vorfahren mit den jeweiligen Amtszeichen (z. B. Togen mit Purpurstreifen). Man kann sich kaum ein besseres Schauspiel für einen jungen Mann vorstellen, der nach Ruhm strebt und sich für Größe begeistert. Außerdem zählt man in der Leichenrede auch die Leistungen der Ahnen auf, die durch ihre Masken gegenwärtig sind. So erhält der Ruhm derer, die etwas Gutes geleistet haben, Unsterblichkeit ... Junge Leute werden hierdurch angespornt, für das Gemeinwohl alles Mögliche auf sich zu nehmen, um Ruhm zu erlangen."

→ MEHR ERFAHREN

Die Antonier

M. Antonius entstammte einer berühmten Familie. Sein Großvater **M. Antonius Orator** war ein bedeutender Redner, den Cicero in seinen rhetorischen Schriften sehr positiv darstellt. Sein Onkel **C. Antonius Hybrida** war Ciceros Kollege im Konsulat 63 v. Chr.

4 a Arbeiten Sie Gliederung und Argumentationsstruktur des Redeausschnittes heraus.
b Z. 1–7: Analysieren Sie ausgewählte Stellen stilistisch und beschreiben Sie den Zusammenhang zwischen Aussageabsicht und Textgestaltung.

5 a Weisen Sie am Text nach, dass Ciceros Argumentation auf tradierten römischen Wertbegriffen basiert.
b Erläutern Sie, warum Ciceros Argumentation für Römer besonders überzeugend klingt. Beziehen Sie dabei die Abbildung mit ein.
→ Unsterbliche Ahnen
c Erörtern Sie, ob eine auf ähnlichen Werten basierende Argumentation auch heute noch wirksam wäre.

6 Z. 13 ff., *exitus Caesaris*:
a Erklären Sie, worauf Cicero hier anspielt.
b Arbeiten Sie heraus, welches Urteil Cicero damit über den toten Diktator Caesar fällt.

7 Auch der Historiker Sallust nennt unterschiedliche Formen des Erwerbs von *gloria* (→ S. 10 f.). Vergleichen Sie auf der Basis von **1** die Darlegungen Ciceros damit.

Adliger Römer mit Porträts seiner Ahnen (sog. Togatus Barberini, 1. Jh. v. Chr.).

Eine Schmähschrift gegen Antonius Phil. 2

Ein Dummkopf und Ekelpaket! Phil. 2.30; 2.63

Oktober 44 v. Chr.: Antonius hatte Cicero in einer Rede scharf angegriffen (→ **Übersicht, S. 36: 19. September**) und für sämtliche politischen Missstände der letzten 20 Jahre verantwortlich gemacht. Ciceros Antwort ist die ***2. Philippica***, eine schonungslose **Schmähschrift**, die im Grunde Antonius als Politiker wie als Mensch völlig demontiert.
Darin setzt sich Cicero in schriftlicher Form mit Antonius' Rede auseinander und zitiert sie oft wörtlich. Da Antonius' Reden nicht erhalten sind, können wir seine Argumentation fast nur durch solche Zitate erschließen:

1 Z. 1–7: Geben Sie die Worte des Antonius an, die Cicero „zitiert", und erschließen Sie den Inhalt der Aussage. → Cicero und die Iden, S. 41
EXTRA: Erläutern Sie, wie Antonius diese Aussage gegen Cicero verwendet haben könnte.

2 Z. 8–19:
- **a** Erschließen Sie **den Hergang**.
- **b** Wer eher fertig ist, erschließt die äußere Erscheinung des Antonius.
- **c** Wer damit fertig ist, erschließt die Beurteilung des Vorfalls durch Cicero.
- **d** Wer auch damit fertig ist, erschließt, wie Cicero den Vorfall im Hinblick auf Antonius' Stellung beurteilt.
- **e** **EXTRA:** Übersetzen Sie den Rest.

Sed stuporem hominis vel dicam pecudis attendite! Sic enim dixit: „Brutus, quem ego honoris causa nomino, cruentum pugionem tenens Ciceronem exclamavit; ex quo intellegi debet eum conscium fuisse." Ergo ego sceleratus appellor a te, quem tu suspicatum aliquid suspicaris; ille, qui stillantem prae se pugionem tulit, is a te honoris causa nominatur? [...]

Außerdem zählt Cicero in der 2. *Philippica* zahllose Beispiele für Antonius' angeblich völlig verdorbenen Charakter auf – darunter folgenden Vorfall, den sich Antonius als *magister equitum* (Stellvertreter des Diktators Caesar) zuschulden kommen ließ:

Sed haec, quae robustioris improbitatis sunt, omittamus; loquamur potius de nequissimo genere levitatis. **Tu** istis faucibus, istis lateribus, ista gladiatoria totius corporis firmitate **tantum vini in Hippiae nuptiis exhauseras, ut tibi necesse esset in populi Romani conspectu vomere postridie**.
O rem non modo visu foedam, sed etiam auditu! Si inter cenam in ipsis tuis immanibus illis poculis hoc tibi accidisset, quis non turpe duceret? **In coetu** vero **populi Romani** negotium publicum gerens, magister equitum, cui ructare turpe esset, **is vomens frustis esculentis vinum redolentibus gremium suum et totum tribunal inplevit**!

1 **stupor**, *-ōris m* Dummheit
hominis *(gemeint ist Antonius)*
attendere, *-ō* beachten, hören
2 **honōris causā** *(bewusst ehrenvolle Nennung des Brutus)*
3 **pūgiō**, *-ōnis m* Dolch
5 **suspicātum** *ergänze* esse
6 **stīllāre** tropfen, triefen
8 **rōbustus** stark, handfest, kernig
9 **nēquissimus** liederlich
11 **Hippias**, *-ae m* Hippias *(ein Schauspieler; ein wenig angesehener Beruf)*
exhaurīre (*Perf.* exhausī) leeren; saufen
12 **vomere**, *-ō* sich übergeben, kotzen
13 **postrīdiē** am Tag danach
15 **pōculum** Becher, *(hier)* Saufgelage
16 **coetus**, *-ūs m* Zusammenkunft
17 **magister** (*Prädikativum*: als ...)
ructāre rülpsen
18 **frūstum ēsculentum** Essensbrocken
redolēre *(m. Akk.)* riechen nach
19 **gremium** Schoß
tribūnal, *-ālis n* Tribunal, Ehrentribüne

→ BD lateinlex.de/d1yu
→ S. 218 Kursorisch lesen
→ S. 219 Wörterbuchgebrauch
→ S. 41 Die Iden des März und die Folgen (zu Aufg. 1)

3 Z. 1–7:

a Erläutern Sie, wie Cicero den Vorwurf des Antonius widerlegt.

b Entwickeln Sie eine Strategie, wie Cicero den Vorwurf umkehren und gegen Antonius verwenden könnte.

→ Die Iden des März und die Folgen

·→ Cicero und die Iden des März

4 Z. 8–19: Arbeiten Sie heraus, mit welchen rhetorischen Mitteln Cicero im zweiten Abschnitt Empörung beim Leser erzeugen will.

5 Arbeiten Sie heraus, wie Antonius insgesamt charakterisiert wird und welche Schlüsse die Leser daraus ziehen sollen.

6 Wie privat ist das Privatleben eines Politikers?

a Stellen Sie sich vor, der in Z. 8–19 geschilderte Vorfall würde heute einem Spitzenpolitiker passieren. Diskutieren Sie, ob man sich heute ebenso und aus den gleichen Gründen darüber empören würde.

b Nennen Sie aktuelle Beispiele für Empörung über privates Verhalten von Politikerinnen oder Politikern.

7 Beschreiben Sie die Abbildung und erläutern Sie, inwiefern Antonius als Demagoge charakterisiert ist.

→ Die Iden des März und die Folgen

→ GUT ZU WISSEN

Die Iden des März und die Folgen

Am 15. März 44 v. Chr. wurde **Caesar**, der nach seinem Sieg im Bürgerkrieg als ***dictator perpetuus*** regierte, von einer größeren Gruppe von Senatoren unter Führung von M. Brutus und Cassius erdolcht. Danach stand **Antonius** als **Konsul** automatisch an der Spitze der Regierung. Er handelte schnell und entschieden: Schon für den **17. März** berief er eine **Senatssitzung** ein, in der darüber beraten wurde, wie mit den Attentätern verfahren werden sollte. Hier erwirkte Cicero eine **Amnestie**: Man einigte sich darauf, die Tat zu **beschweigen**, sie weder als Heldentat zu feiern noch als Verbrechen zu ahnden. Doch im Folgenden brachte Antonius das **Volk** und die **Veteranen**, bei denen Caesar durchaus populär war, geschickt auf seine Seite, u. a. durch seine Rede bei Caesars Leichenbegängnis. Die **Verschwörer** sahen sich gezwungen, **Rom zu verlassen**. In Rom regierte Antonius *de facto* nach Willkür, wobei er vorgab, nur die *acta Caesaris* (Verordnungen Caesars) auszuführen; diese waren nämlich offiziell in Kraft geblieben.

·→ GUT ZU WISSEN

Cicero und die Iden des März

An Caesars Ermordung war Cicero nicht beteiligt, aber davon begeistert. In einem Brief schreibt er: „Was unsere Helden vollbringen konnten, das haben sie vollbracht, herrlich und ruhmreich!“ Allerdings: Die Tat sei leider „mit dem Mut von Männern, aber mit dem Verstand von Kindern ausgeführt worden. Wer sieht denn nicht, dass man den Erben des Königs übrig gelassen hat? Was für ein Unsinn!“ Mit dem „Erben“ meint er natürlich Antonius.

Antonius hält die Leichenrede für Caesar. Von Guillaume Guillon-Lethière (1760–1832).

Die schlimmste Tat des Antonius **Phil. 2.85 f.**
Noch schwerer als Antonius' unterstellte Dummheit und Lasterhaftigkeit wiegt Ciceros Meinung nach das, was er beim Luperkalienfest (→ *Lupercalia*, S. 43) am 15. Februar 44 tat. Caesar war damals Antonius' Amtskollege im Konsulat und zugleich *dictator perpetuus* (→ Die Iden des März und die Folgen, S. 41); entsprechend war Caesar auch gekleidet und geschmückt.

1 Z. 1–6 mit Abbildung **b**:
a Stellen Sie mithilfe von Abb. **b** Begriffe zusammen, die Caesar als *dictator perpetuus* kennzeichnen.
b Beschreiben Sie mithilfe der Hauptsatz-Prädikate in der 2. P. Sg. das in Abb. **b** dargestellte Handeln des Antonius.

2 Z. 18–26: Geben Sie die rhetorischen Fragen an, in denen Cicero das Handeln des Antonius bewertet.

Sedebat in rostris collega tuus amictus toga purpurea in sella aurea coronatus. Escendis, accedis ad sellam, diadema ostendis. Gemitus toto foro. Unde diadema? Non enim abiectum sustuleras, sed adtuleras domo: Meditatum et cogitatum scelus! Tu diadema inponebas cum plangore populi, ille cum plausu reiciebat.

Tu ergo unus, scelerate, inventus es,
qui,
cum auctor regni esse eumque,
quem collegam habebas,
dominum habere velles,
idem temptares,
quid populus Romanus ferre et pati posset.

At etiam misericordiam captabas; supplex te ad pedes abiciebas. Quid petens? Ut servires? Tibi uni peteres, qui ita a puero vixeras, ut omnia paterereris, ut facile servires; a nobis populoque Romano mandatum id certe non habebas.

O praeclaram illam eloquentiam tuam, cum es nudus contionatus! Quid hōc turpius, quid foedius, quid suppliciis omnibus dignius? Num exspectas, dum te stimulis fodiamus? Haec te, si ullam partem habes sensus, lacerat, haec cruentat oratio.

Vereor, ne imminuam summorum virorum gloriam; dicam tamen dolore commotus: Quid indignius quam vivere eum, qui imposuerit diadema, cum omnes fateantur iure interfectum esse, qui abiecerit?

1 **rōstra**, *-ōrum n Pl.* Rednerbühne
collēga *(gemeint ist Caesar)*
amictus *(m. Abl.)* bekleidet mit
2 **sella** Amtssessel
ēscēndere, *-ō* hinaufsteigen
diadema *(als Zeichen der Königswürde)*
4 **meditātus** *(hier)* geplant
5 **plangor**, *-ōris m* Wehklagen
7 **invenīrī** *(hier)* sich bereitfinden
12 **idem** *(hier)* auch noch; noch dazu
16 **ā puerō** von Kindheit an
18/19 **ō praeclāram** ... *(Ironie; Cicero macht klar, in welchem Aufzug Antonius vor dem Volk auftrat)*
20 **dum** *(m. Konj.)* *(hier)* bis
20/21 **stimulīs fodere**, *-iō* mit Stacheln treiben *(wie Vieh)*
21/22 **haec ... ōrātiō** *(gemeint ist die vorliegende 2. Philippica)*
pars sensūs ein Hauch von Gefühl
lacerāre peinigen
22 **cruentāre** verletzen
23 **imminuere**, *-ō* vermindern
summī virī *(gemeint sind die Caesarmörder)*
24 **quam vīvere eum** als dass ... lebt

→ BD lateinlex.de/d1yv

→ S. 229 Ironie

3 Vergleichen Sie die Abbildungen untereinander und mit Ciceros Darstellung.

4 Z. 1–6 und 14–15: Erstellen Sie ein Tempusrelief der Prädikate im Hauptsatz und untersuchen Sie die erzählerische Funktion der verwendeten Tempora. Beziehen Sie in Ihre Untersuchung auch elliptische Sätze mit ein.

5 Der Krönungsversuch beim Luperkalienfest gehört zu den rätselhaftesten Ereignissen im Vorfeld der Ermordung Caesars: Niemand weiß, wer – und in welcher Absicht – dahintersteckte. Arbeiten Sie heraus, welche Absicht Cicero in Z. 7–13 Antonius unterstellt.

6 Krönung – ein Skandal!

a Erklären Sie anhand Ihres Vorwissens aus der römischen Geschichte heraus, warum Antonius' Krönungsversuch so große Empörung auslöst.

b Erläutern Sie, warum Antonius' Verhalten für Cicero noch verwerflicher ist als das Verhalten Caesars.

c Erläutern Sie die Aussage des letzten Satzes (Z. 24–26), analysieren Sie dessen stilistische Gestaltung und erklären Sie den Zusammenhang von Aussage und Stil.

7 Die Rolle des Volkes: Cicero tut so, als wäre Antonius' Auftritt bei den Luperkalien eine reguläre Volksversammlung gewesen (vgl. *contionatus*, Z. 19). → Senats- und Volksreden, S. 35

a Beschreiben Sie, inwiefern die Szene durch diese Rahmung („Framing") grotesk wird.

b Analysieren Sie, auch stilistisch, wie Cicero den „Volkswillen" zugleich einsetzt, um seine eigene Bewertung der Szene abzusichern.

c Diskutieren Sie, ggf. anhand eines Beispiels, unter welchen Voraussetzungen der Volkswille eine gültige Basis für politische Entscheidungen ist (Stichwort Volksbegehren – Volksentscheid).

→ GUT ZU WISSEN

Lupercalia

Bei den **Luperkalien** handelt es sich um ein altes religiöses Reinigungs- und Fruchtbarkeitsfest, das am **15. Februar** gefeiert wurde. Es begann mit einem Ziegen- oder Bocksopfer am **Lupercal**, dem Ort, wo **Romulus**, der erste König Roms, von einer Wölfin *(lupa)* gesäugt worden sein soll. Dann zogen die Priester, die *luperci*, **nackt** bis auf einen Fellschurz, über das Forum um den Palatin herum und schlugen mit Riemen aus dem Fell der geopferten Tiere nach der umstehenden Festgemeinde.

a

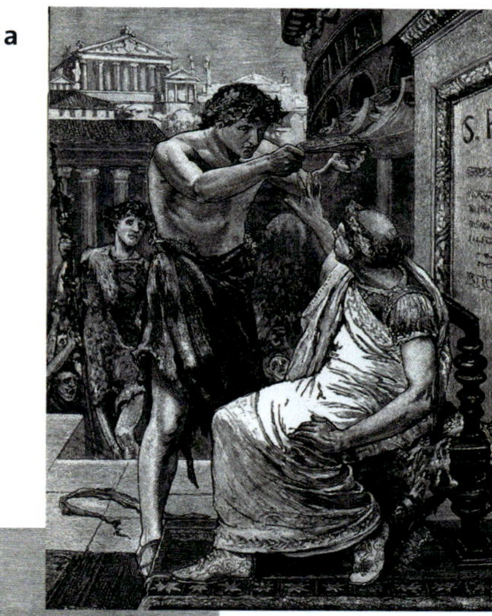

b

Antonius beim Luperkalienfest. *Oben*: Stich von J. C. Ridpath (1885). *Unten*: Stich von F. Bertolini (1890).

→ S. 226 Stilmittel

Die wahren Hüter der Republik **Phil. 2.112 f.**

In seiner **Schmähschrift fingiert** Cicero die **Situation des 19. September** (→ S. 36) und tut so, als würde er Antonius direkt mit einer Rede antworten. Entlarvend findet Cicero bereits die äußeren Umstände, unter denen die Senatssitzung damals stattfand, insbesondere die auffallende, unübliche Präsenz von Bewaffneten – noch dazu ausländischen Söldnern! –, durch die Antonius sich und das Sitzungsgebäude abschirmt.

1 Z. 1–7: Obgleich Cicero die *2. Philippica* fern von Rom als Schriftstück verfasst, beschwört er visuell und akustisch die Redesituation herauf. Weisen Sie dies nach.

2 Z. 11–22: Dieser Abschnitt lässt sich grob in zwei Teile untergliedern: Z. 11–17 und Z. 18–22. Zeigen Sie, dass die Anfänge der beiden Teile parallel formuliert sind, und erschließen Sie anhand der Anfänge das Thema des jeweiligen Teils.

Cur armatorum corona senatus saeptus est, cur me tui satellites cum gladiis audiunt, cur valvae Concordiae non patent, cur homines omnium gentium maxime barbaros, Ityraeos, cum sagittis deducis in forum? Praesidii sui causa se facere dicit. Non igitur miliens perire est melius quam in sua civitate sine armatorum praesidio non posse vivere? Sed nullum est istud, mihi crede, praesidium; caritate te et benevolentia civium saeptum oportet esse, non armis.

Eripiet et extorquebit tibi ista populus Romanus, utinam salvis nobis! Sed quoquo modo nobiscum egeris: Dum istis consiliis uteris, non potes, mihi crede, esse diuturnus.

Etenim ista tua minime avara coniunx, quam ego sine contumelia describo, nimium diu debet populo Romano tertiam pensionem.

Habet populus Romanus, ad quos gubernacula rei publicae deferat; qui ubicumque terrarum sunt, ibi omne est rei publicae praesidium vel potius ipsa res publica, quae se adhuc tantum modo ulta est, nondum recuperavit.

1 **saepīre** (*PPP* saeptus) umgeben
2 **satelles**, *-itis m* Begleiter, *Pl.* Gefolge, Anhang
valvae, *-arum f Pl.* Tür
3 **Concordiae** *ergänze* templī → Senats- und Volksreden, S. 35
4 **Itȳraeī** *(ein Nomadenvolk in Palästina)*
5 **dīcit** *(Subjekt ist Antonius)*
6 **mīliēns** tausendmal
11 **extorquēre** entwinden
13 **istīs cōnsiliīs** *(gemeint: Antonius' Wunsch nach Alleinherrschaft)*
14 **diūturnus** *(hier)* dauerhaft an der Macht
15 **etenim** ja auch
16 **sine contumēliā** mit gebührendem Respekt
15/17 *(Achtung: Ironie!)*
17 **pēnsiō**, *-ōnis f* Rate → Fulvia, S. 45
18/19 **quōs; quī** *(gemeint sind M. Brutus und Cassius)* → Glänzende Abwesenheit, S. 45
18 **gubernāculum** Steuerruder
19 **ubicumque terrārum** wo auf der Welt auch immer
21 **tantum modo** nur erst
22 **recuperāre** wiederherstellen

→ BD lateinlex.de/d1yw

Variante B (Schwerpunkt Cicero)

→ S. 229 Ironie

→ GUT ZU WISSEN
Glänzende Abwesenheit

Die **Caesarmörder**, **M. Brutus** und **Cassius**, hatten sich durch den Konsul Antonius den Wind aus den Segeln nehmen lassen (·→ Cicero und die Iden, S. 41): Sie hatten weder Armeen noch wichtige Staatsämter noch Sympathie beim Volk und hielten es schließlich für besser, **Italien** zu **verlassen**. Seitdem fragten sich ihre Freunde in Rom, was sie taten. Sammelten sie etwa im Osten Machtmittel und bereiteten eine Invasion vor? Cicero hielt Kontakt zu **Servilia**, der Mutter des Brutus, wusste aber zur Zeit der *2. Philippica* offenbar noch nichts Genaues.

·→ MEHR ERFAHREN
Fulvia und ihre Männer

Cicero meint im Text, **Fulvia** schulde dem römischen Volk „ihre **dritte Rate**", gemeint ist der Tod ihres Mannes, Antonius. Die dritte, weil Fulvia bereits zwei Ehemänner verloren hatte: Zuerst war sie mit dem hochadeligen Bandenführer **P. Clodius Pulcher** verheiratet; als der in einem Straßenkampf ermordet wurde, sagte Fulvia gegen den Mörder Milo aus, Milos Verteidiger war Cicero. Auch ihr nächster Gatte, **Curio**, war ein politischer **Feind Ciceros**. Er kämpfte und fiel im Bürgerkrieg für Caesar. Danach heiratete Fulvia **Marcus Antonius**. An der Politik des Antonius wirkte sie tatkräftig mit – wobei sie auch nicht ihren eigenen Profit vergaß.

→ MEHR ERFAHREN
Sicherheit über alles?

In Rom war es verboten, (militärische) Waffen zu tragen. Zeigten dennoch Bewaffnete Präsenz, war dies ein höchst beunruhigendes Zeichen, auch und gerade wenn es sich um Leibwächter von Politikern handelte: Nur Tyrannen hatten es nötig, sich abzuschotten. Cicero selbst war angefeindet worden, weil er als Konsul – bedroht durch Catilina – einen Panzer unter der Toga getragen hatte.

3 Gruppenarbeit: Arbeiten Sie heraus, worin jeweils die argumentative Funktion des Themas (a–d) besteht und mit welchen Stilmitteln Cicero diese veranschaulicht. Führen Sie dann die Ergebnisse im Plenum zusammen:
- **a** Z. 1–13: Rom als Schauplatz – Barbaren
- **b** Z. 1–13: unterschiedliche Vorstellungen von *praesidium* → Sicherheit über alles?
- **c** Z. 15–17: die Rolle der Fulvia
- **d** Z. 18–22: Staatslenker in Reserve

4 Erörtern Sie, inwieweit ähnliche Argumente auch heute noch gegen Politiker einsetzbar wären.

5 **EXTRA:** Beschreiben Sie das Gemälde: Erläutern Sie, wie Fulvia hier als „lasterhafte Frau" charakterisiert ist und wie der Künstler wohl zu dieser Charakterisierung gelangt ist.

Im Rahmen der Proskriptionen 43 v. Chr. wurde Cicero ermordet und sein Kopf in Rom zur Schau gestellt. Dem Gerücht nach ließ Fulvia sich diesen bringen, um seine Zunge mit Nadeln zu durchstechen. Gemälde von Pavel A. Svedomsky (1898).

→ S. 226 Stilmittel
→ S. 240 Projekt: Frauen und Politik in der späten Republik

Bis zum bitteren Ende **Phil. 2.117–119**

Zum Abschluss seiner fiktiven Rede erinnert Cicero an den Widerstandsgeist der Römer gegen frühere Bedrohungen und stellt das Beispiel seiner eigenen Opferbereitschaft vor Augen.

1 Z. 1–8: Nach Cicero hat die Herrschaft Caesars zu einem Lernprozess in Rom geführt. Erschließen Sie den Inhalt dieses Lernprozesses aus den indirekten Fragen, die von *didicit* (Z. 2) bzw. *didicisse* (Z. 6) abhängen. Beziehen Sie ggf. auch die Abbildung mit ein.

2 Z. 10–17: Geben Sie anhand von Schlüsselbegriffen an, auf welche Ereignisse seines Lebens Cicero hier Bezug nimmt.

3 Z. 13 f.: Im Deutschen gibt es den Ausdruck „mit etwas schwanger gehen" in übertragener Bedeutung. Erläutern Sie diese und weisen Sie eine ähnliche im Text nach.

Sed ex plurimis malis, quae a Caesare rei publicae sunt inusta, hoc tamen boni exstitit, quod didicit iam populus Romanus, quantum cuique crederet, quibus se committeret, a quibus caveret.

Haec non cogitas, neque intellegis satis esse viris fortibus didicisse, quam sit re pulchrum, beneficio gratum, fama gloriosum tyrannum occidere? An, cum illum homines non tulerint, te ferent? [...]

Defendi rem publicam adulescens, non deseram senex; contempsi Catilinae gladios, non pertimescam tuos.

Quin etiam corpus libenter obtulerim, si repraesentari morte mea libertas civitatis potest, ut aliquando dolor populi Romani pariat, quod iam diu parturit. Et enim, si abhinc annos prope viginti hoc ipso in templo negavi posse mortem immaturam esse consulari, quanto verius non negabo seni! Mihi vero, patres conscripti, iam etiam optanda mors est perfuncto rebus iis, quas adeptus sum quasque gessi. Duo modo haec opto, unum ut moriens populum Romanum liberum relinquam (hōc mihi maius a dis immortalibus dari nihil potest), alterum, ut ita cuique eveniat, ut de re publica quisque mereatur.

2 **inūrere** (*PPP* inūstum) einbrennen
quod *(hier)* (nämlich), dass
9 **illum** *(gemeint ist Caesar)*
12 **quīn etiam** ja sogar
repraesentāre wiederherstellen
14 **quod** *(gedanklicher Bezug:* lībertās)
parturīre *(m. Akk.)* in den Wehen liegen *(mit etw.)*
15 **templō** *(gemeint ist der Concordia-Tempel, der fiktive Ort der 2. Philippica)*
abhinc *(m. Akk.)* vor
16 **immātūrus** zu früh
cōnsulāris, *-is m* Konsular, Ex-Konsul
18 **perfungī** (*Perf.* perfūnctus sum) *(m. Abl.)* durchstehen

→ **BD** lateinlex.de/d1yx

→ S. 229 Ironie
→ S. 9; S. 24 f.; GK 7.5 Cicero (zu Aufg. **2**)

4 Z. 10 f.: Erläutern Sie, auf welche Weise und zu welchem Zweck Cicero hier seine Lebensleistung inszeniert (vgl. **2**).

5 Z. 12–22: Übertriebenes Pathos?

- **a** Erläutern Sie, inwiefern die Passage besonders pathetisch ist.
- **b** Diskutieren Sie, wie diese Form von Pathos seitens eines heutigen Politikers „ankommen" würde. Gehen Sie dabei auch auf den Schluss der Rede ein.

6 Gruppenarbeit zur Tabelle:

- **a** Die *2. Philippica* stellt eine Totaldemontage des Antonius als Politiker und als Mensch dar. Belegen Sie dies anhand der in der Tabelle genannten Kriterien und der dazu jeweils aufgeführten Textstellen.
- **b** Stellen Sie anhand von Recherche aus der aktuellen Mediendiskussion Kriterien zusammen, die bei der Demontage von Politikern heute eine Rolle spielen, und vergleichen Sie sie mit denen aus der *2. Philippica*.
- **c** Diskutieren Sie, ob und ggf. unter welchen Voraussetzungen ein persönlicher Angriff dieser Art zulässig sein könnte.

Offizielles Siegel des US-Staates Virginia mit dem Wahlspruch *sic semper tyrannis* („So möge es den Tyrannen immer ergehen!").

7

- **a** Recherchieren Sie die Geschichte des Wahlspruchs von Virginia und diskutieren Sie, ob Cicero, wenn er ein Siegel für sich wählen würde, wohl das von Virginia geeignet fände.
- **b** Diskutieren Sie, ob es heute als Siegel der BRD akzeptabel wäre.

Die Demontage des Marcus Antonius

Kriterium	Textstelle u. a.
Geistige Fähigkeiten	Phil 2.30
Körperliche Erscheinung	Phil. 2.63
Privatleben, privates Umfeld	Phil. 2.63; 2.86; 2.113
Sozialer Rang *(nobilitas)*	Phil. 2.63; 2.86
Amtsführung *(als Konsul)*	Phil 2.112 f.; 2.117 ff.
Spezies	Phil 2.30; 2.86

→ S. 51 (zu Aufg. **7**)

Im Kampf gegen Antonius Phil. 3–8

Ein neuer Caesar? Phil. 3.3; 3.5

Am **20. Dezember 44 v. Chr.** hat sich die Lage dramatisch zugespitzt (→ S. 36). Der junge Octavian, der sich selbst C. Caesar nennt, hat eine Armee aufgestellt, teils aus Veteranen, teils, indem er nach einer Meuterei in Brundisium zwei der dortigen Legionen für sich gewonnen hat. Wird dieser neue Caesar gegen Antonius kämpfen? Wie soll der Senat sich positionieren? Mit der *3. Philippica* bezieht Cicero Stellung:

1 Z. 4–15:
- **a** Erschließen Sie anhand des Farbdrucks die Tat von C. Caesar (= Octavian).
- **b** Erschließen Sie die Umstände der Tat je nach Arbeitstempo schrittweise entsprechend den übrigen Farben (grün, rot, braun).

2 Z. 16–25: Erschließen Sie anhand des **Fettdrucks**, wie Cicero das Eingreifen von C. Caesar bewertet und welche Konsequenzen er fordert.

Quo enim usque tantum bellum, tam crudele, tam nefarium privatis consiliis propulsabitur? Cur non quam primum publica accedit auctoritas?

C. Caesar adulescens, paene potius puer, incredibili ac divina quadam mente atque virtute tum,
cum maxime furor arderet Antoni,
cumque eius a Brundisio crudelis et pestifer reditus timeretur,
– nec postulantibus nec cogitantibus, ne optantibus quidem nobis,
quia non posse fieri videbatur, –
firmissimum exercitum ex invicto genere veteranorum militum comparavit patrimoniumque suum effudit.
Quamquam non sum usus eo verbo, quo debui: Non enim effudit; in rei publicae salute conlocavit.

Dadurch, fährt Cicero fort, habe C. Caesar Antonius daran gehindert, nach Rom zu marschieren und dort ein Blutbad anzurichten – wie er es ja schon in Brundisium getan habe.

Qua peste privato consilio **rem publicam** (neque enim fieri potuit aliter) **Caesar liberavit**. Qui nisi in hac re publica natus esset, rem publicam scelere Antoni nullam haberemus. Sic enim perspicio, sic iudico, nisi unus adulescens illius furentis impetus crudelissimosque conatus cohibuisset, rem publicam funditus interituram fuisse. **Cui** quidem hodierno die, patres conscripti (nunc enim primum ita convenimus, ut illius beneficio possemus ea, quae sentiremus, libere dicere) **tribuenda est auctoritas, ut rem publicam** non modo a se susceptam, sed etiam a nobis commendatam **possit defendere**.

2 **prōpulsāre** abwenden
quam prīmum schnellstmöglich
6 **furor Antōnī** *(gemeint ist die Unterdrückung der Meuterei in Brundisium → S. 36)*
12 **veterānus** *(hier Adj.)* altgedient
13 **patrimōnium** Erbe
effundere (*Perf.* effūdī) ausgießen, ausgeben
14 **quamquam** *(hier)* allerdings
20 **cohibēre** im Zaum halten
20/21 **rem … fuisse** *von* perspiciō/iūdicō *abhängiger AcI; übersetze mit Irrealis*
21 **funditus** *(Adv.)* von Grund auf
25 **commendāre** empfehlen, übergeben, anvertrauen

→ BD lateinlex.de/d1yy

Variante B (Schwerpunkt Cicero)

3 In jedem Textabschnitt fällt eine Stileigenschaft besonders auf: Rhetorische Fragen – komplexe syntaktische Struktur – kurze, parallele Strukturen. Gliedern Sie anhand dessen den Text und beschreiben Sie, was dadurch jeweils zum Ausdruck gebracht wird.

4 Arbeiten Sie aus dem Text heraus, wie Cicero Octavian charakterisiert.

5 Vergleichen Sie dies mit Ciceros Privatbriefen: → Cicero und Octavian

a Erläutern Sie die Zweideutigkeit des Briefzitats anhand der Bedeutungen von *tollere,* ggf. mithilfe eines Wörterbuchs.

b Erläutern Sie, warum Cicero zwar in der Rede Octavian „Caesar" nennt, aber in seinen privaten Briefen nie.

c Erörtern Sie, was Cicero damit bezweckt, dass er sich in seiner Rede anders äußert als in den Briefen.

6 Erläutern Sie, warum Cicero trotz seiner Bedenken dafür plädiert, Octavians Privatarmee zu legitimieren.

Ronald Syme: Ein neuer Caesar? Eher ein Catilina!

Der Historiker R. Syme gibt Ciceros in der 3. Philippica verfochtene Politik so wieder, wie sie vermutlich Antonius gesehen hat (Die Römische Revolution, S. 149; 151):

„Als ein Abenteurer (= Octavian) aus eigener Initiative, *privato consilio,* Truppen aushob, wurde verlangt, dass der Senat den Verrat sofort legalisieren sollte. Die Bestechung der Truppen des römischen Staates (durch Octavian) wurde ganz kalt eine großzügige Investierung eines Erbes für das Gemeinwohl genannt. Wenn die Legionen eines Konsuls (= Antonius) desertierten, so wurde dies als Beweis angesehen, dass der Konsul kein Konsul war." Damit war ausgerechnet Cicero „nun der Verbündete eines Catilina geworden"!

→ MEHR ERFAHREN

Cicero und Octavian

Ciceros **Privatbriefe** vermitteln ein etwas anderes Bild des jungen Caesar als die Reden. Cicero hat viele Briefe von Octavian erhalten, in denen dieser ihn schmeichelhaft „um Rat fragt" und auffordert, „erneut das Vaterland zu retten". Aber Cicero hat Zweifel: Schließlich ist Octavian „schlicht ein Kind." Und: Octavian setzt sich in Rom als **Caesars Sohn** in Szene, propagiert sogar das Erscheinen eines **Kometen** als Zeichen der **Göttlichkeit** Caesars – und nennt sich selbst fortan ***Divi filius***! Dass also der Erbe Caesars für die Republik gegen den Caesarianer Antonius steht – kann das wirklich gutgehen? **M. Brutus** schreibt an Cicero: „Lieber sterben als von ihm gerettet werden!" Und auch Cicero ahnt: Wenn Octavian „sich durchsetzen sollte, werden die Verordnungen des Tyrannen erst recht bestätigt werden." Cicero soll aber über Octavian auch gesagt haben: *laudandum adulescentem, ornandum, tollendum (esse).*

7 Gleiche Fakten – andere Bewertung. Erläutern Sie, auf welche Fakten R. Syme Bezug nimmt und inwiefern er sie völlig anders bewertet als Cicero.

8 Erörtern Sie, inwiefern der Einsatz von Privatarmeen zur Umsetzung politischer Ziele grundsätzlich problematisch ist; recherchieren Sie dafür nach dem Begriff „Warlord".

Marmorporträt: Octavian als junger Mann. – *Münzpropaganda*: Komet (sog. *sidus Iulium*) mit der Beischrift *Divus Iulius*.

→ S. 226 Stilmittel

Wacht auf! Phil. 3.34 f.

Antonius ist mit zwei Legionen von Brundisium nach **Gallia Cisalpina** aufgebrochen, um sein Prokonsulat anzutreten, doch der amtierende Statthalter, D. Brutus, verweigert die Übergabe der Provinz (→ S. 36). In **Italien** steht zugleich Octavian mit seiner Armee: Welche Chance, um gegen Antonius vorzugehen! Nur muss der Senat, meint Cicero, die Chance auch entschlossen ergreifen:

1 Z. 1–7: Erläutern Sie, wie Cicero die im deutschen Einleitungstext (links) geschilderte Situation umreißt; ziehen Sie dazu auch die Karte (S. 51) heran.

2 Z. 6–29: Erschließen Sie anhand der farbigen Stellen, welche zwei Aspekte Cicero einander gegenüberstellt, und erklären Sie, wie er damit die Senatoren zum Kampf gegen Antonius anspornen könnte.

Di immortales nobis haec praesidia dederunt, urbi Caesarem, Brutum Galliae.
Si enim ille opprimere urbem potuisset, statim,
si Galliam tenere <potuisset>,
paulo post optimo cuique pereundum erat, reliquis serviendum.

Hanc igitur occasionem oblatam tenete – per deos immortales! –, patres conscripti, et amplissimi orbis terrae consilii principes vos esse aliquando recordamini! Signum date populo Romano consilium vestrum non deesse rei publicae, quoniam ille virtutem suam non defuturam esse profitetur! Nihil est, quod moneam vos. Nemo est tam stultus, qui non intellegat, si indormiverimus huic tempori, non modo crudelem superbamque dominationem nobis, sed ignominiosam etiam et flagitiosam ferendam esse.

Nostis insolentiam Antoni, nostis amicos, nostis totam domum. Libidinosis, petulantibus, impuris, impudicis, aleatoribus, ebriis servire – ea summa miseria est summo dedecore coniuncta.
Quodsi iam – quod di omen avertant, –
fatum extremum rei publicae venit,
(id),
quod gladiatores nobiles faciunt,
ut honeste decumbant,
faciamus nos principes orbis terrarum gentiumque omnium,
ut cum dignitate potius cadamus quam cum
ignominia serviamus.

3 **ille** *(gemeint ist Antonius)*
4 **statim** *ergänze gedanklich Z. 6/7:* optimō ... serviendum
5 **tenēre** = obtinēre
6 **pereundum erat** *lies:* pereundum fuisset
8 **tenēre** *(hier)* nutzen
per *(bei Anrufungen)* bei
12 **ille** = populus Rōmānus
13 **nihil est, quod** *(m. Konj.)* es ist nicht nötig zu ...
14 **indormīre** *(m. Dat.)* etw. verschlafen
16 **dominātiō**, *-ōnis f* Tyrannei
18 **nōstis** = nōvistis
īnsolentia Unverschämtheit
18/19 **amīcōs; domum** *ergänze* Antoniī
19 **petulāns**, *-antis* unverschämt, frech
impūrus lasterhaft
20 **āleātor**, *-ōris m* Glücksspieler
ēbrius Säufer
22 **quod — āvertant** was die Götter verhindern mögen
26 **ut** *(hier)* nämlich dass
dēcumbere, *-ō* sich *(als Zeichen der Kapitulation)* auf den Boden legen

→ BD lateinlex.de/d1yz

Variante B (Schwerpunkt Cicero)

3 Fassen Sie zusammen,
- **a** in welcher Lage Cicero Staat und Senat sieht (Z. 1–7).
- **b** wozu Cicero den Senat auffordert (Z. 8–17).

4
- **a** Arbeiten Sie heraus, inwiefern die Argumentation Ciceros auf der Verwendung starker Gegensätze fußt (vgl. **2**); ziehen Sie auch die Tabelle auf S. 47 heran.
- **b** Geben Sie die Stellen an, an denen Cicero die Götter erwähnt, und beschreiben Sie die Wirkung, die er damit erzielen möchte.

5 Octavian – ein Geschenk der Götter? Cicero präsentiert Octavian als Lösung aller Probleme. Stellen Sie Informationen zu der Frage zusammen, wie vertrauenswürdig Octavian im Vergleich zu Antonius ist. Beachten Sie dabei
- Alter,
- gesetzliche Stellung im Staat,
- Quelle der Macht.

6 Z. 22–28:
- **a** Auf dem Höhepunkt seiner Rede fordert Cicero die Bereitschaft ein, notfalls den Tod in Kauf zu nehmen. Weisen Sie am Text nach, wo das zum Ausdruck kommt.
- **b** Die Geste des *decumbere* ermöglicht es Gladiatoren, ehrenvoll zu unterliegen. Erläutern Sie, wie Cicero dieses Beispiel einsetzt, um den Senat aufzurütteln.
- **c** Setzen Sie dies in Beziehung zu der Stelle, an der Antonius „gladiatorenhaft" genannt wird (S. 40, Z. 10).

7 Der Text lässt sich in vier Abschnitte gliedern. Suchen sich einen davon aus und tragen Sie ihn verständnisgeleitet vor.

8 Vergleichen Sie Ciceros Aufforderung zum Kampf mit der von Patrick Henry; gehen Sie dabei auch darauf ein, welche Rolle *„dignitas"* in beiden Fällen spielt.

P. Henry: „Freiheit oder Tod!"

In einer berühmten Rede rief der amerikanische Revolutionär Patrick Henry 1775 zum Kampf um die Unabhängigkeit von England auf: „Einige Herren mögen schreien: Friede, Friede – aber es gibt keinen Frieden. Der Krieg hat tatsächlich bereits begonnen! Der nächste Wind, der vom Norden her braust, wird das Getöse von Waffengeklirr an unsere Ohren tragen! Unsere Brüder stehen bereits im Felde! Was stehen wir hier müßig? Was wünschen die Herren? Was wollen sie? Ist das Leben so teuer, oder der Friede so süß, dass sie um den Preis von Ketten und Sklaverei zu erkaufen sind? Allmächtiger Gott, verbiete es! Ich weiß nicht, welchen Kurs andere einschlagen mögen, aber, was mich betrifft: Freiheit oder Tod!"

Karte: Italien zur Zeit Ciceros.

→ S. 47 (zu Aufg. **8**)

→ GK 4 Römische Werte (zu *dignitas*)
→ GK 5 Gladiatoren

Ein „Feind des Menschengeschlechts“
Phil. 4.11–14

20. Dezember 44 v. Chr.: Unmittelbar nach der Senatssitzung *(3. Philippica)* erläutert Cicero nun in der ***4. Philippica*** dem Volk die im Senat gefassten Beschlüsse (→ Senats- und Volksreden, S. 35) und schwört auch das Volk auf den Krieg gegen Antonius ein.

1 Z. 1–6: Stellen Sie negative Begriffe zusammen, die Cicero im Zusammenhang mit Antonius verwendet.

2 Z. 11–22:
- **a** Arbeiten Sie die Charakteristika der *virtus* aus dem Text heraus.
- **b** Arbeiten Sie, auch anhand Ihres Vorwissens, aus Z. 19–22 heraus, welche Rolle *virtus* in der römischen Geschichte spielt; recherchieren Sie dafür ggf. nach Karthago und Numantia.

Non est vobis, Quirites, cum eo hoste certamen, cum quo aliqua pacis condicio esse possit. Nullus ei ludus videtur esse iucundior quam cruor, quam caedes, quam ante oculos trucidatio civium.

Non est vobis res, Quirites, cum scelerato homine ac nefario, sed cum immani taetraque belua. Numquam maior consensus vester in ulla causa fuit, numquam tam vehementer cum senatu consociati fuistis. Nec mirum; agitur enim, non qua condicione victuri, sed victurine simus an cum supplicio ignominiaque perituri.

Quamquam mortem quidem natura omnibus proposuit, crudelitatem mortis et dedecus virtus propulsare solet, quae propria est Romani generis et seminis. Hanc retinete, quaeso, quam vobis tamquam hereditatem maiores vestri reliquerunt.

Nam cum alia omnia falsa, incerta sint, caduca, mobilia, virtus est una altissimis defixa radicibus; quae numquam vi ulla labefactari potest, numquam demoveri loco.

Hac virtute maiores vestri primum universam Italiam devicerunt, deinde Karthaginem exciderunt, Numantiam everterunt, potentissimos reges, bellicosissimas gentes in dicionem huius imperii redegerunt. […]

Hic vester hostis vestram rem publicam oppugnat, ipse habet nullam; aerarium vestrum exhausit, suum non habet; nam concordiam civium qui habere potest, nullam cum habet civitatem? Pacis vero quae potest esse cum eo ratio, in quo est incredibilis crudelitas, fides nulla?

1 **Quirītēs** → Quiriten, S. 55
3 **cruor**, *-ōris m* Blut(vergießen)
4 **trucīdātiō**, *-ōnis f* Abschlachtung *(gemeint ist die Unterdrückung der Meuterei in Brundisium → S. 36)*
6 **taeter**, *-tra, -trum* widerwärtig
bēlua Bestie
8 **cōnsociātus** verbunden
9 **agitur** *(hier)* es geht darum
12 **prōpulsāre** vertreiben
14 **hērēditās**, *-ātis f* (das) Erbe
16 **cadūcus** vergänglich
mōbilis, *-e* beweglich, instabil
17 **dēfīxus** befestigt, verankert
rādīx, *-īcis f* Wurzel
18 **labefactāre** ins Wanken bringen
20 **excīdere** (*Perf.* excīdī) zerstören, vernichten
21/22 **in diciōnem** *(m. Gen.)* **redigere** (*Perf.* redēgī) unter jemandes Herrschaft bringen
24 **aerārium** Staatskasse, -schatz
exhaurīre *(hier)* plündern
25 **quī** *(hier)* wie
26 **ratiō** *(hier)* vernünftige Möglichkeit

→ BD lateinlex.de/d1y1
→ GK 3.3 Rom und Karthago
→ GK 4 Römische Werte

Variante A: Zeile 1–15
Variante B (Schwerpunkt Cicero)

→ MEHR ERFAHREN

Der Staatsfeind

Die Römer erklärten ohne weiteres fremde Völker zu Feinden *(hostes)* und führten Krieg gegen sie. Wesentlich mehr Skrupel hatte man, einen Römer zum „Staatsfeind“ *(hostis publicus)* zu erklären und Bürgerkrieg zu führen. Cicero geht aber sogar noch weiter, indem er gegen jede Regel einen Konsul, also den höchsten Staatsbeamten, zum *hostis* erklären lassen will. Zu diesem Schritt wird sich der Senat nur überreden lassen, wenn der Konsul ihm geradezu als *hostis generis humani* erscheint. Tatsächlich ist der Senat (noch) nicht bereit dazu.

Der irakische Diktator Saddam Hussein. Verunstaltetes Porträt an einer Wand in Mossul (kurz nach Saddams Sturz, 2003).

3 Gruppenarbeit:

a Arbeiten Sie aus dem Text alle Begriffe heraus, mit denen Antonius radikal abgewertet wird. Zeigen Sie, dass zwei Begriffsfelder vorherrschen: unmenschliche Grausamkeit und Außenseitertum.

b Arbeiten Sie die positiven Gegenbegriffe aus dem Text heraus.

4 **a** Vergleichen Sie die Begriffe aus **3** mit denen, die Cicero in der Senatsrede (*Phil. 3*; vgl. S. 48 und 50) verwendet hat, und zeigen Sie, dass *Phil. 4* radikaler ist.

b Erörtern Sie, warum Cicero Antonius so heftig abwertet und warum er gerade dem Volk gegenüber radikaler auftritt als im Senat.
→ Der Staatsfeind

c Gehen Sie dabei auch darauf ein, inwiefern die Erinnerung an die *virtus* des römischen Volkes ein „Trick“ ist.

5 Vergleichen Sie Ciceros Antonius mit Sallusts Catilina (→ S. 23 **7**).

6 **a** Arbeiten Sie Gemeinsamkeiten zwischen Cicero und Enzensberger heraus; zeigen Sie so, dass die radikale Abwertung von Gegnern immer nach ähnlichen Mustern funktioniert. Beziehen Sie auch die Abbildung mit ein.

b **EXTRA:** Recherchieren Sie ggf. ein aktuelles Beispiel.

H. M. Enzensberger: Ein Feind des Menschengeschlechts?

Der Schriftsteller H. M. Enzensberger schrieb zum Irakkrieg 2003 über Saddam Hussein:

„Man wird dem Führer des Irak nicht gerecht, man unterschätzt seine Gefährlichkeit, wenn man in ihm nur einen traditionellen Despoten oder einen modernen Diktator sieht. [...] Er kämpft nicht gegen den einen oder anderen innen- oder außenpolitischen Gegner; sein Feind ist die Welt. Die Entschlossenheit zur Aggression ist der primäre Antrieb; Objekte, Anlässe, Gründe werden gesucht, wo sie sich finden. Wer bei der Vernichtung zuerst an die Reihe kommt, [...] hängt nur von den Gelegenheiten ab, die sich bieten. Auch dem eigenen Volk ist dabei keine Sonderstellung zugedacht; seine Vernichtung ist nur der letzte Akt der Mission, zu der sich Saddam berufen fühlt. [...] Nennen wir ihn also, ohne dämonisierende Absicht und eher deskriptiv, einen Feind des Menschengeschlechts.“

→ S. 35 Senats- und Volksreden (zu Aufg. **4**)

Gemeinsam sind wir frei Phil. 6.18 f.

4. Januar 43 v. Chr.: Gegen Ciceros Wunsch hat der Senat beschlossen, eine Gesandtschaft zu Antonius zu schicken und über Frieden zu verhandeln; die Erfolgsaussichten hält Cicero freilich für gering. In der ***6. Philippica*** informiert Cicero das Volk über den Beschluss des Senats; zugleich nutzt er die Gelegenheit, Stimmung für sich zu machen und das Volk auf Krieg einzuschwören ...

1. Z. 1–11: Arbeiten Sie Begriffe heraus, mit denen Cicero die Einigkeit des gesamten römischen Volkes beschreibt.
2. Z. 12–24: Arbeiten Sie römische Wertbegriffe heraus und stellen Sie Vermutungen über deren argumentative Funktion dem Volk gegenüber an.

Quam ob rem, Quirites, consilio, quantum potero, labore plus paene, quam potero, excubabo vigilaboque pro vobis. Multas magnasque habui consul contiones, multis interfui; nullam umquam vidi tantam, quanta nunc vestrum est.

Unum sentitis omnes, unum studetis: M. Antoni conatus avertere a re publica, furorem exstinguere, opprimere audaciam. Idem volunt omnes ordines, eodem incumbunt municipia, coloniae, cuncta Italia. Itaque senatum bene sua sponte firmum firmiorem vestra auctoritate fecistis.

Venit tempus, Quirites, serius omnino, quam dignum populo Romano fuit, sed tamen ita maturum, ut differri iam hora non possit. Fuit aliquis fatalis casus, ut ita dicam, quem tulimus, quoquo modo ferendum fuit; nunc si quis erit, erit voluntarius. Populum Romanum servire fas non est, quem di immortales omnibus gentibus imperare voluerunt. Res in extremum est adducta discrimen; de libertate decernitur. Aut vincatis oportet, Quirites – quod profecto et pietate vestra et tanta concordia consequemini – aut quidvis potius quam serviatis. Aliae nationes servitutem pati possunt, populi Romani est propria libertas.

1 **Quirītēs** → Quiriten, S. 55

2 **excubāre** Wache halten

5 **vestrūm** *(Gen. Pl.) (hier)* diese eure (Versammlung) hier

9 **eōdem incumbere** auf dasselbe Ziel hinarbeiten
mūnicipium Landstadt
→ Rom und Italien, S. 55
cūncta *f Sg. zu* cūnctī, -ae, -a

10/11 **suā sponte ... vestrā auctōritāte** schon von sich aus ... durch euren Einfluss *(gemeint ist die Zustimmungsbekundung des Volkes in der* contiō*)*

15 **(ali)quis** *lies:* (ali)quī *(Adj.)*
fātālis, *-e* schicksalhaft, vom Schicksal verschuldet *(gemeint ist die Diktatur Caesars)*

16 **quōquō — fuit** so gut es ging
quis *ergänze* cāsus

17 **voluntārius** *(hier)* selbst verschuldet (*Gegensatz* fātālis)

19 **rēs — discrīmen** die Sache steht auf Messers Schneide

20/23 *Ordne*: oportet [, ut] aut vincātis ... aut ... serviātis

22 **quidvīs potius quam** jedenfalls nicht

→ BD lateinlex.de/d1y2

Variante A
Variante B (Schwerpunkt Cicero)

3 **a** Gliedern Sie anhand der Ergebnisse aus **1** und **2** den Text und arbeiten Sie die Argumentation heraus.
b Beschreiben Sie anhand ausgewählter Stilmittel das Verhältnis von Aussage und Textgestalt.

4 **a** Z. 19–24: Vergleichen Sie die Aussage mit ähnlichen aus den Senatsreden (z. B. S. 50, Z. 8–17).
b Erläutern Sie, warum Cicero dies hier vor dem Volk anders als vor dem Senat ausdrückt.

5 **a** Untersuchen Sie, wie Cicero sich in diesem Text selbst stilisiert.
b Vergleichen Sie dies mit S. 46, Z. 10–20.

6 **a** Arbeiten Sie aus dem Text den Zusammenhang zwischen gesellschaftlicher Einigkeit und Freiheit heraus.
b Hobbes vertritt eine ganz andere Auffassung. Beschreiben Sie diese, auch anhand der Abbildung. → Latein – subversiv?
c Stellen Sie aus dem bisher Gelesenen Passagen zusammen, die Hobbes bei seiner Kritik vor Augen gehabt haben könnte.

7 Waffen für die Freiheit? Diskutieren Sie, ob es die Freiheit wert ist, mit Waffen verteidigt zu werden.

→ GUT ZU WISSEN
Rom und Italien

Die römische **Bürgerschaft *(civitas)*** gliedert sich in drei **Stände *(ordines)***, nämlich Senatoren, Ritter und *plebs*. Das **Bürgerrecht *(civitas)*** war dabei nicht auf **Rom** beschränkt, sondern schloss Italien ein: **Munizipien** waren Landstädte unter eigener Verwaltung mit Bürger- und meist auch Stimmrecht; **Kolonien** waren Ansiedelungen (oft von **Veteranen**) mit einer Bevölkerung aus Einheimischen und römischen Siedlern, wobei nur letztere am römischen Bürgerrecht teilhatten.

→ GUT ZU WISSEN
Quiriten

In Volksreden wurden die Römer traditionell als „***Quiriten***“ angesprochen. Der Name meint die **Römer** als Teilnehmer einer **zivilen** Volksversammlung (während er für Soldaten eine Beleidigung wäre). Er soll bis auf die Königszeit zurückgehen und eigentlich „Sabiner“ nach deren Hauptstadt **Cures** bedeuten.

→ MEHR ERFAHREN
Latein – subversiv?

Das **Freiheitspathos** in antiken Texten hat in der **Neuzeit** große Wirkung entfaltet und zur Abschaffung von Monarchien, auch zur Unabhängigkeit Amerikas, beigetragen. Doch der Weg dahin war von Gewalt gezeichnet. Der englische **Staatsphilosoph** Thomas **Hobbes** (1588–1679) hielt daher die Lektüre antiker Texte geradezu für gefährlich: „Durch die Lektüre dieser griechischen und lateinischen Autoren haben sich die Leute von ihrer Kindheit an angewöhnt, unter einer falschen Vorstellung von Freiheit Aufruhr gutzuheißen. Das ging einher mit dem Vergießen von so viel Blut, dass ich, denke ich, wahrheitsgemäß behaupten kann: Nie ward etwas so teuer erkauft, als der Westen das Erlernen der griechischen und lateinischen Sprache erkauft hat.“

Der Souverän mit den Insignien weltlicher und kirchlicher Macht: Frontispiz von Hobbes' Hauptwerk *Leviathan* (1651).

→ S. 35 Senats- und Volksreden (zu Aufg. **4**)

→ S. 226 Stilmittel

Warum es keinen Frieden geben kann **Phil. 8.8 f.**

3. Februar 43 v. Chr.: Die Gesandtschaft an Antonius war, wie von Cicero vorhergesehen, erfolglos. Der Senat berät nun über Antonius' Gegenvorschläge. Entgegen Ciceros Antrag, endlich den Kriegszustand *(bellum)* zu erklären, hat man sich auf die Sprachregelung geeinigt, es herrsche nur ein *tumultus*. Dem widerspricht Cicero in der ***8. Philippica***: Tatsächlich herrsche längst Krieg, und zwar ein besonderer:

1 Z. 1–13: Cicero betont in diesem Text Gegensätze: Erschließen Sie deren Grundaussage mithilfe der farbigen Markierungen.

2 Z. 14–27: In diesem Abschnitt finden sich ähnliche Gegensätze wie im ersten. Arbeiten Sie anhand entsprechender Begriffe ein Beispiel dafür heraus.

Hoc bellum quintum civile geritur (atque omnia in nostram aetatem inciderunt) primum non modo non in dissensione et discordia civium, sed in maxima consensione incredibilique concordia. Omnes idem volunt, idem defendunt, idem sentiunt. Cum omnes dico, eos excipio, quos nemo civitate dignos putat. Quae est igitur in medio belli causa posita? Nos deorum immortalium templa, nos muros, nos domicilia sedesque populi Romani, aras, focos, sepulcra maiorum, nos leges, iudicia, libertatem, coniuges, liberos, patriam defendimus; contra M. Antonius id molitur, id pugnat, ut haec omnia perturbet, evertat, praedam rei publicae causam belli putet, fortunas nostras partim dissupet, partim dispertiat parricidis.
In hac tam dispari ratione belli miserrimum illud est, quod ille latronibus suis pollicetur primum domos; urbem enim divisurum se confirmat, deinde omnibus portis, quo velint, deducturum. Omnes Cafones, omnes Saxae ceteraeque pestes, quae sequuntur Antonium, aedes sibi optimas, hortos, Tusculana, Albana definiunt. [...]
Quid? Nos nostris exercitibus quid pollicemur? Multo meliora atque maiora! Scelerum enim promissio et iis, qui exspectant, perniciosa est et iis, qui promittunt; nos libertatem nostris militibus, leges, iura, iudicia, imperium orbis terrae, dignitatem, pacem, otium pollicemur. Antoni igitur promissa cruenta, taetra, scelerata, dis hominibusque invisa, nec diuturna neque salutaria, nostra contra honesta, integra, gloriosa, plena laetitiae, plena pietatis.

1 **quīntum** → Römische Bürgerkriege, S. 57
omnia *ergänze gedanklich* ea bella cīvīlia
2 **prīmum** zum ersten Mal
5 **excipere**, *-iō* ausnehmen
6/7 **in mediō pōnere** vorbringen
12 **praeda** *(hier)* Plünderung
13 **partim ... partim** teils ... teils
dissupāre verprassen
dispertīre *(m. Dat.)* verteilen an/unter
14 **ratiō bellī** Kriegslogik, Kriegsverständnis
15 **latrō**, *-ōnis m* Räuber
16 **omnibus portīs** *ergänze davor* ex
17 **dēdūcere** *(hier)* zur Landnahme hinausführen
Cafōnēs; Saxae Männer wie Cafo bzw. Saxa *(Gefolgsleute des Antonius)*
19 **Tūsculāna, Albāna** *n Pl.* Landgüter bei Tusculum oder Alba *(gemeint: die jetzt im Besitz von Senatoren sind)*
dēfīnīre *(hier)* vormerken, aussuchen
25 **taeter**, *-tra, -trum* widerwärtig
26 **diūturnus** beständig, dauerhaft
salūtāris, *-e* zuträglich

→ BD lateinlex.de/d1y3

Variante A
Variante B (Schwerpunkt Cicero)

3 **a** Cicero bezeichnet den Konflikt mit Antonius als ‚fünften Bürgerkrieg': Stellen Sie aus dem Text Inhalte zusammen, mit denen Cicero den Konflikt als *bellum* (Z. 1) charakterisiert.
b Erläutern Sie, inwiefern dieser Begriff für Ciceros Argumentation so wichtig ist.
c **EXTRA:** Vergleichen Sie Antonius' Anhänger mit denen Catilinas (→ S. 18).
d **EXTRA:** Stellen Sie eine Vermutung an, warum Cicero den Kampf gegen Catilina, auf den er doch so stolz war (→ S. 34), hier nicht mitzählt.

4 **a** Weisen Sie am Text nach, wie Cicero mit den Themen „Einheit" und „Gegensatz" (vgl. **1** und **2**) arbeitet.
b Beschreiben Sie, inwiefern dies Teil von Ciceros rhetorischer Strategie ist. Gehen Sie dabei auch auf den psychologischen Effekt ein, den er damit wohl erzielen möchte.

5 **a** Vergleichen Sie Ciceros Argumentation nach inhaltlichen und formalen Gesichtspunkten mit dem Auszug aus einer Rede von Ursula von der Leyen.
b Für beide Redner ist es wichtig, den Konflikt „Krieg" zu nennen. Erörtern Sie, inwiefern dieser Begriff wesentlich für die Beurteilung der Lage ist.

6 Mit den Reden gegen Antonius versuchte Cicero, ein Übel mit einem schlimmeren zu bekämpfen – und trug gerade dadurch zum Ende der Republik bei. Nehmen Sie Stellung zu dieser Aussage.

Protest gegen die russische Invasion der Ukraine mit Plakat eines bluttriefenden Putin (1.3.2022).

→ GUT ZU WISSEN

Römische Bürgerkriege

Cicero zählt hier drei gewaltsame Auseinandersetzungen aus den 80er Jahren, die sich dem Großkonflikt zwischen **Marius und Sulla** unterordnen lassen, als drei Kriege. Der vierte ist der zwischen **Caesar und Pompeius**, der fünfte ist der aktuelle Konflikt mit **Antonius**.

U. v. d. Leyen: Europa und Putin – zwei Welten?

Ursula von der Leyen, Präsidentin des Europäischen Parlaments, rief in ihrer Rede am 1. März 2022 dazu auf, die Ukraine in ihrem Krieg gegen Putin zu unterstützen:

„Der Krieg ist zurück in Europa. […] Dies ist die Stunde der Wahrheit für Europa. Lassen Sie mich aus dem Leitartikel einer ukrainischen Zeitung […] zitieren: „Es geht nicht nur um die Ukraine. Es handelt sich um einen Konflikt zwischen zwei Welten, zweier gegensätzlicher Weltanschauungen." Das trifft den Nagel auf den Kopf. Es ist ein Konflikt zwischen Rechtsstaatlichkeit und dem Recht des Stärkeren, zwischen Demokratien und Autokratien, zwischen einer regelbasierten Ordnung und einer Welt der blanken Aggression. Die Art unserer heutigen Reaktion auf das Vorgehen Russlands wird die Zukunft der Weltordnung bestimmen. Das Schicksal der Ukraine steht auf dem Spiel, aber es geht auch um unser eigenes Schicksal. Wir müssen die Kraft zeigen, die in unseren Demokratien steckt; wir müssen die Macht der Menschen zeigen, die ihren unabhängigen Weg frei und demokratisch wählen. Das ist unsere Machtdemonstration. […] Unsere Union zeigt sich als eine kraftvoll handelnde Gemeinschaft, die mich mit Stolz erfüllt. […] Wenn Putin die Europäische Union spalten, die NATO schwächen und die internationale Gemeinschaft zerschlagen wollte, so hat er genau das Gegenteil erreicht. Wir sind geschlossener denn je und wehren uns gegen diesen Krieg. Wir werden uns nicht unterkriegen lassen und nicht klein beigeben. Wir stehen zusammen und werden das auch künftig tun."

GRUNDWISSEN Politik in Krisenzeiten

Sallust: *Coniuratio Catilinae*

Autor

- Gaius Sallustius Crispus, geb. 86 v. Chr. in Amiternum (**Ritterstand**)
- ***cursus honorum*** als *homo novus*
- **Volkstribun** 52 v. Chr.
- 50 v. Chr. aus dem Senat ausgeschlossen
- im **Bürgerkrieg** auf der Seite Caesars (in verschiedenen militärischen Funktionen)
- 46 v. Chr. **Statthalter** der römischen Provinz *Africa nova*
- danach Anklage wegen Ausbeutung im Amt *(de repetundis)*, die mit Hilfe Caesars abgewendet werden kann
- **Rückzug aus der Politik** (Zeitpunkt nicht sicher, wohl nach Caesars Tod)
- Hinwendung zur **Geschichtsschreibung**
- gestorben 35/34 v. Chr. in Rom

Werke

- ***De Catilinae coniuratione***: Die Verschwörung des Catilina unter dem Konsulat Ciceros 63 v. Chr. (verfasst um 41 v. Chr.)
- *De bello Iugurthino*: Der Krieg gegen König Jugurtha von Numidien 111–105 v. Chr. (um 40 v. Chr.)
- ***Historiae***: Geschichte 78–67 v. Chr., nur Fragmente erhalten (ab ca. 39 v. Chr.)

Die antike Gattung „Geschichtsschreibung"

- **Monografie** (Einzelereignis) oder **Historien/Annalen** (Ereignisse Jahr für Jahr) mit:
  - **Proömium** (Einleitung) (Versprechen der **Unparteilichkeit**)
  - **Exkursen** (z. B. historischer Rückblick, Geografie)
  - frei gestalteten **Reden**
- „**Moralische**" Geschichtsschreibung:
  - urteilend und **wertend**
  - will **Emotionen** beim Leser ansprechen
  - **Psychologie** und **Charakter** der Handelnden
  - **dramatische** Schilderungen
  - „**tragische**" Weltsicht: Protagonisten gehen oft schuldig, aber bewundernswert unter
- **Besonderheiten Sallusts:**
  - **Coniuratio Catilinae** als Muster moralischer/tragischer Geschichtsschreibung
  - „**Dekadenzmodell**" der römischen Geschichte: Niedergang seit **Zerstörung Karthagos**
  - **neuer Stil** (u. a. Archaismen, *brevitas*, Parataxe, Inkonzinnität, hist. Infinitiv, Asyndeton)
  - Vorbilder: **Thukydides** (griech. Historiker, 5. Jh. v. Chr.) und **Cato d. Ä.** (röm. Historiker, 2. Jh. v. Chr.)

Unterschiede zur heutigen Geschichtswissenschaft:

- **literarischer** Anspruch
- **kein wissenschaftlicher** Anspruch
- **keine** systematische Einbindung von **Quellen**
- Wahrheit als **Unparteilichkeit**, nicht Faktizität
- Anspruch auf **zeitlose Gültigkeit**

Rezeption

- Vorbild für viele Historiker, z. B. **Tacitus**
- Begriff „catilinarische Existenz" für jemanden, der alles wagt, weil er nichts zu verlieren hat
- Sallust stilprägend für zahlreiche Schriftsteller, z. B. Bertolt Brecht, *Die Geschäfte des Herrn Julius Caesar*, 1957

Cicero: *Philippicae*

Autor
- Marcus Tullius Cicero, geb. **106 v. Chr.** in Arpinum (**Ritterstand**)
- **Gerichtsredner** (z. B. Fall S. Roscius 78 v. Chr.)
- ***cursus honorum*** als *homo novus*
- **Konsul 63 v. Chr.**: Aufdeckung der Verschwörung des **Catilina**
- 59 v. Chr. **Verbannung** wegen ungesetzlicher Hinrichtung der Catilinarier
- 50er Jahre: Hinwendung zur Philosophie
- Nach **Ermordung Caesars 44 v. Chr.** Einsatz **gegen Antonius** und erneuter Versuch, die ***res publica* zu retten**, mit einer Koalition zwischen Senat, Caesarmördern und **Octavian**, Caesars Erben (Kontext der **Philippischen Reden**)
- November **43**: Octavian verbündet sich mit Antonius und Lepidus zum **2. Triumvirat**
- Cicero **proskribiert** und **ermordet**

Werke (in Auswahl)
- **Reden** (davon 58 überliefert):
  - **Gerichtsreden** (z. B. *Pro Sexto Roscio*)
  - **politische Reden**, darunter:
    - 4 Reden **gegen Catilina** (63 v. Chr.)
    - 14 „**Philippische**" Reden **gegen Antonius** (44/43 v. Chr.)
- **rhetorische Schriften** (z. B. *De oratore*)
- **philosophische Schriften** (z. B. *Tusculanae disputationes*: „Gespräche in Tusculum" → S. 135)
- **Briefe** (z. B. *Ad Atticum*; *Ad familiares*)

Die Gattung „politische Rede"
- **Volks- und Senatsreden:**
  - **Senatsreden** vor dem Senat in Curie oder Tempel, um
    - seine **Meinung** kundzutun
    - einen **Senatsbeschluss** herbeizuführen oder zu verhindern
  - **Volksreden** vor der Volksversammlung *(contio)*, von hochrangigen Senatoren wie Cicero genutzt, um
    - über gefasste Senatsbeschlüsse zu **informieren** und
    - diese im **eigenen Sinne** darzustellen
- **rhetorische Stilmittel** wie Parallelismus, Chiasmus, Antithese, Anapher, Klimax

Die *Philippicae* (Philippische Reden)
- Name in Anlehnung an den griechischen Redner **Demosthenes** (4. Jh. v. Chr.), der zum Kampf gegen König **Philipp** von Makedonien für die Freiheit aufgerufen hatte
- insgesamt 14 Reden **gegen Marcus Antonius** (Konsul 44, Prokonsul 43 v. Chr.)
- Philippische Reden: hauptsächlich **Senatsreden**; nur zwei Volksreden
- Hintergrund: **Kampf um die Republik** gegen eine zu mächtige Stellung des Marcus Antonius und eine erneut drohende „caesarianische" Diktatur
- Bestreben: **Octavian zu stärken**, ihn auf die Seite der Republikaner zu ziehen und so gegen Marcus Antonius auszuspielen
- **riskantes Unterfangen**, da Octavian noch sehr jung ist und sich auf seine göttliche Abstammung von Caesar beruft
- langfristig zum Scheitern verurteilt und sogar tödlich für Cicero

Rezeption Ciceros als politischer Redner
- Klassikerstatus bereits in der Antike, besonders als Redner und Rhetoriker
- Einfluss von Ciceros Verunglimpfung des Antonius auf die gesamte Darstellung des Antonius in Geschichte und Literatur
- Begriff *Philippika* bis heute gebräuchlich für Brand- oder Kampfrede

Rezeption der Ereignisse (u. a.)
- Plutarch, Biografien des Caesar, Brutus und Antonius
- William Shakespeare, Tragödie *Julius Caesar*
- Robert Harris, Roman-Trilogie über Ciceros Leben: *Imperium, Titan, Dictator*

MYTHOS: SPIEL UND VERWANDLUNG

Was ist das eigentlich, „der“ Mythos? Und was macht den antiken Mythos aus? Zunächst einmal: „Den“ Mythos gibt es nicht. Der Begriff umfasst eine bunte Vielfalt unzähliger Einzelgeschichten, die sich aufeinander beziehen und häufig aufeinander aufbauen. Sie können so unterschiedliche Formen aufweisen wie Sage, Märchen, Epos, Tragödie, Roman, Film ... Auch Bilder, Statuen oder Opern gehören dazu.

Die Verwandlungen des Mythos

Mythen gibt es in allen Kulturkreisen. Was aber die Mythen der griechisch-römischen Antike so unverwechselbar macht, ist die Kombination vielfältigster Erzählbausteine zu einem zusammenhängenden Gebäude. Der Mythos kann all die unterschiedlichen Elemente deshalb so problemlos aufnehmen, weil er ganz offen und formbar ist: Sagen von Göttern und Helden, Naturerklärung oder phantastische Geschichten haben Platz darin. Dabei bilden die Mythen aber nie ein starres oder geschlossenes Welterklärungssystem, keine Ideologie – im Gegenteil: Mythen sind stets flexibel und veränderbar, sie können und konnten zu allen Zeiten immer wieder neu rezipiert, formuliert oder interpretiert werden. Schon in der Antike werden Mythen oft in mehreren Varianten erzählt, die nebeneinander bestehen: Sie widersprechen sich nicht, sondern bereichern sich gegenseitig. Ebendies macht die antiken Mythen auch heute noch so interessant und spannend: Auch wir können sie aus unserer modernen Sicht heraus immer wieder neu interpretieren, umformen, neu gestalten. Ein besonders eindrückliches Beispiel dafür ist der Sisyphos-Mythos.

Sisyphus – Frevler und Arbeiter

„Ist das eine Sisyphusarbeit!“ Mit diesem Stoßseufzer meint man eine mühselige Tätigkeit, bei der man immer wieder von vorne anfangen muss, die aber niemals zu Ende gebracht werden kann. Der Begriff geht zurück auf Sisyphos, der die Götter zu betrügen versuchte. Diese verurteilen ihn dazu, auf ewig einen großen Stein einen Berg hinaufzurollen. Immer kurz vor Erreichen des Gipfels entgleitet ihm dieser jedoch, und Sisyphos muss wieder von vorne anfangen. Sisyphos gilt als einer der großen Büßer des antiken Mythos, der mehrmals auch in Ovids *Metamorphosen* genannt wird.

Sind wir alle Sisyphus?

Die Moderne entdeckt den Mythos von Sisyphos neu: Die Götter verschwinden aus der Geschichte, und aus einem, der zu sinnloser Arbeit verdammt ist, wird einer, der seine Arbeit jeden Tag von vorne anfängt, der nie aufgibt, so vergeblich seine Mühe auch scheint. Berühmt wurde die Interpretation von Albert Camus (s. Kasten). Überhaupt wird im 20./21. Jh. Sisyphos zum Inbegriff des arbeitenden Menschen, der nur sich selbst fragen kann, ob das, was er tut, tapferes Durchhalten ist – oder vergebliche Mühe.

→ GK 6.2 Bedeutung des Mythos
→ GK 6.4 Tod und Unterwelt (zu Sisyphus)
→ S. 237 Präsentation (zu Aufg. 3)

1 Arbeiten Sie aus dem Text heraus, wie sich die Interpretation des Sisyphos-Mythos in der Moderne grundlegend gewandelt hat.

2 **a** Geben Sie an, welche der Abbildungen in Stil und Aussage am besten zu Camus passt, und begründen Sie Ihre Wahl.

b Ordnen Sie den Abbildungen folgende Begriffe zu: Abbildung des antiken Mythos – Neudeutung – „Korrektur".

c Entwickeln Sie eine Interpretation zu dem Bild, das eine „Korrektur" des Mythos darstellt.

3 Präsentieren Sie Mythen Ihrer Wahl nach dem Schema aus **2 b**. Es bleibt Ihnen überlassen, ob Sie die „Korrektur" recherchieren oder selbst entwerfen, wie sie aussehen könnte.

A. Camus: „Sisyphus ist glücklich!"

In seinem Essay „Der Mythos des Sisyphos" (1942) beschreibt Albert Camus, für den als Existentialisten keine höheren Mächte oder Götter existierten, Sisyphus als den Inbegriff des auf sich allein gestellten Menschen:

„Darin besteht die verborgene Freude des Sisyphos. Sein Schicksal gehört ihm. Sein Fels ist seine Sache. Der Kampf gegen Gipfel vermag ein Menschenherz auszufüllen. Wir müssen uns Sisyphos als einen glücklichen Menschen vorstellen."

a Virologen und Behörden wälzen das Coronavirus (2020).

c Sisyphos (Franz von Stuck, 1920)

b Sisyphos, von einer Furie gepeitscht (Vasenbild, um 330 v. Chr.)

d Sisyphos behaut den Stein (W. Mattheuer, 1974)

OVID: METAMORPHOSEN

Ein Dichter, der gerne spielt

Der augusteische Dichter Publius Ovidius Naso ist Ihnen schon begegnet: als Verfasser von **Liebesdichtung** – *tenerorum lusor amorum*, wie er sich selbst bezeichnet. Nach den elegischen Dichtungen wandte er sich um die Zeitenwende dem **Epos** zu und verfasste sein etwa 12 000 Verse umfassendes **Hauptwerk**, die ***Metamorphosen***. Sie waren wohl schon abgeschlossen, als Ovid 8 n. Chr. verbannt wurde.

In der Antike galt das Epos als die ernsthafteste poetische Gattung, die eine gewisse Reife des Dichters erforderte. Doch auch in den *Metamorphosen* erweist sich Ovid als „***lusor***", als einer, der mit Themen und Gattungen spielt, und auch hier ist die **Liebe** ein zentrales Thema.

→ **GUT ZU WISSEN**

Homer und das Epos

Die älteste überlieferte Literatur in Europa stellen die Epen dar, die unter dem Namen **Homers** in griechischer Sprache überliefert sind, ***Ilias*** und ***Odyssee*** (wohl 8./7. Jh. v. Chr.). Sie begründen nicht nur die europäische Literatur an sich, sondern auch die Gattung **Epos**. Ein Epos ist ein **langes**, in mehrere Bücher gegliedertes **erzählendes** Gedicht in **Hexametern**. Im Mittelpunkt steht in der Regel ein mythischer **Held** oder **Krieg**, wobei die Handlung auf menschlicher Ebene von einer **Götterhandlung** begleitet und beeinflusst wird. Typische **Stilelemente** sind eine hohe Sprache, epische Vergleiche und schmückende Beiwörter. Das **Proömium** enthält die Anrufung einer **Muse** oder anderen Gottheit. Zudem werden der **Held**, das **Thema** und der **Einsatzpunkt** der Handlung genannt. Gerade die **Proömien** von *Ilias* und *Odyssee* sind in ihrem Aufbau für alle weiteren Epiker maßgebend geworden.

Die *Metamorphosen* – ein etwas anderes Epos

Die **15 Bücher *Metamorphosen*** werden zur Gattung Epos gerechnet. Im Gegensatz zu Homer und zu Vergils *Aeneis* stellt Ovid aber nicht einen einzelnen Mythos ins Zentrum, sondern lässt vom **Anbeginn der Welt** bis in seine Gegenwart, also die Zeit des **Augustus**, eine Vielzahl von **Verwandlungsgeschichten** aufeinander folgen. Die Episoden können jede für sich gelesen werden; zugleich sind sie aber kunstvoll miteinander verbunden und ineinander verwoben, so dass sich eine Erzählung aus der nächsten ergibt. Im 1. und dann wieder etwa ab dem 13. Buch ist eine chronologische Ordnung erkennbar, doch diese wird immer wieder bewusst durchbrochen. Nur das Thema Verwandlung zieht sich als roter Faden durch das ganze Werk, denn sie ist für Ovid das grundlegende Prinzip in der Welt.

→ **GUT ZU WISSEN**

Hesiod und das Lehrgedicht

Auch der griechische Dichter Hesiod (7. Jh. v. Chr.) schrieb **Epen** in **Hexametern**: Auf ihn geht das **Lehrepos** zurück, das sich vom homerischen Epos durch die **Themen** (Fehlen von Helden und Kriegen, überhaupt einer durchgehenden Handlung, dafür **Sachwissen**) und den **lehrhaften** Charakter unterscheidet. In seiner ***Theogonie*** stellt Hesiod die **Entstehung der Welt** und die Abfolge der **Götter** dar, in ***Werke und Tage*** die fünf Weltalter (bei Ovid sind es dann vier). In späteren Jahrhunderten brachten **Philosophen** ihre **Welterklärungsmodelle** in Eposform; es folgten Lehrgedichte über verschiedenste Wissenszweige wie Landwirtschaft, Astronomie, Kochkunst oder auch die *Ars amatoria* Ovids, wenngleich diese in elegischen Distichen verfasst ist.

→ GK 7.5 Ovid; Bd. 2, S. 64 f.
→ GK 7.4 Epos
→ GK 7.4 Lehrgedicht; Bd. 2, S. 85

Das Proömium Met. 1.1–4

1 Arbeiten Sie die Begriffe heraus, die auf den Titel des Werks *„Metamorphosen“* hinweisen.

1 In nova fert animus mutatas dicere formas
corpora. Di, coeptis – nam vos mutastis et illa –
aspirate meis primaque ab origine mundi
4 ad mea perpetuum deducite tempora carmen!

1 **animus fert** mich drängt mein Sinn; es ist meine Absicht
dīcere *(hier m. Akk.)* besingen, künden *(von etwas)*
2 **coeptum** das Vorhaben
mūtāstis = mūtāvistis
3 **aspīrāre** *(m. Dat.)* Inspiration geben für
4 **perpetuus** *(hier)* fortlaufend
dēdūcere *(mit fortlaufendem Faden)* weben

Homer: *Ilias* (Proömium) 1. 1–7

1 Den Zorn singe, Göttin, des Peleus-Sohns Achilleus,
2 den verderblichen, der zehntausend Schmerzen über die Achaier (= Griechen) brachte
3 und viele kraftvolle Seelen dem Hades vorwarf, [...]
6 und beginne von da, wo sich zuerst im Streit entzweiten
7 der Atreus-Sohn (= Agamemnon), der Herr der Männer, und der göttliche Achilleus! *(Übers. nach W. Schadewaldt)*

Der Beginn einer Handschrift der *Metamorphosen* (Madrid, 15. Jh.).

2 a Ovid betont gleich zu Anfang, dass er etwas ganz Neues bietet – u. a. durch die geschickte Anordnung der Wörter in V. 1f. Belegen Sie dies am Text.

b Analysieren Sie die Verse metrisch und beschreiben Sie, wie der Versbau (Enjambements!) die Aussage unterstützt.

c Ovid stellt in diesen Versen sein Programm vor: *Grundthema – Anordnungsprinzip – Verknüpfung der Geschichten.* Arbeiten Sie diese Informationen mit Belegen aus dem Text heraus.

d EXTRA: Entziffern Sie V. 2 in der Handschrift und finden Sie das (im Vgl. zur *Legamus!*-Fassung) zusätzliche „s“. Erläutern Sie den Unterschied (KNG-Bezug und Inhalt!).

3 a Arbeiten Sie aus dem Proömium der *Ilias* die für den Beginn eines Epos typischen Elemente heraus. → Homer und das Epos, S. 62

b Vergleichen Sie Ovids Proömium damit und erläutern Sie die Abweichungen (vgl. **2 c**).

4 Recherchieren Sie nach den Bedeutungen des Begriffs „Metamorphose“ heute (z. B. in Zoologie, Botanik, Geologie).

→ BD lateinlex.de/d1y4
→ S. 218 Kursorisch lesen
→ S. 219 Wörterbuchgebrauch
→ S. 224 Übersetzungsvergleich
→ S. 231 Versanalyse
→ GK 1.5 Dichtersprache

Die Entstehung der Welt und des Menschen Met. 1.5–83

Die Erzählung setzt, wie im Proömium angekündigt, mit einer Kosmogonie ein, d. h. einer Darstellung des Ursprungs der Welt. Ovid stützt sich dabei neben mythischen auch auf naturphilosophische (d.h. ‚naturwissenschaftliche') Quellen. Am Anfang ist das **Chaos**, aus dem sich dann der Kosmos (griech. „Ordnung") entwickelt.

→ Die vier Elemente, S. 65

1 V. 5–20: Erschließen Sie in zwei Gruppen die „materiellen" Eigenschaften des Chaos bzw. den Zustand seiner Elemente. Tragen Sie Ihre Ergebnisse dann in der Lerngruppe zusammen.

2 V. 21–23: Geben Sie die Subjekte und Prädikate an und erschließen Sie so den bzw. die Urheber der Ordnung und deren wesentliche Tätigkeit.

3 V. 78 f. (leichter)/V. 80–83 (anspruchsvoll): Arbeiten Sie eine der beiden Theorien zur Entstehung des Menschen heraus. Tragen Sie Ihre Ergebnisse dann in der Lerngruppe zusammen.

Ante mare et terras et, quod tegit omnia, caelum
unus erat toto naturae vultus in orbe,
quem dixere **chaos**: Rudis indigestaque moles
nec quicquam nisi pondus iners congestaque eodem
non bene iunctarum discordia semina rerum. [...]
Nulli sua forma manebat;
obstabatque aliis aliud, quia corpore in uno
frigida pugnabant calidis, umentia siccis,
mollia cum duris, sine pondere habentia pondus.
Hanc deus et melior litem natura diremit.
Nam caelo terras et terris abscidit undas
et liquidum spisso secrevit ab aere caelum.

Aus der Trennung der vier Elemente entsteht die Welt und wird bevölkert: der Himmel von Gestirnen und Göttern, die Meere von Fischen, die Erde von Landtieren und die Luft von Vögeln.

Sanctius his animal mentisque capacius altae
deerat adhuc et quod dominari in cetera posset:
Natus homo est, sive hunc divino semine fecit
ille opifex rerum, mundi melioris origo,
sive recens tellus seductaque nuper ab alto
aethere cognati retinebat semina caeli;
quam satus Iapeto mixtam pluvialibus undis
finxit in effigiem moderantum cuncta deorum.

5 **ante** *(hier zeitlich)*
rudis, *-e* roh
7 **indigestus:** ungeordnet
8 **congerere** (*PPP* congestum) zusammenwerfen
eōdem *(hier)* an derselben Stelle
9 **discors**, *-dis* uneins, zwieträchtig
18 **corpore in ūnō** *(gemeint ist die ungeordnete, „chaotische" Materie)*
19 **calidīs; siccīs** *ergänze davor* cum
ūmēns, *-entis* feucht
siccus trocken
20 **sine — pondus** Schwereloses mit Schwerem
21 **melior** *(im Vergleich zur bloß passiven Materie)*
dirimere (*Perf.* dirēmī) trennen
22 **abscindere** (*Perf.* abscidī) *(m. Abl.)* scheiden, trennen von
23 **liquidus** *(hier)* klar, rein
spissus dicht, dick
sēcernere (*Perf.* sēcrēvī) trennen
76 **hīs** *(gemeint sind die Tiere)*
capāx, *-ācis (m. Gen.)* befähigt zu, empfänglich für
79 **opifex,** *-icis m* Handwerker, Erbauer; Künstler
80 **sēdūcere** (*PPP* sēductum) *(hier)* trennen
81 **aethēr**, *-eris m* Himmel → Die vier Elemente, S. 65
retinēbat *(vgl. V. 23: sie waren ja eigentlich getrennt worden)*
82 **quam** *(Bezugswort:* tellus *V. 80)*
satus Īapetō Sohn des Iapetus = Prometheus
83 **effigiēs**, *-ēī f* Abbild

→ BD lateinlex.de/d1y5
→ S. 218 Kursorisch lesen
→ S. 219 Wörterbuchgebrauch
→ S. 114 f. (Vorsokratiker)
→ GK 6.2 Ursprung der Welt
→ GK 6.5 Prometheus

4 Untersuchen Sie die Schöpfungsbeschreibung Ovids im Hinblick auf folgende Fragestellungen:
- Welche Aussagen werden über die Materie gemacht? Woher kommt sie? Was war am Anfang schon da?
- Wie entstehen die Dinge der Welt (Pflanzen, Tiere usw.) aus der Materie?
- Welche Rolle spielt der Mensch im Kosmos?

5 Vergleichen Sie das Menschenbild in V. 76–83 mit dem im Proöm Sallusts (s. Kasten S. 8).

→ GUT ZU WISSEN

Die vier Elemente und der Äther

Die griechischen Naturphilosophen fragten lange nach dem **einen Urprinzip** (ἀρχή [archē]), aus dem alles andere entstanden sein soll (→ S. 104). Auf den Philosophen **Empedokles** geht die Lehre von den **vier Elementen** zurück: **Erde**, **Wasser**, **Luft** und **Feuer**. Die leichte Luft umhüllt die Erdkugel, das feurige Element bildet die äußerste Schicht. Nach **Aristoteles** (→ S. 106) handelt es sich dabei um ein fünftes Element *(quinta essentia)*, den **Aither/Äther** (vgl. Hesiod S. 66). In der lateinischen Dichtung ist *aether* aber oft nur ein poetisches Wort für „Himmel".

Zweimal Chaos. *Oben*: Nadejda Yakimova: Chaos – la Creation [Chaos, die Schöpfung]. – *Unten*: Chaos – Der erste Schöpfungstag. Miniatur (15. Jh.).

6 Bilder des Chaos. Wie soll man den Zustand vor der Erschaffung der Welt (V. 5–20) bildlich darstellen? Beschreiben Sie, wie die beiden Abbildungen dies lösen und wie sie das Chaos interpretieren.

7 In der Einleitung zu ihrem „Frankenstein"-Roman beschreibt Mary Shelley die Ursprünge, denen dieser seine Existenz verdankt (s. Kasten).
- **a** Vergleichen Sie die Entstehung der Romanwelt mit der Entstehung der Welt bei Ovid.
- **b** Nehmen Sie Stellung zu der Frage, ob bei Shelley Bescheidenheit oder aber künstlerisches Selbstbewusstsein zum Ausdruck kommt.

Mary Shelley: Frankenstein (1831)

Erfindung heißt nicht, aus dem Nichts zu erschaffen, sondern aus dem Chaos; das Material muss zunächst einmal da sein. Erfinden kann dunklen, gestaltlosen Stoffen Form geben, aber es kann den Stoff selbst nicht erschaffen.

→ S. 104–107 Frage nach dem Ursprung
→ S. 113 Kraft und Materie

AUSBLICK Weitere Kosmogonien

Die Weltentstehung nach Hesiod **Hesiod, Theogonie 116 ff. (gekürzt)**

Der griechische Dichter Hesiod gibt eine mythologische Beschreibung der Entstehung des Kosmos:

Zuerst entstand das Chaos *(die gähnende Leere)*, danach Gaia *(die Erde)* und Eros *(das Liebesbegehren)*. Aus dem Chaos entstanden Erebos *(die Region der Finsternis)* und Nyx *(die dunkle Nacht)*; aus Nyx entstanden Aither *(die Himmelshelle)* und Hemera *(der Tag)*, die sie gebar schwanger von Erebos, sich in Liebe mit ihm vereinend. Gaia aber brachte zuerst den Uranos *(den Himmel)*, den gestirnten, hervor, auf dass er sie umhülle und fester Sitz der glückseligen Götter sei. Und sie gebar die Berge und Pontos *(das Meer)* – ohne verlangende Liebe. Darauf schlief sie mit Uranos und gebar Okeanos [...]

Es folgt eine lange Aufzählung der einzelnen Göttergenerationen. Die Schaffung des Menschen wird nicht beschrieben; es wird aber erzählt, wie Prometheus, der Sohn des Iapetos, gegen den Willen des Zeus für die Menschen das Feuer raubt.

Die Weltentstehung nach den Stoikern

Die Stoa bietet wie jede philosophische Schule der Antike ein umfassendes Weltbild an, das auch die Physik mit einschließt. Dazu gehört auch eine nicht-mythologische Auffassung von der Weltentstehung:

Die Welt entsteht aus der Verbindung von **Materie** und **Logos** (Vernunft): Der Logos ist göttlich und wird als **Baumeister des Universums** beschrieben. Der Urzustand der Materie ist das reine Feuer. Durch Einwirken des göttlichen Logos entsteht aus einem Teil des Feuers die Luft, aus einem Teil der Luft das Wasser, aus einem Teil des Wassers die Erde. Aus den vier Elementen entstehen dann durch Mischung Pflanzen, Tiere und alle Dinge der Welt. Die Stoa setzt den Logos mit **Gott** und der **Natur** gleich. Er ist das aktive, vernünftige Prinzip, das die Welt und seine Teile gestaltet und in ihnen ist. Die menschliche Natur wird als Teil der allumfassenden Natur, die menschliche Vernunft als Teil des göttlichen kosmischen Logos verstanden. Ziel des Menschen ist es, im Einklang mit dem Logos und der Natur zu leben.

8 Gruppenarbeit: Untersuchen Sie in drei Gruppen die Dokumente zur Erschaffung der Welt nach denselben Fragestellungen wie bei S. 65 **4** und vergleichen Sie die Ergebnisse mit denen aus **4**. Präsentieren Sie Ihre Ergebnisse anschließend im Plenum und erörtern Sie, ob Ovid eine mythologische oder philosophische Darstellung im Sinn hatte.

- ***Gruppe A:*** Hesiod
  → Hesiod und das Lehrgedicht, S. 62
- ***Gruppe B:*** Philosophie (Stoa)
  EXTRA: Arbeiten Sie die lateinischen Entsprechungen der hervorgehobenen Ausdrücke aus dem Ovid-Text heraus.
- ***Gruppe C:*** Bildliche Darstellung des Michelangelo (Ausschnitt, S. 67); beziehen Sie auch den biblischen Schöpfungsbericht Genesis 1,1–2,4a mit ein (anhand von Recherche).

→ S. 237 Präsentation

→ GK 6.2 Ursprung der Welt

Die Erschaffung der Welt (zu lesen von unten nach oben): Gott scheidet Licht und Finsternis, schafft Sonne und Planeten, scheidet Wasser und Land, erschafft Adam. Es folgen (hier nicht abgebildet) die Erschaffung Evas, der Sündenfall und Episoden aus der Sintflut-Erzählung. Deckengemälde der Sixtinischen Kapelle im Vatikan (Rom) von Michelangelo (15. Jh.).

Weltzeitalter I: Gold und Silber Met. 1.89–124

Die Menschen leben zunächst unter paradiesischen Umständen: im Idealzustand des sogenannten Goldenen Zeitalters während der Herrschaft des Saturn (Kronos), die der des Jupiter vorausging.

1 V. 89–102: Hier werden typische Eigenschaften des Goldenen Zeitalters beschrieben, wie sie sich auch bei Vergil finden: Arbeiten Sie einige davon mithilfe des Vergiltextes (s. Kasten S. 69) aus dem lateinischen Text heraus.

2 V. 113–124: Arbeiten Sie anhand von Schüsselbegriffen Charakteristika des Silbernen Zeitalters heraus.

89 Aurea prima sata est aetas, quae vindice nullo,
sponte sua, sine lege fidem rectumque colebat.
Poena metusque aberant, nec verba minantia fixo
92 aere legebantur, nec supplex turba timebat
iudicis ora sui, sed erant sine vindice tuti.
Nondum caesa suis, peregrinum ut viseret orbem,
95 montibus in liquidas pinus descenderat undas,
nullaque mortales praeter sua litora norant;
nondum praecipites cingebant oppida fossae;
98 non tuba derecti, non aeris cornua flexi,
non galeae, non ensis erat: Sine militis usu
mollia securae peragebant otia gentes.
101 Ipsa quoque inmunis rastroque intacta nec ullis
saucia vomeribus per se dabat omnia tellus. [...]

Die Menschen lebten von wild wachsenden Früchten; es gab Flüsse aus Milch und Nektar, Honig floss aus Bäumen. Ewiger Frühling herrschte: Es war also immer angenehm warm, man brauchte keine Häuser.

113 Postquam Saturno tenebrosa in Tartara misso
sub Iove mundus erat, subiit argentea proles. [...]
121 Tum primum subiere domos; domus antra fuerunt
et densi frutices et vinctae cortice virgae.
Semina tum primum longis Cerealia sulcis
124 obruta sunt, pressique iugo gemuere iuvenci.

89 **satus** entstanden
vindex, *-icis m/f* Richter *(als Bestrafer von Verbrechen)*
91/92 **aes** *(aëris n)* **fixum** eherne Gesetzestafel *(z. B. Zwölftafelgesetz)*
93 **erant** *ergänze* hominēs
ōs, *ōris n (hier)* Richtspruch
94/95 *Ordne: → Prosafassung, S. 176*
94 **peregrīnus** fremd
vīseret *(Subjekt ist* pīnus, *gemeint: nun als Schiff)*
95 **pīnus**, *-ī f* Fichte *(gemeint: als Bauholz für Schiffe)*
97 **fossa** Graben
98 **dērēctus** gerade
99 **galea** Helm
ēnsis, *-is m* Schwert
101 **immūnis,** *-e (hier)* ohne Zwang
rāster, *-trī m* Hacke
102 **saucius** verletzt
vōmer, *-eris n* Pflugschar *(mit der beim Pflügen die Erde aufgerissen wird)*
113 **Tartara** *n Pl.* Tartarus
121 **subīre** *(hier)* sich verkriechen in
antrum Höhle
122 **dēnsī — virgae** dichte Sträucher und mit Rinde umhüllte Zweige
123 **sulcus** Furche
124 **obruere** (*PPP* obrutum) vergraben
iuvencus Jungstier

→ BD lateinlex.de/d1y6

→ GK 6.2 Ursprung der Welt: Kronos

→ MEHR ERFAHREN

Das Goldene Zeitalter

Bereits **Hesiod** hat in seinem Lehrgedicht *Werke und Tage* das **Goldene Zeitalter** geschildert. In Rom ließen vor allem die grausamen Bürgerkriege, die nach der Ermordung Caesars von neuem ausbrachen, die Sehnsucht nach einem neuen Goldenen Zeitalter entstehen. **Vergil** prophezeit in seiner 4. Ekloge (um 40 v. Chr.) dessen **Wiederkehr** in **Italien**, herbeigeführt von einem ***puer***, in dem manche den jungen Octavian (Augustus) sehen. Da sich auch in biblischen Texten (z. B. beim Propheten Jesaja) ähnliche Vorstellungen finden, vermischte sich in Mittelalter und Neuzeit die Idee des Goldenen Zeitalters mit der des **christlichen Paradieses**, die Ankündigung eines *puer* als Retter wurde auf die Geburt Christi bezogen.

P. Vergilius Maro: Das Goldene Zeitalter kehrt zurück Eklogen 4.37–45

Vergil spricht den „Knaben", der das Goldene Zeitalter zurückbringen soll (→ Das Goldene Zeitalter), direkt an:

„Dann, wenn dich zum Mann gemacht das gekräftigte Alter, wird auch der Seemann freiwillig das Meer verlassen; nicht länger werden Fichten, zu Schiffen verarbeitet, Waren austauschen: Überall wird alles die Erde tragen.
Nicht mehr wird der Boden die Hacke, der Weinberg die Sichel dulden, schon wird auch der starke Pflüger die Stiere vom Joch lösen. Nicht mehr wird dann die Wolle lernen, bunte Farben vorzutäuschen, denn von sich aus wird auf der Wiese wechseln der Widder sein Fell, bald in sanft sich rötendes Purpurviolett und bald auch in Safrangelb; ganz von selbst wird Scharlachrot die weidenden Lämmer bekleiden."

3 V. 89–102:
- **a** Typisch für das Goldene Zeitalter ist das Fehlen einiger Merkmale der Zivilisation. Arbeiten Sie heraus, wie dies sprachlich gestaltet ist.
- **b** Gliedern Sie den Abschnitt und benennen Sie die Haupteigenschaft des Goldenen Zeitalters bei Ovid; erläutern Sie, inwiefern diese sich auch dem Fehlen von Erz verdankt.
- **c** Vergleichen Sie dies mit Vergil (s. Kasten).
- **d** Erläutern Sie, inwieweit die bei Horaz (s. Kasten S. 71) genannten Werte dazu passen.

4 Vergleichen Sie das Goldene mit dem Silbernen Zeitalter.

5
- **a** Diskutieren Sie: Ist die Darstellung Ovids fortschrittsfeindlich?
- **b** Fortschritt – Chance oder Gefahr? Diskutieren Sie die Frage ausgehend vom Text.

6 Beschreiben Sie das Gemälde und diskutieren Sie, ob es von Ovid, Vergil oder auch (durch Recherche) von Jesaja 11.6–9 inspiriert ist.
→ Das Goldene Zeitalter

Das Goldene Zeitalter. Aus dem Freskenzyklus „Die vier Weltalter" von Pietro da Cortona (um 1640).

→ S. 6 f. (zu Bürgerkriegen)
→ S. 48 f. (zu Octavian)
→ GK 7.5 Vergil

Weltzeitalter II: Bronze und Eisen **Met. 1.125–150**

Auf das silberne Zeitalter folgen das eherne und schließlich das eiserne. Kennzeichnend ist ein unaufhaltsamer Verfall der Sitten.

1 Stellen Sie römische Wertbegriffe aus dem Text zusammen und klären Sie deren Bedeutung.

2 **a** Stellen Sie anhand Ihrer Kenntnis des Goldenen Zeitalters Vermutungen an, wie die Eiserne Zeit aussehen könnte; beziehen Sie auch die Abbildung ein.

b Arbeiten Sie entsprechende Begriffe aus dem Text heraus.

Tertia post illam successit aenea proles,
saevior ingeniis et ad horrida promptior arma,
non scelerata tamen; de duro est ultima ferro.
Protinus inrupit venae peioris in aevum
omne nefas: Fugēre pudor verumque fidesque;
in quorum subiere locum fraudesque dolique
insidiaeque et vis et amor sceleratus habendi.

Um diesen *amor habendi* zu stillen, werden nun verschiedene Techniken erfunden – die Seefahrt, die Landvermessung (als Voraussetzung, um Grundbesitz auszuweisen) und der Bergbau:

Iamque nocens ferrum ferroque nocentius aurum
prodierat; prodit bellum, quod pugnat utroque,
sanguineaque manu crepitantia concutit arma.
Vivitur ex rapto: Non hospes ab hospite tutus,
non socer a genero, fratrum quoque gratia rara est;
inminet exitio vir coniugis, illa mariti,
lurida terribiles miscent aconita novercae,
filius ante diem patrios inquirit in annos:
Victa iacet pietas, et virgo caede madentes
ultima caelestum terras Astraea reliquit.

125 **aēneus** ehern, aus Bronze
126 **prōmptus ad** geneigt, bereit zu
128 **inrumpere** (*Perf.* inrūpī) eindringen, einbrechen
vēna *(hier)* Erz-Ader, Metall
aevum Zeitalter
Ordne: inrūpit in aevum vēnae pēiōris *(gemeint: im Vgl. zu den vorigen Metallen)*
129 **fūgēre** = fūgērunt
130 **fraus,** *fraudis f* Betrug, Tücke
142 **utrōque** *(Abl. instr.)* mit beidem (*gemeint*: ferrum *und* aurum)
143 **crepitāre** klirren
concutere, *-iō* aneinanderschlagen
145 **socer,** *-erī m* Schwiegervater
gener, *-erī m* Schwiegersohn
146 **imminēre**, *-eō (m. Dat.)* *(hier)* planen
exitium Tod
147 **lūridus** fahl, leichenblass; tödlich
aconītum Gift
noverca Stiefmutter
148 **inquīrere in annōs patriōs** die dem Vater noch verbleibende Lebenszeit wissen wollen *(gemeint: aus Gier auf das Erbe)*
149 **madēre** *(m. Abl.)* triefen von
150 **caelestum** = caelestium

→ BD lateinlex.de/d1y7

3 **a** Gliedern Sie den Abschnitt und geben Sie die Haupteigenschaften des Eisernen Zeitalters bei Ovid an.
b Vergleichen Sie das Bild mit dem Text und erörtern Sie, ob es von Ovid inspiriert ist.
c V. 141–143: Diese Verse könnte man als Kern der Beschreibung des Eisernen Zeitalters auffassen. Weisen Sie das nach, indem Sie sie metrisch, stilistisch und klanglich analysieren.
d V. 143: Weisen Sie durch metrische Analyse nach, dass *sanguinea* auf *manu*, nicht auf *arma* zu beziehen ist.

4 Arbeiten Sie heraus, inwiefern die *ferrea aetas* als Gegenstück zur *aurea aetas* konzipiert ist (→ S. 68).

5 Vergleichen Sie die nach Ovid im Eisernen Zeitalter verlorenen Werte mit denen, die laut Horaz (s. Kasten) unter Augustus wiederkehren; beachten Sie auch die jeweilige stilistische Gestaltung.

6 Arbeiten Sie die Deszendenztheorie bei Ovid heraus (→ Weltbilder) und vergleichen Sie dies
a mit Vergil (S. 69) und Horaz (s. Kasten),
b mit Sallust (S. 16f.).
c Arbeiten Sie heraus, inwieweit die vier Autoren auch ein zyklisches Weltbild erkennen lassen, und stellen Sie die Ergebnisse grafisch dar.

7 Die *Virgo Astraea* (= Dike, griech. „Gerechtigkeit"), steht als Sternbild Jungfrau am Himmel, seit sie als letzte Gottheit die Erde verlassen hat (V. 150). Formulieren Sie ihre letzte Botschaft an die Menschen.

8 Auch heute teilt man die Menschheitsgeschichte in Zeitalter ein, die nach Materialien benannt sind: Stein-, Bronze-, Eisenzeit.
a Erläutern Sie diese Namensgebung im Unterschied zu der bei Ovid.
b Entwickeln Sie eine entsprechende Bezeichnung für das gegenwärtige Zeitalter und begründen Sie Ihre Namenswahl.

Q. Horatius Flaccus: *Carmen saeculare*
Zur Säkularfeier (Jahrhundertfeier)
17 v. Chr. schrieb der Dichter Horaz das offizielle Festlied. Darin lobt er die Rückkehr folgender Werte unter Augustus (V. 57–60):

iam Fides et Pax et Honor Pudorque
priscus et neglecta redire Virtus
audet apparetque beata pleno
  Copia cornu.

→ GUT ZU WISSEN
Weltbilder

Wer meint, dass die Welt sich von einem Idealzustand stetig **verschlechtert**, vertritt die sog. **Deszendenztheorie**. Von der gegenteiligen Entwicklung geht die **Aszendenzlehre** aus, die einen **Fortschritt** postuliert. Ein **zyklisches Weltbild** enthält die Vorstellung, dass bessere und schlechtere Phasen sich abwechseln.

Das Eiserne Zeitalter. Aus dem Freskenzyklus „Die vier Weltalter" von Pietro da Cortona (um 1640).

→ S. 231 Versanalyse (zu Aufg. 3)
→ S. 226 Stilmittel
→ GK 7.5 Horaz

Lykaon Met. 1.220–239

Nachdem Astraea die Erde verlassen hat, nimmt die Gewalt überhand: Die Giganten wollen den Himmel stürmen, und die Menschen begehen scheußliche Taten. Um sich ein Bild von den Zuständen zu machen, begibt Jupiter sich in Menschengestalt auf die Erde und an den Hof des Tyrannen Lykaon (von griech. *lýkos*: Wolf); anschließend berichtet er den übrigen Göttern, was er dort erlebt hat. Jupiter spricht selbst:

1 V. 220–225: Erschließen Sie mithilfe der hervorgehobenen Passage, welchen schlimmen Plan Lykaon verfolgt.

2 V. 226–231: Erschließen Sie den weiteren Verlauf, indem Sie mithilfe eines Wörterbuchs die Übersetzung (S. 73) ergänzen.

3 V. 232–239: Übersetzen Sie zunächst V. 237–239, um den zweiten Teil von Jupiters Strafe zu erschließen. Die Details des Vorgangs sind in V. 232–236 beschrieben.

Signa dedi venisse deum, vulgusque precari
coeperat: Inridet primo pia vota Lycaon,
mox ait: „Experiar, deus hic discrimine aperto,
an sit mortalis: Nec erit dubitabile verum."
Nocte gravem somno necopina perdere morte
comparat: Haec illi placet experientia veri!
Nec contentus eo, missi de gente Molossa
obsidis unius iugulum mucrone resolvit.
Atque ita semineces partim ferventibus artus
mollit aquis, partim subiecto torruit igni.
Quod simul inposuit mensis, ego vindice flamma
in domino dignos everti tecta penates:
Territus ipse fugit nactusque silentia ruris
exululat frustraque loqui conatur: Ab ipso
colligit os rabiem; solitaeque cupidine caedis
vertitur in pecudes et nunc quoque sanguine gaudet.
In villos abeunt vestes, in crura lacerti:
Fit lupus et veteris servat vestigia formae;
canities eadem est, eadem violentia vultus,
idem oculi lucent, eadem feritatis imago est.

221 **inridēre** verspotten
222 **discrīmine apertō** durch eine eindeutige Probe
224 **gravem somnō** *ergänze* mē *(= Ich-Erzähler Jupiter)*
necopīnus unvermutet
225 **experientia vērī** Wahrheitsprüfung
232 **nancīscī** (*Perf.* nactus sum) erreichen, gelangen zu
233 **exululāre** aufheulen
233/234 **ab ipso — rabiem** aus seinem ganzen Wesen sammelt sich in seinem Rachen die rasende Wut
235 **pecus**, *-udis f* Schaf
236 **in villōs abīre** sich in Zotteln verwandeln
crūs, *crūris n* Bein
238 **cānitiēs**, *-ēī f* graue Haarfarbe
violentia Brutalität
239 **lūcēre** leuchten, glühen

→ BD lateinlex.de/d1y8
→ S. 218 Kursorisch lesen
→ S. 219 Wörterbuchgebrauch

Übersetzung: Lykaon, V. 226–231

Und damit nicht zufrieden, ______ einer Geisel aus dem Molosservolk. Und zum Teil ______ er den halbtoten Körper des Mannes, zum Teil ______. Als er dies ______, ließ ich mit rächender Flamme das Dach auf die Hausgötter stürzen, die ihres Herren würdig waren.

→ MEHR ERFAHREN
Gastfreundschaft

Im antiken Griechenland war Gastfreundschaft eine wichtige Tugend. Schon **Homer** bietet viele Beispiele dafür: Der **Schutz des Fremden** gilt bei ihm als **göttliches Gebot** und ist verbunden mit besonderen Ritualen wie Bad, Neueinkleidung, Darreichung von Trank und Speisen. Ganz selbstlos war die antike Gastfreundschaft aber wohl nicht. Sie beruhte auch auf der Hoffnung auf **Gegenseitigkeit** und war langfristig im politischen und wirtschaftlichen Interesse aller Beteiligten (Bündnispolitik, Handel).

4 Erläutern Sie die Abbildung mithilfe des Textes; gehen Sie dabei auch auf Unterschiede ein.

5 Im Fall Lykaons wird eine Verwandlung zum Zweck der Bestrafung eingesetzt. Arbeiten Sie den Grund der Strafe heraus und stellen Sie aufgrund Ihrer Kenntnisse ähnliche Mythen zusammen.

6 Diese Erzählung gehört zu den aitiologischen Sagen. Erläutern Sie dies.
→ *Aition*, S. 83

7 Arbeiten Sie heraus, an welchen Stellen Lykaon die Vorstellungen der antiken Gastfreundschaft geradezu ins Gegenteil verkehrt.
→ Gastfreundschaft

8 Der Wolf – immer nur böse? Stellen Sie anhand von Recherche oder Erinnerung an eigene Lektüre (Märchen, Fabel, Sage u. a.) Eigenschaften von Wölfen in der Literatur zusammen.

9 *Homo homini lupus* ist eine Sentenz des Komödiendichters Plautus, die auch der Überzeugung des Philosophen Hobbes (vgl. S. 55) entspricht. Erschließen Sie, was damit gemeint ist, und diskutieren Sie, ob dies der von Ovid beabsichtigten Aussage des Lykaon-Mythos entspricht.

Lykaon. Stich nach einem Original von Hendrick Goltzius (um 1589).

→ S. 224 Übersetzungsvergleich
→ S. 55 Latein – subversiv? (zu Aufg. 9)

Apollon und Daphne

Die Vorgeschichte: Phoebus Apollon trifft Amor
Met. 1.451–474

1 V. 451 f.: Ovid gibt hier zwei Möglichkeiten an, wie Liebe entstehen kann. Nennen Sie beide.

451 Primus amor Phoebi Daphne Peneia, quem non fors
ignara dedit, sed saeva Cupidinis ira ...

450/472 **Pēnēïa/Pēnēis**, *-idis* Tochter des (Flussgottes) Peneus
451 **fors** *f* Zufall

Wie kam es aber dazu? Kurze Rückblende: Apollon hat gerade am Fuß des Berges Parnass den Drachen Python mit Pfeil und Bogen erlegt. Stolz auf die Tat, erblickt er den kleinen, ebenfalls mit Pfeil und Bogen bewaffneten Gott Amor und verspottet ihn: Einem Kind wie Amor stünden diese Waffen nicht zu, und er solle gar nicht erst versuchen, sich mit ihm, Phoebus Apollon, zu messen! Doch das lässt Amor nicht auf sich sitzen:

2 V. 463–465: Arbeiten Sie heraus, in welcher Hinsicht sich Amor mit Apollon vergleicht: Nennen Sie den Begriff und geben Sie zudem Ausdrücke des Vergleichs an.
3 V. 468–471: Geben Sie Begriffe an, die die Eigenschaften der beiden Pfeile (V. 468) beschreiben, und stellen Sie Vermutungen über deren Beschaffenheit und Wirkung an.
4 V. 472–474: Stellen Sie Vermutungen über den Zusammenhang der beiden Pfeile einerseits mit der Nymphe und andererseits mit Apollon an.

463 Filius huic Veneris: „Figat tuus omnia, Phoebe,
te meus arcus“, ait; „quantoque animalia cedunt
cuncta deo, tanto minor est tua gloria nostrā.“
466 Dixit et eliso percussis aere pennis
impiger umbrosa Parnassi constitit arce
eque sagittifera prompsit duo tela pharetra
469 diversorum operum: Fugat hoc, facit illud amorem;
quod facit, auratum est et cuspide fulget acuta,
quod fugat, obtusum est et habet sub harundine plumbum.
472 Hoc deus in nympha Peneide fixit, at illo
laesit Apollineas traiecta per ossa medullas:
Protinus alter amat, fugit altera nomen amantis.

463 **fīgat** *(übersetze konzessiv)* mag auch ...
464/465 **quantō ... tantō** wie sehr ... um so viel ...
466 **ēlīsō — pennīs** er flatterte flügelschlagend durch die Luft und ...
467 **impiger** fleißig, flink
arx *(hier)* Gipfel
468 **ēque** = ē-que
sagittifer, *-a, -um* mit Pfeilen gefüllt
prōmere (*Perf.* prōmpsī) hervorholen
pharētra Köcher
469 **opus**, *-eris n (hier)* Wirkung
470 **cuspis**, *-idis f* Spitze
acūtus scharf
471 **obtūsus** stumpf
sub harundine *(hier)* vorne am Schaft
plumbum Blei
473 **Apollineus** (*Adj. zu* Apollon)
trāicere (*PPP* trāiectum) *(hier)* durchbohren
medulla (Knochen-)Mark
474 **nōmen amantis** schon das Wort „Geliebte“

→ BD lateinlex.de/d1y9

→ GK 6.3 Nymphen

Apollon und Eros. Gemälde von Andrea Schiavone (um 1543).

→ GUT ZU WISSEN

Apollon und Amor

Phoebus Apollo(n) (**Phoebus**: „der „Strahlende", oft mit dem Sonnengott gleichgesetzt) ist Gott der **Heilkunst** sowie der **Musik** und **Dichtung**, vor allem der „hohen" (z. B. Epos). Seine Attribute sind **Bogen** und **Leier**. Als Gott der **Weisheit** (Wahlspruch: „Erkenne dich selbst!") und **Weissagung** gebietet er über das Orakel in **Delphi** am Fuße das Parnassos, nachdem er dort die **Python** erschlagen hat. Der Berg **Parnassos** gilt daher als Wohnsitz Apollons und der ihm unterstellten **neun Musen**.
Amor, der Sohn der Liebesgöttin Venus, wird oft als kleiner, frecher und immer zu (erotischen) Streichen aufgelegter **geflügelter Knabe** dargestellt, der mit seinem kleinen Bogen **Liebespfeile** verschießt. Er wird von antiken **Liebesdichtern** oft als Patron angerufen, denn die Liebesdichtung ist für Apollon nicht erhaben genug.

5 V. 467: Erläutern Sie, weshalb sich Amor auf den Berg Parnass begibt.
→ Apollon und Amor

6 Dieser Abschnitt ist geprägt vom Gegensatz. Weisen Sie dies nach, indem Sie die Verse inhaltlich und stilistisch analysieren. Tragen Sie Ihre Ergebnisse dann im Plenum zusammen:
Gruppe 1: V. 463–465 (achten Sie auf Pronomina, Vergleich, Wortstellung)
Gruppe 2: V. 469–471 (achten Sie auf die Stellung einander entsprechender Begriffe)
Gruppe 3: V. 472–474 (achten Sie auf die Stellung einander entsprechender Begriffe)

7 a Beschreiben Sie das Bild.
b Entwickeln Sie dazu passende „Sprechblasen" (ggf. im Stil einer Graphic Novel), die den Dialog zwischen Amor und Apollon vor dem Pfeilschuss Amors wiedergeben.

8 a V. 466–474: Arbeiten Sie heraus, wie Amor vorgeht und was er mit den zwei Pfeilen beabsichtigt.
b Stellen Sie Vermutungen an, welchen Ausgang der Geschichte Amor geplant haben könnte.

→ S. 226 Stilmittel

Zwei Volltreffer – und die Folgen Met. 1.490–503

Sofort entfalten beide Pfeile Amors ihre Wirkung: Daphne streift durch Wald und Flur, ohne sich um ihr Äußeres zu kümmern, will von Liebe nichts wissen und wünscht sich sogar ewige Jungfräulichkeit gleich der Göttin Diana, der Schwester – ausgerechnet! – Apollons. Daphnes Vater, der Flussgott Peneus, der eigentlich eine Heirat für seine Tochter wollte, akzeptiert schließlich ihren Wunsch.
Auch bei Apollon wirkt der Pfeil – allerdings ganz anders:

1 V. 491: Erläutern Sie, auch anhand Ihres Vorwissens, was Apollon und Orakel miteinander zu tun haben.
→ Apollon und Amor, S. 75

2 V. 492–496: Hier formuliert Ovid einen Vergleich. Arbeiten Sie mithilfe der **Hervorhebungen** heraus, was womit verglichen wird, und nennen Sie das *Tertium comparationis*. (Die grau gedruckten Teile müssen Sie nicht übersetzen.)

3 V. 497–501: Benennen bzw. erschließen Sie mithilfe der Abbildung die markierten Körperteile.

490 Phoebus amat visaeque cupit conubia Daphnes,
quodque cupit, sperat, suaque illum oracula fallunt;
utque leves stipulae demptis adolentur aristis,
493 **ut** facibus saepes ardent, quas forte viator
vel nimis admovet vel iam sub luce reliquit,
sic deus in flammas abiit, **sic** pectore toto
496 uritur et sterilem sperando nutrit amorem.
Spectat inornatos collo pendere capillos
et „Quid, si comantur?“ ait. Videt igne micantes
499 sideribus similes oculos, videt oscula, quae non
est vidisse satis; laudat digitosque manusque
bracchiaque et nudos media plus parte lacertos;
502 si qua latent, meliora putat. Fugit ocior aurā
illa levi neque ad haec revocantis verba resistit: „…“

492 **stipula demptīs aristīs** (Stroh-)Halm ohne Ähre
adolērī *(hier)* in Flammen aufgehen
493 **fax**, *facis f* Fackel
saepēs, *-is f* (Holz-)Zaun
494 **sub lūce** bei Tagesanbruch
496 **sterilis**, *-e* unfruchtbar, fruchtlos
nūtrīre nähren
497 **pendēre** *(m. Abl.)* herunterhängen an
498 **cōmere**, *-ō* zurechtmachen, frisieren
micāre schimmern, funkeln
501 **mediā plūs parte** *(zu nūdōs)* mehr als zur Hälfte
502 **ōcior** schneller
503 **haec** *(bezieht sich auf die folgende Rede Apollons, s. S. 78)*

→ BD lateinlex.de/d1za
→ GK 6.1 Orakel

→ S. 81 Funktionen des epischen Vergleichs (zu Aufg. 2)
→ S. 230 Vergleich (zu Aufg. 2)

→ GUT ZU WISSEN
„Entgöttlichung“

Ein typisches Element der *Metamorphosen* ist die „**Entgöttlichung**“ von Gottheiten, besonders in den Liebesaffären mit Sterblichen. Durch ihr Verliebtsein verliert die Gottheit ihre göttliche Würde, z. T. auch ihre göttlichen Fähigkeiten, und verhält sich „ungöttlich“ bis hin zur **Lächerlichkeit**. Durch solche **Ironisierung** entkleidet Ovid den Mythos seiner Erhabenheit. Götter, die sich lächerlich machen und bisweilen tatsächlich ausgelacht werden, gibt es aber bereits bei **Homer** („homerisches Gelächter“).

4 **a** Apollons Fehler liegt im *„sperare“*. Weisen Sie dies an V. 491 und V. 496 nach. Gehen Sie dabei auch auf die Stilmittel, v. a. das Oxymoron, ein.
b Arbeiten Sie heraus, wie Ovid in dem gesamten Textabschnitt eine Vermenschlichung Apollons vornimmt.
→ „Entgöttlichung“

5 V. 497–502: Hier wendet Ovid eine Art Kameratechnik an. Beschreiben Sie den Weg der „Kamera“, der dem Blick Apollons entspricht.

6 Würde Apollons Verhalten in diesem Textabschnitt heute den Tatbestand der sexuellen Belästigung oder sogar Nötigung erfüllen? Diskutieren Sie.

7 Hat Apollon sozusagen Ovid gelesen? Diskutieren Sie anhand Ihres Vorwissens aus dem letzten Jahr, inwieweit Ovids Apollon sich an die Ratschläge der *Ars amatoria* hält.

8 **a** Begründen Sie aus den bisher gelesenen Textpassagen, weshalb das Bild von rechts nach links zu „lesen“ ist.
b Stellen Sie eine Vermutung an, was demnach der Baum ganz links bedeuten könnte.

Daphne und Apollon. Gemälde von Francesco Albani (um 1620).

→ S. 230 Oxymoron

→ Bd. 2, S. 72 / BD lateinlex.de/d1v9 (zu Aufg. 2)

„Du weißt ja nicht, wie toll ich bin!"
Met. 1.504–524

Daphne läuft davon – und Apollon ihr hinterher. In vollem Lauf versucht er, Daphne von sich und seinen Qualitäten zu überzeugen ...

1 V. 504–506: Geben Sie an, mit welchen Tieren Apollon Daphne vergleicht, und erschließen Sie das *Tertium comparationis*.

2 V. 504–512: Stellen Sie alle Aufforderungen zusammen und erschließen Sie deren Inhalt.

3 V. 515–524: Ordnen Sie Apollons Selbstbeschreibung die passenden Elemente der Abbildung zu.
→ Apollon und Amor, S. 75

„Nympha, precor, Penei, mane! Non insequor hostis;
nympha, mane! Sic agna lupum, sic cerva leonem,
sic aquilam penna fugiunt trepidante columbae,
hostes quaeque suos: Amor est mihi causa sequendi!
Me miserum! Ne prona cadas indignave laedi
crura notent sentes et sim tibi causa doloris!
Aspera, qua properas, loca sunt: Moderatius, oro,
curre fugamque inhibe, moderatius insequar ipse!
Cui placeas, inquire tamen: Non incola montis,
non ego sum pastor, non hic armenta gregesque
horridus observo. Nescis, temeraria, nescis,
quem fugias, ideoque fugis: Mihi Delphica tellus
et Claros et Tenedos Patareaque regia servit;
Iuppiter est genitor; per me, quod eritque fuitque
estque, patet; per me concordant carmina nervis.
Certă quidem nostră est, nostră tamen ună sagittă
certior, in vacuo quae vulnera pectore fecit.
Inventum medicina meum est, opiferque per orbem
dicor, et herbarum subiecta potentia nobis.
Ei mihi, quod nullis amor est sanabilis herbis
nec prosunt domino, quae prosunt omnibus, artes!"

504 **Pēnēi** (*griech. Vokativ zu* Pēnēis, *-idis* = Tochter des Peneus)
505 **cerva** Hirschkuh
506 **columba** Taube
507 **quaeque** jedes *(weibliche!)* Tier
508 **prōnus** vornüber
laedī *hängt ab von* indīgna (crūra indīgna laedī)
509 **crūs**, *crūris n* → S. 77
notāre *(hier)* zerkratzen
sentis, *-is m* Dornbusch
510 **quā** *(hier)* wo
moderātus gemäßigt, langsam
511 **inhibēre** *(hier)* verlangsamen
512 **inquīrere**, *-ō (hier)* nachfragen, sich interessieren für
513 **armentum** Rinder(herde)
514 **horridus** rau, struppig, unkultiviert (*Prädikativum zu* observō)
temerārius gedankenlos, vorschnell
517 **genitor**, *-ōris m* Erzeuger, Vater
518 **concordāre** harmonieren
nervus *(hier)* Saite
521 **opifer**, *-ī m* Helfer
522 **nōbis** = mihi *(sog. Pluralis maiestatis)*
523 **ei mihi!** ach, o weh! *(Ausruf)*

→ BD lateinlex.de/d1zb

→ S. 230 Vergleich

Apollon mit seinen Attributen (von links unten im Uhrzeigersinn u. a.): Schlange (Zeichen der Heilkunst), Leier (Dichtkunst), Bogen, Feuer (Weissagung), alles umrankt von Lorbeer (dazu unten, ab S. 82) (Kupferstich, 17. Jh.).

→ MEHR ERFAHREN
Hymnos

Der **Hymnos** diente in der Antike dem **Preis** einer Gottheit (oder eines Heroen), um diese **gnädig** zu stimmen. Hymnen sind in der Regel im **Hexameter** verfasst und folgen einem festen **dreiteiligen Aufbau** (Anrufung – Lobpreis bzw. Huldigung – Bitte). Charakteristisch sind lange **Aufzählungen** der „Leistungen“ und besonderen Eigenschaften der Gottheit, die dabei direkt angesprochen wird („Du-Stil“).

4 V. 504–522: Apollon versucht Daphne mit Worten zu überzeugen. Dabei wendet er drei Strategien bzw. Argumente an. Arbeiten Sie diese heraus und gliedern Sie den Text entsprechend.

5 V. 512 ff.: Ovid hat diesen Teil von Apollons Rede nach allen Regeln der Redekunst ausgestaltet.
- **a** Weisen Sie dies anhand der rhetorischen Mittel nach.
- **b** Arbeiten Sie typische Elemente des Hymnos heraus. → Hymnos

6 V. 514: Erläutern Sie, weshalb Apollon Daphne aus seiner Sicht zu Recht als *temeraria* bezeichnet.

7 V. 519 f.:
- **a** Geben Sie an, auf welches Ereignis Apollon hier anspielt (→ S. 74).
- **b** Analysieren Sie den Vers stilistisch; vergleichen Sie dann die beiden Übersetzungen (s. Kasten) mit dem Original und miteinander.

8
- **a** Erörtern Sie, inwiefern Apollons Strategie auch eine gewisse Hilflosigkeit offenbart. Gehen Sie dabei u. a. auf V. 511 ein.
- **b** Erörtern Sie, inwieweit Apollon sich auch an dieser Stelle lächerlich macht.
  → „Entgöttlichung“, S. 77
- **c** Alles „nur“ ein Missverständnis? Erläutern Sie, inwiefern Apollon das Verhalten Daphnes völlig falsch versteht, und diskutieren Sie, ob ihn das entschuldigt.

Getroffen!? Übersetzungen zu V. 519 f.

Treffend ist unser Geschoss, nur war ein einziger Pfeil noch
Treffender, welcher die Wund' in das ruhige Herz mir gebohret!
(J. H. Voß)

Mein Pfeil trifft zwar ins Ziel, doch gibt es *einen* Pfeil, der noch genauer ins Ziel geht; der hat meinem noch freien Herzen eine Wunde geschlagen! *(M. v. Albrecht)*

→ S. 226 Stilmittel

Die Verfolgungsjagd geht weiter Met. 1.525–539

Völlig unbeeindruckt von den Worten des Gottes setzt Daphne ihre Flucht fort.

1 V. 525–532: Die Verse sind von auffälligen Tempuswechseln geprägt. Erstellen Sie dazu ein Tempusrelief und erschließen Sie Gründe für die Verwendung der jeweiligen Tempora.

2 V. 528 f.: Diese Verse beschreiben detailliert das Aussehen Daphnes bei der Flucht. Hier haben Sie zwei Möglichkeiten:
- a Überspringen Sie die Verse.
- b Übersetzen Sie Vers für Vers mithilfe eines Wörterbuchs. Achten Sie vor allem auf eine gute Wiedergabe der hervorgehobenen Begriffe.

3 V. 533–538: Überarbeiten Sie die Arbeitsübersetzung auf S. 81 im Hinblick auf Stil und Verständlichkeit. Geben Sie dabei zu allen Stellen, die Sie verändern, den Wortlaut des Originals an. Präsentieren Sie Ihre Änderungen im Plenum und bewerten Sie die Übersetzungsvorschläge.

Plura locuturum timido Peneia cursu
fugit cumque ipso verba imperfecta reliquit,
tum quoque visa decens; nudabant corpora venti,
obviaque adversas vibrabant flamina vestes,
et levis inpulsos retro dabat aura capillos,
auctaque forma fugā est. Sed enim non sustinet ultra
perdere blanditias iuvenis deus, utque monebat
ipse Amor, admisso sequitur vestigia passu.
Ut canis in vacuo leporem cum Gallicus arvo
vidit, et hic praedam pedibus petit, ille salutem –
alter inhaesuro similis iam iamque tenere
sperat et extento stringit vestigia rostro,
alter in ambiguo est, an sit comprensus, et ipsis
morsibus eripitur tangentiaque ora relinquit –:
Sic deus et virgo: Est hic spe celer, illa timore.

525 **locūtūrum** *ergänze* Apollinem
Pēnēïa Tochter des Peneus
526 **ipsō** *(gemeint ist Apollon)*
527 **vīsa** *ergänze* est
decēns, *-entis* anmutig, reizend
528 **obvia … flāmina** *n Pl.* Gegenwind
vibrāre *(hier)* flattern lassen
530 **sed enim** jedoch
531 **blanditiās perdere** sich erfolglos mit Schmeicheleien aufhalten
532 **admissō … passū** mit beschleunigtem Schritt
vestīgia *ergänze* nymphae
533 **lepus**, *-oris m* Hase
arvum Gefilde, Flur
535 **inhaesūrus** *(hier)* einer, der gleich zubeißen wird

→ BD lateinlex.de/d1zc
→ S. 218 Kursorisch lesen
→ S. 219 Wörterbuchgebrauch
→ S. 237 Präsentation

Apollo und Daphne. Gemälde von J. W. Waterhouse (1908).

Übersetzung: Die Verfolgungsjagd geht weiter, V. 533–538

Wie wenn ein gallischer Hund auf leerem Feld einen Hasen gesehen hat und dieser seine Beute mit Füßen zu erreichen sucht, jener seine Rettung – der eine ähnlich einem, der daran hängen wird, schon und schon zu haben hofft und mit ausgestreckter Schnauze die Spuren streift, der andere im Zweifel ist, ob er schon gepackt ist, und den Bissen selbst entrissen wird und die berührenden Münder zurücklässt,

so ...

4 V. 526:

- **a** Entwickeln Sie eine besonders treffende Übersetzung für diesen Vers.
- **b** Analysieren Sie den Vers metrisch und zeigen Sie, inwiefern die metrische Gestalt den Inhalt unterstützt.
- **c** **EXTRA:** Tragen Sie den Vers entsprechend vor.

5 V. 527–532: Weisen Sie nach, dass der Blick des Erzählers auf Daphne dem Blick Apollons (V. 497–503, vgl. S. 76) gleicht.

6 V. 533 f.: In den zwei Versen finden sich folgende Stilmittel: Enjambement, Alliteration, Hyperbaton, Parallelismus, Antithese. Weisen Sie diese nach und überprüfen Sie, weshalb Ovid gerade hier eine so auffällige Häufung von Stilmitteln einsetzt.

7 V. 533–539:

- **a** Nennen Sie den Bereich, aus dem Ovid das Gleichnis nimmt.
- **b** Erschließen Sie dessen Funktion und gehen Sie dabei auf V. 539 ein.
  → Funktionen des epischen Vergleichs
- **c** „Durch die Gleichnisse lässt Ovid seine Leserinnen und Leser sich auch in Daphnes Situation einfühlen.“ Diskutieren Sie dies; beziehen Sie dabei auch V. 505–507 (s. S. 78) mit ein.
- **d** Analysieren Sie die Struktur von V. 539 und arbeiten Sie heraus, wie der Inhalt klanglich unterstrichen wird.

8 Diskutieren Sie, ob Ovid seinen Text in der Abbildung wiedererkannt hätte.

→ GUT ZU WISSEN

Funktionen des epischen Vergleichs

In V. 533–538 greift Ovid auf ein literarisches Mittel zurück, das bereits **Homer** in seinen Epen anwendet und das seitdem ein „Muss“ in jedem Epos ist: der **breit ausgeführte Vergleich** (auch: **Gleichnis**). Dieser kann unterschiedliche Funktionen haben: Er kann Unsichtbares **visualisieren** und dadurch **verständlicher** machen, z. B. die Emotionen der handelnden Personen oder die Situation, in der sie sich befinden; er kann die Dynamik und **Dramatik** der Szene betonen oder einen scheinbar nebensächlichen **Aspekt hervorheben** und so die **Assoziationen** des Lesers lenken. Ein Vergleich einer pathetischen Szene mit der vertrauten **Alltagswelt** kann auch für einen Schuss Ironie sorgen.

→ S. 224 Übersetzungsvergleich
→ S. 226 Stilmittel
→ S. 230 Vergleich
→ S. 231 Versanalyse

Daphnes Verwandlung Met. 1.540–552

1 V. 540–544: Geben Sie aus V. 540 und 543 f. alle Partizipien und deren Bezugswörter an; erschließen Sie anhand dieser Ausdrücke die aktuelle Lage von Apollon bzw. Daphne.

2 V. 545 f.: Geben Sie den Begriff an, der auf die einsetzende Metamorphose hinweist.

3 V. 548–552: Arbeiten Sie mithilfe der Abbildung auf S. 83 aus dem Text heraus, in was sich die einzelnen Körperteile Daphnes verwandeln.

Qui tamen insequitur, pennis adiutus Amoris/amoris
ocior est requiemque negat tergoque fugacis
imminet et crinem sparsum cervicibus adflat.
Viribus absumptis expalluit illa citaeque
victa labore fugae spectans Peneidas undas
„Fer, pater“, inquit, „opem! Si flumina numen habetis,
qua nimium placui, mutando perde figuram!“ [...]
Vix prece finita torpor gravis occupat artus,
mollia cinguntur tenui praecordia libro,
in frondem crines, in ramos bracchia crescunt,
pes modo tam velox pigris radicibus haeret,
ora cacumen habet: Remanet nitor unus in illa.

540 **quī** *gemeint ist Apollon*
541 **ōcior**, *-ōris* schneller, geschwinder
fugāx, *-ācis (hier Subst.)* der/die Fliehende
542 **crīnis**, *-is m* Haar
adflāre anblasen, mit seinem Atem berühren
543 **absumptīs** = cōnsumptīs
expallēscere *(Perf.* expalluī) blass werden
544 **Pēnēis**, *-idis (Adj., Akk. f Pl. hier -idas)* zum Fluss(gott) Peneus gehörig; des Peneus
545 **flūmina** ihr Flüsse *(Subjekt)*
546 **quā** *Bezugswort ist* figūram
548 **torpor**, *-ōris m* Erstarrung, Lähmung
549 **praecordia** *n Pl.* Brust
551 **pīger**, *-gra, -grum* langsam, träge, zäh
552 **nitor**, *-ōris m* Glanz

Schwungvoll: Übersetzungen zu V. 540

Doch der Verfolger, dem Amor Schwung verleiht, ... *(M. v. Albrecht)*

Doch der Verfolger, beschwingt von Amors Flügeln, ... *(N. Holzberg)*

4 V. 540: *amoris* oder *Amoris*? Je nachdem, ob dieses Wort groß oder klein geschrieben wird, ergibt sich ein Unterschied in der Aussage.

a Erläutern Sie, wie der Vers je nach Schreibung zu interpretieren ist.

b Geben Sie an, für welche Variante sich die Übersetzer (links) entschieden haben. Vergleichen Sie die Übersetzungen miteinander und mit Ihrer eigenen Interpretation.

→ BD lateinlex.de/d1zd

→ GUT ZU WISSEN

Aition – Ursprungssage

Schon immer haben Menschen versucht, die sie umgebende **Welt** zu **erklären**. Durch das Erfinden plausibel klingender, im **Mythos** begründeter Geschichten erklärte man Phänomene, für die man keine Begründung wusste – von Naturerscheinungen bis hin zu gesellschaftlichen Regeln oder kultisch-religiösen Traditionen. Diese Art der Welterklärung bezeichnet man als ***Aition*** (griech. für **Ursprungssage**). Bei aller Fabulierlust zeigt sich darin dennoch ein prinzipiell rationales, auf Begründungen basierendes Weltverständnis.

→ MEHR ERFAHREN

Lorbeer und Apollon

Lorbeer (griech. *daphnē*) ist ein immergrüner Baum mit hartem Stamm und glänzenden Blättern, die als Gewürz und als **Heilpflanze** Verwendung finden. Im griechischen Apollon-Kult spielt er eine große Rolle (vgl. die Abb. S. 79): Apollontempel wurden mit Lorbeer geschmückt; die Seherin von **Delphi** hatte beim Weissagen Lorbeer im Mund. Einen **Lorbeerkranz** trug Apollon ebenso wie der Sieger im (Apollon geweihten) **Dichterwettstreit**. Dagegen geht der Lorbeerkranz für den römischen **Triumphator** auf eine **römisch-etruskische** Tradition zurück.

5 V. 545f.: Das Verhalten Apolls stellt aus heutiger Sicht einen massiven sexuellen Übergriff dar. Daphne macht ihm jedoch keine Vorwürfe.
  - **a** Erläutern Sie, wo Daphne die Schuld bzw. Ursache ihrer Notlage sieht.
  - **b** Nehmen Sie Stellung dazu.

6 V. 551:
  - **a** Analysieren Sie den Vers metrisch und erläutern Sie, wie hier der Rhythmus den Inhalt spiegelt.
  - **b** Tragen Sie den Vers entsprechend vor.

7 V. 548–552: Ovid schildert die Verwandlung Daphnes wiederum mit einer Art „Kameratechnik". Beschreiben Sie diese.

8 Warum Lorbeer?
  - **a** Erläutern Sie anhand von Recherche, inwiefern es aus antiker Sicht naheliegt, dass eine Nymphe sich in einen Baum verwandelt.
  - **b** Begründen Sie, dass man den Daphne-Mythos als *Aition* bezeichnen kann. → *Aition* → Lorbeer und Apollon

9 Alles Verwandelte behält typische Eigenschaften.
  - **a** Arbeiten Sie aus dem Text heraus, welche das bei Daphne sind.
  - **b** Vergleichen Sie diesen Aspekt mit dem entsprechenden bei Lykaon.

10 Vergleichen Sie die Ursachen der Verwandlung mit denen bei Lykaon.

Daphne verwandelt sich. Fresko von B. Peruzzi (Rom, Villa Farnesina, 16. Jh.).

→ S. 231 Versanalyse

AUSBLICK Bernini: Apollon und Daphne

→ **MEHR ERFAHREN**

Der Daphne-Mythos in der Kunst

Die Metamorphose der Daphne hat wie kaum eine andere **Künstler**, Musiker und Schriftsteller angeregt. Bereits in der **Antike** finden sich zahlreiche Darstellungen; kaum zu überblicken sind die neuzeitlichen **Rezeptionsbeispiele** in der **Malerei** und der **Skulptur**, vor allem im **Barock**. Am bekanntesten ist sicherlich die Skulptur *Apollon und Daphne* von Gian Lorenzo **Bernini**, die er von 1622 bis 1625 für den Kardinal und Kunstmäzen Scipione Borghese schuf. Sie steht in der Galleria Borghese in Rom.
Aber auch in der **Musik** wurde der Stoff seit der **Renaissance** rezipiert. So ist die erste überlieferte **Oper** der Musikgeschichte die *Dafne* von Giacomo Peri, ebenso wie die erste deutsche Oper von Heinrich Schütz (leider sind beide Werke größtenteils verschollen, lediglich zu Schütz ist noch das Libretto von Martin Opitz erhalten). Im 20. Jh. beschäftigt sich Richard Strauss in seiner *Daphne* (Uraufführung 1938) mit diesem Stoff.

·→ **MEHR ERFAHREN**

„Großes Kino“ im Barock: Bernini

Bei den **Skulpturen** von **Gian Lorenzo Bernini** gibt es keine „Hauptansicht“ (wie z. B. bei mittelalterlichen Kirchenfiguren), sie sind ganz bewusst auf eine **360°-Sicht** angelegt. Da das Erfassen der Skulptur nicht in einem einzigen Augenblick möglich ist, wird der Betrachter zu einer **sukzessiven Wahrnehmung** der Figuren, einem dynamischen Erleben „gezwungen“: Am besten umrundet man, der künstlerischen Regie Berninis folgend, die Figurengruppe, um sie in ihrer Ganzheit zu verstehen (**kinematische** oder „**Kameraschwenk**“-Wahrnehmung).
Damit setzt Bernini nicht nur die narrative Technik Ovids in die bildende Kunst um (s. S. 85), sondern – durch die Art, wie der Betrachter seiner Skulptur ‚geführt‘ wird – auch Ovids literarische „Kameratechnik“. Etwa drei Jahrhunderte später wird **Richard Strauss**, der von Berninis Statue zu seiner Oper *Daphne* angeregt worden sein soll, diese Kameratechnik mit musikalischen Mitteln umsetzen.

Was ein katholischer Kardinal dazu meint

Kardinal Maffeo Barberini, der spätere Papst Urban VIII., ließ am Sockel der Skulptur folgende selbstverfasste Hexameter anbringen (auf der gegenüberliegenden Seite wurden später Ovids V. 548–550 [→ S. 82] ergänzt):

Quisquis amans sequitur fugitivae gaudia formae,
fronde manus implet baccas seu carpit amaras.

Wer als Liebender den Freuden der
vergänglichen Schönheit nachjagt,
füllt seine Hände nur mit Laub oder pflückt
bittere Beeren.

1 **a** Arbeiten Sie aus Kardinal Barberinis Inschrift heraus, wie er offenbar die Apollo-Daphne-Geschichte interpretierte.
b Entwickeln Sie eine eigene Deutung.

2 „Umrunden“ Sie die Statue (→ S. 85, ggf. auch anhand von Recherche nach einem 3D-Modell) und ordnen Sie den Bildern passende Passagen aus Ovids Text zu. → Der Daphne-Mythos ·→ „Großes Kino“

Zu S. 85: Der Rundgang beginnt eigentlich mit der Rückenansicht Apollons. Um den Kardinal zu ärgern, hatte Bernini die Statue nämlich so aufgestellt, dass zuerst das Gesäß des Gottes ins Auge fiel. Dann setzt der Rundgang sich nach links (gegen den Uhrzeigersinn) fort.

→ S. 242 Projekt: Die Oper *Daphne* von Richard Strauss

Verwandelt sich auch Apollon? Met. 1.553–567

Daphne ist verwandelt – was nun?

1. V. 553–556: Auch jetzt noch bleiben Apollon und Daphne sich selbst treu: Belegen Sie dies, indem Sie alle Verbformen (bei Partizipien samt Bezugswort) zusammenstellen und inhaltlich Apollon bzw. Daphne zuordnen.
2. V. 557–565: Erschließen Sie den Zusammenhang der grünen Begriffe mit Daphne/Lorbeer (s. Abb. S. 79 und den Kasten „Lorbeer und Eiche“ S. 87).
3. V. 566–567: Erschließen Sie den Zusammenhang zwischen den blauen Begriffen.

Hanc quoque Phoebus amat positāque in stipite dextrā
sentit adhuc trepidare novo sub cortice pectus
complexusque suis ramos ut membra lacertis
oscula dat ligno; refugit tamen oscula lignum.
Cui deus: „At, quoniam coniunx mea non potes esse,
arbor eris certe“, dixit, „mea! Semper habebunt
te coma, te citharae, te nostrae, laure, pharetrae.
Tu ducibus Latiis aderis, cum laeta triumphum
vox canet et visent longas Capitolia pompas;
postibus Augustis eadem fidissima custos
ante fores stabis mediamque tuebere quercum;
utque meum intonsis caput est iuvenale capillis,
tu quoque perpetuos semper gere frondis honores!“
Finierat Paean: Factis modo laurea ramis
adnuit utque caput visa est agitasse cacumen.

553 **hanc** *(gemeint ist Daphne in Baumgestalt)*
stīpes, *-itis m* Baumstamm
554 **cortex**, *-icis m* Baumrinde
555 **complectī** (*Perf.* complexus sum) umarmen
rāmus → S. 83
membra *ergänze gedanklich* hūmāna
556 **līgnum** Holz
559 **cithara** Kithara *(Musikinstrument)*
pharētra Köcher
560 **ducēs Latiī** *(gemeint: die Feldherren Roms)*
triumphus *(hier)* Triumphlied
561 **pompa** Festzug, Umzug
562 **postibus Augustīs** *(Augustus hier Adj.)* für die Torpfosten des Augustus
563 **forēs** *f Pl.* Tür
tuēbere = tuēberis
quercus *f* Eiche, *(hier)* Eichenkranz
564 **intōnsus** ungeschoren
566 **Paeān** *Beiname Apollons (als Heilgott)*
567 **adnuere** (*Perf.* adnuī) „zunicken“, zustimmen
cacūmen, *-inis n* → S. 83

Apollon als Kitharaspieler. Fresko aus dem Privathaus des Augustus (Rom, Palatin, vor 14 n. Chr.).

→ BD lateinlex.de/d1ze

→ S. 230 Poetischer Plural (zu V. 559, 561)

→ **GUT ZU WISSEN**

Augustus und Apollon

Octavian (ab 27 v. Chr. vom Senat mit dem Ehrentitel **Augustus** versehen) war der Überzeugung, dass er den **Sieg** über Antonius und Kleopatra bei **Actium** (31 v. Chr.), der die Bürgerkriege für immer beendete, seinem persönlichen Schutzgott **Apollon** zu verdanken hatte. Daher ließ er auf dem **Palatin** in der Nähe seines Wohnhauses einen prächtigen Tempel zu Ehren „seiner" Schutzgottheit errichten, der sogar durch eine Rampe direkt mit seinem Wohnhaus verbunden war.

Lorbeer und Eiche für Augustus **RG 34**

Augustus selbst berichtet in seinen Res gestae *stolz über die Ehrungen, die ihm der Senat 27 v. Chr. verliehen hatte:*
„Nachdem ich die Flammen der Bürgerkriege gelöscht hatte, habe ich das Gemeinwesen wieder der Ermessensfreiheit des Senats und des römischen Volkes überantwortet. Für dieses mein Verdienst wurde mir auf Beschluss des Senats der Name Augustus gegeben. Die **Türpfosten** meines Hauses wurden auf staatlichen Beschluss mit **Lorbeer** geschmückt, und ein **Bürgerkranz** *[aus Eichenlaub, verliehen „für die Rettung von Bürgern", s. S. 6f.]* wurde über meiner Tür angebracht."

4 V. 557–565: Belegen Sie, dass sich Apollons Verhältnis zu Daphne im Vergleich zum Beginn der Geschichte entscheidend gewandelt hat.

5 V. 566 f.: „Die dramatische Geschichte von Daphne und Apollon findet ein Happy End im Kompromiss". Diskutieren Sie, ob dies zutrifft.

6 Ovids *Apollon und Daphne* – augusteische Propaganda?
- **a** Erläutern Sie die Bedeutung von Lorbeer und von Apollon für Augustus; beziehen Sie hier auch das Fresko auf S. 86 mit ein.
  → Augustus und Apollon
  → Lorbeer und Apollon, S. 83
- **b** Stellen Sie Argumente zusammen, die für, und solche, die gegen die Propagandathese sprechen.
- **c** Diskutieren Sie die Ergebnisse.

7 Überprüfen und ggf. ändern Sie nun Ihre Interpretation aus S. 84 **1 b**.

8 Spiel mit Gattungen: Arbeiten Sie in Gruppen aus den Texten ab S. 74 Elemente des Epos, des Lehrgedichts und – anhand Ihres Vorwissens – der Liebeselegie heraus.

9
- **a** Erläutern Sie die Rolle Daphnes in der Grafik und entwerfen Sie einen Titel für dieses Bild.
- **b** Vergleichen Sie es mit den übrigen Bildern ab S. 74 im Hinblick auf die Rolle Daphnes.

Apollon und Daphne. Vektorgrafik von delcarmat (zeitgenössischer Künstler aus Südamerika).

→ S. 62 Homer und das Epos (zu Aufg. **8**)
→ S. 62 Hesiod und das Lehrgedicht (zu Aufg. **8**)
→ GK 7.4 Elegie, Lehrgedicht; Bd. 2, S. 85 (zu Aufg. **8**)

Narziss und Echo

Echo Met. 3.353–401
Die Nymphe Echo hatte ihre Stimme benutzt, um Juno zu täuschen. Zur Strafe dafür kann sie jetzt nur noch die letzten Wörter anderer wiederholen, aber keine eigenständigen Gedanken formulieren. Sie verliebt sich in den schönen Narziss, den sie zufällig im Wald bei der Jagd erblickt, weiß aber nicht, wie sie sich ihm nähern kann. Der Text beginnt mit einer Charakterisierung des Narziss.

1 V. 354 f.: Erschließen Sie den wesentlichen Charakterzug des Narziss.

2 V. 379–389:
- **a** Erschließen Sie das „Gespräch“ zwischen Narziss und Echo.
- **b** Beschreiben Sie das Prinzip, nach dem Ovid hier vorgeht.
- **c** Ergänzen Sie in Gruppen die Übersetzung so, dass Sie dem Original möglichst nahekommen.

353 Multi illum iuvenes, multae cupiere puellae;
sed fuit in tenerā tam dura superbia formā:
Nulli illum iuvenes, nullae tetigere puellae.
356 Aspicit hunc trepidos agitantem in retia cervos
vocalis nymphe […].
379 Forte puer comitum seductus ab agmine fido
dixerat: „Ecquis adest?“, et „adest“ responderat Echo.
Hic stupet, utque aciem partes dimittit in omnis,
382 voce „veni!“ magna clamat: Vocat illa vocantem.
Respicit et rursus nullo veniente: „Quid“, inquit,
„me fugis?“ Et totidem, quot dixit, verba recepit.
385 Perstat et alternae deceptus imagine vocis:
„Huc coeamus!“ ait, nullique libentius umquam
responsura sono „coeamus“ rettulit Echo
388 et verbis favet ipsa suis egressaque silva
ibat, ut iniceret sperato bracchia collo.

356 **rēte**, *-is n* Netz
cervus Hirsch
357 **vōcālis**, *-e* klangvoll, reich an Tönen, tönend

Allerdings wird Echo zurückgewiesen. Danach schwindet ihr Körper vor verschmähter Liebe dahin und vergeht. Aber etwas bleibt …

399 Vox manet, ossa ferunt lapidis traxisse figuram.
Inde latet silvis nulloque in monte videtur,
401 omnibus auditur: Sonus est, qui vivit in illa.

399 **ferunt** *(hier)* man sagt
trahere figūram *(m. Gen.)* die Gestalt von etwas annehmen
401 **omnibus** *lies:* ab omnibus

→ BD lateinlex.de/d1zf
→ S. 218 Kursorisch lesen
→ S. 219 Wörterbuchgebrauch

Übersetzung: Echo, V. 379–389

Gerade hatte der Junge, getrennt von der treuen Schar seiner Begleiter, gesagt: „______“, und „______“ hatte Echo geantwortet. Er stutzt, und als er seinen Blick in alle Richtungen schweifen lässt, ruft er mit lauter Stimme „______“. ______. Er blickt hinter sich, und als wiederum niemand kommt, sagt er: „______“. ______. Er bleibt stehen, und getäuscht von dem Bilde eines Zwiegesprächs sagt er: „______“, und Echo, die keinem Laut jemals lieber antworten wollte, gibt zurück „______“, und sie freut sich an ihren eigenen Worten und tritt heraus aus dem Walde, um die Arme um den ersehnten Hals zu schlingen. *(Übers. C. Safferling)*

Echo. Gemälde von Guy Head (um 1798).

3 V. 354 f.: Analysieren Sie die Verse stilistisch und arbeiten Sie so die Charakterisierung des Narziss heraus.

4 **a** Vergleichen Sie Ihre Übersetzungen aus **2** und evaluieren Sie sie.
b **EXTRA:** Entwickeln Sie selbst einen Dialog zwischen Narziss und Echo, in dem der Echo-Effekt nachgeahmt wird.

5 Stilistische Gestaltung:
a V. 379–389: Erklären Sie, wie es Ovid gelingt, im Dialog das Prinzip der *Variatio* einzusetzen.
b V. 386 f. Erklären Sie, ggf. mithilfe eines Lexikons, die zwei Bedeutungen von *coeamus* in den beiden Versen.
c V. 399–401: Beschreiben Sie, mit welchem sprachlichen Mittel Ovid am Ende die Entmenschlichung der Echo zum Ausdruck bringt.

6 Erklären Sie, inwiefern hier eine aitiologische Sage vorliegt. → *Aition*, S. 83

7 Vergleichen Sie anhand Ihres Vorwissens die Situation Echos mit der eines elegischen Liebhabers.

8 Echo und Daphne: In beiden Mythen geht es um unerwiderte Liebe.
a Vergleichen Sie die beiden Mythen im Hinblick darauf, welche Konsequenzen die Liebe jeweils für den/die Liebende(n) und den/die Begehrte(n) hat.
b Diskutieren Sie, ob die männliche und weibliche Rolle in beiden Geschichten vertauscht werden könnte.

9 **a** Beschreiben Sie das Bild und erläutern Sie dessen Bezug zum Text.
b Erläutern Sie die grundsätzliche Schwierigkeit der Bebilderung des Echo-Mythos.
c Bewerten Sie die Umsetzung.

→ S. 224 Übersetzungsvergleich
→ S. 226 Stilmittel
→ S. 229 *Variatio*

→ GK 7.4 Elegie, Lehrgedicht; Bd. 2, S. 89 (zu Aufg. **7**)

Narziss Met. 3.454–496

Narziss weist nicht nur Echo zurück, sondern auch alle anderen, die ihn lieben, bis einer der Abgewiesenen den Fluch über ihn spricht, dass er selbst die Qualen unerfüllter Liebe erfahren soll. Als Narziss eines Tages an einer Quelle rastet, erblickt er im Wasser sein eigenes hinreißendes Spiegelbild und verliebt sich: Ohne zunächst zu begreifen, dass er sich selbst sieht, kann er an nichts anderes mehr denken als an den Schönen im Wasser. Schließlich spricht er das Bild so an:

1. V. 454–460a: Bild und Spiegelbild sind hier sprachlich umgesetzt. Geben Sie jeweils den spiegelbildlichen Ausdruck zu den hervorgehobenen Handlungen des Narziss an.
2. V. 460b–462: Aktion und Re-Aktion: Geben Sie die beiden Ausdrücke an, die zeigen, dass Narziss die Handlungen des Spiegelbilds als Reaktionen deutet, und erschließen Sie eine passende Übersetzung.
3. V. 463–467: Arbeiten Sie Ausdrücke heraus, mit denen Narziss die Liebe zu sich selbst beschreibt.

454 „Quisquis es, huc exi! Quid me, puer unice, fallis
quove petitus abis? Certe nec forma nec aetas
est mea, quam fugias, et amarunt me quoque nymphae!
457 Spem mihi nescioquam vultu promittis amico,
cumque ego **porrexi** tibi bracchia, porrigis ultro,
cum **risi**, adrides; lacrimas quoque saepe notavi
460 **me lacrimante** tuas; nutu quoque signa remittis
et, quantum motu formosi suspicor oris,
verba refers aures non pervenientia nostras!
463 Iste – ego sum! Sensi, nec me mea fallit imago;
uror amore mei: Flammas moveoque feroque.
Quid faciam? Roger anne rogem? Quid deinde rogabo?
466 Quod cupio, mecum est: Inopem me copia fecit.
O utinam a nostro secedere corpore possem!"

Narziss vergeht vor Sehnsucht nach sich selbst und findet den Tod; Echo, wenngleich eigentlich nur noch Stimme, muss dies mitansehen.

493 Nec corpus remanet, quondam quod amaverat Echo.
Quae tamen ut vidit, quamvis irata memorque,
indoluit, quotiensque puer miserabilis „eheu"
496 dixerat, haec resonis iterabat vocibus: „Eheu!"

Narziss wird nach seinem Tod in eine Narzisse verwandelt.

455 **petītus** *(hier)* wenn ich nach dir greife
457 **nēscioquī**, *-quae, -quod* irgendein
amīcus (*hier Adjektiv zu* vultū)
459 **notāre** bemerken
460 **nūtus**, *-ūs m* Nicken
461 **quantum** *(hier Subjunktion)* soweit
462 **aurēs nostrās** *lies:* ad aurēs nostrās
464 **amor meī** *(Gen. obi.)*
465 **anne** = an-ne
466 **inops**, *-opis* arm
467 **sēcēdere**, *-ō (m. Abl.)* sich trennen von, hinausgehen aus
494 **īrāta memorque** *(Hendiadyoin)* immer noch wütend
495 **indolēscere** (*Perf.* indoluī) Schmerz empfinden
miserābilis, *-e* beklagenswert
ēheu! ach!; o weh!
496 **resonus** widerhallend

→ BD lateinlex.de/d1zg

→ S. 227 Hendiadyoin

4 Narziss durchlebt drei Schritte der Erkenntnis: „Er reagiert auf mich" – „Er bin ich" – „Er ist unerreichbar". Gliedern Sie V. 454–467 entsprechend und beschreiben Sie jeweils das Verhältnis von Gestaltung und Inhalt.

5 Eine elegische Liebe? Vergleichen Sie anhand Ihres Vorwissens die Situation des Narziss mit der des elegischen Liebhabers.

6 Im Widerspruch zum delphischen Motto „Erkenne dich selbst!" wurde Narziss geweissagt, er werde nur alt werden, *„si se non noverit"*. Erläutern Sie, wie sich dieser Spruch erfüllt hat.

7 Vergleichen Sie die Metamorphose Echos mit der des Narziss hinsichtlich Ursache, Art und Ergebnis.

8 a Erläutern Sie, welche Verhaltensweisen des Narziss dazu geführt haben, dass der Narzissmus nach ihm benannt wurde.
→ Narzissmus als Krankheit

b Ist Narziss wirklich ein „Narzisst"? Arbeiten Sie heraus, welche Merkmale des Narzissmus auf Ovids Narziss nicht zutreffen, und diskutieren Sie dann die Frage.

9 Das Bild von Waterhouse gibt eher den Zustand des Narzissmus als die von Ovid erzählte Geschichte wieder. Diskutieren Sie diese These.

→ MEHR ERFAHREN

Narzissmus als Krankheit

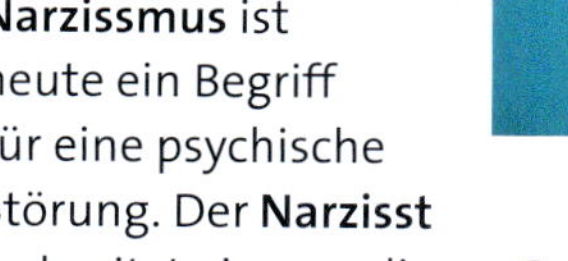

Narzissmus ist heute ein Begriff für eine psychische Störung. Der **Narzisst**

- besitzt ein grandioses Gefühl der eigenen Wichtigkeit,
- hält sich für einzigartig,
- fantasiert von grenzenlosem Erfolg, grenzenloser Macht, Schönheit oder Liebe,
- verlangt nach übermäßiger Bewunderung,
- hat kaum Einfühlungsvermögen,
- benutzt andere Menschen, um die eigenen Ziele zu erreichen,
- interessiert sich für die Gefühle anderer nur, soweit sie sein Selbstwertgefühl stärken oder aber angreifen.

Nach: Diagnostisches und statistisches Manual psychischer Störungen (2015), S. 918

10 Diskutieren Sie, inwiefern Social Media Narzissmus befördern können; beziehen Sie dabei die Fotografie mit ein.

Narziss und Echo. Gemälde von John William Waterhouse (1903).

→ GK 7.4 Elegie, Lehrgedicht; Bd. 2, S. 85 (zu Aufg. 5)
→ S. 75 Apollon und Amor (zu Aufg. 6)

Die lykischen Bauern Met. 6.361–381

Die Göttin Latona, Tochter des Titanen Coeus, kommt mit ihren beiden kleinen Kindern, Apollon und Diana, in der größten Mittagshitze zu einem See in Lykien (im Süden der heutigen Türkei). Die dortigen Bauern aber lassen sie nicht trinken, und auch die wiederholten Bitten der Göttin können sie nicht erweichen.

1. V. 361–365: Stellen Sie Begriffe zusammen, die beschreiben, wie die Bauern Latona vom Trinken abhalten.
2. V. 366–369: Geben Sie den Wunsch an, mit dem Latona die Metamorphose bewirkt; erschließen Sie dessen Inhalt.
3. V. 370–374: Hier werden Positionen in und um den See beschrieben. Arbeiten Sie die Orts- und Richtungsangaben heraus.
4. V. 377–381: Erschließen Sie mithilfe der Versziffern in den Abbildungen die Details der vollzogenen Metamorphose.

Hi tamen orantem perstant prohibere; minasque,
ni procul abscedat, conviciaque insuper addunt.
Nec satis est: Ipsos etiam pedibusque manuque
turbavere lacus imoque e gurgite mollem
huc illuc limum saltu movere maligno.
Distulit ira sitim; neque enim iam filia Coei
supplicat indignis nec dicere sustinet ultra
verba minora dea tollensque ad sidera palmas:
„Aeternum stagno“, dixit, „vivatis in isto!“
Eveniunt optata deae: Iuvat esse sub undis
et modo tota cava submergere membra palude,
nunc proferre caput, summo modo gurgite nare,
saepe super ripam stagni consistere, saepe
in gelidos resilire lacus; sed nunc quoque turpes
litibus exercent linguas pulsoque pudore,
quamvis sint sub aqua, sub aqua maledicere temptant.
Vox quoque iam rauca est, inflataque colla tumescunt,
ipsaque dilatant patulos convicia rictus.
Terga caput tangunt: Colla intercepta videntur.
Spina viret. Venter, pars maxima corporis, albet,
limosoque novae saliunt in gurgite ranae.

361 **hī** *(gemeint: die Bauern)*
ōrantem *ergänze* Lātōnam
perstāre *(m. Inf.)* beharren auf
minae, *-ārum f Pl.* Drohungen
362 **nī** = nisī
convicium Beschimpfung, Gezänk, Gekeife
īnsuper überdies
364 **īmus** der tiefste
gurges, *-itis m* Grund *(des Sees)*
365 **hūc illūc saltū malīgnō** durch böswilliges Hin- und Herspringen
līmus Schlamm
mōvēre = mōvērunt
366 **differre** *(hier)* vergessen lassen
368 **minor deā** einer Göttin unwürdig
palma Hand(fläche)
369 **aeternum** *(hier)* auf ewig
stāgnum Teich
370 **iuvat** *(hier)* es macht ihnen Spaß
371/372 **modo … nunc …** einmal … einmal …
371 **cavā palūde** tief im Sumpf
submergere, *-ō* untertauchen
372 **nāre** schwimmen
374 **gelidus** kalt
377 **raucus** rau
379 **interceptus** *(hier)* weggelassen

→ BD lateinlex.de/d1zh
→ S. 218 Kursorisch lesen
→ S. 219 Wörterbuchgebrauch
→ S. 230 Poetischer Plural (zu V. 364, 374, 378)

5 Charakterisieren Sie die Bauern vor und nach der Verwandlung und vergleichen Sie ihr Verhalten davor und danach. Beziehen Sie auch die sprachlich-stilistische Gestaltung mit ein.

6 Diese Metamorphose gilt als ein Musterbeispiel für Lautmalerei; vor allem V. 376.
- **a** Lesen Sie den gesamten Text laut vor und entdecken Sie dabei weitere lautmalende Stellen.
- **b** Beschreiben Sie die Wirkung.
- **c** V. 376: Vergleichen Sie die Übersetzungen und geben Sie an, worin hier die Schwierigkeit besteht.
- **d** Entwickeln Sie eigene Übersetzungen.

7 V. 370–381: Die Verwandlung wird ausführlich beschrieben, das Ergebnis aber erst mit dem allerletzten Wort angegeben: Beschreiben Sie die Wirkung dieses Kunstgriffs.

Frösche versenkt: Übersetzungen zu V. 376

Ob auch Wasser sie deckt, keck zanken und keifen sie immer. *(R. Suchier)*

Ob sie die Flut auch bedeckt, auch bedeckt noch schimpfen sie kecklich. *(J. H. Voß)*

... versuchen sie, obwohl sie unter Wasser leben, unter Wasser zu lästern. *(M. v. Albrecht)*

Hybris

Hybris f. (gr. = Überheblichkeit, Anmaßung), aus der gr. Ethik übernommene Bez. der Tragödientheorie für eine aus Überheblichkeit gegenüber den Göttern entstandene Schuld des Menschen, welche die Vergeltung (Nemesis) der Götter, d.h. die tragische Katastrophe, hervorruft. Der Mensch kann eine solche Schuld sowohl aktiv als auch im Glauben subjektiver Unschuld auf sich laden. *(Aus: Metzler Lexikon Literatur, Hybris, S. 333)*

8
- **a** Vergleichen Sie diese Metamorphose mit der des Lykaon im Hinblick auf
  - das Verhalten der Menschen,
  - die Gründe für die Strafe,
  - die Art der Bestrafung,
  - das Ergebnis der Verwandlung.
- **b** Erläutern Sie anhand des Lexikonartikels, inwiefern beide der Hybris schuldig sind.

9 Beschreiben Sie die Abbildung und vergleichen Sie sie mit dem Text.

10 Hybris ohne Götter? Diskutieren Sie, ob die Situation dieser Metamorphose auf heutige Verhältnisse übertragen werden kann.

Die Verspottung der Latona. Gemälde von Jan Brueghel d. Ä. (1601) (Ausschnitt).

→ S. 224 Übersetzungsvergleich
→ S. 226 Stilmittel

Der Gesang des Orpheus Met.10.17–39

Orpheus, der bekannteste und beste Sänger der Welt, kann sich mit dem Tod seiner Gattin Eurydike nicht abfinden. Um sie zurückzugewinnen, sucht er die Unterwelt auf. Schließlich steht er vor Pluto und Proserpina, den Unterweltsgöttern, und hebt mit seinem bezaubernden Gesang an:

1 V. 17–22: Orpheus nennt drei Kennzeichen bzw. Elemente der Unterwelt. Arbeiten Sie sie heraus und erklären Sie sie.
2 V. 25–29: Erklären Sie anhand Ihres Vorwissens, was die *rapina* (V. 28) mit den Unterweltsgottheiten und mit Amor zu tun hat.
3 V. 32–35: Arbeiten Sie anhand der Prädikate das Verhältnis von Lebenden und Unterwelt heraus.

Sic ait: „O positi sub terra numina mundi,
in quem reccidimus, quicquid mortale creamur!
Si licet et falsi positis ambagibus oris
vera loqui sinitis, non huc, ut opaca viderem
Tartara, descendi, nec uti villosa colubris
terna Medusaei vincirem guttura monstri:
Causa viae est coniunx, in quam calcata venenum
vipera diffudit crescentesque abstulit annos.
Posse pati volui nec me temptasse negabo:
Vicit Amor. Supera deus hic bene notus in ora est;
an sit et hīc, dubito: Sed et hīc tamen auguror esse;
famaque si veteris non est mentita rapinae,
vos quoque iunxit Amor. Per ego haec loca plena timoris,
per chaos hoc ingens vastique silentia regni,
Eurydices, oro, properata retexite fata!
Omnia debentur vobis, paulumque morati
serius aut citius sedem properamus ad unam.
Tendimus huc omnes, haec est domus ultima, vosque
humani generis longissima regna tenetis.
Haec quoque, cum iustos matura peregerit annos,
iuris erit vestri: Pro munere poscimus usum;
quodsi fata negant veniam pro coniuge, certum est
nolle redire mihi: Leto gaudete duorum!"

17 **positus** *(hier)* befindlich
18 **reccidere** = recidere, *-ō* zurückfallen, zurücksinken
quicquid — creāmur wir alle, die wir als Sterbliche erschaffen werden
19 **falsī — ōrīs** ohne in Lügen abzuschweifen
20 **opācus** finster
21 **Tartara** *n Pl.* Tartarus
21/22 **villōsa — Medūsaeī … guttura mōnstrī** die drei schlangenhaarigen Hälse des medusenhaften Untiers
23 **calcāre** *(m. Akk.)* treten *(auf etwas)*
24 **crēscentēs annī** das junge Leben
25 **patī** *ergänze gedanklich: den Verlust*
26 **in superā ōrā** in der Oberwelt
27 **augurārī** vermuten
esse *ergänze* eum deum nōtum
28 **mentītus** gelogen
rapīna Raub
29/30 **per** *(als Schwurformel)* bei (*ordne*: per … chaos [et] silentia)
30 **chaos** *(hier)* unermessliche Weite *(der Unterwelt)*
31 **properātus** übereilt
retexere, *-ō* rückgängig machen
34 **tendere** *(hier)* streben (zu)
36 **haec** *(gemeint ist Eurydike)*
iūstus *(hier)* (ihr) zustehend
37 **iūris esse** der Gewalt *(jmds.)* unterstehen
ūsus, *-ūs m (hier jur. Fachbegriff)* Nutzungsrecht; Leihgabe
38/39 **certum … mihī** *Ordne*: mihī certum est
39 **lētum** Tod

→ BD lateinlex.de/d1zk
→ S. 230 Poetischer Plural (zu V. 30 f., 37 f.)
→ GK 6.4 Tod und Unterwelt
→ GK 6.5 Orpheus und Eurydike

4 Ovid orientiert sich bei der gedanklichen Gestaltung dieses Textes an einer Gerichtsrede. Weisen Sie dies nach, indem Sie
- **a** u.a. anhand Ihres Vorwissens den Aufbau analysieren,
- **b** die Satzstruktur analysieren (vgl. S. 194),
- **c** den Gebrauch entsprechender Begriffe nachweisen (v.a. V. 36 ff.).

5 Der Gesang des Orpheus ist rhetorisch-klanglich besonders reich ausgestaltet.
- **a** Belegen Sie dies mit Textbeispielen.
- **b** Begründen Sie, warum dies gerade bei Orpheus eine besondere Rolle spielt.

6 Das entscheidende Argument ist für Orpheus *amor*: Vergleichen Sie die Liebe von Orpheus und Eurydike mit der von Pluto und Proserpina (ggf. anhand von Recherche).

7 Frech oder berührend? Diskutieren Sie über die Angemessenheit von Orpheus' Argumentation.

8 Pluto lässt sich erweichen, und doch verliert Orpheus Eurydike ein zweites Mal.
- **a** Beschreiben Sie, wie der endgültige Verlust in der Abbildung dargestellt ist.
- **b** Beschreiben Sie die sprachlichen Mittel, die Ovid bei dieser Szene (s. Kasten) verwendet.

9 Orpheus als Opernheld:
- **a** Begründen Sie, warum Orpheus als Figur der Oper immer sehr beliebt war und ist.
- **b** Recherchieren Sie nach der Arie *„Deh, placatevi con me!"* aus der Oper *Orfeo ed Euridice* von C. W. Gluck: Beschreiben Sie, welche zusätzlichen Möglichkeiten die musikalische Umsetzung des Mythos bietet, gerade in der Darstellung der Unterwelt.

Elfriede Jelinek: Schatten (Eurydike sagt)

In ihrem Theaterstück von 2012 lässt Jelinek die verstorbene Eurydike zu Wort kommen:

„Ich will im Schatten bleiben und Schatten sein und bleiben. Der Sänger stellt sich doch tatsächlich vor, dass ich mich drum reiße, mit ihm zu gehen, dass ich mich seit meinem Tod nach nichts anderem mehr gesehnt habe. [...] Das Größte aber ist, nicht geliebt zu werden und nicht zu lieben."

Orpheus und Eurydike. Gemälde von Catherine Adelaide Sparkes (1842–1910).

Ovid: Eurydikes zweiter Tod **Met. 10.56–59**

Pluto hat eine Bedingung gestellt: Eurydike darf Orpheus zur Oberwelt folgen, doch er darf sich nicht nach ihr umdrehen, ehe sie ihr Ziel erreicht haben. Und so verliert Orpheus Eurydike endgültig:

Hic, ne deficeret, metuens avidusque videndi
flexit amans oculos, et protinus illa relapsa est,
bracchiaque intendens prendique et prendere certans
nil nisi cedentes infelix arripit auras.

Besorgt, sie könnte ermatten, und begierig, sie zu sehen, wandte Orpheus voll Liebe den Blick, und alsbald glitt sie zurück. Sie streckt die Arme aus, will sich ergreifen lassen, will ergreifen und erhascht doch nichts, die Unselige, als flüchtige Lüfte. (Übers. M. v. Albrecht)

10
- **a** Erläutern Sie, inwiefern Jelineks Eurydike eine Kritik an Ovids Darstellung beinhaltet.
- **b** Nehmen Sie Stellung zu der Äußerung Eurydikes bei Jelinek.

→ GK 7.4 Rhetorik; Bd. 2, S. 9; Bd. 2, S. 85 (zu Aufg. **4**)

Der Gesang des Polyphem Met. 13.838–864

Der einäugige Kyklop Polyphem, den man aus der *Odyssee* als unzivilisierten Menschenfresser kennt, hat sich unsterblich in die Meeresnymphe Galatea verliebt. Das führt dazu, dass der Wilde zahm und auch ein wenig eitel wird, dass er auf einer Panflöte spielt und ein Lied singt, in dem er um Galatea wirbt. Galatea hört das, während sie bei ihrem Geliebten Akis sitzt.
Nach einer langen Reihe zwiespältiger Komplimente für Galatea kommt Polyphem in seinem Lied auf die eigenen Vorzüge zu sprechen:

1 Beschreiben Sie das Bild des Kyklopen (S. 97 oben) und stellen Sie körperliche Merkmale aus dem Text zusammen.

838 „Iam modo caeruleo nitidum caput exsere ponto,
iam, Galatea, veni, nec munera despice nostra!
Certe ego me novi liquidaeque in imagine vidi
841 nuper aquae, placuitque mihi mea forma videnti.
Adspice, sim quantus: Non est hoc corpore maior
Iuppiter in caelo (nam vos narrare soletis
844 nescioquem regnare Iovem); coma plurima torvos
prominet in vultus umerosque, ut lucus, obumbrat;
nec mea quod rigidis horrent densissima saetis
847 corpora, turpe puta: Turpis sine frondibus arbor,
turpis equus, nisi colla iubae flaventia velent.
[...]
851 Unum est in media lumen mihi fronte, sed instar
ingentis clipei. Quid? Non haec omnia magnus
Sol videt e caelo? Soli tamen unicus orbis.
[...]
860 Sed cur Cyclope repulso
Acin amas praefersque meis complexibus Acin?
Ille tamen placeatque sibi placeatque licebit
863 – quod nollem! – Galatea, tibi ... Modo copia detur!
Sentiet esse mihi tanto pro corpore vires!“

838 **caeruleus pontus** das dunkelblaue Meer
nitidus glänzend, strahlend
exserere, *-ō (m. Abl.)* herausstrecken (aus)
839 **mūnera** *(u. a. hatte er ihr Walderdbeeren, Ziegenkäse und zwei Bärenjunge versprochen)*
844 **nēscioquī**, *-quae, -quod* irgendein
torvus finster, wild
845 **prōminēre in** *(m. Akk.)* hineinragen in
lūcus Wald
obumbrāre umschatten
846 **horrēre rigidīs saetīs** starren vor/bewachsen sein mit harten Borsten
densus *(hier)* dicht behaart
848 **iuba** Mähne
flāvēns, *-entis* goldgelb, blond
vēlāre bedecken
851 **īnstar** *(m. Gen.)* so groß wie
852 **clipeus** (der) Rundschild
861 **Ācin** (*Akk. zu* Ācis)
complexus, *-ūs m* Umarmung
862 **licēbit** *(m. Konj.) (hier)* von mir aus soll er doch ...
-que ... -que *(das erste* -que *bleibt unübersetzt)*
863 **quod nollem!** hoffentlich nicht!
modo — dētur! der soll mir nur in die Finger geraten!

→ BD lateinlex.de/d1zm

→ S. 230 Poetischer Plural (zu V. 839, 845, 847 f.)

Ovid: Das Ende vom Lied **Met. 13.865–869**

Polyphems Gesang endet mit diesen Worten: „Lebend reiß ich Akis die Eingeweide aus und streue seine zerteilten Glieder über die Felder und über deine Wogen – so soll er sich mit dir vereinen! Denn ich verbrenne, und angefacht wallt das Feuer heftig auf, in meiner Brust scheine ich zu tragen den Ätna mit seinen Gewalten – doch du, Galatea, bleibst kalt!" *Danach schleudert Polyphem nicht nur einen Felsen, sondern einen ganzen Berg nach Akis, der „gerettet" werden kann, indem er in eine Quelle verwandelt wird.*

2 Ein verwandelter Polyphem? Vergleichen Sie Polyphems Lied mit dem Fresko (rechts) unter dem Aspekt der Selbst- bzw. Fremdwahrnehmung.

3 Ist Polyphem begehrenswert?

- **a** Vergleichen Sie, ggf. anhand von Recherche, sein Aussehen mit Ovids Vorschriften in der *Ars amatoria* (1.505–522).
- **b** Arbeiten Sie aus dem Text heraus, dass Ovid dem Leser eine klare Deutung der Selbstwahrnehmung Polyphems nahelegt; beachten Sie dabei u. a. seine Äußerungen über Jupiter (s. auch den Kasten).

4 Die Grenzen der Rhetorik: Auch Apollon hat vergeblich versucht, die Geliebte durch Worte zu überzeugen. Vergleichen Sie seine Rede (→ S. 78 mit Aufg. **4** und **5 a**) mit der Polyphems.

5 Wie Narziss sieht auch Polyphem sein Spiegelbild im Wasser: Beschreiben Sie Unterschiede und Ähnlichkeiten. Denken Sie dabei auch an das delphische „Erkenne dich selbst".

6 Polyphem, der menschenfressende Wilde aus der *Odyssee*, wird als unglücklich Verliebter zur komischen Figur. Er hat aber auch etwas Tragisches. Erörtern Sie diese These und diskutieren Sie, ob das Gemälde Redons sie widerspiegelt.

Der verliebte Polyphem.
Oben: Fresko von S. del Piombo (Rom, Villa Farnesina, 1513). –
Unten: Ölgemälde von O. Redon (1914).

→ Bd. 2, S. 80/BD lateinlex.de/d1we
→ S. 75 Apollon und Amor (zu Delphi, Aufg. 5)

Pygmalion Met. 10.247–294

Nachdem Orpheus seine Frau endgültig verloren hat (→ S. 95), singt er voller Trauer von Liebesleid und Verlust. Dabei erzählt er auch von dem Künstler Pygmalion in der Stadt Paphos auf Zypern, der, von den Frauen enttäuscht, sich seine ideale Frauenstatue selbst herstellt:

1 Stellen Sie in Gruppen aus dem Text Ausdrücke zu den Sachfeldern zusammen:
a Künstlichkeit, Kunst, Nachahmung
b Echtheit, Wirklichkeit, Natur
c Überprüfung, Untersuchung, Zweifel
d Liebe

247 Interea niveum mira feliciter arte
sculpsit ebur formamque dedit, qua femina nasci
nulla potest, operisque sui concepit amorem.
250 Virginis est verae facies, quam vivere credas,
et, si non obstet reverentia, velle moveri:
Ars adeo latet arte sua. Miratur et haurit
253 pectore Pygmalion simulati corporis ignes.
Saepe manus operi temptantes admovet, an sit
corpus an illud ebur, nec adhuc ebur esse fatetur.

248 **sculpere** (*Perf.* sculpsī) bilden, meißeln
ebur, *-oris n* Elfenbein
251 **obstet** *lies:* obstāret
reverentia Scheu, Schüchternheit (*seitens der* virgō)
252/253 **haurīre ignēs** in Liebe entbrennen

Pygmalion wirbt um seine Statue wie um eine echte Frau, bringt ihr Geschenke, küsst sie und legt sie in sein Bett. Am Festtag der Venus opfert Pygmalion der Göttin und bittet um eine Gattin genau wie das Mädchen aus Elfenbein. Und Venus gewährt es:

280 Ut rediit, simulacra suae petit ille puellae
incumbensque toro dedit oscula: Visa tepere est;
admovet os iterum, manibus quoque pectora temptat:
283 Temptatum mollescit ebur. [...]
287 Dum stupet et dubie gaudet fallique veretur,
rursus amans rursusque manu sua vota retractat.
289 Corpus erat! Saliunt temptatae pollice venae.
Tum vero Paphius plenissima concipit heros
verba, quibus Veneri grates agat, oraque tandem
292 ore suo non falsa premit, dataque oscula virgo
sensit et erubuit timidumque ad lumina lumen
294 attollens pariter cum caelo vidit amantem.

281 **torō incumbere**, *-ō* sich auf das Bett legen
tepēre warm sein
288 **vōta retractāre** *(hier)* die Erfüllung seiner Wünsche von neuem (durch Befühlen) überprüfen
289 **salīre**, *-iō (hier)* pulsieren
pollex, *-icis m* Daumen
vēna Ader, Vene
290 **Paphius hērōs**, *-ōis m* Held aus Paphos *(gemeint: Pygmalion)*
plēnus *(hier)* volltönend, reichlich
concipere, *-iō (hier)* feierlich aussprechen
291 **grātēs** = grātiās
293 **ērubēscere** (*Perf.* ērubuī) erröten
294 **attollere**, *-ō* erheben, emporheben (timidum ... attollēns *beschreibt die Blickrichtung der* virgō)

→ BD lateinlex.de/d1zn

→ S. 230 Poetischer Plural (zu V. 280, 282, 291)

2 Charakterisieren Sie Pygmalion und dessen Frauenbild.

3 Erläutern Sie, inwiefern die Ausdrücke aus **1** Schlüsselbegriffe für das Verständnis der Geschichte sind.

4 Ovid spielt auf meisterhafte Weise mit dem Verhältnis von Künstlichkeit und Echtheit. Dazu verwendet er mehrmals ein Polyptoton. Weisen Sie dieses nach und beschreiben Sie die Wirkung.

5 *Ars ... latet arte sua* (V. 252): In diesen Worten steckt auch Ovids eigenes Verständnis von (poetischer) Kunst.
   a Erläutern Sie dieses.
   b Beschreiben Sie, welche Rolle *ars* in Ovids *Ars amatoria* spielt.

6 Vergleichen Sie Pygmalion mit dem Verliebten der Liebeselegie.

7 a In V. 293 f. beschreibt Ovid eindrucksvoll die Blickrichtung der *virgo*. Weisen Sie das nach und erläutern Sie, welches Verhältnis von „Schöpfer" und „Geschöpf" dadurch zum Ausdruck kommt.
   b Der Mensch als Schöpfer menschlicher Wesen? Künstliche Intelligenz und medizinischer Fortschritt scheinen dies in greifbare Nähe zu rücken. Diskutieren Sie vor dem Hintergrund dieser Entwicklungen den Traum vom idealen Menschen.

8 a Beschreiben Sie das obere Bild; gehen Sie dabei darauf ein, wie das Wunderbare des Geschehens zum Ausdruck kommt.
   b Vergleichen Sie die Abbildung mit der Darstellung Ovids.
   c Vergleichen Sie die beiden Bilder und erläutern Sie die Unterschiede.

9 Recherchieren Sie nach dem „Pygmalion-Effekt" und erklären Sie, wie dieser mit dem Pygmalion-Mythos zusammenhängt.

10 Recherchieren Sie nach dem Fortleben dieser Metamorphose in der Kunst, z. B. in Bernard Shaws Komödie *Pygmalion:* Erklären Sie, warum Shaw seiner Komödie diesen Titel gegeben hat.

Pygmalion. *Oben*: Gemälde von J. L. Gérôme (1824–1904). – *Unten*: In der Interpretation des Mythos durch den Surrealisten Paul Delvaux (1939) findet anscheinend ein Rollentausch statt.

→ S. 228 Polyptoton (zu Aufg. **5**)
→ GK 7.4 Elegie; Bd. 2, S. 85; S. 76 f. (zu Aufg. **7**)

Drei, die bleiben Met. 15.818–879

Wie im Proömium angekündigt (→ S. 63), führt Ovid seine Erzählung bis in die eigene Zeit fort: Nach der Ermordung Caesars ist Venus als Stammmutter der Julier besorgt. Doch Jupiter beruhigt sie: Er sagt ihr die Vergöttlichung Caesars und dessen Adoptivsohns Augustus zu und prophezeit die Weltherrschaft des Augustus:

1 V. 818 f.; 840–842: Arbeiten Sie Begriffe heraus, die zu Caesars Apotheose in Bezug stehen.
→ Apotheose, S. 101

2 Die roten und grünen Passagen beschreiben bestimmte Bereiche von Augustus' Wirken. Erschließen Sie die Ausdrücke in Gruppen und erläutern Sie sie u. a. anhand Ihres Vorwissens über Augustus.

818 „Ut deus accedat caelo templisque colatur,
tu facies natusque suus, qui nominis heres
impositum feret unus onus caesique parentis
821 nos in bella suos fortissimus ultor habebit. […]

Es folgt ein Ausblick auf die Leistungen und auf die Vergöttlichung des Augustus:

829 Quid tibi barbariam gentesque ab utroque iacentes
Oceano numerem? Quodcumque habitabile tellus
sustinet, huius erit: Pontus quoque serviet illi!
832 Pace data terris animum ad civilia vertet
iura suum legesque feret iustissimus auctor
834 exemploque suo mores reget. […]
838 Nec nisi cum senior Pylios aequaverit annos,
aetherias sedes cognataque sidera tanget.

Doch bis es soweit ist, soll Venus sich um die Vergöttlichung der Seele Caesars kümmern. Jupiter befiehlt Venus:

840 Hanc animam interea caeso de corpore raptam
fac iubar, ut semper Capitolia nostra forumque
842 divus ab excelsa prospectet Iulius aede!" […]

Und so geschieht es. – Das letzte Wort hat der Dichter:

871 Iamque opus exegi, quod nec Iovis ira nec ignis
nec poterit ferrum nec edax abolere vetustas.
Cum volet, illa dies, quae nil nisi corporis huius
874 ius habet, incerti spatium mihi finiat aevi:
Parte tamen meliore mei super alta perennis
astra ferar, nomenque erit indelebile nostrum,
877 quaque patet domitis Romana potentia terris,
ore legar populi, perque omnia saecula fama,
si quid habent veri vatum praesagia, vivam.

818 **accēdat; colātur** *(Subjekt ist Caesar)*
819 **nātus suus** *ergänze* faciet
nōminis hērēs *(als Adoptivsohn Caesars hatte Octavian schon 44 v. Chr. dessen Namen angenommen* → S. 48 f.*)*
820 **parēns**, *-entis m* Vater
821 **nōs in bella suōs habēbit** er wird mich im Krieg auf seiner Seite haben
829 **barbaria** Barbarenland
829/830 **ab utrōque Ōceanō** am östlichen und westlichen Ozean
830/831 **quodcumque — sustinet** alle bewohnbaren Gebiete der Erde
831 **huius; illī** *(gemeint ist Augustus)*
pontus Meer
833 **lēgēs ferre** Gesetzesanträge einbringen
838 **nec — annōs** und erst wenn er das Alter des Nestor aus Pylos erreicht hat *(Nestor war für sein hohes Alter berühmt)*
senior, *-ōris* älter
aequāre *(m. Akk.)* erreichen, gleichkommen
839 **aetherius** himmlisch
cōgnātus *(Anspielung auf Caesar* → Apotheose, S. 101*)*
841 **facere** *(hier mit dopp. Akk.)*
iubar, *-aris n* Stern
842 **prōspectāre** *(m. Akk.)* hinabblicken auf

→ BD lateinlex.de/d1zp
→ S. 218 Kursorisch lesen
→ S. 219 Wörterbuchgebrauch
→ S. 6 f.; S. 49 *(sidus Iulium!)*
→ S. 230 Poetischer Plural (zu V. 841)
→ GK 3.2 Octavian
→ GK 3.3 Augusteische Zeit

Übersetzung: Drei, die bleiben; V. 871–879

Nun habe ich das Werk vollendet, das weder der Zorn Jupiters noch Feuer noch Eisen noch der nagende Zahn der Zeit zerstören können. Mag, wann er will, jener Tag, der Macht nur über meinen Körper hat, mir die Spanne eines unsicheren Lebens beenden: Dennoch werde ich zu einem besseren Teil ewig getragen werden über die hohen Sterne und mein Name wird unzerstörbar sein. So weit die Macht Roms sich erstreckt auf bezwungene Länder, werde ich gelesen werden. Ich werde mit meinem Ruhm durch alle Zeiten hinweg, wenn die Weissagungen der Dichter etwas Wahres an sich haben, leben. *(Übers. C. Safferling)*

→ **GUT ZU WISSEN**

Apotheose – Vergöttlichung

Mit der **Vergöttlichung (Apotheose)** Caesars 44 v. Chr. (→ S. 49) schuf Augustus eine Tradition in Rom: Wie Caesar, so wurden auch er selbst und viele spätere Kaiser nach dem Tode **divinisiert** und in **Tempeln** verehrt. Mit der Vergöttlichung war ein **Aufstieg** zum Himmel und eine **Verstirnung** (d. h. „Sternwerdung“) verbunden; Vorbild dafür waren **griechische Heroen** wie Herkules oder z. B. das Schiff Argo, die ebenfalls als **Sternbilder** am Himmel standen.

3 **a** V. 818–842: Arbeiten Sie heraus, durch welche Taten Augustus unsterblich geworden ist.
b Beschreiben Sie die Art seiner Unsterblichkeit.
c V. 871–879: Arbeiten Sie heraus, durch welche Leistung Ovid unsterblich werden wird.
d Beschreiben Sie Ovids Form von Unsterblichkeit; beachten Sie dabei die stilistische Gestaltung von V. 875–879.
e Vergleichen und bewerten Sie beide Arten der Unsterblichkeit.
f Vergleichen Sie diese anhand Ihres Vorwissens mit denen des Plinius und des Catull.

4 V. 871–879: Vergleichen Sie Ovids Verse mit denen von Robert Gernhardt (s. Kasten unten) im Hinblick auf Form, Inhalt und das darin zum Ausdruck kommende dichterische Selbstbild.

5 **a** Beschreiben Sie die Abbildung und erklären Sie, wie Augustus auf den Betrachter wirken soll.
b Vergleichen Sie dies mit Ovids Text.

6 Rückblick: Stellen Sie zusammen, was Sie in den *Metamorphosen* über Augustus gelesen haben. Diskutieren Sie, welches Verhältnis zwischen Dichter und Herrscher daraus insgesamt herausgelesen werden kann.

R. Gernhardt [*ohne Titel*]

In dem Essay „Über alles“ reimt der Dichter Robert Gernhardt (1937–2006):

Wer schreibt, bleibt.
Wer spricht, nicht.

Gemma Augustea (um 10 n. Chr.). Von links nach rechts: Augustus' Nachfolger Tiberius, sein Großneffe Germanicus, die Göttin Roma mit Helm, Augustus, weitere Gottheiten (Oikumene, Okeanos, Italia).

→ S. 224 Übersetzungsvergleich
→ S. 226 Stilmittel
→ S. 11 mit Aufg. 5 (zu Aufg. 3)
→ Bd. 2, S. 35 Schreiben für den Nachruhm
→ Bd. 2, S. 49 / BD lateinlex.de/d1vw (zu Aufg. 6 f)
→ S. 86 f. (zu Aufg. 6)

GRUNDWISSEN Mythos: Spiel und Verwandlung

Ovid: *Metamorphosen*

Autor

- Publius Ovidius Naso, geb. 43 v. Chr. in Sulmo (Ritterstand)
- geht nach Rom, macht aber (wie Catull) keine politische Karriere
- genießt *Pax Augusta*, aber seine Spottlust macht auch vor **Augustus** keinen Halt
- verfasst zunächst Liebesdichtung *(Amores,* ***Ars amatoria****)*
- ca. 1–ca. 8 n. Chr. **Hauptwerk *Metamorphosen***
- **8 n. Chr. Verbannung** nach **Tomi** am Schwarzen Meer; Gründe unklar *(„carmen et error")*; vielleicht Verwicklung in einen Ehebruchskandal mit der Kaisertochter Julia und/oder in eine politische Affäre um die Nachfolge des Augustus
- gestorben ca. 17 n. Chr. in Tomi, drei Jahre nach Augustus' Tod

Werke (in Auswahl)

- *Amores* (Liebeselegien)
- ***Ars amatoria*** (Liebeskunst), ein Lehrgedicht in drei Büchern
- *Fasti* („Festkalender"): Sagen, die zu römischen Feiertagen gehören
- **Hauptwerk: *Metamorphosen***
- In der Verbannung:
  - *Tristia* („traurige Gedichte, Klagelieder"),
  - *Epistulae ex Ponto* („Briefe vom Schwarzen Meer")

Die Gattung Epos

- erzählendes Langgedicht im **Hexameter**
- zwei Traditionen, die auf zwei Dichter zurückgehen:
  - **Homer** (***Ilias*** und ***Odyssee***, wohl 8./7. Jh. v. Chr.): **mythisch-** historische Abenteuer und **Helden**taten unter Beteiligung von **Göttern**
  - **Hesiod** (*Theogonie*, *Werke und Tage*, 7. Jh. v. Chr): vorwiegend **lehrhaften** Charakter, keine durchgehende Heldenerzählung
- gehobene Sprache
- Stilmittel: u.a. **epische Vergleiche** (Gleichnisse), schmückende Beiwörter, hohe Sprache
- Proömium mit Anrufung einer **Muse** und Vorstellung des Themas

Die *Metamorphosen*: Gesamtkonzept

- ca. 250 Verwandlungsgeschichten (= ca. 12 000 Verse) in **15 Büchern**
- **Epos** in homerischer und hesiodeischer Tradition
- kunstvoll miteinander **verwobene Einzelepisoden**
- **Liebe** nach wie vor zentrales Thema
- **Aufbau**:
  - Verwandlungssagen, wobei Buch 1 sowie Buch 12–15 einen **chronologischen Rahmen** geben: vom **Beginn der Welt** bis zur Herrschaft des **Augustus**
  - Themen im Einzelnen:
    - **Schöpfung** der Welt
    - vier **Weltalter**
    - Sintflut
    - Mythen über Götter, Helden und Heldinnen, die vor allem durch ein kunstvolles Geflecht von Rahmen- und Binnenerzählungen zusammengehalten werden
    - ab Buch 12 „Römische Geschichte": Trojanischer Krieg, Gründung und Geschichte Roms bis zur Vergöttlichung Caesars
    - am Schluss **Lobpreisung** des **Augustus** und eigener **Unsterblichkeitsanspruch**
- unterschiedliche Bedeutungen der Verwandlungen:
  - **göttliche Strafe** für menschliches **Fehlverhalten**, v.a. Hochmut gegenüber den Göttern ***(Hybris)*** (z. B. Lykaon)
  - **Belohnung** oder **Rettung** vor Gefahren (z. B. Daphne)
  - neue Gestalt spiegelt **inneren Zustand** oder **Charakter** der verwandelten Figur wider
  - oft zugleich ***Aition*** **(Ursprungssage)**

Wichtige Inhalte

- **Lykaon:** verspottet Jupiter und setzt ihm Menschenfleisch als Speise vor, wird durch Brand seines Palastes und Verwandlung in einen Wolf bestraft
- **Apollon und Daphne:** Apollon verspottet Amor, der sich mit Liebespfeilen rächt; der verliebte Apollo verfolgt die fliehende Nymphe Daphne; erst deren Verwandlung setzt der Verfolgung ein Ende
- **Narziss und Echo:**
  - **Echo** verzehrt sich in unerwiderter Liebe zu Narziss, bis nur noch ihr Schall übrigbleibt
  - **Narziss** verliebt sich in sein eigenes Spiegelbild, bis auch er an dieser unerfüllten Liebe zugrunde geht
- **Die lykischen Bauern:** verweigern der durstigen Göttin Latona das Wasser und werden zur Strafe in Frösche verwandelt
- **Orpheus:** steigt in die Unterwelt hinab, um die Rückgabe seiner verstorbenen Gattin Eurydike zu erbitten, rührt die Totengötter tatsächlich durch seinen Gesang, verliert Eurydike aber dennoch endgültig
- **Polyphem:** hat sich in die Meeresnymphe Galatea verliebt; der aus der *Odyssee* bekannte menschenfressende Kyklop versucht sich nun als Sänger, bleibt aber chancenlos
- **Pygmalion:** formt sich als Künstler seine ideale Frauenstatue selbst, diese wird von Venus in eine lebende Frau verwandelt

Rezeption der *Metamorphosen*

- über Jahrhunderte hinweg in verschiedensten Gattungen **adaptiert**:
- **Literatur**, z. B.:
  - *Die letzte Welt* von Christoph Ransmayr
  - zu Pygmalion: Komödie *Pygmalion* von (G.) B. Shaw (1913; verfilmt als *My fair Lady*)
- **Gemälde**: unüberschaubare künstlerische Rezeption in zahlreichen Museen der Welt, z. B.:
  - Wand- und Deckengemälde im Italien der Renaissance
  - Neuinterpretationen im 20. Jh. bis heute
- **Skulpturen**, z. B.:
  - *Apollon und Daphne* von G. L. Bernini
- **Opern**, z. B.:
  - *Orpheus/Orfeo* von Ch. W. Gluck, von J. Offenbach
  - *Daphne* von Richard Strauss

→ GK 7.7 Rezeption: Ovid

DENKEN – SCHLÜSSEL ZUR WELT

Blickt man der Statue aus dem 6. Jh. v. Chr. in die Augen, so kann man vielleicht etwas von der Stimmung erahnen, die zur Zeit ihrer Entstehung im griechischen Kulturraum herrschte: Die Zeit um 600 v. Chr. war geprägt von gewaltigen Umbrüchen, die mit einer enormen wissenschaftlichen Innovationskraft einhergingen. Diese Umbrüche markierten auch den Anfang der abendländischen Philosophie.

Augen auf für neue Lösungen!

Das Zentrum dieser Neuerungen bildeten die griechischen Städte Kleinasiens: Orte wie etwa Milet waren wichtige Umschlagplätze für Waren und Ideen aus dem Orient. Sie hatten regen Anteil an der Kolonisationstätigkeit, die sich von Griechenland aus in den gesamten Mittelmeer- und Schwarzmeerraum entfaltete. Es war auch eine Zeit, die geprägt war von der Suche nach Lösungen für die sozialen Probleme, die ihren Ursprung u. a. in der Vormachtstellung des Adels und der ungerechten Landverteilung hatten. Um Abhilfe zu schaffen, dachte man nicht nur über gerechtere Staatsformen nach, sondern versuchte auch durch technische Neuerungen (z. B. im Bereich der Nautik oder Mechanik), das Leben der Menschen zu erleichtern.

Wie funktioniert die Welt? – Fragen der ersten Philosophen

Aus der Beschäftigung mit konkreten naturwissenschaftlichen Fragen erwuchs ein weiterreichendes, theoretisches Interesse: So führten Fragen wie etwa nach astronomischen Gesetzmäßigkeiten im Dienste der Schifffahrt letztendlich zur Frage nach Wesen und Ursprung der Natur überhaupt. Die frühen Denker verstanden sich als Naturforscher auf der Suche nach einem Grundprinzip, einer ἀρχή/*archē* („Anfang"), auf das sich alle Erscheinungen der Natur zurückführen lassen. Dieser theoretische Ansatz ist es, der die frühen Denker zu den Begründern der griechischen Philosophie macht. Seit dem 19. Jh. bezeichnet man sie auch als ‚Vorsokratiker'.

Wie soll der Mensch leben? – Fragen des Sokrates

Etwa hundert Jahre nach dem Aufkommen des philosophischen Denkens in Kleinasien hat sich das Zentrum verlagert und Athen wird zum Mittelpunkt der abendländischen Philosophie. Mit der geografischen geht auch eine thematische Verschiebung einher, nämlich von der Natur zum Menschen. Im Athen des 5. Jh. v. Chr. traten – begünstigt durch die Staatsform der Demokratie – Fragen nach den Voraussetzungen für ein gelingendes Leben in das Zentrum des philosophischen Interesses. Männer, die man als ‚Sophisten' bezeichnete, versprachen durch eine gezielte Ausbildung etwa in Rhetorik ein politisch erfolgreiches Leben. Weit radikaler war der

→ GK 7.4 Philosophie

Ansatz des Sokrates: Nur ein wahrhaft sittlich gutes Leben – so seine Überzeugung – sei ein lebenswertes Leben. So sei es auch schlimmer, Unrecht zu tun als Unrecht zu erleiden. Eng damit verbunden war die Suche nach dem Guten an sich. Sokrates gab damit den Anstoß für die weitere Entwicklung der Philosophie – ein Impuls, der über Sokrates' unmittelbare Nachfolger Platon und Aristoteles hinaus bis heute nachwirkt.

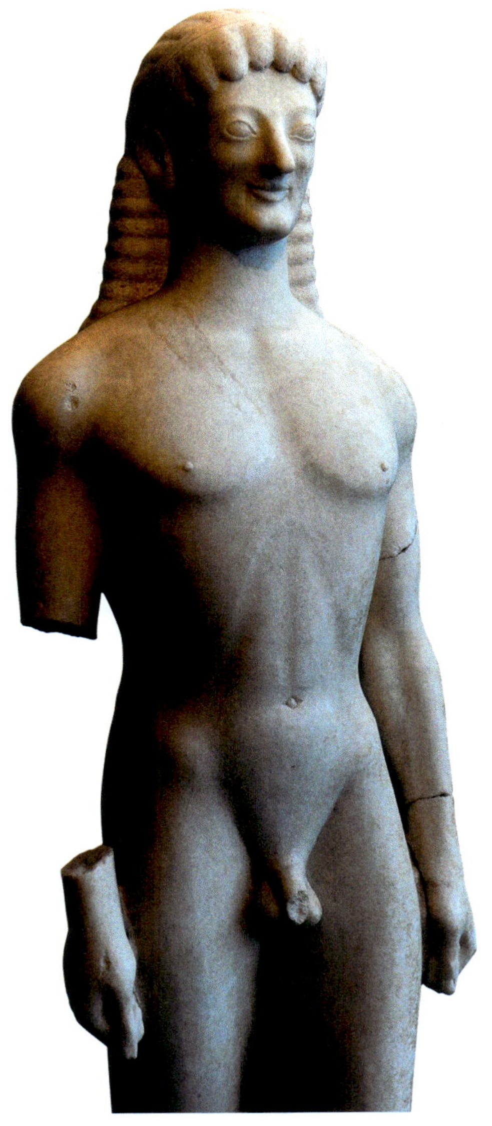

1 Erläutern Sie den Perspektivwechsel von den „Vorsokratikern" zu Sokrates (→ *Die Teildisziplinen der Philosophie*, S. 107).
2 Begründen Sie anhand Ihres Vorwissens, inwiefern die attische Demokratie diesen Wechsel begünstigt haben könnte.
3 Dieser Perspektivwechsel schlägt sich nach verbreiteter Auffassung auch in der bildenden Kunst nieder. Erläutern Sie diese Auffassung anhand eines Vergleichs der beiden Statuen.

Links: Archaische Statue, wohl Apollon, von Tenea (um 560 v. Chr., heute in München). *Oben*: Klassische Statue des Doryphoros („Speerträger") von Polyklet (450–400 v. Chr., röm. Marmorkopie).

→ GK 7.7 Demokratie

ÜBERBLICK Philosophie – was ist das eigentlich?

→ **MEHR ERFAHREN**

Aristoteles als Quelle der Naturphilosophie

Aristoteles (röm. Kopie; Orig. Ende 4. Jh. v. Chr.)

Die Gedanken der „**Vorsokratiker**“ sind uns nur indirekt oder in Bruchstücken überliefert. Unsere Kenntnis hängt daher von der Zuverlässigkeit späterer Gewährsmänner ab: Die **wichtigste Quelle** ist dabei der Platon-Schüler **Aristoteles** (4. Jh. v. Chr.), der den ‚Vorsokratikern‘ auch zeitlich am nächsten steht. Allerdings sind seine Darstellungen nicht ohne Vorbehalte als historische Quellen zu betrachten, da er die Gedanken der „Vorsokratiker“ auf der Basis der eigenen Philosophie rekonstruiert und nicht nur einfach referiert.

→ **GUT ZU WISSEN**

Kritisch-rationales Bewusstsein

In den Ideen der ersten Philosophen offenbart sich zum ersten Mal in der europäischen Geistesgeschichte kritisch-rationales Bewusstsein. Merkmale dessen sind:

- **Wissenschaft statt Glaube:** Man sucht nach Gründen, die in der Sache selbst liegen. Es genügt also nicht, wie im Epos (vgl. Hesiod), göttliche Mächte als Ursachen zu nennen. An ihre Stelle treten wissenschaftliche Beobachtung (Empirie) und logischer Beweis.
- **Abstraktes Denken:** Dies ist die Fähigkeit, losgelöst von konkreten Dingen oder Situationen verallgemeinernd zu denken, d. h. sich auf wesentliche Aspekte zu konzentrieren und Gesetzmäßigkeiten zu formulieren, die allgemein Gültigkeit besitzen.

Aristoteles: Der Ursprung der Philosophie **Metaphysik A 982 B 11–20**

Nach Aristoteles begann die Philosophie mit dem Staunen oder Sich-Wundern:

„Wegen des Sich-Wunderns begannen die Menschen zu philosophieren: Zunächst wunderten sie sich über naheliegende Sonderbarkeiten; dann gingen sie Schritt für Schritt voran und stellten sich Fragen im Hinblick auf immer Größeres (z. B. über Mond, Sonne, Sterne und die Entstehung von allem). Derjenige, der keine Erklärung hat und sich wundert, glaubt, nichts zu wissen. Und wenn die Menschen nun auf der Flucht vor dem Nichtwissen zu philosophieren begannen, so taten sie das um des reinen Wissens willen, nicht wegen irgendeines Nutzens.“

J. Gaarder: Unfassbares Kaninchen

In Jostein Gaarders Roman „Sofies Welt“ bekommt Sofie, die Protagonistin, eines Tages einen Brief, der ihr den Ursprung der Philosophie anhand eines Beispiels erklärt:

(Aristoteles) „glaubte, dass die Philosophie durch die Verwunderung des Menschen entstanden sei. Der Mensch findet es so seltsam zu leben, dass die philosophischen Fragen ganz von selber entstehen, meinte er. Das ist so, als wenn wir bei einem Zaubertrick zusehen: Wir können nicht begreifen, wie das, was wir sehen, möglich ist. Und dann fragen wir danach: Wie konnte der Zauberkünstler zwei weiße Seidenschals in ein lebendiges Kaninchen verwandeln? Vielen Menschen kommt die Welt genauso unfassbar vor wie das Kaninchen ...“

→ S. 62 Hesiod und das Lehrgedicht
→ S. 66 Die Weltentstehung nach Hesiod
→ GK 7.4 Philosophie: Sokrates, Platon, Aristoteles

→ MEHR ERFAHREN
Der historische Sokrates

Sokrates selbst hat keine Schriften hinterlassen. Auch sonst weiß man über den historischen Sokrates wenig: Sicher ist, dass er um 470/469 v. Chr. in Athen geboren und im Jahr 399 v. Chr. zum Tode durch Schierlingsgift verurteilt wurde. Ihm wurde vorgeworfen, nicht an die Götter der Stadt zu glauben und die Jugend zu verderben. Ein sehr wichtiges Zeugnis sind die von seinem Schüler Platon verfassten sokratischen Dialoge. Doch gerade im Hinblick auf Sokrates' Denken ist es oft schwierig zu entscheiden, was in den Dialogen rein sokratische und was von Platon weiterentwickelte Ideen sind. Am nächsten kommen ihm wohl all diejenigen Dialoge, in denen Sokrates im Gespräch nach der Definition eines Wertbegriffs sucht und dabei kein Ergebnis erzielt.

→ GUT ZU WISSEN
Sind Philosophen weise?

Das Wort φιλο-σοφία/*philo-sophía* setzt sich zusammen aus φιλεῖν/*phileîn* („lieben") und σοφία/*sophía* („Weisheit"). Der Philosoph ist also schon dem Wortsinn nach kein Weiser, sondern einer, der nach Weisheit sucht oder strebt. Manche, wie der Stoiker Seneca, bezweifelten sogar, dass es überhaupt Weise gebe.

1 Stellen Sie anhand von S. 104 f. und ggf. von Recherche zur griechischen Kolonisation Aspekte zusammen, durch die innovatives Denken und dessen Verbreitung begünstigt wurden.

2 Arbeiten Sie die Bedingungen für die Entstehung von Philosophie nach Aristoteles und J. Gaarder (s. Kästen S. 106) heraus.

3 Beschreiben Sie die Problematik der Quellenlage im Bereich der vorsokratischen und der sokratischen Philosophie.
→ Aristoteles als Quelle, S. 106
→ Der historische Sokrates

4 Vergleichen Sie die beiden Porträts. Diskutieren Sie, welches eher authentisch und welches idealisierend sein dürfte, und begründen Sie Ihre Meinung.

Zweimal Sokrates: Kopf aus Magna Graecia (4. Jh. v. Chr.) – Kopf der Statue vor der Athener Akademie (19. Jh.).

Die Teildisziplinen der Philosophie

Physik	von griech. φύσις *(phýsis)*: „Natur"	Wie ist die Welt und alles, was ist, entstanden? Wie sind die Gesetzmäßigkeiten der Natur?
Ethik	von griech. ἦθος *(ēthos)*: „Sitte, Haltung, Charakter"	Wie soll man leben? Was ist gut? Was ist schlecht?
Logik	von griech. λόγος *(lógos)*: „Vernunft"	Ist eine Aussage wahr oder falsch? Nach welchen Prinzipien lässt sich das prüfen?

PHILOSOPHIE AUF LATEIN

Wie kam die griechische Philosophie nach Rom?

Cicero (106–43 v. Chr.)

„Wenngleich ich von frühester Jugend an jede Form der Wissenschaft und vor allem die Philosophie mit größter Freude betrieben habe, so wird doch gerade die Philosophie für mich immer wichtiger – nicht zuletzt in diesen schlimmen Zeiten, sodass nichts anderes mich trösten kann."

Cicero (Porträt, 1. Jh. v. Chr.)

Dies schreibt Cicero im Alter von gut sechzig Jahren: Zuvor hatte er größte politische Macht innegehabt und war danach politisch kaltgestellt worden. Er hatte den Tod seiner Tochter und die Scheidung von seiner Frau ebenso zu verkraften wie die Tatsache, dass die von ihm verteidigte Republik nun von einem einzigen Mann kontrolliert wurde – von Caesar. Dies veranlasste Cicero dazu, sich ganz der Philosophie zu widmen. Mit ihr war er schon als junger Mann in Berührung gekommen: Sein Lehrer, Philon von Larissa, hatte ihn für die **Akademie**, die Schule **Platons**, begeistert. Philon war Vertreter des **Skeptizismus**, einer Richtung des Platonismus, die unverrückbare Wahrheiten und feste Lehren ablehnte und lediglich gewisse Wahrscheinlichkeiten zuließ (→ Skeptiker und Dogmatiker, S. 117). Nun im Alter sah Cicero die philosophische Schriftstellerei nicht nur als privaten Zeitvertreib an, sondern geradezu als Aufgabe im Dienste Roms; denn er wollte die Philosophie in Rom heimisch machen, wo sie bislang kaum vertreten war. Ciceros Leistung besteht nicht zuletzt darin, **gedankliche Konzepte** vom **Griechischen** ins **Lateinische** zu übertragen und dabei die nötige Begrifflichkeit erst zu schaffen, womit er das Ausdrucksspektrum seiner Muttersprache enorm erweiterte und somit für die gesamte lateinische Philosophie prägend wurde.

→ GUT ZU WISSEN

Ciceros philosophisches Werk

Ciceros Werk umfasst alle drei Bereiche der Philosophie (**Logik**, **Ethik**, **Physik →** S. 107), und zwar in **Dialog**form, wie sie seit **Platon** und **Aristoteles** für die philosophische Literatur üblich war. U. a.:

- ***Academici libri***: Sie fragen nach der Möglichkeit **wahrer Erkenntnis** – ein wichtiges Teilgebiet der Logik. Cicero präsentiert sich hier als **Skeptiker**.
- ***Tusculanae disputationes***: Sie gehören zum Bereich der **Ethik** und behandeln – so sagt Cicero selbst – „Dinge, die zum **glücklichen Leben** die nötigsten sind". Cicero stand in der Ethik der **Stoa** nahe, ließ aber auch andere philosophische Richtungen zu, weshalb man ihn oft als **Eklektiker** („Auswähler") bezeichnet.

Laktanz (um 250–320 n. Chr.)

„Ziel dieses Buches ist es zu zeigen, wie wertlos und falsch die Philosophie ist, damit jeder Irrtum aus dem Weg geräumt und die Wahrheit ans Licht gebracht wird."

sog. Laktanz (Wandmalerei, 4. Jh. n. Chr.).

Dies schreibt L. Caecilius Firmianus Lactantius: Er war **Christ** und stammte aus der römischen Provinz Africa, wo er als lateinischer Rhetoriklehrer

→ S. 34 (zu Ciceros Biografie)
→ Bd. 2, S. 9 Mordprozesse in Rom (zum *verisimile* in der Rhetorik)

wirkte. Sein Anliegen war es, der christlichen Lehre zum Sieg gegenüber der heidnischen Philosophie zu verhelfen. Er wandte sich dezidiert an die Gebildeten, denen die christliche Lehre, die anfangs vor allem die Unterschicht ansprach, intellektuell wenig zu bieten hatte. Dabei versuchte Laktanz, die heidnische Kultur mit deren eigenen Waffen zu schlagen. Seine Taktik beruht vor allem auf zwei Säulen: die Nichtigkeit der Philosophie aus den Widersprüchen zwischen den einzelnen philosophischen Schulen abzuleiten und Belege für seine eigene Position in den Aussagen bedeutender heidnischer Denker anzuführen. Besonders wichtig für Laktanz war **Cicero**: als **Philosoph**, als **Vermittler** der griechischen Philosophie und ganz besonders auch als **stilistisches Vorbild**. Dies brachte Laktanz in der Renaissance den Titel „*Cicero Christianus*" ein.

→ GUT ZU WISSEN

Die „göttlichen Unterweisungen" des Laktanz

Sein berühmtestes Werk sind die sieben Bücher ***Divinae institutiones***. Es handelt sich dabei um eine breite Darstellung heidnischer Gelehrsamkeit (z. B. Philosophie, Mythologie) mit dem Ziel, diese aus christlicher Sicht zu kritisieren und zu widerlegen. Gegen die antike Philosophie richten sich die Bücher III *De falsa sapientia* und IV *De vera sapientia et religione*.

Erasmus von Rotterdam (1469–1536 n. Chr.)

„Philosoph ist, wer den falschen Schein der Dinge durchschaut und mit tapferem Herzen das wahre Gute ergründet und befolgt. Es ist nur ein Unterschied der Worte, nicht der Sache, ob man Philosoph sagt oder Christ."

Erasmus. Porträt von J. Holbein d. J. (1523).

Dies schreibt der aus Rotterdam stammende **Humanist**, Ordensmann, Priester, originelle Denker und vielseitige Schriftsteller Erasmus. Die Worte lassen erkennen, dass antike **Philosophie** und **Christentum** für ihn kein Gegensatz waren. Erasmus übersetzte und edierte lateinische und griechische Autoren, verfasste zahlreiche eigene Werke und prägte als führender Humanist das geistige Leben der Neuzeit in vielfältiger Weise; zudem gilt er etwa durch seine Kritik an den Missständen der Kirche als Wegbereiter der **Reformation**. Er schrieb auf Latein, da dies die Sprache war, die damals die Kommunikation der Gebildeten und Mächtigen über ganz Europa hin ermöglichte.

→ GUT ZU WISSEN

Die „geistreichen Aussprüche" des Erasmus

Die ***Apophthegmata*** („Geistreiche Aussprüche") sind eine Sammlung von Äußerungen antiker Männer und Frauen über Moral, Staatsführung und Krieg. Erasmus hat sie aus verschiedenen lateinischen und griechischen Quellen zusammengestellt und in eine eigene sprachliche Form gebracht. Sie sind dem jungen Herzog Wilhelm von Cleve gewidmet und sollen jungen Fürsten als Richtschnur für späteres Handeln in Krieg und Frieden dienen. Dabei soll die Lektüre nicht nur lehrreich sein, sondern durch den Witz und Scharfsinn der Aussprüche auch unterhalten. Erasmus betont, dass es weniger auf den Urheber des jeweiligen Ausspruchs als vielmehr auf dessen Inhalt ankomme.

1. Ordnen Sie die Autoren dieser Seite in einen Epochenüberblick ein.
2. Erläutern Sie, welche Rolle die Autoren jeweils bei der Vermittlung der griechischen Philosophie spielen.
3. Beschreiben Sie die Abbildungen und stellen Sie einen Zusammenhang mit den in den Texten gelieferten Informationen her.

Was ist ein Philosoph? Cic. Tusc. 5.8–9

Cicero erzählt von Pythagoras, der in einem Gespräch mit dem Tyrannen Leon zum ersten Mal in der Geschichte das Wort „Philosoph" verwendet und dessen Bedeutung erläutert haben soll.

1 Z. 1–6: Stellen Sie aus dem Text Ausdrücke zum Sachfeld *sapientia* zusammen.

2 Z. 9–23: Erschließen Sie, auch mithilfe der Tabelle auf S. 111, die Tätigkeiten der unterstrichenen und der **fett gedruckten** Personengruppen im Bereich des *mercatus* und der *vita*.

Omnes, qui in rerum contemplatione studia ponebant, sapientes et habebantur et nominabantur, idque eorum nomen usque ad Pythagorae manavit aetatem. Cuius ingenium et eloquentiam cum admiratus esset Leon, quaesivisse ex eo, qua maxime arte confideret; at illum: artem quidem se scire nullam, sed esse philosophum.

Admiratum Leontem novitatem nominis quaesivisse, qui nam essent philosophi, et quid inter eos et reliquos interesset; Pythagoram autem respondisse similem sibi videri vitam hominum et mercatum;

nam **ut** illic

alii corporibus exercitatis gloriam et nobilitatem coronae peterent, alii emendi aut vendendi quaestu et lucro ducerentur,

esset autem **quoddam genus eorum**, idque vel maxime ingenuum, **qui** nec plausum nec lucrum quaererent, sed **visendi causa venirent studioseque perspicerent**, quid ageretur et quomodo,

item nos

alios gloriae servire, alios pecuniae,

raros esse quosdam, qui ceteris omnibus pro nihilo habitis **rerum naturam studiose intuerentur**; hos se appellare sapientiae studiosos – id est enim philosophos –;

et **ut** illic liberalissimum esset spectare nihil sibi adquirentem,

sic in vita longe omnibus studiis contemplationem rerum cognitionemque praestare.

3 **mānāre** *(hier)* verwendet werden
3–27 *(Oratio obliqua)*
5 **cōnfīdere** *(hier) m. Abl.*
10 **mercātus** *(in Griechenland als Rahmenprogramm sportlich-religiöser Festspiele, wie z. B. die Olympischen Spiele)*
12 **exercitāre** trainieren
nōbilitās *(hier)* Ehre
13 **quaestus**, *-ūs m (m. Gen.)* Erwerb, Einnahmen durch/bei
15 **genus**, *-eris n (hier)* Gruppe
vel maximē ganz besonders
16 **ingenuus** *(hier)* edelmütig
19/20 **nōs aliī … aliī** die einen von uns …, die anderen
24 **liberalissimum est** *(m. Inf.)* am ungezwungensten/unbeschwertesten ist es zu …
25/26 **sibi adquīrere**, *-ō* (etwas) verdienen wollen

→ BD lateinlex.de/d1zr

3 Z. 9–27: Weisen Sie an Strukturelementen nach, dass es sich hier um einen Vergleich handelt.

4 **a** Arbeiten Sie auf der Basis Ihrer Ergebnisse aus **2** heraus, was die **fett gedruckte Personengruppe** des *mercatus* mit der **fett gedruckten Personengruppe** der *vita* einerseits verbindet und andererseits von ihr unterscheidet.

MERCATUS	VITA
alii ... alii	alios ... alios
quoddam genus	raros quosdam

b Weisen Sie v. a. in Z. 11–27 aristotelisches Gedankengut nach und nehmen Sie Stellung zu der von Aristoteles vertretenen Ansicht.
→ Theorie – was ist das?

5 **a** Hatte ein Philosoph, wie ihn Pythagoras schildert, einen Platz in der Gesellschaft? Argumentieren Sie am Text.

b Hat ein Philosoph heutzutage einen Platz in der Gesellschaft? Diskutieren Sie in der Lerngruppe.

→ GUT ZU WISSEN

Theorie – was ist das?

Der griechische Philosoph **Aristoteles** war der Ansicht, dass die wichtigste Fähigkeit des Menschen die θεωρία (*theoría*, lat. ***contemplatio***) sei: eine rein geistige wissenschaftliche Betrachtung der Dinge. Alle **praktische** Aktivität hielt Aristoteles für **zweitrangig**.

Letzte Prüfungsfrage beim Philosophie-Examen: „Wie sieht Ihre konkrete Lebensplanung aus – mit einem Abschluss in Philosophie?"

DENKIMPULS zur Alltagstauglichkeit von Philosophie

Wie ist die Sequenz aufgebaut?

Im Folgenden begeben Sie sich auf einen **Weg durch die Philosophiegeschichte** und lernen dabei geistesgeschichtlich **revolutionäre Theorien** kennen. Es geht aber auch darum, ganz grundsätzlich über den **Sinn** von **Philosophie** und **Erkenntnis** nachzudenken: Daher stehen den **„Thesen"** Texte mit entsprechender **„Kritik"** gegenüber. **Gedankenimpulse** in Denkblasen regen zum eigenen Weiterdenken an.

→ S. 230 Vergleich

→ S. 107 Sind Philosophen weise?

Die Vorsokratiker: Auf der Suche nach den Gesetzen der Natur Cic. ac. 2.118

Cicero gibt in seinen *Academici libri* einen Überblick über die ersten griechischen Philosophen. Dabei geht es ihm vor allem darum zu zeigen, wie unterschiedlich deren Theorien waren. Gleichwohl stellt der Text für uns ein wichtiges Zeugnis für die gemeinsame Fragestellung der ersten Philosophen und deren Bedeutung für die Entwicklung eines kritisch-rationalen Bewusstseins in Europa dar.

1 Erschließen Sie mithilfe der **fett gedruckten** Passagen
- **a** die allen Philosophen gemeinsame Fragestellung und
- **b** die von jedem einzelnen Philosophen diesbezüglich entwickelte Theorie.

2 Tragen Sie anhand Ihres Vorwissens Informationen zu den Philosophen zusammen und weisen Sie diese ggf. am lateinischen Text nach.

Princeps Thales **ex aqua dixit constare omnia**. At hoc Anaximandro populari et sodali suo non persuasit; is enim **infinitatem naturae dixit esse, e qua omnia gignerentur.**

Post
eius auditor Anaximenes <dixit>
infinitum aera <esse>,
sed ea, quae ex eo orerentur, definita;
gigni autem terram, aquam, ignem, tum ex iis omnia.

Anaxagoras
materiam infinitam <esse>, sed ex ea particulas
similes inter se, minutas,
eas primum confusas,
postea in ordinem adductas mente divina.

Parmenides
ignem <esse>, qui moveat,
terram, quae ab eo formetur.

Leucippus
plenum et inane.

Democritus <fuit> huic in hoc similis, uberior in ceteris.
Empedocles <dixit esse> **haec** pervolgata et nota **quattuor**.
Heraclitus <dixit esse> **ignem**.
Pythagorei **e numeris** et **mathematicorum initiis** proficisci volunt omnia.

1 **prīnceps**, *-cipis m (hier)* Begründer *(der Naturphilosophie)*
2 **populāris**, *-is m (hier)* Landsmann
sodālis, *-is m* Freund
5 **audītor**, *-ōris m* Schüler
6 **āera** *(griech. Akk. zu āēr)*
10 **particula**, *-ae f* Teilchen
11 **minūtus** winzig
12 **cōnfūsus** durcheinander
18 **plēnum; ināne** *(hier Subst.)*
19 **über**, *-a, -um* ausführlich
20 **haec … quattuor** *ergänze* elementa (= Elemente)
pervolgātus allgemein verbreitet
22 **Pȳthagorēus** Pythagoreer; Anhänger des Pythagoras
mathēmaticōrum initia die Grundgesetze der Mathematik

→ BD lateinlex.de/d1zs

→ GK 7.4 Philosophie: Vorsokratiker (zu Aufg. 2)

→ **MEHR ERFAHREN**

Kraft und Materie

Von großer Bedeutung für eine Theorie von der **Entstehung der Welt** ist nicht nur die Frage, **woraus** die Dinge entstehen, sondern auch, **wie**, durch welche Kraft, sie aus der Materie entstehen. Man geht jedoch davon aus, dass die frühen Naturphilosophen wie etwa **Thales** nicht zwischen der **Materie** und der **Kraft** unterschieden. Sie waren vermutlich der Auffassung, dass die Materie selbst belebt und zur Bewegung fähig sei und somit die Dinge der Welt formen könne.

A. Honneth: Philosophie ohne Sinn?

In einem Zeitungsinterview äußert sich der Philosoph Axel Honneth:

ZEIT CAMPUS: Was man der Philosophie vorwerfen kann, ist, dass sie nie zu einem Ergebnis kommt. Sie hat in knapp 2500 Jahren nicht eine einzige Gewissheit produziert.

Honneth: Das ist bereits eine philosophische Frage: ob es so etwas wie Fortschritt in der Philosophie geben kann. Dagegen spricht, dass wir Klassiker wie Zeitgenossen behandeln. In der Naturwissenschaft wäre es undenkbar, Galileo Galilei heute als glaubwürdige Quelle zu zitieren. Philosophen aber zitieren Platon gleichberechtigt neben modernen Denkern.

3 Vergleichen Sie die Informationen Ciceros über die Vorsokratiker mit dem mythischen Ansatz Hesiods im Hinblick auf folgende Fragen:
- Woraus entstehen die Dinge der Welt?
- Wie entstehen die Dinge der Welt? → Kraft und Materie
- „Bestehen" oder „werden" die Dinge der Welt aus dem jeweiligen Urprinzip? (Vgl. besonders Z. 1: *ex aqua constare omnia* und Z. 3: *e qua omnia gignerentur*.)

4 Geben Sie die beiden Vorsokratiker an, bei denen Cicero eine Andeutung im Hinblick auf die Frage nach dem Verhältnis von Kraft und Materie macht. → Kraft und Materie

5 In den Modellen der Vorsokratiker offenbart sich im Unterschied zum Mythos kritisch-rationales Bewusstsein: Arbeiten Sie Merkmale kritischen-rationalen Bewusstseins aus dem Text heraus; gehen Sie dabei auch auf die „Forschungsmethode" ein.
→ Kritisch-rationales Bewusstsein, S. 106

6 **a** „Das Sich-Wundern ist der Anfang der Philosophie" (Aristoteles): Erläutern Sie, inwiefern das Staunen ein maßgeblicher Faktor für die Entwicklung der vorsokratischen Philosophie gewesen sein könnte.
→ S. 104; vgl. Aristoteles-Kasten S. 106

b Entwickeln Sie eine Szenerie, in der das Staunen im Leben eines jeden Menschen nach wie vor der Motor für eine wichtige Erkenntnis sein kann.

7 **a** Keine der Theorien der Vorsokratiker lässt sich durch die moderne Physik bestätigen. Arbeiten Sie aus dem Interview mit dem Philosophen A. Honneth heraus, wie dieser die Errungenschaften der antiken Philosophen rechtfertigt.

b Stellen Sie in der Lerngruppe Gründe zusammen, die die Auseinandersetzung mit den Theorien der Vorsokratiker auch heute noch rechtfertigen.

*Die **FRAGE** ist wichtiger als die **ANTWORT**.*

Nancy Willard
Schriftstellerin (1936–2017)

DENKIMPULS
zum Thema „widerlegte Theorien"

→ S. 66 Die Weltentstehung nach Hesiod (zu Aufg. 3)

EINBLICK Die Vorsokratiker: Griechische Quellen

Was die frühen Philosophen wirklich gedacht haben, ist umstritten. Einen Einblick gewähren am ehesten die griechischen Quellen, da sie u.a. durch ihre zeitliche Nähe zuverlässiger sind als die lateinischen.

Thales aus Milet (ca. 624–546 v. Chr.)

Von Thales ist kein originales Wort erhalten. Wir sind also auf Aristoteles angewiesen (→ Aristoteles als Quelle, S. 106)*, der die Theorie des Thales wie folgt beschreibt und gleichzeitig selbst Vermutungen anstellt, wie Thales zu dieser Theorie gelangt sein könnte:*

Thales, der erste Vertreter einer solchen Art von Philosophie, behauptet, das Wasser sei das Urprinzip (ἀρχή/*archē*). Vielleicht nahm er das an aufgrund der Beobachtung, dass der Nährstoff von allem feucht sei und dass selbst die Wärme aus dem Wasser entstehe und dadurch lebe: Und das, woraus die Dinge entstehen, ist eben das Urprinzip (ἀρχή/*archē*) von allem. Und er stellt deswegen die These auf, das Wasser sei das Urprinzip, weil der Samen alles Lebendigen feucht, das Wasser aber wiederum das Urprinzip der Beschaffenheit des Feuchten sei. Manche aber glauben, dass die Menschen, die vor langer Zeit als erste mythische Welterklärungen fanden, ebenso über die Entstehung der Welt dachten: Sie machten Okeanos und Tethys zu den Eltern des Werdens.

Anaximander aus Milet (ca. 611–546 v. Chr.)

Der Thales-Schüler Anaximander soll als erster eine Prosaschrift über die Natur der Welt (περὶ φύσεως */perì phýseōs*) *verfasst haben. Davon ist aber fast nichts überliefert, weswegen wir uns auch bei ihm auf spätere Quellen stützen müssen:*

Das Urprinzip (ἀρχή/*archē*) der seienden Dinge ist das „Unbegrenzte" (τὸ ἄπειρον/*to ápeiron*) – wobei er als Erster den Begriff ἀρχή/*archē* („Urprinzip") verwendet. Es ist nicht entstanden und es wird nicht zugrunde gehen; es gibt kein Urprinzip hinter dem ἄπειρον/*ápeiron*, vielmehr scheint es selbst das Urprinzip alles Seins zu sein, alles zu umfassen und alles zu lenken; es ist nicht sterblich und nicht dem Untergang geweiht.

EXTRA: *Von Anaximander stammt der* ***erste im Original*** *überlieferte* ***Lehrsatz*** *der Philosophie. Er beschreibt in einer Metapher die Gesetzmäßigkeit von Werden und Vergehen:*

„Woraus die seienden Dinge entstehen, dorthin vergehen sie auch mit Notwendigkeit. Denn sie zahlen einander Strafe für das Unrecht nach der Ordnung der Zeit."

Leukipp aus Milet und Demokrit aus Abdera (5. Jh. v. Chr.)

Der Atomist Leukipp gründete eine Philosophenschule im thrakischen Abdera, in der – v. a. durch Leukipps bedeutendsten Schüler Demokrit – zahlreiche Werke entstanden. Aristoteles u. a. berichten:

Leukipp nahm an, dass es unendlich viele und sich immer bewegende Elemente gebe, die Atome (ἄ-τομοι/*á-tomoi*: „die Unteilbaren"), und dass die Menge ihrer Formen unendlich sei. Außerdem lehrte er, dass das Seiende existiere und genauso auch das Nicht-Seiende: Beides sei in gleicher Weise Ursache für alles, was entstehe. Denn Leukipp meinte, dass die Atome, die eine komprimierte und dichte Beschaffenheit hätten, das Seiende wären und sich im leeren Raum umherbewegen würden, den er als das Nicht-Seiende bezeichnete; und er behauptete, dass das Nicht-Seiende um nichts weniger existiere als das Seiende.

Die Welten entstehen, indem Körper (= Atome) in das Leere hineinfallen und sich miteinander verknüpfen; aus der Bewegung entsteht durch das Wachstum (der Atomballungen) die Grundlage der Gestirne.

Gruppenarbeit

1 Erstellen Sie ausgehend von den Textkästen auf S. 114 Steckbriefe zu den einzelnen Philosophen; beachten Sie dabei:
- Name
- *archē*/angenommenes Urprinzip
- Charakteristika der *archē*
- Erklärungsansatz für die Entstehung der Welt aus der *archē*.

2 Arbeiten Sie aus dem jeweiligen Text Merkmale eines kritisch-rationalen Bewusstseins heraus.
→ Kritisch-rationales Bewusstsein, S. 106

THALES-GRUPPE:

a Thales unterschied wohl nicht zwischen Kraft und Materie (→ Kraft und Materie, S. 113). Erläutern Sie – ggf. durch Recherche –, wie ihn die Beobachtung der Wirkung des Magnetsteins in dieser Auffassung bestätigt haben könnte.

b Vergleichen Sie Thales mit Hesiod und erläutern Sie, warum Thales zur Philosophie gerechnet wird und Hesiod nicht. → *Die Weltentstehung nach Hesiod*, S. 66

ANAXIMANDER-GRUPPE:

a Cicero schreibt über Anaximander: *„Is infinitatem naturae dixit esse, e qua omnia gignerentur."* Vergleichen Sie Ciceros Übersetzung *infinitas naturae* mit dem griechischen Original τὸ ἄπειρον.
→ *Apeiron*

b Beschreiben Sie die Herausforderungen, die sich Cicero bei der Übertragung ins Lateinische stellten.

c **EXTRA:** Der Originalsatz ist schwer zu deuten, da Anaximander noch keine abstrakte Begrifflichkeit zur Verfügung hatte. So sagt er vermutlich „Unrecht" für „Ursache" und „Strafe" für „Wirkung". – Übertragen Sie den Satz in modernes Deutsch, indem diese beiden Begriffe verwenden.

d Erläutern Sie auf dieser Basis die Auffassung des Physikers C. Rovelli, Anaximander habe damit die Grundlage für naturwissenschaftliches Denken überhaupt formuliert.

→ MEHR ERFAHREN

Apeiron

τὸ α-πειρον *(to á-peiron)* ist ein durch den Artikel *to* („das") substantiviertes Adjektiv im Neutrum, das aus der verneinenden Vorsilbe *a* und dem Stamm *peir* besteht; verwandt ist es mit dem Substantiv τὸ πεῖραρ *(to peírar)*: „Grenze, Ende; Vollendung".

LEUKIPP/DEMOKRIT-GRUPPE:

Die Ideen des Leukipp und seiner Schule wurden bis ins 20. Jh. durch die klassische Physik (d. h. vor der Entwicklung der Quantentheorie) im Wesentlichen bestätigt. Weisen Sie dies an folgendem Wikipedia-Artikel nach:

Wikipedia: Materie (Physik) (gekürzt)

„Materie bildet [...] in der klassischen Physik den Gegensatz zum leeren Raum oder absoluten Vakuum und zu den eventuell darin existierenden masselosen Kraftfeldern. [...] In der klassischen Physik und Chemie sind die Teilchen, aus denen die Materie aufgebaut ist, die Atome oder die aus bestimmten Atomarten in festgelegter Weise zusammengesetzten Moleküle. Dabei wurden die Atome als unteilbare Körperchen von bestimmter Masse und bestimmtem Volumen angenommen. Sie sollten [...] auch absolut stabil sein und insbesondere weder erzeugt noch vernichtet werden können."

Erst im 20. Jh. konnte nachgewiesen werden, dass es Atome wirklich gibt. Zugleich entdeckte man allerdings auch, dass die Atome ihrerseits zusammengesetzt sind, und dass innerhalb des Atoms die grundlegenden Unterscheidungen der klassischen Physik nicht gelten.

3 Tragen Sie Ihre Ergebnisse im Plenum zusammen.

4 Nehmen Sie Stellung, welcher naturphilosophische Ansatz aus Ihrer Sicht der bedenkenswerteste ist.

KRITIK I: Lohnt sich naturwissenschaftliche Forschung? – Die Sicht des Skeptikers Cic. ac. 2.122–123; 127

Cicero meint: Dem menschlichen Wissen sind Grenzen gesetzt und Naturerkenntnis ist letztlich nicht möglich. Um diese skeptische Position (→ Skeptiker und Dogmatiker, S. 117) zu begründen, hat er schon zuvor (→ S. 112) die einander widersprechenden Theorien der Vorsokratiker zusammengestellt. Der folgende Text führt seine Argumentation fort.

1 Erschließen Sie in drei Schritten die Haltung Ciceros gegenüber naturphilosophischer Betrachtung:

- **a** Z. 1–9: Alle erschließen die grundsätzliche Kritik Ciceros.
- **b** Z. 10–19: Wer früher fertig ist, erschließt unter Zuhilfenahme beider Abbildungen, welchen Nutzen Cicero bei aller Kritik dennoch darin sieht.
- **c** **EXTRA:** Z. 10–19: Wer auch damit früher fertig ist, stellt Ausdrücke zusammen, mit denen Cicero die naturwissenschaftliche Forschung beschreibt.

2 Tragen Sie alle Informationen in der Lerngruppe zusammen, ggf. anhand von Präsentationen.

Latent ista omnia crassis occultata et circumfusa tenebris, ut nulla acies humani ingenii tanta sit, quae penetrare in caelum, terram intrare possit. [...]

Habitari ait Xenophanes in luna eamque esse terram multarum urbium et montium. Portenta videntur, sed tamen neque ille, qui dixit, iurare posset ita se rem habere, neque ego non ita. – Hicetas Syracusius caelum, solem, lunam, stellas, supera denique omnia stare censet neque praeter terram rem ullam in mundo moveri. [...]

Neque tamen istas quaestiones physicorum exterminandas puto. Est enim animorum ingeniorumque naturale quoddam quasi pabulum consideratio contemplatioque naturae.
Erigimur, elatiores fieri videmur, humana despicimus, cogitantesque supera atque caelestia haec nostra ut exigua et minima contemnimus. Indagatio ipsa rerum – cum maximarum tum etiam occultissimarum – habet oblectationem. Si vero aliquid occurrit, quod veri simile videatur, humanissima completur animus voluptate.

1 **ista** *n Pl. (gemeint: die Gesetzmäßigkeiten der Natur)*
crassus *(hier)* dicht
circumfūsus *(m. Abl.)* umgeben, verhüllt von
2 **penetrāre in** *(m. Akk.)* vordringen in
5 **portentum** *(hier)* Fiktion
6/7 **neque ego ... ita** *ergänze* neque ego <iūrāre possem> nōn ita <sē rem habēre>
Syrācūsius aus Syrakus
10 **physicus** Naturphilosoph
exterminālre abschaffen, unterlassen
12 **pābulum** Futter, Nahrung
14 **ēlātus** *(hier)* erhaben
15 **ut** *(hier)* als
exiguus winzig, unbedeutend
16 **indāgātiō**, *-ōnis f* Erforschung
16/17 **cum ... tum** sowohl ... als auch
17/18 **oblectātiōnem habēre** Vergnügen bereiten

→ BD lateinlex.de/d1zt
→ S. 218 Kursorisch lesen
→ S. 219 Wörterbuchgebrauch
→ S. 237 Präsentation

3 **a** Z. 1–9: Arbeiten Sie – u.a. auf der Basis Ihrer Ergebnisse von **1** **a** – die Argumentation heraus, mit der Cicero seinen Standpunkt begründet; beziehen Sie dabei auch den Text auf S. 112 mit ein.
→ Skeptiker und Dogmatiker

b Weisen Sie skeptisches und dogmatisches Gedankengut im Text nach und erläutern Sie auf der Grundlage des Textes die Begriffe „Skeptizismus“ und „Dogmatismus“.

c Beschreiben Sie Chancen und Gefahren des Skeptizismus einerseits und des Dogmatismus andererseits für wissenschaftliche Forschung.

4 Wozu dient Naturforschung?

a Fassen Sie Ciceros Standpunkt zum Wert von Naturforschung zusammen und nehmen Sie persönlich Stellung zu Ciceros Haltung.

b Diskutieren Sie, ob die beiden Abbildungen der Textaussage entsprechen. Recherchieren Sie ggf. nach einer adäquaten Darstellung und präsentieren Sie diese.

The greatest enemy of knowledge is ***not ignorance;*** *it is the* ***illusion of knowledge****.*

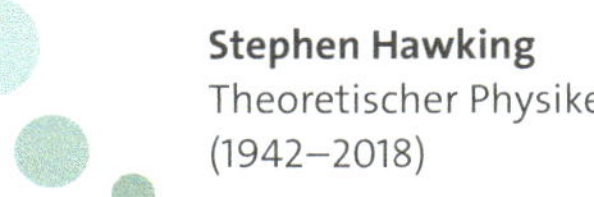

Stephen Hawking
Theoretischer Physiker
(1942–2018)

„Nichts ist sicher und das ist auch nicht sicher!“

Arkesilaos
Skeptischer Philosoph
(ca. 315–240 v. Chr.)

DENKIMPULS
zum Thema „Wissen und Erkenntnis“

→ GUT ZU WISSEN

Skeptiker und Dogmatiker

Die **Skeptiker** (von griech. σκέπτομαι/ *sképtomai*: „ich überprüfe“) sind der Auffassung, dass Wahrheit nicht erkennbar sei. Für sie gibt es nichts **Wahres**, sondern lediglich **Wahrscheinliches**. Deshalb vermeiden sie es, Theorien und Lehrmeinungen zuzustimmen. Ihren Ursprung hat diese Lehre im **sokratischen Nichtwissen** (→ Dialektik, S. 121); sie entwickelte sich innerhalb der vom Sokrates-Schüler **Platon** gegründeten **Akademie**.
Die **Dogmatiker** (von griech. δόγμα/ dógma: „Lehrsatz“) dagegen gestehen die Möglichkeit der Erkenntnis der Wahrheit zu, ebenso die Gültigkeit von Lehrmeinungen. Hinter den beiden Positionen steht die philosophische Frage, ob die menschlichen **Sinneswahrnehmungen** ein getreues **Abbild der Welt** liefern können oder nicht.

→ S. 237 Präsentation

KRITIK II: Lohnt sich naturwissenschaftliche Forschung? – Die Sicht des Theologen Lact. epit. 31 und div. inst. 3.3

Laktanz meint: Dem menschlichen Wissen sind Grenzen gesetzt. Ausgehend von Ciceros Definition der *sapientia* will Laktanz nachweisen, dass der Mensch diese nicht erreichen kann:

1 Z. 1–12: „Gott“ und „Mensch“: Weisen Sie den beiden je zwei bis drei verschiedene Substantive oder Adjektive aus dem Text zu.

2 Z. 1–12: Erschließen Sie mithilfe der hervorgehobenen Begriffe und des Schemas (→ S. 119) die groben Linien der Argumentationsstruktur des Textabschnitts:
- Grundannahme
- Wenn-dann-Argument (I) + Begründung
- Wenn-dann-Argument (II) + Begründung
- dreigliedrige Konklusion.

3 Z. 13–17: Erstellen Sie zu beiden Sätzen eine Satzanalyse nach einer Ihnen geläufigen Methode.

Sapientia est, ut Cicero definivit, divinarum et humanarum rerum scientia. Quae definitio si vera est, non cadit in hominem sapientia. Quis enim mortalium hoc sibi possit adsumere, ut divina et humana scire se profiteatur?
Humana omitto: Concedamus, ut homo illa scire possit. Divina certe per se scire non potest, quia homo est: Qui autem scit illa, divinus sit necesse est ac propterea deus. Homo autem nec divinus nec deus est. Non potest igitur per se scire homo divina. Nemo ergo sapiens nisi deus aut certe is homo, quem deus docuit. Illi autem, quia nec dii sunt nec a deo docti, sapientes ergo – id est divinarum et humanarum rerum scientes – esse non possunt. [...]

2 **cadere in** *(hier)* zutreffen auf
3 **hoc sibi ... adsūmere** so anmaßend sein
10 **illī** *(hier)* alle anderen
diī = *deī*
14 **īnsānīre** wahnsinnig sein
15 **revincere**, *-ō* widerlegen
quantō magis um wieviel mehr
16 **furiōsus** rasend, wahnsinnig
dēmēns, *-entis* verrückt, nicht zurechnungsfähig
18 **Acadēmicī** → Skeptiker und Dogmatiker, S. 117
19 **dīvīnāre** *(hier abwertend)* Rätsel raten

An anderer Stelle äußert Laktanz sich nochmals zu diesem Thema:

Si nobis in ea re scientiam vindicemus, quae non potest sciri, nonne insanire videamur, qui id affirmare audeamus, in quo revinci possimus? Quanto magis, qui naturalia, quae sciri ab homine non possunt, scire se putant, furiosi dementesque sunt iudicandi.
Recte ergo Socrates et eum secuti Academici scientiam sustulerunt, quae non disputantis, sed divinantis est.

→ BD lateinlex.de/d1zu

4 Z. 1–12: Wählen Sie die passende Überschrift aus und begründen Sie Ihre Entscheidung am Text:
- Wissenschaftlicher Fortschritt
- Philosophische Elite
- Menschliches Halbwissen

5 Z. 1–19: Wählen Sie die zu beiden Abschnitten passende Paraphrase aus und begründen Sie Ihre Entscheidung am Text:
I) Es gibt Menschen, die durch ihre Nähe zum Göttlichen mehr *scientia* als andere erreichen können, dafür aber vom Rest für wahnsinnig gehalten werden.
II) Da der Mensch nicht zu umfassender *scientia* imstande ist, ist Forschung etwas völlig Abwegiges.
III) Wer Forschung betreibt, ist dem Göttlichen näher als gewöhnliche Menschen.

6 **a** Z. 1–12: Arbeiten Sie die Argumentationsstruktur des Textes heraus, indem Sie Ihre Ergebnisse aus **2** ergänzen bzw. modifizieren.
b Laktanz führt hier einen rhetorisch bestechenden Beweis: Überprüfen Sie dessen Stichhaltigkeit und beschreiben Sie davon ausgehend die Gefahren rhetorischer Mittel bei einer Beweisführung.
c Arbeiten Sie aus beiden Abschnitten Laktanz' Aussageabsicht heraus (→ S. 108 f.).
d Erörtern Sie, ob Laktanz in seinem Grundanliegen recht hat.

Warum gibt es überhaupt etwas und nicht vielmehr nichts?

Gottfried Wilhelm Leibniz
Philosoph (1646–1716)

7 Laktanz – Skeptiker, Dogmatiker oder beides? Vergleichen Sie Ciceros und Laktanz' Urteil über die (Un-)Fähigkeit des Menschen, Wissen zu erlangen.
→ Skeptiker und Dogmatiker, S. 117

Die Struktur von Laktanz' Argument (Z. 1–12)	
Grundannahme	Sapientia est ...
Argument (I)	
Wenn ...	Definitio si vera est ...
dann ...	non cadit ...
Begründung	Quis enim mortalium ...
Argument (II)	
Wenn ...	Concedamus ut ... possit.
dann ...	Divina certe ...
Begründung	quia ...
Dreigliedrige Konklusion	
(1)	Non potest igitur ...
(2)	Nemo ergo ...
(3)	Illi autem ... sapientes ergo ...

Was war vor dem Urknall?

DENKIMPULS
zur Frage „Was gibt Antwort auf die allerletzten Fragen? Naturwissenschaft oder Religion?“

→ Bd. 2, S. 9 Mordprozesse in Rom (zum *verisimile* in der Rhetorik)

Die sokratische Wende: Vom Blick nach oben zum Blick nach innen Cic. ac. 1.15 f.

Cicero zeigt auf, inwiefern Sokrates geradezu eine Revolution in der Philosophie einleitete.

1 Z. 1–10:
- **a** Erschließen Sie den Untersuchungsgegenstand der Naturphilosophen bzw. des Sokrates.
- **b** Wer früher fertig ist, erschließt, **welche beiden Argumente** Sokrates gegen die Naturphilosophie anführt.

2 Z. 11–25: Arbeiten Sie anhand der hervorgehobenen Passagen die Gesprächsmethode des Sokrates heraus. → Dialektik, S. 121

Socrates mihi videtur primus a rebus occultis et ab ipsa natura involutis,
in quibus omnes ante eum philosophi occupati fuerunt,
avocavisse philosophiam et ad vitam communem adduxisse,
ut de virtutibus et de vitiis omninoque de bonis rebus et malis
quaereret,
caelestia autem **vel procul esse a nostra cognitione** censeret
vel,
si maxime cognita essent,
nihil tamen ad bene vivendum.

Hic in omnibus fere sermonibus ita disputat,
ut nihil affirmet,
ipse refellat alios,
nihil se scire dicat
nisi id ipsum,
eoque praestare ceteris,
quod illi,
quae nesciant,
scire se putent,
ipse se nihil scire id unum sciat,
ob eamque rem se arbitrari ab Apolline omnium sapientissimum esse dictum,
quod haec esset una hominis sapientia: non arbitrari
sese scire,
quod nesciat.

2 **involūtus** verhüllt
9 **sī maximē** wenn wirklich
10 **nihil … ad** *(+ nd-Form)* keinen Beitrag <leisten> zu; keine Auswirkung <haben> auf
13 **refellere**, *-ō* zurückweisen, widerlegen
15 **id ipsum** genau das (*gemeint:* nihil sē scīre)
16/17 **eō … quod** darin, dass
23 **nōn arbitrārī** (*Subjektsinfinitiv; davon abhängig AcI:* sēsē scīre)

→ BD lateinlex.de/d1zv

3 Ordnen Sie Ihre Ergebnisse aus **1** den entsprechenden Teildisziplinen der Philosophie (→ S. 107) zu.

4 **a** Die Naturphilosophen werden auch „Vorsokratiker“ genannt. Geben Sie den lateinischen Textbeleg an, der diese Bezeichnung umschreibt, und erklären Sie, inwiefern sie Sokrates’ Rolle in der Philosophiegeschichte würdigt.
b Erklären Sie anhand des Textes, was man unter dem Begriff „sokratische Wende“ versteht und inwiefern sich in ihr der Wandel „vom Blick nach oben zum Blick nach innen“ vollzieht.

5 **a** Die Aussage des Apollon über Sokrates und Sokrates’ Selbstbild scheinen einander auf den ersten Blick zu widersprechen. Arbeiten Sie aus dem Text heraus, in welcher Hinsicht Apollon doch recht hat. → Sokrates und Apollon
b Beschreiben Sie ausgehend vom Text, welche Rolle die Unterscheidung von „Scheinwissen“ und „wahrem Wissen“ bzw. die delphische Forderung „Erkenne dich selbst“ für die sokratische Philosophie spielen.
c Fassen Sie u.a. mithilfe Ihrer Ergebnisse aus **2** zusammen, welche Rolle das sokratische Nichtwissen für Sokrates’ philosophische Methode spielt. → Dialektik

6 Erörtern Sie, inwiefern Laktanz (→ S. 118, Z. 18 f.) Sokrates’ „Nichtwissen“ uminterpretiert, um seine eigene Meinung zu unterstreichen.

→ MEHR ERFAHREN
Sokrates und Apollon

Das **Delphische Orakel** hatte Sokrates zum **weisesten** aller Menschen erklärt. Dieser sah darin jedoch einen Widerspruch zu seinem Selbstbild **„Ich weiß, dass ich nichts weiß“** und versuchte daher, den Gott zu widerlegen. Dies gab den Ausschlag für seine philosophische Tätigkeit, bei der er seine Mitmenschen im Gespräch prüfte (→ Dialektik).

→ GUT ZU WISSEN
Dialektik

Unter Dialektik versteht man eine **Methode**, die im Dialogpartner durch das **lebendige Gespräch** Wissen entstehen lässt: Das Besondere daran ist, dass Wissen durch ein **fragend-entwickelndes** Verfahren gewonnen wird und nicht durch Belehrung. Denn Sokrates selbst hat von den zur Debatte gestellten Begriffen kein Wissen **(sokratisches Nichtwissen)**, sondern er **prüft** nur die vom Gesprächspartner gegebenen Antworten und Definitionen auf ihren Wahrheitsgehalt. Platon lässt Sokrates diese Kunst **Maieutik („Hebammenkunst“)**, nennen, da sie dem Gesprächspartner hilft, aus sich heraus Erkenntnisse und Einsichten hervorzubringen.

Ich weiß: 1+1 = 2.

Ich weiß, dass Lügen etwas Schlechtes ist.

Ich weiß, wie man Kuchen bäckt.

Ich weiß, dass du mich nicht magst.

DENKIMPULS
zur Frage „Was ist Wissen?“

Sokrates' Gesprächsführung Cic. Tusc. 5.34

Aus dem platonischen Dialog *Gorgias* stammt dieser Ausschnitt (hier in der Übersetzung Ciceros). Sokrates (S) diskutiert mit seinem Gesprächspartner Polos (P) über eine ethische Frage:

1 Erschließen Sie das Diskussionsthema und stellen Sie entsprechende Belege aus dem Text zusammen.

Socrates, cum esset ex eo quaesitum, Archelaum, qui tum fortunatissimus haberetur, nonne beatum putaret <, dixit>:
S: „Haud scio. Numquam enim cum eo collocutus sum."
P: „Ain tu? Aliter id scire non potes?"
S: „Nullo modo."
P: „Tu igitur ne de Persarum quidem rege magno potes dicere, beatusne sit?"
S: „An ego possim, cum ignorem, quam sit doctus, quam vir bonus?"
P: „Quid? Tu in eo sitam vitam beatam putas?"
S: „Ita prorsus existimo bonos beatos, improbos miseros."
P: „Miser ergo Archelaus?"
S: „Certe, si iniustus."

4 **ain tū?** Meinst du?
6 **Persārum rēx māgnus** der persische Großkönig
10 **in eō situm (esse)** darauf beruhen; davon abhängen

Menon: Sokrates – ein Zitterrochen? Plat. Menon 79e ff.

Im platonischen Dialog Menon *unternimmt der junge Menon zahlreiche Versuche zu definieren, was denn eigentlich Tugend sei. Da Sokrates keine dieser Definitionen akzeptiert, beschreibt Menon nun, was dieses Gespräch mit Sokrates in ihm auslöse:*

Menon: „Sokrates, ich hörte schon vor meinem Treffen mit dir, dass du selbst ratlos bist und die anderen Menschen ratlos machst. Und mir scheinst du dem flachen Zitterrochen aus dem Meer sehr ähnlich zu sein. Auch dieser nämlich lähmt jeden, der sich ihm nähert und ihn berührt. [...] Tatsächlich sind meine Seele und auch mein Mund gelähmt und ich weiß nicht, was ich dir antworten soll – und das, obwohl ich schon zig Mal sehr vieles zu vielen Leuten über Tugend gesagt habe, und das recht gut, wie mir jedenfalls schien. Nun aber bin ich nicht mehr in der Lage zu sagen, was die Tugend denn überhaupt ist."

Sokrates: „Wenn der Zitterrochen selbst gelähmt ist und so andere lähmt, dann bin ich wirklich wie er; wenn <er> aber nicht <gelähmt ist>, dann nicht. Denn es ist ja nicht so, dass ich selbst eine Ahnung von etwas habe und die anderen Menschen ratlos mache; sondern ich bin ja selbst ganz besonders ratlos und bewirke so, dass auch die anderen ratlos sind. Und auch jetzt weiß ich nicht, was Tugend ist. Du hast es vielleicht gewusst, bevor du mit mir in Berührung gekommen bist; nun siehst du aber ganz so aus wie einer, der es nicht weiß. Dennoch will ich mit dir zusammen überlegen und untersuchen, was die Tugend denn eigentlich ist."

→ BD lateinlex.de/d1zw

2 **a** Entwickeln Sie (ggf. in Form einer Grafik) anhand des Dialogs den Zusammenhang folgender Begriffe: *beatus – miser – doctus – bonus – improbus – iniustus*.

b Erörtern Sie die Gültigkeit der von Sokrates geäußerten Meinung für Ihr eigenes Leben.

3 Weisen Sie im Text Prinzipien der sokratischen Dialektik nach.

→ Dialektik, S. 121

→ GUT ZU WISSEN

Aporie

In den sokratischen Dialogen sind die Gesprächsteilnehmer zunächst meist überzeugt davon, zur jeweiligen Frage Bescheid zu wissen. Doch Sokrates macht ihnen Schritt für Schritt klar, dass sie diesbezüglich nur **Teilwissen** oder **Scheinwissen** besitzen. Die **Suche** nach einer allgemeingültigen Definition der zur Diskussion stehenden ethischen Werte endet **ergebnislos** – in der sogenannten **Aporie**. Dieses Wort stammt von dem griechischen Substantiv ἀπορία/*aporía* bzw. dem Verb ἀπορέω/*aporéō*, das wörtlich bedeutet: „ich habe keinen Übergang (z. B. über einen Fluss)", „ich finde keinen Weg".

Wer glaubt, etwas zu sein, hat aufgehört, etwas zu werden.

(Sokrates zugeschrieben)

DENKIMPULS
zum Thema „Selbsterkenntnis"

Menon: Sokrates – ein Zitterrochen?

4 **a** Arbeiten Sie (ggf. mithilfe einer Grafik) Bildteil, Sachteil und *Tertium comparationis* des Zitterrochen-Vergleichs aus dem Text heraus.

b Überprüfen Sie, inwiefern dieser Vergleich zutrifft, ggf. anhand einer Recherche nach dem Zitterrochen.

5 **a** Geben Sie Textstellen an, an denen im griechischen Original wohl das Verb ἀπορέω/*aporéō* stehen könnte, und erläutern Sie am Text Wesen und Wirkung der Aporie.

→ Aporie

b Beschreiben Sie, wie Sie anstelle Menons auf den letzten Satz des Sokrates reagieren würden. Begründen Sie Ihre Reaktion.

6 **a** Ergebnislosigkeit als Ergebnis? Erläutern Sie – u. a. anhand des Textes –, inwiefern gerade die Aporie gedankliche Prozesse in Gang setzen kann.

b Erläutern Sie den Zusammenhang zwischen der Aporie und dem Leitspruch des delphischen Orakels: „Erkenne dich selbst!" (Γνῶθι σαυτόν/*Gnōthi sautón*).

Ein Zitterrochen.

7 Nehmen Sie Stellung zu folgender Aussage über Sokrates' Methode im digitalen Zeitalter: „Sokrates wäre heute wahrscheinlich ein Blogger. Oder er hätte eine Facebook-Seite, die er tagtäglich mit provokanten Posts bestücken würde ..." (so der Philosoph Zlatko Valentic in einem Zeitungsinterview).

→ S. 230 Vergleich (zu Aufg. 4)
→ Bd. 2, S. 79 Das Orakel in Delphi

Den Tod vor Augen: Sokrates' letzte Rede Cic. Tusc. 1.97–99

Sokrates ist von den Athener Richtern – gewöhnlichen, nach Zufallsprinzip ausgelosten Bürgern – mit einer knappen Stimmenmehrheit zum Tode verurteilt worden. Danach ergreift Sokrates noch einmal öffentlich das Wort und nimmt Stellung zu dem Urteil. Seine Rede fand viel Bewunderung bei der Nachwelt; folgende Fassung stammt von Cicero, basierend auf Platons *Apologie*.

→ Die Verteidigung des Sokrates, S. 125
→ Der historische Sokrates, S. 107

1 Z. 1–15:
a Erschließen Sie aus dem Text die beiden Vorstellungen vom Tod (lila und blau), und wie Sokrates diese jeweils bewertet (grün).
b Wer damit fertig ist, erschließt, wie Sokrates die eigene Bewertung der blauen Todesvorstellung begründet.

2 Z. 17–20: Analysieren Sie den Satz nach einer Ihnen geläufigen Methode.

„Magna me", inquit, „spes tenet, iudices, bene mihi evenire, quod mittar ad mortem. Necesse est enim sit alterum de duobus, ut
aut sensus omnino omnes mors auferat
aut in alium quendam locum ex his locis migretur.
Quam ob rem, sive sensus extinguitur morsque somno similis est, quis me beatior? Sin vera sunt, quae dicuntur, migrationem esse mortem in eas oras, quas, qui e vita excesserunt, incolunt, id multo iam beatius est. Tene, cum ab iis, qui se iudicum numero haberi volunt, evaseris, ad eos venire, qui vere iudices appellentur, Minoem Rhadamanthum Aeacum Triptolemum, convenireque eos, qui iuste et cum fide vixerint – haec peregrinatio mediocris vobis videri potest? [...] Ne vos quidem, iudices ii, qui me absolvistis, mortem timueritis! Nec enim cuiquam bono mali quicquam evenire potest – nec vivo nec mortuo. Nec vero ego iis, a quibus accusatus aut a quibus condemnatus sum, habeo, quod suscenseam, nisi quod mihi nocere se crediderunt. [...] Sed tempus est iam hinc abire, me, ut moriar, vos, ut vitam agatis. Utrum autem sit melius, dii immortales sciunt, hominem quidem scire arbitror neminem."

3 **necesse est ... sit alterum dē duōbus, ut** notwendigerweise ist eines von beiden der Fall, nämlich dass
5 **ex hīs locīs** *(gemeint ist die Welt der Lebenden)*
6 **sīve** = sī
11 **tēne** = tē-ne *(Fragepartikel)*
habērī numerō *(m. Gen.)* gezählt werden zu; gehalten werden für
11/14 **tē(ne) ... venīre ... convenīreque** (*AcI, abhängig von* haec ... vidērī potest)
15 **peregrīnātiō**, *-ōnis f* Wanderung
mediocris, *-e* unerheblich
16 **nē ... quidem** *(hier)* auch nicht
iī *(hier)* diejenigen von euch
18/20 **nec iīs ... habeō, quod suscēnseam** ich habe keinen Grund, denen zu zürnen
19 **condemnāre** verurteilen
20 **nisī quod** es sei denn, dass
21 **mē ... vōs** für mich ... für euch
22 **diī** = deī

→ BD lateinlex.de/d1zx
→ S. 218 Kursorisch lesen
→ S. 219 Wörterbuchgebrauch
→ GK 6.4 Tod und Unterwelt

→ GUT ZU WISSEN

Die Verteidigung des Sokrates

Sokrates verteidigte sich im Prozess selbst. Die überlieferte Verteidigungsrede ***(Apologie)*** wurde allerdings nach seinem Tod von **Platon** formuliert; es ist unklar, inwieweit sie die historische Rede wiedergibt. Man weiß aber, dass Sokrates das Urteil annahm und sich ihm nicht durch Flucht entziehen wollte. Als er das Gift nahm, waren verschiedene Freunde bei ihm. Platon überliefert seinen Tod in einer sehr bewegenden Schilderung im Dialog *Phaidon*.

Nach dem Tod. Kirchengemälde vom sog. Meister von Soriguerola (Spanien, 13. Jh.).

3 Arbeiten Sie die Gliederung des Textes heraus und geben Sie den Gedankengang mit eigenen Worten wieder.

4 Sokrates ist berühmt für seine Ironie.
- **a** Weisen Sie am Text Ironie gegenüber den Richtern nach und überprüfen Sie daran Guardinis Beschreibung des Ironikers.
- **b** Beschreiben Sie, wie Sie als Richter auf die Rede des Sokrates reagiert hätten.

R. Guardini: Ironie

Der Philosoph Romano Guardini sagt, dass man mit Ironie im Falle eines Angriffs stets über der Situation stehe und nicht in ihr gefangen, sondern frei und überlegen sei.
Z. B. sagt der Ironiker
„Anerkennendes, aber in einer Weise, dass dabei Ungünstiges zum Vorschein kommt; er stimmt zu und unterstreicht dadurch den Widerspruch umso stärker; er tut harmlos und verwundet umso sicherer."

5 Mit der Angst vor dem Tod umzugehen, ist seit jeher Anliegen der Religion und auch der Philosophie. Beschreiben Sie die Abbildung und stellen Sie ausgehend davon Vorstellungen von Tod und Dasein nach dem Tod zusammen. Erörtern Sie mögliche Gründe, weshalb sich einige davon bis heute gehalten haben.

6 Beurteilen Sie Z. 22 f. im Hinblick auf den Anklagevorwurf.

→ Der historische Sokrates, S. 107

7
- **a** „Die Art, wie Sokrates mit dem Tod umging, passt zu seinem Philosophieren." Nehmen Sie Stellung zu dieser Aussage und begründen Sie Ihre Entscheidung anhand des Textes.
- **b** Erörtern Sie anhand der bisher gelesenen Texte, ob die Konsequenz, mit der Sokrates lebte und starb, ein Vorbild sein kann.

Ein Naturwissenschaftler braucht keine Angst vor dem Tod zu haben.

Ein Mensch, der nach ethischen Maßstäben lebt, braucht keine Angst vor dem Tod zu haben.

DENKIMPULS
zum Thema „Angst vor dem Tod"

Die Nachfolger des Sokrates

Cicero **Cic. Tusc. 5.10 f.**
Cicero bietet in diesem Ausschnitt aus den *Tusculanae disputationes* einen knappen Abriss der griechischen Philosophie und stellt sich dabei selbst in die Tradition des Sokrates.

1 Arbeiten Sie in Gruppen folgendes aus dem Text heraus; wählen Sie den für Sie passenden Schwierigkeitsgrad aus:
a Z. 1–5: Methode und Thema der Vorsokratiker (mittel)
b Z. 6–8: Methode und Thema des Sokrates (leicht/mittel)
c Z. 9–11: Überlieferung und Nachleben sokratischen Denkens (anspruchsvoll)
d Z. 12–15: Einfluss des Sokrates auf Cicero (sehr anspruchsvoll)

Ab antiqua philosophia usque ad Socratem numeri motusque tractabantur et, unde omnia orerentur quove reciderent, studioseque ab eis siderum magnitudines, intervalla, cursus anquirebantur et cuncta caelestia.
Socrates autem primus philosophiam devocavit e caelo et in urbibus collocavit et in domus etiam introduxit et coegit de vita et moribus rebusque bonis et malis quaerere.
Cuius multiplex ratio disputandi rerumque varietas et ingenii magnitudo Platonis memoriā et litteris consecrata plura genera effecit dissentientium philosophorum.
E quibus nos id potissimum consecuti sumus, quo Socratem usum arbitrabamur, ut nostram ipsi sententiam tegeremus, errore alios levaremus et in omni disputatione, quid esset simillimum veri, quaereremus.

2 **tractāre** wissenschaftlich behandeln
unde … quōve (= et quō) *abhängig von* tractābantur
3 **recidere**, *-ō* vergehen
5 **anquīrere**, *-ō* untersuchen
9 **cuius** = Sōcratis
10 **Platōnis** *zu* memoriā et litterīs
cōnsecrāre *(hier)* unsterblich machen; *PPP bezieht sich auf* ratiō … varietās … māgnitūdō
11 **efficere** *(hier)* hervorbringen
dissentīre uneins sein
12 **ē quibus** von alledem
cōnsequī *(hier)* befolgen
13 **ūsum** *ergänze* esse
ut *(hier)* nämlich dass
tegere *(hier)* verbergen

Akademie und Peripatos **Cic. ac. 17**
Cicero äußert sich hier über die Philosophenschulen Akademie und Peripatos:

2 Erschließen Sie mit einem Wörterbuch Übersetzungen der Ausdrücke für Platon als Philosoph.

Platonis auctoritate, qui varius et multiplex et copiosus fuit, una et consentiens duobus vocabulis philosophiae forma instituta est Academicorum et Peripateticorum. […] Sed utrique Platonis ubertate completi certam quandam disciplinae formulam composuerunt et eam quidem plenam ac refertam; illam autem Socraticam dubitanter de omnibus rebus et nulla affirmatione adhibita consuetudinem disserendi reliquerunt. Ita facta est – quod minime Socrates probabat – ars quaedam philosophiae et rerum ordo et descriptio disciplinae.

17 **duōbus vocābulīs** mit zwei Begriffen
19 **utrīque** *(gemeint: die beiden Schulen)*
20 **fōrmula** System
et eam quidem und zwar
21 **refertus** vollgestopft
21/23 *Struktur*: illam … Sōcraticam … cōnsuetūdinem disserendī (dubitanter … adhibitā *zu* disserendī)
23 **relinquere** *(hier)* aufgeben
25 **dēscrīptiō**, *-ōnis f* Unterteilung → Teildisziplinen, S. 107

→ BD lateinlex.de/d1zy
→ BD lateinlex.de/d1z4
→ S. 218 Kursorisch lesen
→ S. 219 Wörterbuchgebrauch

Z. 1–15:

3 Präsentieren Sie Ihre Ergebnisse mit lateinischen Belegen in der Lerngruppe.

4 Cicero beschreibt das Wirken des Sokrates in bildhafter Sprache. Belegen Sie dies anhand von Beispielen aus dem Text und erläutern Sie die Bilder mit Ihrer Kenntnis der sokratischen Philosophie (vgl. hierzu S. 120 Z. 1–6).

5 Erarbeiten Sie in Gruppen Übersetzungen von *cuius ... magnitudo* (Z. 9 f.) und bewerten Sie im Plenum die Ergebnisse im Hinblick auf deren sprachliche und inhaltliche Qualität.

6 Erläutern Sie ausgehend vom Text, inwiefern sich der Skeptizismus Ciceros auf Sokrates zurückführen lässt.

→ Skeptiker und Dogmatiker, S. 117

7 **a** Geben Sie die Textstelle an, die durch die Grafik unten veranschaulicht wird, und erläutern Sie die Grafik.

b Für Rom waren besonders einflussreich Stoa und Kepos (Epikureismus). Entwickeln Sie, auch anhand Ihres Vorwissens (ggf. auch von Recherche), Vermutungen, inwiefern die beiden Schulen gedanklich in der Nachfolge des Sokrates stehen.

→ Hellenistische Philosophie

Z. 16–25:

8 Beschreiben Sie das im Text dargestellte Verhältnis von Akademie und Peripatos.

9 Arbeiten Sie das Verhältnis der beiden Schulen zur sokratischen Philosophie heraus und erläutern Sie die diesbezüglich geäußerte Kritik.

→ MEHR ERFAHREN

Hellenistische Philosophie – Suche nach dem Glück

Ausgelöst durch die Eroberungen Alexanders vollzog sich in der griechischen Welt ein Wandel der gesellschaftlichen und staatlichen Strukturen. In dieser Zeit der Unsicherheiten wandte man sich in der Philosophie der Frage nach individueller Lebensgestaltung und persönlichem Glück zu. Die philosophischen Schulen boten dazu unterschiedliche Lehren an: die Abwendung von den alten Normen und vom Besitzstreben im Sinne einer absoluten Bedürfnislosigkeit (*Kynismus*), die Abwendung von den Begierden (*Stoa*) oder das Vermeiden von Ängsten und Leiden (*Epikureismus*). Stets aktuell blieb aber das Hinterfragen vorgegebener Lehren (*Skeptizismus*).

Philosophische Schulen nach Sokrates und ihre Gründer

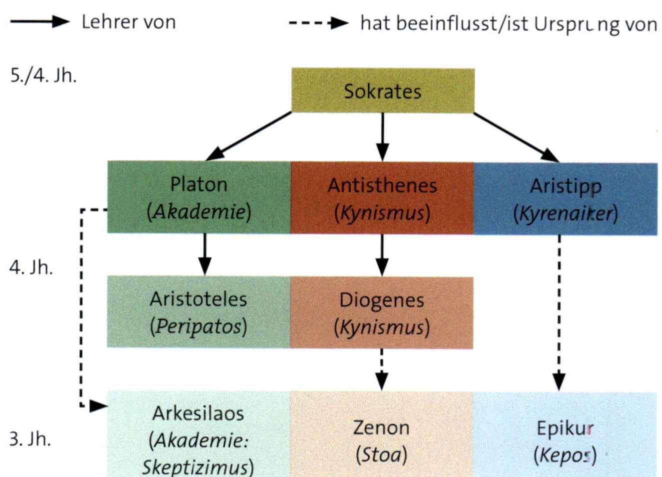

→ S. 224 Übersetzungsvergleich
→ S. 237 Präsentation
→ S. 258 Übersicht Geistesgeschichte

KRITIK III: Lohnt sich Philosophie? – Die Sicht des Theologen Lact. div. inst. 3.2

Laktanz meint: Philosophie ist ein Weg ins Nichts.

1. Stellen Sie aus dem Text alle Begriffe zusammen, die ein Suchen oder ein Finden ausdrücken.
2. Erschließen Sie den Gedankengang des Textes anhand der hervorgehobenen Passagen.

Philosophia est (ut nomen indicat, ipsique definiunt) studium sapientiae. Unde igitur probem magis philosophiam non esse sapientiam, quam ex ipsius nominis significatione? Qui enim sapientiae studet, utique nondum sapit, sed, ut sapere possit, studet. Si ergo philosophia sapientiam quaerit nec ipsa sapientia est (quia necesse est aliud esse, quod quaerit, aliud, quod quaeritur), nec quaesitio ipsa recta est, quia nihil potest invenire. Ego vero ne studiosos quidem sapientiae philosophos esse concesserim, quia illo studio ad sapientiam non pervenitur. Nam si facultas inveniendae veritatis huic studio subiaceret et si esset id studium tamquam iter ad sapientiam, aliquando esset inventa. Cum vero tot temporibus, tot ingeniis in eius inquisitione contritis non sit comprehensa, apparet nullam esse ibi sapientiam. Non ergo sapientiae student, qui philosophantur: Sed ipsi studere se putant, quia illud, quod quaerunt, ubi aut quale sit, nesciunt.

1 **ut nōmen indicat** → Sind Philosophen weise?, S. 107
ipsī *(gemeint sind die Philosophen)*
2/3 **unde probem magis ... quam ex** woraus könnte ich wohl eher den Schluss ziehen ... als aus
4 **utique** jedenfalls
11 **subiacēre** *(m. Dat.)* (einer Sache) zugrunde liegen
13 **esset inventa** *ergänze* sapientia
14 **in eius inquīsītiōne** bei der Suche nach ihr *(der Weisheit)*
conterere *(PPP* contrītum) verbrauchen, aufbrauchen
comprehendere *(hier)* finden

Die „Penrose-Treppe", entwickelt von dem Mathematiker L. Penrose (1958).

→ BD lateinlex.de/d1zz

3 Entwickeln Sie in Gruppen eine grafische Darstellung der Argumentationsstruktur des Laktanz. Präsentieren Sie Ihre Grafiken im Plenum und bewerten Sie sie.

4 **a** Beschreiben Sie die Grafik auf S. 128. Diskutieren Sie, ob sie der Philosophiekritik des Laktanz entspricht.

b Erläutern Sie, auch anhand von S. 118 f., welche Absicht Laktanz mit seiner Kritik verfolgt.

5 Laktanz übt Fundamentalkritik an der heidnischen Philosophie: Entwickeln Sie in Gruppen Stellungnahmen dazu, wobei Sie jeweils die Sicht eines antiken Philosophen Ihrer Wahl einnehmen. Orientieren Sie sich dabei an der Argumentationsstruktur des Laktanz-Textes (auf der Basis Ihrer Ergebnisse aus **3**).

6 Laktanz und Seneca.

a Vergleichen Sie Seneca mit Laktanz und arbeiten Sie heraus, inwiefern Seneca ein anderes Verständnis von Philosophie zu eigen ist.

b Erörtern Sie anhand Ihres Vorwissens über Stoa und Epikureismus (ggf. auch durch Recherche), welcher der beiden philosophischen Richtungen die Gedanken Senecas näherstehen.

c Erläutern Sie durch einen Vergleich mit den Naturphilosophen und Sokrates, inwiefern Stoa und Epikureismus gewissermaßen eine neue philosophische Ära einleiteten.

7 Diskutieren Sie in der Lerngruppe, welchen Wert Sie persönlich in der Philosophie sehen.

L. Annaeus Seneca: Glück durch Philosophie? ep. 16.3

Der Philosoph Seneca sieht die Philosophie als Voraussetzung für ein glückliches Leben. Allerdings …

„Die Philosophie ist keine Wissenschaft für jedermann noch zur Prahlerei geeignet. Sie lebt nicht in Worten, sondern in Taten. Sie wird nicht ausgeübt, um gewissermaßen mit einer netten Unterhaltung den Tag zu verbringen, um der Freizeit die Langeweile zu nehmen. Sie formt und schmiedet den Geist, ordnet das Leben, lenkt Tätigkeiten, zeigt, was zu tun und was zu lassen ist, sitzt am Steuer und lenkt den Kurs derer, die auf unruhiger See hin- und hergeworfen werden. Ohne die Philosophie kann niemand furchtlos leben, niemand sorgenfrei. Unzählige Dinge ereignen sich zu jeder Stunde, die einen Rat verlangen, der von der Philosophie einzuholen ist."

Philosophie ist …

DENKIMPULS
zum Thema ‚Ergebnis des Philosophierens"

→ S. 237 Präsentation
→ S. 258 Übersicht Geistesgeschichte
→ GK 7.4 Philosophie: Epikureer, Stoiker

Anekdoten über Sokrates und Diogenes Erasmus: Apophthegmata

Gruppe 1: Sokrates als Prinzenerzieher

Erasmus hat folgende Anekdoten zur Erziehung des jungen Fürsten von Cleve auf der Grundlage kaiserzeitlicher Quellen gestaltet.

1 Erschließen Sie anhand von Schlüsselbegriffen die Gesprächssituation.

Woran erkennt man Begabung? LB 162 D

Cum dives quidam filium adulescentulum ad Socratem misisset, ut indolem illius inspiceret, ac paedagogus diceret „Pater ad te, o Socrates, misit filium, ut eum videres“, tum Socrates ad puerum: „Loquere igitur“, inquit, „adulescens, ut te videam!“

Significans ingenium hominis non tam in vultu relucere quam in oratione, quod hoc sit certissimum minimeque mendax animi speculum.

Sokratische Schlagfertigkeit LB 164 A

Socrati acrius obiurganti familiarem quempiam in convivio Plato dixit: „Nonne satius erat haec illi dixisse seorsum?“ Cui Socrates: „Et an non tu quoque rectius fecisses, si haec mihi seorsum dixisses?“

Salsissime taxavit hoc ipsum reprehendendo committentem, quod reprehendebat.

2 **indolēs**, *-is f* Begabung
6 **sīgnificāns** *(hier)* damit wollte er sagen …
relūcēre aufscheinen, zu Tage treten
6/7 **nōn tam … quam** nicht so sehr … wie
7 **minimē** keineswegs
8 **mendāx**, *-ācis* trügerisch
speculum Spiegel
9 **obiūrgāre** tadeln
quispiam irgendein(er)
10 **satius erat** es hätte genügt
seorsum unter vier Augen
11 **an nōn** etwa nicht
13 **salsus** schlagfertig
tāxāre *(m. Akk.)* jdm. Kontra geben (*Objekt ist* committentem [Platōnem])
hoc ipsum *ergänze* facinus (= *Objekt zu* committentem)

2 a Arbeiten Sie das Schema heraus, nach dem Erasmus die Texte aufbaut.
b Beurteilen Sie den Wert der Texte als historische Quellen. Stützen Sie sich bei der Beurteilung u. a. darauf, was Sie sich über die Person und die Philosophie des Sokrates erarbeitet haben.

3 a Stellen Sie Vermutungen an, welche Lehre der junge Prinz im Hinblick auf seine künftige Rolle als Fürst aus diesen Anekdoten wohl ziehen sollte.
b Diskutieren Sie den pädagogischen Wert der Anekdoten für Ihr Leben.

4 Präsentieren Sie Ihre Ergebnisse im Plenum.

Sokrates. Kupferstich von P. Bodart (17. Jh.).

→ BD lateinlex.de/d1z1

→ S. 237 Präsentation

Gruppe 2: Diogenes als Prinzenerzieher

Erasmus hat folgende Anekdoten zur Erziehung des jungen Fürsten von Cleve auf der Grundlage kaiserzeitlicher Quellen gestaltet.

1 Erschließen Sie anhand von Schlüsselbegriffen die Gesprächssituation.

Menschlicher Mist LB 175 A

Diogenes in foro quondam stans clamabat: „Adeste, homines!“ velut contionaturus apud populum. Cumque iam frequentes convenissent nec ille desineret clamare „Adeste, homines!“, quidam indignati: „En adsumus, dic aliquid!“

Tum Diogenes baculo illos abigens „Homines“, inquit, „adesse iussi, non sterquilinia.“

Non putavit hominis cognomen competere in eos, qui non viverent iuxta rationem, sed brutorum in morem agerentur affectibus.

Lieber Bettler als Philosoph? LB 185 A/B

Diogenes percontanti, cur ceteris mendicis benigne largirentur homines, philosophis non item, „Quoniam“, inquit, „sperant citius futurum, ut claudi caecive fiant quam philosophi.“

Homines ita caeco opitulantur cogitantes „Hoc ipsum mihi poterit accidere.“ De philosopho non item cogitant.

2 **velut** *(m. Part.)* so als ob
cōntiōnārī eine Volksrede halten
4 **en!** schau!
5 **baculum** Stock
abigere, *-ō* verscheuchen
6 **sterquilīnium** Misthaufen
7 **cōgnōmen**, *-inis n* *(hier)* Bezeichnung
competere, *-ō* **in** *(m. Akk.)* zutreffen auf
8 **iūxtā ratiōnem** mit Vernunft
brūtōrum in mōrem wie die Blöden
10 **percontantī** *(hier Subst.)*
mendicus Bettler
11 **largīrī** Almosen geben
12 **spērant citius futūrum, ut** sie glauben, dass … eher
claudus lahm
14 **opitulārī** helfen

Diogenes. Stich (Phantasieporträt, 16. Jh.).

2 **a** Arbeiten Sie das Schema heraus, nach dem Erasmus die Texte aufbaut.
b Beurteilen Sie den Wert der Texte als historische Quellen; recherchieren Sie dafür nach Diogenes von Sinope.

3 **a** Stellen Sie Vermutungen an, welche Lehre der junge Prinz im Hinblick auf seine künftige Rolle als Fürst aus diesen Anekdoten wohl ziehen sollte.
b Diskutieren Sie den pädagogischen Wert der Anekdoten für Ihr Leben.

4 Präsentieren Sie Ihre Ergebnisse im Plenum.

5 **PLENUM:** Platon soll Diogenes als „wild gewordenen Sokrates“ bezeichnet haben. Erläutern Sie, was Platon zu dieser Aussage veranlasst haben könnte, indem Sie beide vergleichen.

→ BD lateinlex.de/d1z2

→ S. 237 Präsentation

Diogenes und Alexander

Über die Begegnung zwischen Diogenes und Alexander dem Großen gibt es bei Erasmus sogar mehrere Anekdoten. Hier zwei davon:

1. Erschließen Sie anhand von Schlüsselbegriffen die Gesprächssituation. Beziehen Sie für Text A auch die Abbildung mit ein.
2. Für beide Texte ist der Vergleich zwischen Alexander und Diogenes wesentlich. Arbeiten Sie aus dem Text Komparative heraus und erschließen Sie den Inhalt der Vergleiche.

A. „Wenn ich nicht Alexander wäre …“ LB 175 A/B

Alexander Magnus, cum esset Corinthi, adiit Diogenem pro dolio sedentem cumque eo multa collocutus est. A quo digressus indignantibus amicis, quod rex illi cani tantum habuisset honoris, qui tanto principi nec assurgere dignaretur: „Immo“, inquit, „ni Alexander essem, Diogenes esse vellem.“ Adeo demiratus est animum illum liberum ac rebus humanis omnibus superiorem, ut nihil regno similius esse iudicaret. Praecipua regum felicitas est, quod nulli serviunt, sed, quidquid volunt, facile efficiunt, tum quod nullius egeant. Atque hoc ipsum homini praestat philosophia multo verius quam regnum monarchis. Quamquam Alexandrum esse Alexander maius quiddam existimabat quam regem esse.

2 **dōlium** Fass
3 **dīgredī**, *-ior* weggehen
4 **assurgere**, *-ō (m. Dat.)* sich vor jmdm. erheben
dīgnārī *(m. Inf.)* für wert befinden (zu tun)
5 **nī** = nisī
6 **dēmīrārī** bewundern
9 **tum** *(hier)* an zweiter Stelle *(nach der* praecipua fēlīcitās)
nūllī = nēminī
11 **quamquam** und doch
Alexandrum esse … rēgem esse *abhängig von* māius quiddam exīstimābat

B. Wer von beiden ist bedürftiger? LB 177 C/D

Memoratur et illud Alexandrum ita fuisse locutum: „Adsum, o Diogene, tibi subventurus, quandoquidem video te multis egentem.“ Cui Diogenes: „Uter nostrum pluribus eget: ego, qui ultra peram et pallium nihil desidero, an tu, qui non contentus patrio regno tot periculis temet obicis, ut latius imperes adeo, ut vix totus orbis tuae cupiditati videatur satis futurus?“

13 **memorātur** *(hier m. AcI)* es wird berichtet
illud *Akk.obj. zu* fuisse **(= esse) locūtum**
14 **quandōquidem** weil
15 **nostrum** *(= Gen. Pl.)* von uns beiden
16 **ultrā** *(m. Akk.)* außer
pēra Ranzen, Beutel
pallium Mantel
17 **tēmet** = tē
lātius imperāre die Herrschaft noch weiter ausdehnen
18 **satis futūrus** ausreichend

→ BD lateinlex.de/d1z3

→ GK 7.7 Diogenes und die Kyniker

3 Erläutern Sie anhand Ihres Vorwissens über Diogenes, warum dieser als *canis* (Z. 3) bezeichnet wird.

4 König und Philosoph im Bild: Beschreiben Sie, mit welchen Mitteln der Maler den Kontrast zwischen beiden zum Ausdruck bringt. Erörtern Sie, ob im Bild eine Bewertung enthalten ist.

5 König und Philosoph im Text: Arbeiten Sie jeweils mit Belegen heraus,

- **a** worin beide Lebensformen übereinstimmen (Text A),
- **b** wie beide Lebensformen bewertet werden (Text A und B).

6 Stellen Sie Vermutungen an, welche Lehre der junge Prinz von Cleve aus diesen Anekdoten wohl ziehen sollte. Gehen Sie dabei auch auf den letzten Satz von Text A (Z. 11 f.) ein.

Wer nicht hat, kann nichts verlieren.

Gedankenimpuls zum Thema „Bedürfnislosigkeit“

7 **a** Vergleichen Sie ausgehend vom Text die kynische Philosophie und die Tiny-House-Bewegung im Hinblick auf Ursprünge und Grundanliegen.

→ Hellenistische Philosophie, S. 127

b Beurteilen Sie die Tiny-House-Bewegung aus dem Blickwinkel des Diogenes.

→ Die Tiny-House-Bewegung

c Erörtern Sie in der Lerngruppe, ob und inwiefern einer der beiden Lebensentwürfe zur Bewältigung Ihres Lebens hilfreich sein könnte.

→ MEHR ERFAHREN

Die Tiny-House-Bewegung

Die Tiny-House-Bewegung hat sich seit der Weltwirtschaftskrise um 2008, als viele Amerikaner sich aus finanziellen Gründen für kleinere Wohnflächen entschieden, auch in Europa verbreitet. Neben dem finanziellen Aspekt geht es dabei heute auch um Verzicht auf Überflüssiges und um eine Verringerung des ökologischen Fußabdrucks – aber auch um Lifestyle: Tiny Houses sind ‚in'. Es gibt sie in verschiedenen Formen: vom Wohnwagen bis hin zum Chalet.

Diogenes und Alexander. Gemälde von Sebastiano Ricci (1662–1734)

GRUNDWISSEN Denken – Schlüssel zur Welt

Griechische Philosophie

Allgemein
- Philosoph („**Weisheitliebender**“) ist nicht „weise“, sondern **auf der Suche** nach Weisheit
- Philosophie beginnt mit **Staunen** und **Sich-Wundern** (Aristoteles)
- **Drei Teildisziplinen**:
  - **Physik** (Frage nach Entstehung der Welt und Gesetzmäßigkeiten der Natur)
  - **Ethik** (Frage nach dem Guten und dem richtigen Leben)
  - **Logik** (Frage nach der Wahrheit einer Aussage)

Die Vorsokratiker
- **Naturforscher** auf der **Suche nach** einem **Urprinzip**, auf das sich alles zurückführen lässt, z. B.:
  - **Thales**: Wasser
  - **Anaximander**: das Unbegrenzte (ápeiron)
  - **Heraklit**: Feuer
  - Leukipp/**Demokrit**: **Atome**
- keine Unterscheidung zwischen **Materie**, aus der etwas entsteht, und **Kraft**, die es entstehen lässt
- **Überlieferung**:
  - nur **Fragmente** und Paraphrasen erhalten
  - **Aristoteles** als Mittler
- Wirkung:
  - **Ergebnisse** durch spätere Forschungen **widerlegt**;
  - dennoch bahnbrechende Bedeutung der gemeinsamen **Fragestellung** und der **Methode** (Beobachtung der Natur):
    - Entwicklung des **kritisch-rationalen Bewusstseins** in der europäischen Geistesgeschichte
    - Grundlage für alle künftige **naturwissenschaftliche Forschung**

Die sokratische Wende
- **Leben des Sokrates**
  - geboren um 470/469 v. Chr. in **Athen**
  - angeklagt und **zum Tode verurteilt** wegen des Vorwurfs, nicht an die Götter zu glauben und die Jugend zu verderben
  - Unterwerfung unter das Urteil trotz angebotener Fluchtmöglichkeit
  - Tod **399** v. Chr. durch **Schierlingsgift**
- **Lehren des Sokrates**
  - **Wende** von der Betrachtung der Natur zum Nachdenken über den **Menschen**
  - Frage nach dem **Guten**
  - Anwendung der „**Dialektik**“ als **Methode** in **mündlichen** Gesprächen
  - „**Ich weiß, dass ich nichts weiß**“
  - keine schriftliche Hinterlassenschaft
- **Platon**
  - Schüler des Sokrates
  - stellt dessen Person und Denken in **Dialogen** dar (z. B. *Symposion*, *Gorgias*, *Menon*)
  - Gründer der **Akademie**
    - Ablehnung der Erkenntnismöglichkeit ewiger Wahrheiten führt zur Lehre des **Skeptizismus**
- **Aristoteles**
  - Schüler Platons
  - ***Theoria*** („Betrachtung“) als wertvollste Betätigung des Menschen
  - Dialoge und Abhandlungen zu den verschiedensten **Wissensbereichen**, auch zur Naturphilosophie

Wichtig ist,
dass man nie aufhört
zu fragen.

Albert Einstein
deutscher Physiker
(1879–1955)

Philosophie auf Latein

Cicero als Philosoph (1. Jh. v. Chr.)

- Philosophie als Zuflucht und **persönlicher Trost** (Tod seiner Tochter, Alleinherrschaft Caesars)
- Philosophie als **Aufgabe** im Dienste der römischen Kultur:
  - **Bereicherung** der römischen **Literatur** („Philosophie in Rom heimisch machen")
  - Übertragung griechischer **Konzepte ins Lateinische**
  - **Schaffung** einer dafür geeigneten lateinischen **Begrifflichkeit**
- **Philosophischer Standpunkt**: **Eklektiker** („Auswähler" aus verschiedenen Schulen) mit Nähe zu:
  - platonischer **Akademie,**
  - **Skeptizismus**,
  - **Stoa.**
- **Werke (in Auswahl):**
  - *Academici libri* (Logik),
  - *Tusculanae disputationes* (Ethik).

Laktanz (250–320 n. Chr.)

- **Leben**:
  - geboren in der Provinz Africa
  - lateinischer Rhetoriklehrer
  - Übertritt zum **Christentum**
  - muss deshalb Beruf aufgeben, in der Folge Leben in Armut
  - später Eintritt in den Dienst des **Kaisers Konstantin**
- **Philosophischer Standpunkt**:
  - **Gegner** der **heidnischen** Philosophie
  - **bestreitet** Möglichkeit der **Erkenntnis** durch Denken
- **Werk: *Divinae institutiones***
  - **Kritische** Darstellung heidnischen Denkens
  - **Cicero** als Stilvorbild und als Vermittler der griechischen Philosophie

Erasmus von Rotterdam (15./16. Jh.)

- **Leben: Humanist**, Gelehrter, Theologe und Priester, Denker und Schriftsteller, Wegbereiter der **Reformation**
- **Philosophischer Standpunkt**: Gleichstellung von Philosophie und Christentum (im Gegensatz zu Laktanz)
- **Werk (u.a.):** *Apophthegmata* („Geistreiche Aussprüche"):
  - Sammlung von **Anekdoten** und **witzigen Aussprüchen** antiker Persönlichkeiten, u.a. Sokrates und Diogenes
  - eher frei nach antiken Quellen
  - als **Richtschnur** für **ethisches** Handeln für die **Jugend**

WERKSTATT Lernwortschatz und Übungen

Sallust: Coniuratio Catilinae

Typisch Sallust: Archaismen

Sallust benutzt in Anlehnung an Cato d. Ä. und dessen Geschichtswerk *Origines* gerne **altertümliche** oder **altertümlich klingende** Sprachformen und Wörter, sog. **Archaismen** (von gr. ἀρχαῖος/*archaios* „alt, ehemalig"). Im Einzelfall kann man streiten, ob es sich wirklich um lautliche Besonderheiten oder nur um solche der Rechtschreibung handelt, zumal sich einige davon auch bei Cicero finden. Und: Niemand kennt Sallusts Rechtschreibung im Original. In den erhaltenen Texten sind sie jedoch so konsequent angewandt, dass sie einen wesentlichen Bestandteil der Eigenart der sallustischen Sprache darstellen. Zu diesen Besonderheiten gehören u. a.:

- altertümliche Vokalisation:
  - **u** statt **i** (*l**u**bido*; *max**u**mus*),
  - **o** statt **u** (*su**o**m*; *v**o**lt*),
  - **o** statt **e** (*div**o**rsus*; *v**o**strum*),
  - ***-undum*** statt ***-endum*** (bei *nd*-Formen);
- veraltete Varianten einiger Formen von *esse* (***forent*** statt *essent*),
- ***quom*** statt *cum*, ***quoius*** statt *cuius*,
- konsequent unterlassene Assimilation (z. B. *co**n**loquium* statt *colloquium*),
- Synkope als Regel (***ingeni*** statt *ingenii*).

Im Folgenden finden Sie **zu jedem Text** eine Auflistung solcher abweichenden Lautungen bzw. Schreibungen unter der Überschrift **„Typisch Sallust"**.

Über die Schwierigkeit, Geschichte zu schreiben Cat. 1.3–4; 3.1–2

Lernwortschatz

1	**quō** *m. Komp.*	umso, desto
	rēctus, -a, -um	richtig; gerade
2	**quoniam**	weil ja, da ja, wo doch
3	**quam** *(vor Superlativ)*	möglichst
	quam maximus	möglichst groß
4	**dīvitiae**, -ārum *f Pl.*	Reichtum
7	**vel … vel**	entweder … oder
8	**factum**, -ī *n*	Tat
9	**tametsī**	obwohl, auch wenn; jedoch
11	**rēs gestae**, rērum gestārum *f Pl.*	Taten; Geschichte
16	**dēlictum**, -ī *n*	Vergehen
20	**memorāre** *m. Akk.* (*oder* dē)	erinnern; erwähnen, erzählen (von)
	→ memoria, -ae *f*	Gedächtnis

Aufgaben: Wortschatz

1 Wiederholen Sie folgende Wörter:

videri | ingenium | vis/vires | ops/opes | frui | forma | virtus | haud | clarus | fieri | quidem | sequi | imprimis | plerique | invidia | quisque | aequus

2 Erschließen Sie die Bedeutung:

a **scriptor**, -oris *m* (scribere): Scriptor rerum est ille, qui res (gestas) scribit. (Z. 10)
b **actor**, -oris *m* (agere): Actor rerum est ille, qui res agit. (Z. 10)
c **malevolentia**, -ae *f* (male + velle): Is, qui ceteris male facere vult, cum malevolentia agit. (Z. 17)

3 Geben Sie die im Zusammenhang passende Bedeutung an:

a Omnes virtutem laudant. **Quo** rectius mihi videtur virtuti studere. (Z. 1)
b **Opibus** virtutis facile est gloriam quaerere. (Z. 1 f.)
c Sallustius: „Homines non laudant ea, quae de rebus vilibus (*vilis, -e: unwichtig*) scribis. **Ubi** scribis de factis hominum bonorum, laudant. (Z. 19)

4 Erschließen Sie eine passende Wiedergabe:

a Virtute efficiemus, ut etiam post mortem diu in memoria hominum simus. – Factis bonis **memoriam** virtutis nostrae **longam efficiemus**. (Z. 3)
b Is, qui rei publicae **bene facit**, diu in memoria hominum erit. (Z. 6)
c **Eum**, qui rei publicae bene facit, **gloria sequitur**. – Eum, qui rei publicae bene facit, et eum, qui rei publicae male facit, **non sequitur par gloria**. (Z. 9 f.)
d Sallustius: „Homines vel laudant vel reprehendunt ea, quae de rebus magnis scribis. Ea, quae scribis, non **aequo animo accipiunt**." (Z. 18 ff.)

→ Fortsetzung s. nächste Seite

Aufgaben: Grammatik

5 Genitivus subiectivus/obiectivus.

a Ordnen Sie, ggf. mithilfe einer Grammatik, den Personalpronomina die passenden Genitive zu und formulieren Sie eine Regel im Hinblick auf deren Bildung: (Z. 3)

ego | tu | nos | vos

tibi | vestri | tui | mei | nobis | nostri

b Genitivus obiectivus oder subiectivus oder beides? Bestimmen und übersetzen Sie:

spes gloriae | gloria formae | memoria nostri

6 Steigerung. Geben Sie die passende Wiedergabe für *quam* an und übersetzen Sie: (Z. 3)

a Multi homines gloriam **quam maximam** cupiunt.
b Factis bonis memoriam nostri **quam maxime longam** efficiemus.

7 Doppelter Akkusativ/Nominativ.

a Geben Sie den doppelten Akkusativ bzw. Nominativ an und übersetzen Sie: (Z. 5 ff.)

Multi homines virtutem aeternam **putant/habent**. | A multis hominibus virtus aeterna **putatur/habetur**. | Ea verba falsa **duco**.

b Es ist auch folgende Formulierung möglich. Beschreiben Sie den Unterschied zu **a** und übersetzen Sie entsprechend:

Ea verba pro falsis duco.

8 Ellipse. Weisen Sie eine Ellipse nach und übersetzen Sie: (Z. 15 f.)

Sallustius: „Quidam homines ea, quae scripsi, verbis acribus reprehendunt. Sed illa verba invidiā dicta puto."

9 Supin auf *-u*. Übersetzen Sie, ggf. mithilfe einer Grammatik: (Z. 21)

Haec mihi facilia factu sunt. |
Haec mihi facilia factu puto.

10 *quisque* im Relativsatz.

a Bei der deutschen Übersetzung bietet es sich oft an, *quisque* in den Hauptsatz zu ziehen. Übersetzen Sie entsprechend: (Z. 21)

Quae quisque sibi facilia factu putat, libenter facit.

b Erklären Sie, inwiefern bei **a** ein Relativsatz ohne Bezugswort vorliegt.

11 Kurzformen. Bestimmen Sie die Formen: (Z. 8)

fecere | scripsere

12 Typisch Sallust. Nennen bzw. erschließen Sie jeweils die klassische Form (→ S. 136):

ingeni (Synkope = Weglassung eines unbetonten Vokals) (Z. 1)
in primis (keine Assimilation)
maxume (Vokalisation) (Z. 3)
arduom (Vokalisation) (Z. 10)

Wie Sallust zum Historiker wurde Cat. 3.3–4.5

Lernwortschatz

2	**adversus**, -a, -um	entgegengesetzt, feindlich
3	**pudor**, -ōris *m*	Scham; Ehrgefühl; Keuschheit
4	**tametsī**	obwohl, auch wenn; jedoch
6	**ambitiō**, -ōnis *f*	Ehrgeiz
7	**reliquus**, -a, -um	übrig
8	**cupīdo**, -inis *f*	Begierde, Trieb, Gier
9	**vexāre**	quälen, bedrängen
13	**vērō** *Adv.*	wirklich; aber
14	**intentus**, -a, -um	angespannt; *m. Abl.* aufmerksam für, beschäftigt mit
15	**inceptum**, -ī *n*	Vorhaben
16	**rēs gestae**, rērum gestārum *f Pl.*	Taten; Geschichte
18	**eō magis**	umso mehr
20	**coniūrātiō**, -ōnis *f*	Verschwörung
	quam *(vor Superlativ)*	möglichst
	quam maximus	möglichst groß
22	**memorāre** *m. Akk.* (*oder* dē)	erinnern; erwähnen, erzählen (von)
	→ memoria, -ae *f*	Gedächtnis

Aufgaben: Wortschatz

1 Wiederholen Sie folgende Wörter:

Z. 1–9: virtus | audacia | avaritia | animus | ars | tantus | vitium | corrumpere | mos/mores | honor | invidia |
Z. 10–24: igitur | ubi *(Subj.)* | periculum | aetas | colere | studium | statuere | videri | spes | metus | liber, -a, -um | facinus | scelus | pauci | priusquam | initium

2 Erschließen Sie die Bedeutung:

a **adulescentulus**, -i *m* (adulescens, -entis + -ulus [*Verkleinerung/Diminutiv*]) (Z. 1)
b **abstinentia**, -ae *f* (ab + tenere; *Abstinenz*): Ubi abstinentia est, avaritia, cupiditas, libido non sunt. (Z. 3)
c **miseria**, -ae *f* (miser): Is, qui in miseria est, miser est. (Z. 10)
d **requiescere**, -quiesco, -quievi, -quietum (= quiescere): Multos labores sustinui. Nunc e laboribus requiescere volo. (Z. 11)
e **servilis**, -e: Ea officia, quae servi praestare debent, servilia officia sunt. (Z. 14)
f **detinere**, -tineo, -tinui (de + tenere): Ignavia *(Faulheit)* homines saepe a factis bonis detinet. (Z. 16)
g **perscribere** (per + scribere): Sallustius res gestas populi Romani perscripsit. (Z. 18)
h **memorabilis**, -e (memorare): Id, quod memoriā dignum est, memorabile est. (Z. 22)
i **novitas**, -atis *f* (novus): Catilina scelera commisit, quae adhuc nemo commiserat: Catilina scelera nova commisit. Novitate scelerum Romanos terruit. (Z. 22)

3 Ordnen Sie die passende Bedeutung zu: (Z. 2)

Ad rem publicam accessi. | Rem publicam cepi. | Ad rem publicam latus sum.

Es hat mich in die Politik verschlagen. | Ich habe die politische Laufbahn eingeschlagen. | Ich habe den Staat an mich gerissen.

→ Fortsetzung s. nächste Seite

4 Geben Sie die im Zusammenhang passende Bedeutung an:

a Sallustio in re publica multae res non placuerunt: Immo Sallustio in re publica **multa adversa fuerunt**. (Z. 2 f.)
b Temporibus antiquis in re publica Romana virtus fuit. Nunc non iam virtus in re publica est: **Pro** virtute nunc vitia in re publica sunt. (Z. 3 f.)
c Sallustius **statuit** res gestas populi Romani perscribere. (Z. 16)
d Sallustius non omnia narravit, sed ea, quae memorabilia **existimavit**. (Z. 22)

5 Erschließen Sie eine passende Wiedergabe:

a Sallustius dicit: „In re publica multa et magna vitia fuerunt. **Inter tanta vitia** etiam mores mei corrumpebantur." (Z. 6)
b Propter vitia, quae fuerunt in re publica, Sallustius statuit **aetatem procul a re publica habere/agere**. (Z. 11 f.)
c **Sallustio fuit consilium** res gestas populi Romani narrare. (Z. 12 f.)
d Sallustius statuit aetatem procul a re publica agere: Voluit res gestas scribere **neque vero** otium agere. (Z. 13)

Aufgaben: Grammatik

6 ***nd*-Formen.**

I Geben Sie an, ob eine *nd*-Form mit esse (prädikatives Gerundiv) oder ohne esse (attributives Gerundiv/Gerund) vorliegt, und übersetzen Sie: (Z. 10 ff.)

a Sallustius: „Non agros colendo, sed res gestas populi Romani scribendo aetatem agere volo."
b Sallustius: „Res gestae populi Romani narrandae sunt."
c Sallustius: „Nunc initium narrandi faciam."
d Sallustius: „Aetatem mihi procul a re publica agendam decrevi."

II Weisen Sie in Satz **d** eine Ellipse nach.

7 ***quam ...***

I **... beim Superlativ.** Übersetzen Sie zunächst **a** und erschließen Sie dann eine passende Wiedergabe für **b**: (Z. 20 f.)

a Sallustius: „Res gestas populi Romani **quam verissime** narrabo."
b Sallustius: „Res gestas populi Romani, **quam verissime potero**, narrabo."

II **... nach *prius*.** Die Bestandteile der aus *prius* und *quam* zusammengesetzten Subjunktion *priusquam* können auch getrennt erscheinen. Übersetzen Sie entsprechend: (Z. 23 f.)

Sallustius: „**Prius** pauca de moribus Catilinae dicam, **quam** facta eius narrabo." = „Pauca de moribus Catilinae dicam, **priusquam** facta eius narrabo."

8 **Kurzformen.** Bestimmen Sie die Form:

fuere (Z. 3)

9 **Typisch Sallust.** Nennen bzw. erschließen Sie jeweils die klassische Form (→ S. 136):

advorsa (Z. 2) | conrupta (Z. 6) | quom (Z. 7) | colundo (Z. 14) | verissume (Z. 20) | in primis (Z. 21) | existumo (Z. 22) | quoius (Z. 23)

Catilina – kein gewöhnlicher Mensch Cat. 5.1–8

Lernwortschatz

3	**discordia**, -ae *f*	Uneinigkeit, Zwietracht
	cīvīlis, -e	bürgerlich, Bürger-
	grātus, -a, -um	dankbar; angenehm
5	**vigilia**, -ae *f*	Nachtwache, Verzicht auf Schlaf
	quisquam, quidquam (quicquam)	irgendjemand
6	**simulāre**	vorgeben, so tun als ob; vortäuschen; nachbilden
7	**dissimulāre**	verheimlichen, verleugnen; verbergen
	aliēnus, -a, -um	fremd
8	**ēloquentia**, -ae *f*	Redegewandtheit, Ausdrucksfähigkeit
	sapientia, -ae *f*	Weisheit
	→ sapiēns, -entis	weise; *Subst.* der Weise
	parum *Adv.*	(zu) wenig
10	**post** *m. Akk.*	nach; hinter; *Adv.* später, danach
	dominātiō, -ōnis *f*	Alleinherrschaft, Gewaltherrschaft
	→ dominus, -ī *m*	Herr
	libīdō (*und* **lubīdō**), -inis *f*	Begierde, Lust; Willkür
11	**invādere**, invādō, invāsī, invāsum	eindringen; angreifen, losgehen auf; *(von Gefühlen)* befallen
12	**assequī**, assequor, assecūtus sum	erreichen
	→ sequī	folgen
	dum *m. Konj.*	wenn nur, solange nur
13	**agitāre**	(an)treiben; überlegen; hin- und herbewegen

Aufgaben: Wortschatz

1 Wiederholen Sie folgende Wörter:

genus | vis | corpus | animus | ingenium | caedes | iuventus | pati | varius | ardere | cupiditas | nimis | altus | regnum | parare | augere | praeterea | corrumpere | civitas | pessimus | diversus | malum | avaritia

2 Erschließen Sie die Bedeutung:

a **adulescentia**, -ae *f* (adulescens, -entis *m*) (Z. 2)
b **patiens**, -entis *m. Gen.* (pati, patior, passus sum): Ille vir labores aequo animo patitur. Ille vir patiens laborum est. (Z. 3)
c **credibilis**, -e (credere; in-credibilis): Hanc rem credo. Nam credibilis est. (Z. 5)
d **audax**, -acis *(Adj.)* (audere; audacia) (Z. 6)
e **simulator**, -oris *m* (simulare) (Z. 6)
f **dissimulator**, -oris *m* (dissimulare) (Z. 7)

3 Geben Sie die im Zusammenhang passende Bedeutung an, ggf. mithilfe von S. 139 Aufg. **3**:

Ille vir non ad rem publicam accedere, sed **rem publicam capere** cupit. (Z. 11)

→ Fortsetzung s. nächste Seite

13	**in diēs**	von Tag zu Tag
	ferōx, -ōcis	wild, kampflustig, ungestüm, unbändig
14	**inopia**, -ae *f*	Armut, Not
	rēs familiāris, rēī familiāris *f*	Vermögen
	cōnscientia, -ae *f* *m. Gen.*	Mitwisserschaft (bei); Bewusstsein (von); Gewissen
	→ scīre	wissen
15	**suprā** *Adv.*	oben
	memorāre *m. Akk.* (*oder* dē)	erinnern; erwähnen, erzählen (von)
	→ memoria, -ae *f*	Gedächtnis
	incitāre	antreiben, erregen
17	**lūxuria**, -ae *f*	Ausschweifung, Luxus
	vexāre	quälen, bedrängen

4 Erschließen Sie eine passende Wiedergabe:

a Hic senator **nobili genere natus est**. (Z. 1)
b Illi viro arma et bella **grata sunt**. (Z. 3)
c Illi viro iam iuveni bella grata fuerunt. In bellis **iuventutem suam exercuit**. (Z. 3 f.)
d Ille vir saepe mutat sententiam: **Animus** illius viri **varius** est. (Z. 6)
e Ille vir avarus *(geizig)* est: **Alienum** cupit, **suum** non dat. (Z. 7)
f Ille vir subito timere coepit: **Timor magnus** subito **eum invasit**. (Z. 10)
g Ille vir consul fieri vult. Sed nescit, quomodo/**quibus modis**. (Z. 11 f.)
h Ille vir **magis magisque** timet. Timor illius viri **magis magisque** augetur. (Z. 13)
i Ille vir, de quo iam narravi, consul esse vult. Ille vir, **quem supra memoravi**, consul esse vult. (Z. 15)
j **Mores** illius viri **corrupti sunt**. (Z. 16)
k Illi fratres **diversi** sunt **inter se**: Alter magnus est, alter parvus. (Z. 16 f.)

Aufgaben: Grammatik

5 **Kasusfunktionen.** Ordnen Sie folgenden Sätzen die entsprechende Kasusfunktion zu und übersetzen Sie: (Z. 1 ff.)

Genitiv des geteilten Ganzen |
Genitivus obiectivus (2x) |
Ablativ der Beschaffenheit |
Ablativ des Mittels

a Brutus: „Caesari est cupiditas regni."
b Caesar fuit magna vi animi et corporis.
c Caesar potentiam suam multis artibus auxit.
d Post bellum Gallicum Caesari fuit satis pecuniae.
e Caesari iuveni fuit inopia pecuniae.

6 ***nd*-Formen ohne *esse* (attributives Gerundiv).** Übersetzen Sie: (Z. 10 ff.)

a Caesari fuit libido magnae potentiae sibi parandae.
b Caesar bellis gerendis magnam potentiam sibi paravit.

7 **Kurzformen.** Bestimmen Sie die Form:

fuere (Z. 3)

8 **Typisch Sallust.** Nennen bzw. erschließen Sie jeweils die klassische Form (→ S. 136):

quoiquam (Z. 5) | quoius (Z. 6) |
adpetens (Z. 7) | inmoderatus (Z. 9) |
lubido (Z. 10) | maxuma (Z. 10) |
adsequeretur (Z. 12) | conrupti (Z. 16) |
pessuma (Z. 16) | divorsa (Z. 16)

Rückblick: Die römische Geschichte – eine Geschichte des Verfalls? Cat. 5.9; 10.1–6

Lernwortschatz

8	**domāre**, domō, domuī, domitum	zähmen, bändigen
9	**nātiō**, -ōnis *f*	Volk, Volksstamm
	subigere, subigō, subēgī, subāctum	bezwingen, unterwerfen
	→ agere	tun; handeln
10	**interīre**, intereō, interiī, –	untergehen, zugrunde gehen
11	**patēre**, pateō, patuī, –	offenstehen, offensichtlich sein
12	**saevīre**	wüten, toben
	miscēre, misceō, miscuī, mixtum	mischen; durcheinanderbringen
13	**dubius**, -a, -um	zweifelhaft, ungewiss; zweifelnd
14	**tolerāre**	erdulden, ertragen
	dīvitiae, -ārum *f Pl.*	Reichtum
	onus, -eris *n*	Last
15	**prīmō** *Adv.*	zuerst
16	**cupīdo**, -inis *f*	Begierde, Trieb, Gier
	quasi *Adv.*	wie wenn, als ob; gleichwie; gewissermaßen
18	**crūdēlitās**, crūdēlitātis *f*	Grausamkeit, Hartherzigkeit
	→ crūdēlis, -e	grausam
19	**ambitiō**, -ōnis *f*	Ehrgeiz
20	**pectus**, -oris *n*	Brust, Herz
22	**commodum**, -ī *n*	Vorteil, Annehmlichkeit
23	**paulātim** *Adv.*	allmählich, nach und nach
24	**interdum** *Adv.*	manchmal, bisweilen
	vindicāre	in Anspruch nehmen; befreien, retten; bestrafen
	post *m. Akk.*	nach; hinter; *Adv.* später, danach
25	**invādere**, invādō, invāsī, invāsum	eindringen; angreifen, losgehen auf; *(von Gefühlen)* befallen

Aufgaben: Wortschatz

1 Wiederholen Sie folgende Wörter:

labor | iustitia | crescere | ferus | ingens | fortuna | incipere | periculum | asper | otium | igitur | pecunia | malum | avaritia | fides | ars | superbia | neglegere | mortalis | falsus | fieri | claudere | lingua | aestimare | vultus | civitas | iustus | crudelis

2 Erschließen Sie die Bedeutung:

- **a** **miseria**, -ae *f* (miser): Is, qui in miseria est, miser est. (Z. 15)
- **b** **probitas**, -atis *f* (probus) (Z. 17)
- **c** **inimicitia**, -ae *f* (amicitia; amicus) (Z. 21)
- **d** **pestilentia**, -ae *f* *(Pest; Pestilenz)* (Z. 24)
- **e** **intolerandus**, a, -um (tolerare): Crudelitas toleranda non est. Crudelitas vitium intolerandum est. (Z. 26)

3 Geben Sie die im Zusammenhang passende Bedeutung an und übersetzen Sie:

- **a** **Ubi** omnes hostes populi Romani subacti sunt, Romani fuerunt domini cunctarum terrarum. (Z. 7/24)
- **b** Temporibus antiquis fides et virtus in re publica Romana fuerunt; **pro** his nunc superbia et cupido in re publica sunt. (Z. 18)
- **c** Primo virtus in civitate Romana fuit. **Post** superbia in civitate Romana fuit. (Z. 24)

4 Erschließen Sie eine passende Wiedergabe:

- **a** Te amicum verum aestimo: Te non **ex verbis**, sed **ex re** amicum aestimo. (Z. 21 f.)
- **b** Imperium Romanum multis victoriis **e parvo magnum factum est**. (Z. 25 f.)

→ Fortsetzung s. nächste Seite

Aufgaben: Grammatik

5 Ellipse. Weisen Sie eine Ellipse nach und übersetzen Sie: (Z. 1 ff.)

a Ubi hostes subacti, Romani domini cunctarum terrarum fuerunt.
b Post multas victorias imperium Romanum magnum factum.

6 Kasusfunktionen. Bestimmen Sie den Kasus und die Kasusfunktion der hervorgehobenen Formen und übersetzen Sie: (Z. 14 ff.)

a Haec res mihi **oneri** est.
b In re publica Romana cupido **pecuniae** crevit.

7 Sonderformen. Manchmal endet der Akkusativ Plural der 3. Dekl. statt auf *-ēs* auf *-īs*.
a Wählen Sie demnach alle nach KNG passenden Wörter aus dem Kasten aus.
b Übersetzen Sie die Ausdrücke (in den dt. Nominativ, z. B. *oratoris boni → der gute Redner*): (Z. 17 ff.)

I) artis	bonas | bonae | bonam
II) mortalis	multis | multos | multum

8 Historischer Infinitiv. Zur lebhaften Darstellung vergangener Ereignisse verwenden vor allem Historiker wie Sallust gern den **Infinitiv Präsens**. Das Subjekt steht – im Gegensatz zur Oratio obliqua – im Nominativ. Übersetzen Sie: (Z. 23 f.)

Romani urbem hostium armis petere, capere, delere.

9 Kurzformen. Bestimmen Sie die Form:

fuere (Z. 15/17)

10 Typisch Sallust. Nennen bzw. erschließen Sie jeweils die klassische Form (→ S. 136):

imperi (Z. 10) | subvortit (Z. 18) | aestumare (Z. 22) | voltum (Z. 22) | inmutata (Z. 25) | iustissumo (Z. 25) | optumo (Z. 26)

Catilinas Anhänger Cat. 14.1–6

Lernwortschatz

3	**circā/circum** *m. Akk.*	um ... herum
5	**pudīcus**, -a, -um	schamhaft, keusch
6	**venter**, -tris *m*	Bauch
7	**aliēnus**, -a, -um	fremd
	aes, aeris *n*	Erz; Geld
	aes aliēnum	Schulden
9	**parricīda**, -ae *m*	Vatermörder; Mörder, Schwerverbrecher
	→ pater; caedere	Vater; fällen
	convincere, convincō, convīcī, convictum *m. Gen.*	überführen *(eines Verbrechens)*

→ S. 227 Historischer Infinitiv

10	**factum**, -ī *n*	Tat
12	**cīvīlis**, -e	bürgerlich, Bürger-
14	**postrēmō**	schließlich, zuletzt
15	**egestās**, -ātis *f*	Armut, Bedürftigkeit, Elend
	cōnscius, -a, -um *m. Gen.*	mitwissend, sich (einer Sache) bewusst; *Subst.* Mitwisser
	agitāre	(an)treiben; überlegen; hin- und herbewegen
16	**proximus**, -a, -um	der nächste
17	**vacuus**, -a, -um	leer, frei
18	**incidere**, incidō, incidī, – (in *m. Akk.*)	fallen (auf), hineingeraten (in)
	→ cadere	fallen
	cottīdiē *Adv.*	täglich
19	**similis**, -e	ähnlich
20	**appetere**, appetō, appetīvī, appetītum	erstreben, haben wollen
	mollis, -e	weich, angenehm; freundlich
23	**canis**, -is *m/f*	Hund/Hündin
24	**sūmptus**, -ūs *m*	Aufwand
	→ sūmere, sūmō, sūmpsī, sūmptum	nehmen
	→ cōnsūmere	verbrauchen
	modestia, -ae *f*	Mäßigung, Besonnenheit; Bescheidenheit
	obnoxius, -a, -um *m. Dat.*	untertan, verfallen (jmdm.); verpflichtet
25	**fīdus**, -a, -um	treu, zuverlässig

Aufgaben: Wortschatz

1 Wiederholen Sie folgende Wörter:

tantus | corrumpere | civitas | facilis | flagitium | facinus | quicumque | patrius | grandis | praeterea | undique | iudicium | sanguis | alere | familiaris | culpa | usus | adulescens | dolus | haud | capere | studium | aetas | praebere | parcere

2 Erschließen Sie die Bedeutung:

a **cottidianus**, -a, -um (cottidie) (Z. 18)
b **familiaritas**, -atis *f* (familiaris, -e) (Z. 20)

3 Geben Sie die im Zusammenhang passende Bedeutung an:

a Cottidie libris utor: **Usu** librorum litteras disco. – Amici Catilinae cottidie cum eo tempus agebant. **Usu** cottidiano amicitia crevit. (Z. 18)
b Catilina nonnullos adulescentes **obnoxios** sibi fecit. (Z. 24)

Aufgaben: Grammatik

4 ***Aliquis/aliqui* ohne *ali*.** Begründen Sie den Wegfall von *ali-* und übersetzen Sie: (Z. 17)

Si quis a culpa vacuus fuit, a Catilina corrumpebatur.

5 **Typisch Sallust.** Nennen bzw. erschließen Sie jeweils die klassische Form (→ S. 136):

maxume (Z. 19) | quoiusque (Z. 22)

„Ihr seid stark!" Catilinas Rede (Teil 1) Cat. 20.2–9

Lernwortschatz

2	**opportūnus**, -a, -um	günstig
	dominātiō, -ōnis *f*	Alleinherrschaft, Gewaltherrschaft
	→ dominus, -ī *m*	Herr
3	**īgnāvia**, -ae *f*	Faulheit; Feigheit
4	**incertus**, -a, -um	unsicher, unbestimmt
	captāre	fangen; erlangen wollen, greifen nach
	→ capere, capiō, cēpī, captum	fangen, fassen
6	**fīdus**, -a, -um	treu, zuverlässig
7	**simul** *Adv.*	gleichzeitig, zugleich; *Subj.* sobald
9	**dēmum**	endlich, erst
	fīrmus, -a, -um	fest, stark
10	**agitāre**	(an)treiben; überlegen; hin- und herbewegen
11	**cēterum**	übrigens
	in diēs	von Tag zu Tag
	accendere, accendō, accendī, accēnsum	entflammen, in Brand setzen
12	**cōnsīderāre**	betrachten
13	**vindicāre**	in Anspruch nehmen; befreien, retten; bestrafen
14	**potēns**, -entis	mächtig, stark
15	**nātiō**, -ōnis *f*	Volk, Volksstamm
16	**strēnuus**, -a, -um	tatkräftig, tüchtig, entschlossen
17	**vulgus**, -ī *n*	Volk; Masse, Pöbel
18	**obnoxius**, -a, -um *m. Dat.*	untertan, verfallen (jmdm.); verpflichtet
20	**dīvitiae**, -ārum *f Pl.*	Reichtum
21	**egestās**, -ātis *f*	Armut, Bedürftigkeit, Elend
24	**aliēnus**, -a, -um	fremd
	lūdibrium, -ī *n*	Spott; Spiel
25	**dēdecus**, -oris *n*	Unehre, Schande

Aufgaben: Wortschatz

1 Wiederholen Sie folgende Wörter:

Z. 1–13: virtus | fides | tempestas | cognoscere | animus | audere | facinus | idem | velle | nolle | mens | antea | condicio | libertas |
Z. 13–25: pauci | nobilis | gratia | auctoritas | valere | potentia | honos | apud | relinquere | iudicium | pati | praestare | honestus | ubi *(Subj.)* | superbia | amittere

2 Erschließen Sie die Bedeutung:

a **ignobilis**, -e: ⟷ nobilis (Z. 17)
b **inhonestus**, -a, -um: ⟷ honestus (Z. 24)

3 Geben Sie die im Zusammenhang passende Bedeutung an:

a Domini servos haud magni aestimant: Servi sunt sine dignitate, sine **gratia**. (Z. 17)
b Catilina: „**Praestat** mori quam in servitute vivere." (Z. 23)

4 Erschließen Sie eine passende Wiedergabe:

a Catilina ad socios: „Semper fortes fuistis. **Vos fortes cognovi**." (Z. 5)
b Catilina: „Facinus pulchrum incipere ausus sum. **Animus ausus est** facinus pulchrum incipere." (Z. 6)
c Catilina: „Amici mei eadem volunt, **quae** ego. **Eadem** amicis meis bona sunt, **quae** mihi." (Z. 7)
d Catilina: „De multis et magnis rebus cogitavi. Multas et magnas res **mente agitavi**." (Z. 10)
e Catilina: „**Animus accenditur**, cum considero, quam male homines potentes me tractaverint *(tractare: behandeln)*." (Z. 11)
f Catilina: „Superbiam hominum potentium non iam patiemur: Nos **in libertatem vindicabimus**." (Z. 13)
g Catilina: „Pauperes numquam liberi sunt, sed potentibus **obnoxii**." (Z. 18)

Aufgaben: Grammatik

5 Sonderformen. Manchmal endet der Akkusativ Plural der 3. Dekl. statt auf *-ēs* auf *-īs*.

a Wählen Sie demnach alle nach KNG passenden Wörter aus dem Kasten aus.

b Übersetzen Sie den Ausdruck (in den dt. Nominativ, z. B. *oratoris boni → der gute Redner*): (Z. 5)

fortis | amicos | amici | amicis |

6 Nachzeitigkeit in der indirekten Frage. Beschreiben Sie, wie die Nachzeitigkeit in der indirekten Frage ausgedrückt wird, und übersetzen Sie: (Z. 12)

a Catilina ad socios: „Vobis dico, quid facturus sim: Pugnabo."

b Catilina: „Scitis, quid futurum sit, nisi pugnabimus: Servitus erit, non libertas."

7 Relativsatz – relativer Satzanschluss – indirekte Frage. Weisen Sie die passende Bestimmung zu und übersetzen Sie entsprechend: (Z. 10 ff.)

a Catilina ad socios: „Quae facere studeo, (ea) nonnullis hominibus non placebunt."

b Catilina ad socios: „Bene scitis, quae condicio vitae futura sit, nisi pugnabitis."

c Catilina ad socios: „Homines potentes nos neglegunt, nos rident. Quae non iam patiemur."

8 Historischer Infinitiv. Zur lebhaften Darstellung vergangener Ereignisse verwenden vor allem Historiker wie Sallust gern den **Infinitiv Präsens**. Das Subjekt steht – im Gegensatz zur Oratio obliqua – im Nominativ. Übersetzen Sie: (Z. 13 ff.)

Romani urbem hostium armis petere, capere, delere.

9 Dativ des Zwecks. Geben Sie den Dativ des Zwecks an und übersetzen Sie: (Z. 18 f.)

Catilina ad socios: „Nunc viris potentibus ludibrio sumus. Mox illis timori erimus."

10 Kurzformen. Bestimmen Sie die Formen:

audistis (Z. 11) | reliquere (Z. 20)

11 Typisch Sallust. Nennen bzw. erschließen Sie jeweils die klassische Form (→ S. 136):

vostra (Z. 1) | forent (Z. 1) | maxumum (Z. 6) | pulcherrumum (Z. 7) | divorsi (Z. 10) | adcenditur (Z. 11) | quom (Z. 12) | volgus (Z. 17) | fortissumi (Z. 22)

→ S. 227 Historischer Infinitiv

„Es reicht!“ Catilinas Rede (Teil 2) Cat. 20.10–17

Lernwortschatz

2	**contrā** *m. Akk.*	gegen; *Adv.* dagegen
3	**dīvitiae**, -ārum *f Pl.*	Reichtum
15	**inopia**, -ae *f*	Armut, Not
	aliēnus, -a, -um	fremd
	aes, aeris *n*	Erz; Geld
	aes aliēnum	Schulden
16	**multō** *m. Komp.*	viel, um vieles
	reliquus, -a, -um	übrig
	praeter *m. Akk.*	ausgenommen, außer
18	**quīn** *(im Hauptsatz)*	vielmehr; warum nicht?
19	**decus**, -oris *n*	Zierde, Ruhm
20	**praemium**, -ī *n*	Belohnung, Lohn; Preis
21	**egestās**, -ātis *f*	Armut, Bedürftigkeit, Elend
22	**vel ... vel**	entweder ... oder
24	**ūnā** *Adv.*	zugleich, zusammen
26	**parātus**, -a, -um	bereit

Aufgaben: Wortschatz

1 Wiederholen Sie folgende Wörter:

Z. 1–4: manus | aetas | animus | valere | annus | opus est |
Z. 15–26: domi | res | asper | igitur | optare | libertas | praeterea | fortuna | ponere | periculum | oratio | hortari | miles | uti, utor | abesse | sperare | agere | fallere | servire

2 Erschließen Sie die Bedeutung:

a **consenescere**, -senesco, -senui (con- + senex + -sc- [*kennzeichnet den Beginn eines Vorgangs*]): Pater meus consenuit: Nunc senex est. (Z. 3)

b **magnificus**, -a, -um (magnus + facere; *frz.: magnifique; ital.: magnifico*): Catilina: „Potentes superabo, nobis libertatem dabo: Res magnificas faciam.“ (Z. 21)

3 Erschließen Sie eine passende Wiedergabe:

a Olympiis *(bei den Olympischen Spielen)* non pecunia, sed oliva *(Kranz aus Olivenzweigen)* et honos praemia sunt. Graeci olivam et honores victoribus **praemia posuerunt**. (Z. 20)

b Catilina pauperibus imperator et amicus est. Pauperes Catilinā **imperatore et amico utuntur**. (Z. 22)

c Catilina ad socios suos: „Numquam **a vobis abero**. Neque **animus neque corpus (meum) a vobis aberit**.“ (Z. 23)

d Catilina ad socios suos: „Unā vobiscum pugnabo, unā vobiscum vincam: **Haec omnia unā vobiscum agam**.“ (Z. 24)

e Catilina ad socios suos: „Vos omnes vincere vultis, nisi **me animus fallit**.“ (Z. 25)

Aufgaben: Grammatik

4 **Genitiv des geteilten Ganzen nach Pronomina.** Geben Sie den Genitiv des geteilten Ganzen an und übersetzen Sie nach dem Beispiel: *Quid novi est? Was gibt es Neues?* (Z. 16)

Potentes nobis omnia rapuerunt. Quid nobis reliqui est? Quid reliqui habemus? Nihil reliqui nobis est.

5 **Imperativ.** Wählen Sie alle Formen aus, die Imperativ sein können, und übersetzen Sie entsprechend: (Z. 23)

opta | hortare | servire | utimini | imperate

6 **Kurzformen.** Bestimmen Sie die Form:

optastis (Z. 19)

Steht die *res publica* auf dem Spiel? Cat. 29; 31.1–3

Lernwortschatz

2	**permovēre**, permoveō, permōvī, permōtum	verlassen; rühren; beunruhigen
	→ movēre	bewegen
3	**prīvātus**, -a, -um	persönlich, privat; *Subst.* Privatmann
8	**vulgus**, -ī *n*	Volk; Masse, Pöbel
	rūmor, -ōris *m*	Gerücht, Gerede; Nachricht
9	**plērumque**	meistens
	→ plērīque	die meisten
	atrōx, -ōcis	wild, abscheulich
10	**operam dare, ut/nē**	sich engagieren; sich Mühe geben, dass/dass nicht
11	**dētrīmentum**, -ī *n*	Nachteil, Schaden
12	**magistrātus**, -ūs *m*	Amt, Behörde; Beamter
13	**permittere**, permittō, permīsī, permissum	erlauben, überlassen
	→ mittere	schicken
16	**coercēre**, coerceō, coercuī, coercitum	bändigen, einschränken

Aufgaben: Wortschatz

1 Wiederholen Sie folgende Wörter:

Z. 1–20: nuntiare | malum | insidiae | consilium | tueri | exercitus | quantus | comperire | referre | negotium | solere | potestas | mos | gerere | socius | civis | imperium | iudicium | iussu | nullus | ius
Z. 21–30: civitas | quies | parere, pario | repente | satis | credere | pax | quisque | periculum | mulier | magnitudo | incedere | tendere | liberi | superbia | patria

2 Erschließen Sie die Bedeutung:

a **diuturnus**, -a, -um (diu): Omnes pacem diuturnam optant. (Z. 22)
b **tristitia**, -ae *f* (tristis, -e) (Z. 23)
c **in-solitus**, -a, -um (solere): Propter pacem diuturnam bellum gerere non solemus: Bellum insolitum est. (Z. 27)
d **rogitare** (rogare + -itare) (Z. 29)

→ Fortsetzung s. nächste Seite

17	**domī mīlitiaeque**	in Frieden und Krieg; in der Heimat und im Feld
19	**aliter** *Adv.*	anders, sonst
21	**faciēs**, -ēī *f*	Gesicht; Aussehen
22	**laetitia**, -ae *f*	Freude, Fröhlichkeit
	→ laetus, -a, -um	froh, fröhlich
	quiēs, -ētis *f*	Ruhe, Erholung; Schlaf
	→ quiēscere, quiēscō, quiēvī, –	ruhen
23	**invādere**, invādō, invāsī, invāsum	eindringen; angreifen, losgehen auf; *(von Gefühlen)* befallen
	festīnāre	eilen, sich beeilen
	trepidāre	zittern; sich ängstigen
24	**quisquam**, quidquam (quicquam)	irgendjemand
28	**supplex**, -icis	demütig; flehend
29	**dēliciae**, -ārum *f Pl.*	Vergnügen
30	**omittere**, omittō, omīsī, omissum	übergehen, außer Acht lassen
	→ mittere	schicken

3 Geben Sie die im Zusammenhang passende Bedeutung an und übersetzen Sie:

a Senatus consulibus summam potestatem **permittere** potest: Summa potestas **per** senatum consulibus permittitur. (Z. 13)
b Consulibus in summo periculo **summum imperium** habent. (Z. 17)
c In pace omnes laeti sunt: Pax enim laetitiam **parit**. (Z. 23)
d Mulieres manus ad caelum **tendunt**, ut deos orent. (Z. 28)

4 Erschließen Sie eine passende Wiedergabe:

a Cicero **magno malo permotus** orationem in senatu habet. (Z. 2)
b Cicero: „Rem publicam **longius** tueri non possum." (Z. 3 f.)
c Cicero: „Comperi Catilinam exercitum parare. Sed non comperi, **quo consilio**. Fortasse **eo consilio**, ut Romam petat." (Z. 6)
d Cicero: „Periculum magnum est. Itaque **rem ad senatum referam**, ut senatores necessaria decernant."(Z. 8)
e Cicero: „Periculum magnum est. Senatus **in hoc atroci negotio** necessaria decernere debet." (Z. 9)
f Senatus videt periculum magnum esse. Decernit: „Consul **videat, ne** res publica in periculo sit!" (Z. 10)
g In summo periculo **more Romano** consulibus summum imperium datur. (Z. 12)
h In summo periculo consules domini civitatis et exercitūs sunt: Consulibus **ius et civitatis et exercitūs est**. (Z. 19)
i Cives laeti fuerunt, nunc tristes sunt: **Ex laetitia invasit tristitia civitatem.** (Z. 23)
j Cives nunc bellum timent. **Civibus belli timor incessit**. (Z. 27)
k Cives **omnibus gaudiis omissis** vitam tristem agunt. (Z. 30)

Aufgaben: Grammatik

5 PPP mit *habere*. Das PPP mit *habere* drückt einen erreichten Zustand oder einen bleibenden Besitz aus. Oft kann es mit „haben" + Partizip II übersetzt werden, z. B.: *Urbem captam habet: Er hat die Stadt eingenommen. – Hanc rem cognitam habemus: Wir haben diese Sache erkannt./ Wir kennen uns in dieser Sache aus.* Übersetzen Sie entsprechend: (Z. 7)

Cicero: „Haud satis **compertum habeo**, quid Catilina facere velit."

6 Relativsatz mit Bezug auf den übergeordneten Satz. Erklären Sie, inwiefern sich der Relativsatz auf die Aussage des gesamten übergeordneten Satzes bezieht, und übersetzen Sie: (Z. 9)

Senatus consulibus summam potestatem dedit, quod in summo periculo fieri solet.

7 Sonderformen. Manchmal endet der Akkusativ Plural der 3. Dekl. statt auf *-ēs* auf *-īs*.

- **a** Wählen Sie demnach alle nach KNG passenden Wörter aus dem Kasten aus.
- **b** Übersetzen Sie den Ausdruck (in den dt. Nominativ, z. B. *oratoris boni → der gute Redner*): (Z. 16)

civis

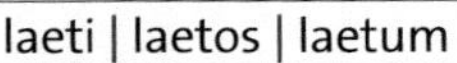

laeti | laetos | laetum

8 *Aliquis/aliqui* ohne *ali*. Begründen Sie den Wegfall von *ali-* und übersetzen Sie: (Z. 10 ff.)

- **a** Si quis rem publicam delere studet, hostis populi Romani est.
- **b** Consul videat, ne quis rem publicam deleat!

9 Genitiv des geteilten Ganzen nach Pronomina. Geben Sie den Genitiv des geteilten Ganzen an und übersetzen Sie nach dem Beispiel: *Quid novi est? Was gibt es Neues?* (Z. 10 f.)

Consules videant, ne **quid detrimenti** res publica capiat!

10 Historischer Infinitiv. Zur lebhaften Darstellung vergangener Ereignisse verwenden vor allem Historiker wie Sallust gern den **Infinitiv Präsens**. Das Subjekt steht – im Gegensatz zur Oratio obliqua – im Nominativ. Übersetzen Sie: (Z. 23 ff.)

Romani urbem hostium armis petere, capere, delere.

11 Typisch Sallust. Nennen bzw. erschließen Sie jeweils die klassische Form (→ S. 136):

conpertum (Z. 7) | volgus (Z. 8) | maxuma (Z. 12) | quoiquam (Z. 24)

→ S. 227 Historischer Infinitiv

Die Rede Caesars Cat. 51 (gekürzt)

Lernwortschatz

1	**cōnscrībere**, cōnscrībō, cōnscrīpsī, cōnscrīptum	verfassen; ausheben; beiordnen
	patrēs cōnscrīptī *m Pl.*	Senatoren
	dubius, -a, -um	zweifelhaft, ungewiss; zweifelnd
2	**misericordia**, -ae *f*	das Mitleid
	vacuus, -a, -um	leer, frei
	decēre, deceō, decuī, –	schmücken, passen; sich gehören
	decet	es gehört sich
3	**quisquam**, quidquam (quicquam)	irgendjemand
	libīdō (*und* **lubīdō**), -inis *f*	Begierde, Lust; Willkür
	simul *Adv.*	gleichzeitig, zugleich; *Subj.* sobald
4	**dominārī**, dominor, dominātus sum	herrschen; tyrannisieren
5	**memorāre**	erinnern; erwähnen, erzählen
	→ memoria, -ae *f*	Gedächtnis
7	**rēctē**	richtig; zu Recht
	ōrdō, -inis *m*	Ordnung, Reihe; Stand
9	**item** *Adv.*	ebenso, in gleicher Weise
14	**disserere**, disserō, disseruī, dissertum	besprechen, diskutieren
	paulō *Adv.*	(um) ein wenig
	sevērus, -a, -um	streng, hart; ernst
15	**parricīda**, -ae *m*	Vatermörder; Mörder, Schwerverbrecher
17	**ēvenīre**, ēveniō, ēvēnī, ēventum	sich ereignen, eintreten, ausgehen
	cēterum	übrigens
18	**cōnsīderāre**	betrachten
19	**īgnārus**, -a, -um (*m. Gen.*)	unwissend, ohne Wissen

Die Rede des Cato Cat. 52 (gekürzt)

Lernwortschatz

1	**cōnscrībere**, cōnscrībō, cōnscrīpsī, cōnscrīptum	verfassen; ausheben; beiordnen
	patrēs cōnscrīptī *m Pl.*	Senatoren
	disserere, disserō, disseruī, dissertum	besprechen, diskutieren
2	**focus**, -ī *m*	Herd, Heim
4	**persequī**, persequor, persecūtus sum	verfolgen
5	**ēvenīre**, ēveniō, ēvēnī, ēventum	sich ereignen, eintreten, ausgehen
	reliquus, -a, -um	übrig
6	**immortālis**, -e	unsterblich; *Subst.* der Unsterbliche, der Gott
	tabula, -ae *f*	Tafel, Schreibtafel, Brett, Gemälde
9	**aliquandō** *Adv.*	einst, (irgendwann) einmal
10	**anima**, -ae *f*	Leben, Seele, Atem
	dubium, -ī *n*	Zweifel
12	**industria**, -ae *f*	Fleiß, Eifer
13	**dēlictum,** -ī n	Vergehen
	libīdō (*und* **lubīdō**), -inis *f*	Begierde, Lust; Willkür
	lūxuria, -ae *f*	Ausschweifung, Luxus
15	**dīvitiae**, -ārum *f Pl.*	Reichtum
	discrīmen, -inis *n*	Entscheidung; Gefahr; Unterschied
16	**ambitiō**, -ōnis *f*	Ehrgeiz
18	**vacuus**, -a, -um	leer, frei
19	**postrēmō**	schließlich, zuletzt
20	**corrigere**, corrigō, corrēxī, corrēctum	verbessern, korrigieren
	quoniam	weil ja, da ja, wo doch
	contemnere, contemnō, contempsī, contemptum	verachten, gering schätzen
21	**faux,** faucis *f*	Rachen, Schlund, Kehle
	intrā (*m. Akk.*)	innerhalb
	moenia, -ium *n Pl.*	Mauer(n), Stadtmauer(n)
	sinus, -ūs *m*	Brust; Tasche; Bucht; Krümmung

Cato und Caesar – unvereinbare Gegensätze? Cat. 53.6–54

Lernwortschatz

3	**ēloquentia**, -ae *f*	Redegewandtheit, Ausdrucksfähigkeit
	prope *m. Akk.*	nahe bei; *Adv.* nahe; nahezu, annähernd
4	**item** *Adv.*	ebenso, in gleicher Weise
7	**misericordia**, -ae *f*	Mitleid
	→ miser; cor, cordis	elend; Herz
8	**sevēritās**, -ātis *f*	Strenge
	addere, addō, addidī, additum	hinzufügen
10	**adipīscī**, adipīscor, adeptus sum	erlangen, erreichen, erringen
11	**alter**, altera, alterum (*Gen. Sg.* alterīus, *Dat. Sg.* alterī)	der eine (von beiden); der andere
	alter ..., alter	der eine ..., der andere
13	**postrēmō**	schließlich, zuletzt
	vigilāre	wach sein, (durch-) wachen; unermüdlich tätig sein
14	**intentus**, -a, -um	angespannt; *m. Dat.* aufmerksam für, beschäftigt mit
17	**modestia**, -ae *f*	Mäßigung, Besonnenheit; Bescheidenheit
18	**dīvitiae**, -ārum *f Pl.*	Reichtum
19	**strēnuus**, -a, -um	tatkräftig, tüchtig, entschlossen
	pudor, -ōris *m*	Scham; Ehrgefühl; Keuschheit
20	**innocēns**, -entis	unschuldig, rechtschaffen
	certāre	kämpfen, streiten
21	**quō minus ... eō magis**	je weniger ... desto mehr

Aufgaben: Wortschatz

1 Wiederholen Sie folgende Wörter:

memoria | ingens | virtus | mos/mores | genus | aetas | magnitudo | animus | par | beneficium | dignitas | ignoscere | pernicies | neglegere | imperium | studium | dives | videri | malle

Aufgaben: Grammatik

2 **Funktionen des Ablativs.**

a Geben Sie die Funktion des Ablativs an (Ablativ der Zeit – Ablativ der Beschaffenheit) und übersetzen Sie: (Z. 1)

Et Caesar et Cato viri **magna virtute** fuerunt. | **Memoriā** Sallustii iis viris nemo par fuit.

b **Ablativ der Hinsicht *(Ablativus respectūs)*.** Übersetzen Sie: (Z. 18 ff.)

Vir iustus ceteros **iustitiā** superat.
Vir iustus cum viris iustis **iustitiā** certat.

3 ***nd*-Formen ohne *esse* (Gerund/attributives Gerundiv).** Übersetzen Sie: (Z. 8 ff.)

a Caesar **bella gerendo** clarus factus est. – Caesar **bellis gerendis** clarus factus est.
b Catoni fuit studium **morem maiorum servandi/moris maiorum servandi.**

4 **Kurzformen.** Bestimmen Sie die Form:

fuere (Z. 1 ff.)

5 **Typisch Sallust.** Nennen bzw. erschließen Sie jeweils die klassische Form (→ S. 136):

divorsis (Z. 1) | ignoscundo (Z. 9) | largiundo (Z. 9) | novom (Z. 16) | maxume (Z. 17)

Das blutige Ende der Verschwörung Cat. 61

Lernwortschatz

1	**vērō** *Adv.*	wirklich; aber
5	**paulō** *Adv.*	(um) ein wenig
7	**paululum**	ein ganz klein wenig
	→ paulum	ein wenig
8	**spīritus**, -ūs *m*	Atem, Seele, Geist
	ferōx, -ōcis	wild, kampflustig, ungestüm, unbändig
9	**postrēmō**	schließlich, zuletzt
10	**quisquam**, quidquam (quicquam)	irgendjemand
13	**cruentus**, -a, -um	blutig, blutverschmiert
	adipīscī, adipīscor, adeptus sum	erlangen, erreichen, erringen
	strēnuus, -a, -um	tatkräftig, tüchtig, entschlossen
14	**aut ... aut**	entweder ... oder
	vulnerāre	verwunden
	→ vulnus, -eris *n*	Wunde
16	**vīsere**, vīsō, vīsī, –	besichtigen, besuchen; nachsehen
	spoliāre	rauben, berauben; plündern
	grātiā *nach Genitiv*	wegen
17	**volvere**, volvō, volvī, volūtum	wälzen, rollen; überlegen
18	**hospes**, -itis *m*	Gastgeber; Gast
	item *Adv.*	ebenso, in gleicher Weise
19	**inimīcus**, -a, -um	feindlich; *Subst.* der (persönliche) Feind
20	**laetitia**, -ae *f*	Freude, Fröhlichkeit
	→ laetus, -a, -um	froh, fröhlich
	lūctus, -ūs *m*	Trauer

Aufgaben: Wortschatz

1 Wiederholen Sie folgende Wörter:

Z. 1–8: conficere | proelium | cernere | audacia | animus | vis | fere | vivus | capere | anima | corpus | tegere | pauci | hostis | reperire
Z. 9–20: neque ... neque | fuga | civis | cuncti | vita | parcere | laetus | victoria | occidere | discedere | castra | procedere | cognoscere | atque

2 Erschließen Sie die Bedeutung:

a **cadaver**, -eris *n (dt. Fremdwort)* (Z. 7)
b **spirare** (spiritus, -us *m*): Homo, dum spirat, mortuus non est. (Z. 8)
c **ferocia**, -ae *f* (ferox, -ocis) (Z. 8)
d **incruentus**, -a, -um (cruentus) (Z. 13)
e **hostilis**, -e (hostis, -is *m*) (Z. 17)

3 Erschließen Sie eine passende Wiedergabe:

a Milites **eo loco, quem ceperunt**, pugnant. (Z. 2 f.)
b Multi milites in pugna **animam amiserunt**. (Z. 2 f.)
c Imperator fortis prima acie *(in vorderster Front)* **longe a suis** pugnat. (Z. 6)
d Imperator occisus etiam post mortem **virtutem**, quam habuerat vivus, **in vultu retinet**. (Z. 8)
e **Ex omni copia** ne unus quidem miles fugit. (Z. 9)
f Imperator: „Miles fortis aut victor (proelio) **discedet** aut mortuus iacebit.“ (Z. 15)

→ Fortsetzung s. nächste Seite

Aufgaben: Grammatik

4 Partizipien.

I Stellen Sie folgende Begriffe zu zwei Gruppen zusammen: (Z. 1 ff.)

„jemand tut gleichzeitig etwas" |
„etwas ist zuvor getan worden/geschehen" |
kons. Deklination | o-/a-Deklination |
PPA | PPP

II Ordnen Sie den beiden Gruppen aus I die folgenden Sätze zu und übersetzen Sie:

a Confecto proelio milites in castra redierunt. (Z. 1 f.)
b Amissā animā miles humi (auf dem Boden) iacet. (Z. 3 f.)
c Comites militem paulum adhuc spirantem in campo *(campus: Feld)* reppererunt. (Z. 6 ff.)
d Miles mortuus est virtutem, quam vivus habuerat, in vultu retinens. (Z. 8 f.)
e Multi milites vulnerati (proelio) discesserunt. (Z. 14 f.)

5 Potentialis der Vergangenheit. Der Konjunktiv Imperfekt wird bei bestimmten Wendungen mit „man hätte ... können" übersetzt. Übersetzen Sie entsprechend: (Z. 1 ff.)

Catilina et exercitus populi Romani pugnaverunt. **Tum cerneres**, quanta audacia esset in Catilina.

6 *quisque*. Das Pronomen *quisque* steht nie allein, sondern „lehnt sich an", z. B. an andere Pronomina oder an Superlative.

a ... im Relativsatz. Wenn sich *quisque* an ein Relativpronomen „anlehnt", ist es bei der Übersetzung meist in den übergeordneten Satz zu ziehen. Übersetzen Sie entsprechend: (Z. 2 f.)

Hostes multos milites Romanos superaverunt. Militem Romanum, quem quisque superaverat, occidit.

b ... mit Superlativ. In Kombination mit einem Superlativ wird *quisque* mit „gerade" und dem deutschen Plural wiedergegeben (z. B. *optimus quisque*: *jeder Beste → gerade die Besten*). Übersetzen Sie entsprechend: (Z. 13)

Fortissimus quisque ab hostibus superatus est.

7 *nd*-Formen ohne *esse* (Gerund). Übersetzen Sie: (Z. 3 ff.)

a Milites fortiter pugnando vicerunt.
b Milites pugnandi gratia processerunt.

8 Konjunktivischer Relativsatz. Übersetzen Sie: (Z. 18 ff.)

Non omnes milites fortiter pugnaverunt. Fuerunt, qui e proelio fugerent.

9 Kurzformen. Bestimmen Sie die Form:

fuere (Z. 18)

10 Typisch Sallust. Nennen bzw. erschließen Sie jeweils die klassische Form (→ S. 136):

divorsius (Z. 5) | advorsis (Z. 6) |
volneribus (Z. 6) | voltu (Z. 8) |
strenuissumus (Z. 13) | volneratus (Z. 14) |
visundi (Z. 16)

Cicero: Philippicae

Wie ein Politiker sein soll Phil. 1.33–35

Lernwortschatz

1	**ignōrāre**	nicht wissen, nicht kennen
3	**quodsī** (*und* quod sī)	wenn aber, wenn nun
5	**merērī**, mereor, meritus sum	verdienen
	(bene) merērī dē	sich verdient machen um
6	**vērō** *Adv.*	wirklich; aber
8	**dum** *m. Konj.*	wenn nur, solange nur
10	**avus**, -ī *m*	Großvater
11	**secundus**, -a, -um	der zweite; günstig
	rēs secundae	Glück
	fortūna secunda	Glück
13	**exitus**, -ūs *m*	Ausgang; Ergebnis; Tod
15	**quisquam**, quidquam (quicquam)	irgendjemand
	prōficere, prōficiō, prōfēcī, prōfectum	Fortschritte machen; bewirken, nützen
	→ facere	machen, tun
18	**interficere**, interficiō, interfēcī, interfectum	töten
19	**quaesō**	ich bitte (dich); bitte
	gubernāre	lenken, steuern

Aufgaben: Wortschatz

1 Wiederholen Sie folgende Wörter:

vereri | iter | metuere | civis | diligere | malle | odisse | meminisse | par | dignitas | efficere | beatus | quisquam

2 Erschließen Sie die Bedeutung:

a **gloriosus**, -a, -um (gloria + -osus) (Z. 2)
b **perniciosus**, -a, -um (pernicies, -ei *f* + -osus) (Z. 9)
c **interfector**, -oris *m* (interficere + -tor) (Z. 18)

3 Geben Sie die im Zusammenhang passende Bedeutung an:

a Caesar homo potens est. Caesar multum **potest**; plus **potest** quam ceteri. (Z. 2)
b Cicero: „Romani Antonium non diligunt, sed oderunt: Antonius **in odio est**." (Z. 6)
c Atreus ille rex crudelis gaudebat se ab omnibus metui. Id **illi ipsi** perniciosum fuit. (Z. 8)
d Tibi multa dixi. Multa audivisti **ex me**. (Z. 11)
e Tibi multa dixi, **eaque** saepissime. (Z. 11)
f Cicero ad Antonium: „Nunc es homo malus; volo te oratione mea hominem bonum fieri: Oratione **te flectere** studeo. **Flecte te**, quaeso!" (Z. 13/18)
g Cicero ad Antonium: „Oratio mea te non mutabit. Oratio mea **nihil proficiet nec valebit**." (Z. 15)

→ Fortsetzung s. nächste Seite

Aufgaben: Grammatik

4 Infinitiv Passiv.
a Wählen Sie alle Formen aus, die Infinitiv Passiv sein können, und übersetzen Sie diese: (Z. 2 ff.)

dilexi | metui | laudavi | diligi | laudari | colui | coli

b Geben Sie die mehrdeutige Form an.

5 Infinitiv als Subjekt oder Akkusativ-Objekt. Geben Sie die Funktion der fett gedruckten Infinitivkonstruktion an und übersetzen Sie: (Z. 2 ff.)

a Cicero ad Antonium: „Omnes homines diligi volunt. Tu autem gloriosum putas a **civibus tuis metui**."
b Cicero ad Antonium: „**Laudari** pulchrum est. Nunc autem cives te metuunt: Non est vita **a civibus metui**. **Civibus carum esse** – illa est vita."

6 *malle*. Wählen Sie alle Formen aus, die sowohl von *malle* als auch von *malus, -a, -um* stammen können, und bestimmen Sie sie: (Z. 3 ff.)

malas | malis | mavis | malo | malles

7 Relativsatz oder relativer Satzanschluss? Geben Sie die Funktion des Relativpronomens an und übersetzen Sie: (Z. 8 ff.)

Caesar summam potentiam petebat. Quod ei perniciosum fuit. | Caesar a multis metuebatur. Quem qui beatum fuisse putat, (ille) errat.

8 Perfektopräsentien. Bestimmen Sie die Form und übersetzen Sie: (Z. 8 ff.)

oderunt | meminerant | odissent | meminero

9 Konjunktiv im Hauptsatz. Übersetzen Sie und geben Sie die Funktion des Konjunktivs an: (Z. 10 ff.)

a Cicero ad Antonium: „Utinam esses ut avus tuus, qui fuit vir bonus! Utinam meminisses avum tuum!"
b Cicero ad Antonium: „Quid dicam? Quid te oratione mea flectam?"

10 Ablativ der Hinsicht *(Ablativus respectūs)*. Geben Sie den Ablativ der Hinsicht an und übersetzen Sie: (Z. 12)

Cicero ad Antonium: „Nemo avo tuo par fuit dignitate."

11 Kurzformen. Bestimmen Sie die Form:

audisti (Z. 10)

Ein Dummkopf und Ekelpaket! Phil. 2.30; 2.63

Lernwortschatz

1	**pecus**, -udis *f*	(Klein-)Vieh, Schaf
3	**cruentus**, -a, -um	blutig, blutverschmiert
4	**cōnscius**, -a, -um *m. Gen.*	mitwissend, sich bewusst; *Subst.* der Mitwisser
5	**suspicārī**, suspicor, suspicātus sum	verdächtigen, vermuten
6	**prae** *m. Abl.*	vor
8	**omittere**, omittō, omīsī, omissum	übergehen, außer Acht lassen
	→ mittere	schicken
9	**potius** *Adv.*	eher, lieber
	levis, -e	leicht; unbedeutend, leichtfertig
10	**faux**, faucis *f*	Rachen, Schlund
	latus, -eris *n*	Seite, Flanke
	gladiātor, -ōris *m*	Gladiator
11	**fīrmus**, -a, -um	fest, stark
	nūptiae, -ārum *f Pl.*	Hochzeit
14	**foedus**, -a, -um	hässlich, abscheulich
15	**immānis**, -e	grausam; gewaltig, unermesslich
16	**vērō** *Adv.*	wirklich; aber
17	**eques**, -itis *m*	Reiter, Ritter
	magister equitum	Reiteroberst *(Stellvertreter eines Diktators; zweithöchstes Amt in einer Diktatur)*
19	**implēre**, impleō, implēvī, implētum	anfüllen, voll machen

Aufgaben: Wortschatz

1 Wiederholen Sie folgende Wörter:

intellegere | ferre | loqui | genus | iste | necesse est | ipse | ille | accidere | turpis | negotium

2 Erschließen Sie die Bedeutung:

- **a** **exclamare** (clamare) (Z. 3)
- **b** **improbitas**, -atis *f* (improbus) (Z. 8)
- **c** **levitas**, -atis *f* (levis, -e) (Z. 9)
- **d** **gladiatorius**, -a, -um (gladiator, -oris *m*): Haec sunt arma gladiatoris. Haec sunt arma gladiatoria. (Z. 10)
- **e** **firmitas**, -atis *f* (firmus) (Z. 11)

3 Geben Sie die im Zusammenhang passende Bedeutung an:

- **a** Brutus, postquam Caesarem necavit, clamavit: „Cicero!" – Ciceronem **nominavit**. (Z. 2)
- **b** Cicero ab Antonio sceleratus **appellatur**. (Z. 5)
- **c** Fratrem necare est turpissimum **genus** improbitatis. (Z. 9)
- **d** **inter** cenam (Z. 14)
- **e** Si fratrem necares, quis non turpe **duceret**? (Z. 16)
- **f** Consul negotium publicum **gerit.** (Z. 17)

4 Erschließen Sie eine passende Wiedergabe:

- **a** **honōris causā** (Z. 2)
- **b** Hic homo gladium cruentum tenet. **Ex quo intellegi debet** eum homicidam *(homicida, -ae m: Mörder)* esse. (Z. 3 f.)
- **c** Omnes viderunt scelera Antonii. Antonius **in conspectu omnium** scelera fecit. (Z. 12)
- **d** Sacerdotem non oportet deos neglegere. **Sacerdoti turpe est** deos neglegere. (Z. 17 f.)

→ Fortsetzung s. nächste Seite

Aufgaben: Grammatik

5 Verschränkter Relativsatz mit AcI. Übersetzen Sie: (Z. 5)

> Homo, quem tu scelus fecisse suspicaris, scelus non fecit.

6 Kasusfunktionen.

a Genitiv. Geben Sie die Funktion des Genitivs an (Genitiv der Zugehörigkeit – Genitiv des geteilten Ganzen) und übersetzen Sie: (Z. 8, 11)

> Hominem necare **magnae improbitatis** est. | Tantum **vini** bibi, ut vomerem *(vomere: sich übergeben)*.

b Akkusativ des Ausrufs. Im Lateinischen werden Ausrufe im Akkusativ formuliert, im Deutschen dagegen im Nominativ. Erschließen Sie eine passende Übersetzung: (Z. 14)

> Patrem tuum necavisti. **O rem improbam!**

7 Konjunktiv im Hauptsatz: Hortativ. Übersetzen Sie: (Z. 8)

> Loquamur de rebus pulchris!
> Omittamus res tristes!

8 Wortstellung. Durch die Wortstellung können im Lateinischen Begriffe besonders betont werden. Beschreiben Sie die Besonderheit der Wortstellung und deren Wirkung: (Z. 14 f.)

> Si domi deliras *(delirare: verrückt spielen)*, bonum non est. | Si autem ante oculos populi Romani deliras, quis non turpe ducit?

9 Supin auf *-u*. Übersetzen Sie, ggf. mithilfe einer Grammatik: (Z. 14 f.)

> horribile dictu | terribile visu | terribile auditu

Die schlimmste Tat des Antonius **Phil. 2.85 f.**

Lernwortschatz

1	**collēga**, -ae *m*	Amtsgenosse, Kollege
2	**corōnāre**	krönen; bekränzen
4	**abicere**, abiciō, abiēcī, abiectum	wegwerfen; hinunterwerfen
	domō	von zu Hause
5	**impōnere**, impōnō, imposuī, impositum	hineinstellen, auferlegen, aufbürden
	corōnam imponere *m. Dat.*	jmdm. eine Krone aufsetzen
	→ pōnere	setzen, stellen, legen
6	**plaudere**, plaudō, plausī, plausum	Beifall klatschen, applaudieren

Aufgaben: Wortschatz

1 Wiederholen Sie folgende Wörter:

> sedere | aureus | gemitus | ferre | cogitare | sceleratus | auctor | regnum | velle | temptare | pati | servire | turpis | supplicium | dignus | sensus | vereri | commovere | fateri

2 Erschließen Sie die Bedeutung:

> **a purpureus**, -a, -um *(Purpur)* (Z. 1)
> **b diadema**, -atis *n (dt. Fremdwort)* (Z. 3)
> **c plausus**, -us *m* (plaudere; *dt. Fremdwort*) (Z. 6)
> **d re-icere**, -icio, -ieci, -iectum (ab-icere, sub-icere) (Z. 6)
> **e contionari** (contio, -onis *f*): Antonius contionem habet: Antonius contionatur. (Z. 19)

14	**misericordia**, -ae *f*	Mitleid
	→ miser; cor, cordis	elend; Herz
	captāre	fangen; erlangen wollen, greifen nach
	→ capere, capiō, cēpī, captum	fangen, fassen
	supplex, -icis	demütig; flehend
17	**mandāre**	übergeben, anvertrauen; auftragen
	mandatum, -ī *n*	Auftrag, Befehl
18	**ēloquentia**, -ae *f*	Redegewandtheit, Ausdrucksfähigkeit
	nūdus, -a, -um	nackt, unverhüllt; unbewaffnet
19	**cōntiō**, -ōnis *f*	Volksversammlung *(ohne Abstimmung)*
	foedus, -a, -um	hässlich, abscheulich
21	**ūllus**, -a, -um (*Gen. Sg.* ūllīus, *Dat. Sg.* ūllī)	irgendeiner
26	**interficere**, interficiō, interfēcī, interfectum	töten

3 Geben Sie die passende Bedeutung an:

a Domina ad servam: „**Tolle** patellam *(patella: Schüssel)*, quam **abiecisti**!" (Z. 4)
b Imperator scire vult, quid milites pati possint. Imperator **temptat**, quid milites pati possint. (Z. 12)
c Imperator: „Hic miles labores **ferre** non potest." (Z. 13)

4 Erschließen Sie eine passende Wiedergabe:

a Domina servam reprehendit. Tum serva **se abicit ad pedes** dominae et **cum lacrimis** clamat: „Ignosce!" (Z. 5/14)
b Domina: „Serva lacrimis **misericordiam captat**. Sed ego non ignoscam." (Z. 14)
c Domina ad servam: „Tu fles. – **Quid petens**? Ut tibi ignoscam? Sed non ignoscam!" (Z. 15)
d Illa serva est: Illa **servit**. (Z. 15)

Aufgaben: Grammatik

5 **Aspekte des Imperfekts.** Weisen Sie folgende Funktionen des Imperfekts den Sätzen zu, ggf. mithilfe einer Grammatik: (Z. 1 ff.)

Versuch | Hintergrundhandlung

a Cicero litteras **scribebat**. Tum intrat amicus et salutat.
b Cicero litteras **scribebat**, sed verba ei deerant, quia fessus *(müde)* erat.

6 **Dativ des Vorteils.** Übersetzen Sie die hervorgehobenen Dative treffend: (Z. 15)

Brutus: „Caesar regnum petit. Itaque ego Caesari mortem peto – sed **Caesari uni** peto, non **sociis et amicis** Caesaris."

7 **Akkusativ des Ausrufs.** Im Lateinischen werden Ausrufe im Akkusativ formuliert, im Deutschen dagegen im Nominativ. Erschließen Sie eine passende Übersetzung: (Z. 18)

Amicus Caesaris ad Brutum: „Caesar tibi multa beneficia praestitit. **O magnam fidem tuam**, cum eum necavisti!"

8 **Steigerung und Ablativ des Vergleichs.**
a Wählen Sie alle Komparative aus und geben Sie das Genus an: (Z. 19 ff.)

dignus | dignius | dignior | foedere | foedius

b Übersetzen Sie:

Amicus Caesaris ad Brutum: „Tu virum optimum necavisti. Quid **hoc** turpius (est)?"

→ Fortsetzung s. nächste Seite

9 **Adversatives *cum*.** Übersetzen Sie: (Z. 25)

Brutus ad amicum Caesaris: „Ego rem publicam a tyranno liberavi. Me reprehendis, **cum** tyrannum laudes?"

10 **Relativsatz ohne Bezugswort im Hauptsatz.** Übersetzen Sie: (Z. 26)

Brutus ad amicum Caesaris: „Tyrannum laudas: Qui multas res malas fecit, laudatur."

Die wahren Hüter der Republik Phil. 2.112 f.

Lernwortschatz

1	**corōna**, -ae *f*	Krone; Kranz
3	**concordia**, -ae *f*	Eintracht, Einigkeit
	→ cor, cordis *n*	Herz
	patēre, pateō, patuī, –	offenstehen, offensichtlich sein
4	**sagitta**, -ae *f*	Pfeil
5	**praesidium**, -ī *n*	Schutz; Schutztruppe, Leibwache
6	**perīre**, pereō, periī, –	zugrunde gehen, umkommen
	→ īre	gehen
9	**cāritās**, -ātis *f*	Liebe
	→ cārus, -a, -um	lieb; teuer
	oportēre	sich gehören, sollen
	oportet, oportuit	es gehört sich, man soll
11	**ēripere**, ēripiō, ēripuī, ēreptum	entreißen
12	**salvus**, -a, -um	heil, unversehrt
	quōquō modō	auf jede Weise; *(als Rel.-pron.)* auf welche Weise auch immer
15	**avārus**, -a, -um	(hab-)gierig
16	**nimium** *Adv.*	zu, allzu
19	**dēferre**, dēferō, dētulī, dēlātum	hinbringen, melden; übertragen, übergeben
	→ ferre	tragen, bringen
20	**potius** *Adv.*	eher, lieber
21	**ulcīscī**, ulcīscor, ultus sum	sich rächen, Rache nehmen

Aufgaben: Wortschatz

1 Wiederholen Sie folgende Wörter:

gens | civitas | civis | arma | uti, utor | coniunx | res publica | nondum

2 Erschließen Sie die Bedeutung:

a **armatus**, -a, -um (arma, -orum *n Pl.*) (Z. 1)
b **benevolentia**, -ae *f* (bene + velle; „captatio benevolentiae") (Z. 9)
c **describere**, -scribo, -scripsi, -scriptum (de + scribere; *deskriptiv*; *engl.: to describe*) (Z. 16)

3 Erschließen Sie eine passende Wiedergabe:

a Copia armatorum Antonium circumdat: **Corona** armatorum Antonium circumdat. (Z. 1)
b Cicero „Quomodo Antonius **nobiscum egit**? Semper male **nobiscum egit**!" (Z. 12)
c Cicero: „Antonius semper **consiliis malis utitur**." (Z. 13)

Aufgaben: Grammatik

4 **Nominaler Ablativus absolutus.** Übersetzen Sie: (Z. 12)

Caesare vivo | Cicerone salvo | nobis vivis | Exercitus e bello redit – utinam salvo duce!

5 **Konsekutiver Relativsatz ohne Bezugswort im Hauptsatz.** Übersetzen Sie: (Z. 18)

Sunt, qui rem publicam bene regant. | Populus Romanus habet, qui rem publicam bene regant.

Bis zum bitteren Ende Phil. 2.117–119

Lernwortschatz

2	**exsistere**, exsistō, exstitī, –	auftauchen; entstehen; vorhanden sein
3	**quantum** *Adv.*	wie viel, wie sehr
7	**grātus**, -a, -um	dankbar; angenehm
8	**tyrannus**, -ī *m*	Tyrann
9	**an?**	etwa?; oder?
11	**contemnere**, contemnō, contempsī, contemptum	verachten, gering schätzen
13	**aliquandō** *Adv.*	einst, (irgendwann) einmal
15	**prope** *m. Akk.*	nahe bei; *Adv.* nahe; nahezu, annähernd
17	**vērō** *Adv.*	wirklich; aber
	cōnscrībere, cōnscrībō, cōnscrīpsī, cōnscrīptum	verfassen; ausheben; beiordnen
	patrēs cōnscrīptī *m Pl.*	Senatoren
18	**adipīscī**, adipīscor, adeptus sum	erlangen, erreichen, erringen
21	**immortālis**, -e	unsterblich; *Subst.* Unsterblicher, Gott
	→ mortālis, -e	sterblich
	alter, altera, alterum (*Gen. Sg.* alterīus, *Dat. Sg.* alterī)	der eine (von beiden); der andere
	alter ..., alter	der eine ..., der andere
22	**ēvenīre**, ēveniō, ēvēnī, ēventum	sich ereignen, eintreten, ausgehen
	merērī, mereor, meritus sum	verdienen
	(bene) merērī dē	sich verdient machen um

Aufgaben: Wortschatz

1 Wiederholen Sie folgende Wörter:

malum | discere | quisque | committere | cavere | cogitare | beneficium | fama | ferre | adulescens | deserere | offerre | viginti | negare | mors | gerere | mori | relinquere

2 Erschließen Sie die Bedeutung:

a **gloriosus**, -a, -um (gloria) (Z. 8)
b **pertimescere**, pertimesco, pertimui (per + timere + -sc- [*kennzeichnet den Beginn eines Vorgangs*]): Cicero arma Antonii non pertimescit. (Z. 11)

3 Geben Sie die im Zusammenhang passende Bedeutung an:

a Cicero: „Romani in periculis **se** viris bonis **committere** debent, non viris malis." (Z. 3)
b Romani reges expulerunt. Nam Romani reges non **ferunt**. (Z. 9)

4 Erschließen Sie eine passende Wiedergabe:

Cicero: „**Hoc unum** opto, ut res publica libera sit." | „**Duo haec** opto: **unum**, ut res publica libera sit, **alterum**, ut viris bonis gloria tribuatur." (Z. 19 f.)

→ Fortsetzung s. nächste Seite

Aufgaben: Grammatik

5 Genitiv des geteilten Ganzen. Übersetzen Sie: (Z. 2)

Quid in re publica Romana **boni** est?
Hoc boni in re publica Romana est:
Libera est.

6 Konjunktiv im Hauptsatz.
a Deliberativ. Übersetzen Sie: (Z. 3 ff.)

Romani: „Credamusne Antonio?
Quantum Antonio credamus? Nescimus, quantum Antonio credamus."

b Potentialis. Übersetzen Sie: (Z. 12)

Cicero: „Omnes viri boni vitam pro salute rei publicae libenter **offerant/obtulerint**."

7 Ablativ der Hinsicht *(Ablativus respectūs)*. Übersetzen Sie zunächst nur den normal gedruckten Text. Ergänzen Sie Ihre Übersetzung dann durch die fettgedruckten Begriffe im Ablativ, ggf. mithilfe einer Grammatik: (Z. 7 f.)

Cicero: „Tyrannum occidere est **re** pulchrum, **beneficio** gratum, **famā** gloriosum."

8 Prädikativum. Übersetzen Sie: (Z. 10 ff.)

Cicero: „Iam **adulescens** cum magno periculi mortis rem publicam defendi. Iam **adulescens** negavi mihi mortem immaturam *(immaturus: zu früh)* esse."

9 *nd*-Formen (Gerundiv). In manchen Zusammenhängen kann das Gerundiv durch ein mit dem Suffix „-wert" gebildetes Adjektiv übersetzt werden. Übersetzen Sie entsprechend: (Z. 18)

virtus laudanda | libertas optanda

10 Partizipien von Deponentien. Geben Sie an, worauf das Partizip jeweils bezogen ist, und übersetzen Sie: (Z. 18 f.)

Cicero: „Mihi tam bene **merito** de re publica mors non erit immatura *(immaturus: zu früh)*. Rem publicam a tyrannis liberavi. Itaque **moriens** relinquam rem publicam liberam."

11 Steigerung und Ablativ des Vergleichs.
a Wählen Sie zu den Positiven im Kasten die passenden Steigerungsformen aus: (Z. 20)

magnum | parvum | bonum

maius | melius | optimum | maximum | minus | minimum

b Geben Sie den Ablativ des Vergleichs an und übersetzen Sie: (Z. 20 f.)

Cicero: „Omnes me laudant. Nihil maius mihi dari potest laude." | „Omnes me laudant. Hoc nihil maius mihi dari potest."

12 Kurzformen. Bestimmen Sie die Form von *deus*, ggf. mithilfe eines Wörterbuchs:

dīs (Z. 21)

Ein neuer Caesar? Phil. 3.3; 3.5

Lernwortschatz

1	**ūsque** ad *m. Akk.*	bis (zu)
	quō ūsque?	wie lange?
2	**prīvātus**, -a, -um	persönlich, privat; *Subst.* Privatmann
4	**potius** *Adv.*	eher, lieber
7	**pestis**, -is *f*	Seuche, Pest; Unheil
12	**fīrmus**, -a, -um	fest, stark
13	**comparāre**	(vor)bereiten, beschaffen; vergleichen
15	**collocāre**	aufstellen, platzieren; ansiedeln
	pecūniam collocāre (in *m. Abl.*)	Geld investieren (in)
17	**aliter** *Adv.*	anders, sonst
20	**cōnātus**, -ūs *m*	Versuch; Angriff
	→ cōnārī	versuchen, wagen
21	**interīre**, intereō, interiī, –	untergehen, zugrunde gehen
	→ īre	gehen
22	**cōnscrībere**, cōnscrībō, cōnscrīpsī, cōnscrīptum	verfassen; ausheben; beiordnen
	patrēs cōnscrīptī *m Pl.*	Senatoren

Aufgaben: Wortschatz

1 Wiederholen Sie folgende Wörter:

crudelis | nefarius | consilium | accedere | auctoritas | divinus | mens | ardere | postulare | optare | videri | exercitus | genus | salus | scelus | perspicere | impetus | non modo ... sed etiam

2 Erschließen Sie die Bedeutung:

a **pestifer**, -era, -erum (pestis, -is *f* + ferre) (Z. 7)
b **invictus**, -a, -um (vincere) (Z. 12)
c **furens**, -entis: Hostes magno cum furore impetum faciunt: Hostes furentes impetum faciunt. (Z. 19)
d **hodiernus**, -a, -um (hodie): dies hodiernus (Z. 21)

Aufgaben: Grammatik

3 **Funktionen des Ablativs.** Übersetzen Sie und weisen Sie die passende Funktion zu: (Z. 4 ff.)

Grund | Mittel | Trennung

a Octavianus **incredibili quadam mente atque virtute** pro rei publicae salute pugnavit.
b Res publica **scelere** Antonii paene iam deleta erat.
c Octavianus rem publicam **periculis** liberavit.
d **Beneficio** Octaviani senatores nunc libere dicere possunt.

4 **Ablativus absolutus.** Geben Sie die Partizipien und deren Bezugswort an. Übersetzen Sie: (Z. 9 ff.)

Cicero: „Octavianus rem publicam liberavit – nec postulantibus nec cogitantibus, ne optantibus quidem nobis."

5 **Modi im Hauptsatz (Realis).** Übersetzen Sie, ggf. mithilfe einer Grammatik; achten Sie dabei auf eine treffende Wiedergabe des hervorgehobenen Begriffs: (Z. 14)

Cicero: „Antonius est sceleratus. Sceleratusne? Non sum usus eo verbo, quo **debui**: Est bestia!"

Wacht auf! Phil. 3.34 f.

Lernwortschatz

1	**immortālis**, -e	unsterblich; *Subst.* Unsterblicher, Gott
	→ mortālis, -e	sterblich
	praesidium, -ī *n*	Schutz; Schutztruppe, Leibwache
6	**perīre**, pereō, periī, –	zugrunde gehen, umkommen
	→ īre	gehen
8	**occāsiō**, -ōnis *f*	Gelegenheit, Möglichkeit
9	**cōnscrībere**, cōnscrībō, cōnscrīpsī, cōnscrīptum	verfassen; ausheben; beiordnen
	patrēs cōnscrīptī *m Pl.*	Senatoren
	amplus, -a, -um	weit, geräumig; bedeutend
10	**aliquandō** *Adv.*	einst, (irgendwann) einmal
	recordārī, recordor, recordātus sum *m. Gen. oder Akk.*	sich erinnern an; sich (etwas) vergegenwärtigen
12	**quoniam**	weil ja, da ja, wo doch
13	**prōfitērī**, prōfiteor, prōfessus sum	öffentlich bekennen; versprechen
	→ fatērī	bekennen
	→ cōnfitērī	bekennen
17	**īgnōminia**, -ae *f*	Schande, Schmach
19	**libīdō** (*und* **lubīdō**), -inis *f*	Begierde, Lust; Willkür
	pudīcus, -a, -um	schamhaft, keusch
21	**dēdecus**, -oris *n*	Unehre, Schande
	coniungere, coniungō, coniūnxī, coniūnctum	verbinden, vereinigen
22	**quodsī** (*und* quod sī)	wenn aber, wenn nun
23	**extrēmus**, -a, -um	der äußerste, der entfernteste
25	**gladiātor**, -ōris *m*	Gladiator
28	**potius** *Adv.*	eher, lieber

Aufgaben: Wortschatz

1 Wiederholen Sie folgende Wörter:

opprimere | paulo post | reliquus | servire | orbis | consilium | princeps | vester | deesse | summus | gens | dignitas | cadere

2 Erschließen Sie die Bedeutung:

a **ignominiosus**, -a, -um (ignominia) | **flagitiosus**, -a, -um (flagitium) | **libidinosus**, -a, -um (libido, -inis *f*) (Z. 16 ff.)
b **impudicus**, -a, -um (pudicus) (Z. 19)
c **miseria**, -ae *f* (miser): Homines, qui domino scelerato servire debent, in magna miseria vivunt. (Z. 20)

3 Geben Sie die im Zusammenhang passende Bedeutung an:

a **Optimo cuique** pro libertate rei publicae pugnandum est. (Z. 6 f.)
b Antonius sceleratus est, amici Antonii scelerati sunt, tota **domus** Antonii scelerata est. (Z. 18 f.)

4 Erschließen Sie eine passende Wiedergabe:

a Cicero: „Nobis **occasio oblata est** ad rem publicam liberandam." (Z. 8)
b Cicero: „Senatores consilio bono rem publicam servare debent: **Consilium** senatorum rei publicae **deesse non debet**." (Z. 11 f.)
c Civi scelerato servire et miserum et ignominiosum est. | Civi scelerato servire **miseria** est summo **dedecore coniuncta** (Z. 20 f.)
d Cicero: „Nisi Antonium superabimus, res publica peribit: Nisi Antonium superabimus, **fatum extremum** rei publicae **veniet**." (Z. 23)

Aufgaben: Grammatik

5 Imperativ der Deponentien. Wählen Sie alle Formen aus, die Imperativ sein können, und übersetzen Sie sie: (Z. 10)

recordamur | recordare | recordari | recordamini

6 Infinitiv. AcI oder erweiterter Infinitiv als Subjekt? Bestimmen Sie die fett gedruckte Infinitivkonstruktion und übersetzen Sie:

- **a** Cicero ad senatores: „Signum date populo Romano **vos rem publicam consiliis vestris adiuvare**!" (Z. 11 f.)
- **b** **Sceleratis servire**, ea summa miseria est. (Z. 20 f.)

7 Konjunktivischer Relativsatz. Übersetzen Sie: (Z. 13 f.)

Nemo est, qui hoc non intellegat.

8 Konjunktiv im Hauptsatz: Hortativ. Übersetzen Sie: (Z. 28 f.)

Potius **occidamus** quam domino scelerato **serviamus**! – **Faciamus, ut** potius **occidamus** quam domino scelerato **serviamus**!

9 Kurzformen. Bestimmen Sie die Form von *deus*:

dī immortales (Z. 1)

Ein „Feind des Menschengeschlechts" Phil. 4.11–14

Lernwortschatz

1	**certāmen**, -inis *n*	Wettkampf, Kampf, Streit
6	**immānis**, -e	grausam; gewaltig, unermesslich
7	**cōnsēnsus**, -ūs *m*	Übereinstimmung, Einstimmigkeit
	ūllus, -a, -um (*Gen. Sg.* ūllīus, *Dat. Sg.* ūllī)	irgendeiner
9	**-ne ... an** *(indirekte Frage)*	ob ... oder
10	**īgnōminia**, -ae *f*	Schande, Schmach
	perīre, pereō, periī, –	zugrunde gehen, umkommen
	→ īre	gehen

Aufgaben: Wortschatz

1 Wiederholen Sie folgende Wörter:

Z. 1–15: hostis | pax | condicio | iucundus | caedes | nefarius | vehemens | vivere | quamquam | solere | retinere | tamquam | maiores |
Z. 16–27: numquam | civitas | fides

2 Erschließen Sie die Bedeutung:

- **a** **demovere**, -moveo, -movi, -motum: Difficile est saxum loco demovere. (Z. 18)
- **b** **devincere**, -vinco, -vici, -victum: Romani non solum exercitum hostium vicerunt, sed totam gentem subiecerunt: Hostem devicerunt. (Z. 20)
- **c** **bellicosus**, -a, -um (bellum) (Z. 21)

→ Fortsetzung s. nächste Seite

11	**prōpōnere**, prōpōnō, prōposuī, prōpositum	vorschlagen, vor Augen stellen, in Aussicht stellen
	→ pōnere	setzen, stellen, legen
	→ compōnere	zusammenstellen
	→ dēpōnere	ablegen
12	**crūdēlitās**, crūdēlitātis *f*	Grausamkeit, Hartherzigkeit
	→ crūdēlis, -e	grausam
	dēdecus, -oris *n*	Unehre, Schande
13	**proprius**, -a, -um	eigen, privat; *m. Gen.* typisch für
	sēmen, -inis *n*	Samen, Saat; Abstammung
14	**quaesō**	ich bitte (dich); bitte
16	**incertus**, -a, -um	unsicher, unbestimmt
19	**ūniversus**, -a, -um	all, ganz, sämtlich
21	**ēvertere**, ēvertō, ēvertī, ēversum	zerstören, umstürzen
	potēns, -entis	mächtig, stark
23	**oppūgnāre**	angreifen
	→ pūgnāre	kämpfen
25	**concordia**, -ae *f*	Eintracht, Einigkeit
	→ cor, cordis *n*	Herz
26	**vērō** *Adv.*	wirklich; aber

3 Geben Sie die im Zusammenhang passende Bedeutung an:

a Cicero: „Antonium vincere studemus: In hac **causa** consensus esse debet populi senatusque Romani." (Z. 7)
b Omnia, quae habemus, nobis eripi possunt. Virtus **una** est, quae nobis eripi non potest. (Z. 17)

4 Geben Sie jeweils die im Zusammenhang passende Bedeutung an und erklären Sie den Unterschied:

Civis Romanus pars **civitatis** Romanae est. | Civis Romanus **civitatem** habet. (Z. 26)

5 Erschließen Sie eine passende Wiedergabe:

a Cum hostibus, si pax esse non potest, aliqua saltem *(wenigstens)* **condicio pacis** esse debet. (Z. 2)
b Cicero: „Antonius cives Romanos non clam *(heimlich)* necavit: Amat **ante oculos** necem *(nex, necis f: Mord)*." (Z. 3)
c Cicero: „Pugnare debemus cum bestia fera, non cum homine: **Cum** bestia fera **nobis res** erit!" (Z. 5)
d Cicero: „Omnes Antonium timent. **Nec mirum**: Crudelis est!" (Z. 8)
e Cicero: „**In Antonio** crudelitas **est**. In Antonio fides est **nulla**." (Z. 27)

Aufgaben: Grammatik

6 **Steigerung von Adjektiven.**
a Wählen Sie alle Komparative aus, bestimmen Sie sie nach KNG und geben Sie die Bedeutung an.
b Bestimmen Sie die übriggebliebene Form und geben Sie die Bedeutung an. (Z. 3 ff.)

vehementer | iucundior | sceleratiori | maiorem

7 **Partizip Futur Aktiv mit *esse* in indirekten Fragen.** Beschreiben Sie, ggf. mithilfe einer Grammatik, die Funktion des PFA mit einer Form von *esse* in der indirekten Frage; übersetzen Sie dann: (Z. 9 f.)

Nescio, quando *(wann)* hostes **victuri simus**. | Nescio, **victurine simus** an non.

8 **Wortstellung.** Durch die Wortstellung können im Lateinischen Begriffe besonders betont werden. Beschreiben Sie die Besonderheit der Wortstellung und deren Wirkung: (Z. 26 f.)

Cicero: „Nos omnes pacem amamus. Pax vero quae potest esse cum Antonio?"

Gemeinsam sind wir frei Phil. 6.18 f.

Lernwortschatz

1	**quamobrem** (*und* quam ob rem)	deswegen *(rel. Satzanschluss)*
	quantum *Adv.*	wie viel, wie sehr
3	**vigilāre**	wach sein, (durch-) wachen; unermüdlich tätig sein
4	**cōntiō**, -ōnis *f*	Volksversammlung *(ohne Abstimmung)*
7	**cōnātus**, -ūs *m*	Versuch; Angriff
	→ cōnārī	versuchen, wagen
8	**ōrdō**, -inis *m*	Ordnung, Reihe; Stand
9	**colōnia**, -ae *f*	Kolonie, Tochterstadt, Ansiedlung
10	**fīrmus**, -a, -um	fest, stark
12	**sērus**, -a, -um	spät, zu spät
14	**mātūrus**, -a, -um	reif; erwachsen; frühzeitig
14	**differre**, differō, distulī, dīlātum	aufschieben; sich unterscheiden
	→ ferre	tragen, bringen
17	**fās** *n (nur im Nom./Akk. Sg.)*	(göttliches) Recht, Erlaubnis
	fās est *m. Inf.*	es ist gestattet zu ...
18	**immortālis**, -e	unsterblich; *Subst.* Unsterblicher, Gott
	→ mortālis, -e	sterblich
20	**oportēre**	sich gehören, sollen
	oportet, oportuit	es gehört sich, man soll
21	**pietās**, -ātis *f*	Frömmigkeit; Pflichtgefühl; Verantwortungsbewusstsein
22	**concordia**, -ae *f*	Eintracht, Einigkeit
	→ cor, cordis *n*	Herz
	cōnsequī, cōnsequor, cōnsecūtus sum *m. Akk.*	folgen, erreichen
	→ sequī	folgen
23	**nātiō**, -ōnis *f*	Volk, Volksstamm
24	**proprius**, -a, -um	eigen, privat; *m. Gen.* typisch für

Aufgaben: Wortschatz

1 Wiederholen Sie folgende Wörter:

consilium | paene | interesse | avertere | furor | exstinguere | opprimere | audacia | cuncti | auctoritas | casus | decernere | profecto

2 Geben Sie die im Zusammenhang passende Bedeutung an:

a Cicero: „Res publica in periculo est. Populus Romanus concordiā rem publicam firmam **facere** debet." (Z. 11)
b Cicero: „Crudelitatem Antonii diu **tulimus**, sed non iam **feremus**!" (Z. 15 f.)

3 Erschließen Sie eine passende Wiedergabe:

a Cicero: „Rem publicam adiuvo, **quantum possum**. Immo: Rem publicam adiuvo **plus, quam possum**." (Z. 2)
b Consules **contiones habent**. (Z. 3 f.)
c Omnes Romani de Antonio **unum sentiunt**: „Antonius crudelis est." – Omnes Romani **unum student**: Antonium vincere. (Z. 6)
d Cicero: „Nunc res publica firma non est. Sed concordiā populi Romani res publica **bene firma** erit." (Z. 10)
e Cicero: „Antonius est homo crudelis – est, **ut ita dicam**, monstrum!" (Z. 15)

→ Fortsetzung s. nächste Seite

Aufgaben: Grammatik

4 Prädikativum. Übersetzen Sie: (Z. 3 f.)

Cicero: „**Consul** multas contiones habui, multis contionibus interfui."

5 Vergleich. Beschreiben Sie, was hier womit verglichen wird. Geben Sie dazu zunächst den Komparativ und die Vergleichspartikel an. Übersetzen Sie dann: (Z. 12 f.)

Cicero: „Crudelitatem Antonii diutius tulimus, quam populo Romano dignum fuit."

6 *nd*-Formen mit *esse* (prädikatives Gerundiv) und Realis.

a Gerundiv. Übersetzen Sie: (Z. 15 f.)

Cicero: „Crudelitam Antonii diutius tulimus, quam **ferenda fuit**."

b Realis. Die Funktion des Modus bei *ferenda fuit* kann man als „Realis" bezeichnen. Überarbeiten Sie dementsprechend Ihre Übersetzung aus **a**, ggf. mithilfe einer Grammatik.

7 *Aliquis/aliqui* ohne *ali*. Begründen Sie den Wegfall von *ali-* und übersetzen Sie: (Z. 16)

Aliquis dicat: „Antonius crudelis non est." | Si **quis** dicit Antonium crudelem non esse, errat.

8 Relativsatz ...

a ... mit AcI verschränkt. Übersetzen Sie: (Z. 17 ff.)

Populus Romanus, quem omnibus gentibus imperare constat, ab Antonio vinci non poterit. |
Populus Romanus, quem dei immortales omnibus gentibus imperare voluerunt, ab Antonio vinci non poterit.

b ... mit Bezug auf den übergeordneten Satz. Erklären Sie, inwiefern sich der Relativsatz auf die Aussage des gesamten übergeordneten Satzes bezieht, und übersetzen Sie: (Z. 21 f.)

Cicero ad populum: „Crudelitatem Antonii diu tulistis, quod populo Romano dignum non est." |
„Antonium vincetis, quod concordiā consequemini."

9 Unpersönliche Verben. Von manchen unpersönlichen Ausdrücken (z. B. *oportet, necesse est*) kann ein bloßer Konjunktiv (vor dem *ut* gedanklich zu ergänzen ist) abhängen. Übersetzen Sie: (Z. 20)

Aut vincamus oportet – aut moriamur!

10 Kurzformen. Bestimmen Sie die Form von *deus*:

dī immortales (Z. 18)

Warum es keinen Frieden geben kann Phil. 8.8 f.

Lernwortschatz

1	**cīvīlis**, -e	bürgerlich, Bürger-
	bellum cīvīle	Bürgerkrieg
2	**incidere**, incidō, incidī, – (in *m. Akk.*)	fallen (auf), hineingeraten (in)
	→ cadere	fallen
3	**discordia**, -ae *f*	Uneinigkeit, Zwietracht
	cōnsentīre, cōnsentiō, cōnsēnsī, cōnsēnsum	zustimmen
4	**concordia**, -ae *f*	Eintracht, Einigkeit
	→ cor, cordis *n*	Herz
7	**immortālis**, -e	unsterblich; *Subst.* Unsterblicher, Gott
	→ mortālis, -e	sterblich
8	**sēdēs**, -is *f*	Sitz, Wohnsitz; Standort
	focus, -ī *m*	Herd, Heim
9	**sepulcrum**, -ī *n*	Grab, Grabmal, Begräbnis
10	**contrā** *m. Akk.*	gegen; *Adv.* dagegen
11	**mōlīrī**, mōlior, mōlītus sum	in Bewegung setzen, unternehmen; bauen
	ēvertere, ēvertō, ēvertī, ēversum	zerstören, umstürzen
12	**fortūnae**, -ārum *f Pl.*	Güter; Vermögen
13	**parricīda**, -ae *m*	Vatermörder; Mörder, Schwerverbrecher
	→ pater; caedere	Vater; fällen
16	**dīvidere**, dīvidō, dīvīsī, dīvīsum	teilen, trennen
18	**pestis**, -is *f*	Seuche, Pest; Unheil
19	**hortus**, -ī *m*	Garten
20	**multō** *m. Komp.*	viel, um vieles
25	**cruentus**, -a, -um	blutig, blutverschmiert
26	**invidēre**, invideō, invīdī, invīsum *m. Dat.*	beneiden; mit bösem Blick ansehen

Aufgaben: Wortschatz

1 Wiederholen Sie folgende Wörter:

gerere | aetas | non modo ... sed etiam | idem | dignus | ara | lex | iudicium | patria | perturbare | praeda | miser | polliceri | confirmare | quo | exercitus | ius | honestus

2 Erschließen Sie die Bedeutung:

a **consensio**, -onis *f* ⟷ **dissensio**, -onis *f* (con-/dis- + sentire): Si omnes cives de eadem re idem sentiunt, consensio est civium. Si minus *(nicht)*, dissensio est civium. (Z. 2 f.)
b **domicilium**, -i *n* (domus, -us *f*; *Domizil*) (Z. 8)
c **dispar**, -is (dis- + par): Si cives non idem sentiunt, sententiae civium dispares sunt. (Z. 14)
d **promissio**, -onis *f* (promittere) (Z. 21)
e **perniciosus**, -a, -um (pernicies, -ei) (Z. 22)
f **gloriosus**, -a, -um (gloria) (Z. 27)

3 Geben Sie die im Zusammenhang passende Bedeutung an:

a Nemo Antonium honoribus dignum **putat**. (Z. 6)
b Antonius hostis **civitatis** Romanae est: Itaque civis Romanus esse non potest: **Civitate** dignus non est. (Z. 6)

→ Fortsetzung s. nächste Seite

27	**integer**, -gra, -grum	anständig, unbestechlich; unberührt, vollständig
	plēnus, -a, -um *m. Gen.*	voll (von etw.)
	laetitia, -ae *f*	Freude, Fröhlichkeit
	→ laetus, -a, -um	froh, fröhlich
	pietās, -ātis *f*	Frömmigkeit; Pflichtgefühl; Verantwortungsbewusstsein

4 Erschließen Sie eine passende Wiedergabe:

a Multa bella civilia Ciceronis aetate fuerunt: Bella civilia **in Ciceronis aetatem inciderunt**. (Z. 1 f.)
b Antonius **id pugnavit, ut** rem publicam everteret. (Z. 11)
c Cicero: „Antonius praedae causā bellum gerit: **Praeda rei publicae** ei causa belli est." (Z. 12)
d Cicero: „In hoc bello **illud miserrimum est, quod** Antonius rem publicam evertere studet." (Z. 14)
e Cicero: „Antonius amicos sceleratos **omnibus portis** ex urbe Roma ducet, ut Italiam diripiant *(diripere, -io: ausplündern)*." (Z. 16)
f Homines, qui Antonium sequuntur, **pestes** rei publicae Romanae sunt. (Z. 18)
g Scelera saepe **iis**, qui ea committunt, **perniciosa sunt**. (Z. 21 f.)

Aufgaben: Grammatik

5 **Unregelmäßige Steigerung.** Ordnen Sie folgende Steigerungsformen und geben Sie die Bedeutung an: (Z. 3 ff.)

bonus | maximus | peior | malus | maior | melior | optimus | pessimus | magnus

6 **Ellipse.** Weisen Sie eine Ellipse nach und übersetzen Sie: (Z. 15 f.)

Antonius se amicos in urbem Romam ducturum promittit.

7 **Wortstellung.** Durch die Wortstellung können im Lateinischen Begriffe besonders betont werden. Beschreiben Sie die Besonderheit der Wortstellung im zweiten Satz und übersetzen Sie: (Z. 20)

Cicero: „Antonius amicis suis omnia promittit. Nos nostris amicis quid promittimus? Rem publicam firmam!"

8 **Kurzformen.** Bestimmen Sie die Form von *deus*, ggf. mithilfe eines Wörterbuchs:

dīs (Z. 25)

Ovid: Metamorphosen

Die Entstehung der Welt und des Menschen Met. 1.5–83

Lernwortschatz

7	**mōlēs**, -is *f*	(gewaltige) Masse, Last
8	**quisquam**, quidquam (quicquam)	irgendjemand
	pondus, -eris *n*	Gewicht
	iners, -tis	träge, kunstlos
	→ ars, artis *f*	Kunst, Fertigkeit
9	**sēmen**, -inis *n*	Samen, Saat; Abstammung
18	**obstāre**, obstō, obstitī, (obstātūrus)	im Weg stehen, hindern
	→ stāre	stehen
19	**frīgidus**, -a, -um	kalt, kühl
	calidus, -a, -um	warm, heiß
20	**mollis**, -e	weich, angenehm; freundlich
21	**līs**, lītis *f*	Streit; Prozess
22	**unda**, -ae *f*	Welle, Woge
76	**sānctus**, -a, -um	heilig, geweiht
77	**dominārī**, dominor, dominātus sum (in *m. Akk.*)	herrschen (über); tyrannisieren
	→ dominus, -ī *m*	Herr
78	**seu** (*und* **sive**)	sei es, dass; oder
	seu ... seu (*oder* sīve ... sīve)	sei es, dass ..., oder dass
79	**mundus**, -ī *m*	Welt, Weltall
	orīgō, -inis *f*	Anfang, Ursprung; Abstammung
80	**recēns**, -entis	frisch, jung, neu
	tellūs, -ūris *f*	Erde
81	**cognātus**, -a, -um	(bluts-)verwandt
	→ nātus, -a, -um	geboren
82	**miscēre**, misceō, miscuī, mixtum	mischen; durcheinanderbringen
83	**effigiēs**, -ēī *f*	Abbild, Ebenbild

Aufgaben: Wortschatz

1 Wiederholen Sie folgende Wörter:

V. 5–23: mare | terra | tegere | caelum | orbis | iungere | corpus | durus | aer |
V. 76–83: animal | mens | deesse | nasci | ops/opes | nuper | retinere | fingere

2 Erschließen Sie die Bedeutung:

chaos *(dt. Fremdwort)*: Chaos est perturbata et confusa *(confusus: durcheinander)* moles omnium rerum. (V. 7)

3 Erschließen Sie eine passende Wiedergabe:

a In mari nihil est **nisi** aqua: In mari **unus** est **vultus naturae**. (V. 6)
b Maxima pars orbis est aqua:
Quae aqua „Oceanus“ **dicitur**./
Quam aquam „Oceanum“ **dicunt**. (V. 7)
c Mare est immensum *(immensus: unermesslich)* **nec quicquam nisi** ingens copia aquae. (V. 8)

→ Fortsetzung s. nächste Seite

Aufgaben: Grammatik

4 Substantivierte Adjektive im Neutrum Plural. Erschließen Sie passende Wiedergaben: (V. 5 ff.)

Omnia, quae sunt in orbe, facta sunt ex contrariis *(contrarius m. Dat.: entgegengesetzt, Subst. Gegensatz)*.
Frigida et **calida**, **mollia** et **dura**: **Alia aliis** contraria sunt.

5 Steigerung von Adjektiven.

a Wählen Sie alle Komparative aus und geben Sie den Positiv an: (V. 21 ff.)

melior | iners | calidus | mollius | maiora | celeriter | sapientius

b Wählen Sie alle Neutra aus, verbinden Sie sie mit dem nach KNG und inhaltlich passenden Adjektiv aus **a** und übersetzen Sie die so entstandenen Ausdrücke:

animal | vultus | corpus | terra | maria

6 Ablativ des Vergleichs. Geben Sie die Ablative des Vergleichs an und übersetzen Sie: (V. 76 ff.)

Homo sapientior est ceteris animalibus. | In terra multa animalia sunt. Homo autem his est sapientior.

7 Relativsatz. Geben Sie das Bezugswort des Relativsatzes an und beschreiben Sie die Besonderheit der Konstruktion. Übersetzen Sie dann: (V. 77)

Homo est animal sapiens et quod dominatur in cetera animalia.

8 Kurzformen. Bestimmen Sie die Form:

dixere (V. 7)

Prosafassung (V. 5–9)

Wählen Sie selbst Ihren Textzugang: Beginnen Sie nun mit dem Original oder lesen Sie zuerst hier die syntaktisch vereinfachte Prosaversion.

Ante **ortum** maris et terrae et caeli, quod tegit omnia, in toto orbe unus vultus naturae erat:
Quem dixerunt „chaos“:
Chaos erat **rudis** et **indigesta** moles;
Chaos erat pondus iners et [**eodem congesta**] **discordia** semina rerum [non bene iunctarum].

ortus, *-ūs m* Entstehung – **rudis,** *-e* roh – **indigestus** ungeordnet – **eōdem** *(hier)* an derselben Stelle – **congerere** (*PPP* congestum) zusammenwerfen – **discors**, *-dis* uneins, zwieträchtig

---

Weltzeitalter I: Gold und Silber Met. 1.89–124

Lernwortschatz

Vers	Wort	Bedeutung
90	**rēctus**, -a, -um	richtig; gerade
91	**minārī**, minor, minātus sum	drohen, androhen
	fīgere, fīgō, fīxī, fīxum	befestigen
92	**aes**, aeris *n*	Erz; Geld
	supplex, -icis	demütig; flehend
94	**caedere**, caedō, cecīdī, caesum	fällen; niederschlagen, töten
	vīsere, vīsō, vīsī, –	besichtigen, besuchen; nachsehen
95	**liquidus**, -a, -um	flüssig
	unda, -ae *f*	Welle, Woge
96	**praeter** *m. Akk.*	ausgenommen, außer
97	**praeceps**, -cipitis	steil; überstürzt, schnell
	cingere, cingō, cīnxī, cīnctum	umgeben, umzingeln
98	**tuba**, -ae *f*	Kriegstrompete, Tuba
	cornu, -ūs *n*	Horn; Heerflügel
100	**mollis**, -e	weich, angenehm; freundlich
	sēcūrus, -a, -um	unbesorgt, ruhig, sicher
	→ cūra, -ae *f*	Sorge
101	**ūllus**, -a, -um (*Gen. Sg.* ūllīus, *Dat. Sg.* ūllī)	irgendeiner
102	**tellūs**, -ūris *f*	Erde
113	**tenebrae**, -ārum *f Pl.*	Finsternis, Dunkelheit
114	**mundus**, -ī *m*	Welt, Weltall
	subīre, subeō, subiī, subitum	auf sich nehmen; nachfolgen (*wörtl.* darunter gehen)
	→ īre	gehen
	argentum, -ī *n*	Silber
	prōlēs, -is *f*	Nachkommenschaft, Geschlecht
123	**sēmen**, -inis *n*	Samen, Saat; Abstammung
124	**iugum**, -ī *n*	Joch, Gespann; Bergrücken
	→ iungere, iungō, iūnxī, iūnctum	verbinden
	gemere, gemō, gemuī, –	seufzen, stöhnen
	→ gemitus, -ūs *m*	das Seufzen, das Stöhnen

Aufgaben: Wortschatz

1 Wiederholen Sie folgende Wörter:

aetas | sua sponte | poena | metus | abesse | iudex | tutus | nondum | mons | litus | noscere/novisse | oppidum | flectere | gens | domus | premere

2 Erschließen Sie die Bedeutung:

a **per-agere**, -ago, -egi, -actum: Non est bellum. Itaque hominibus licet tempus pacis peragere. (V. 100)
b **intactus**, -a, -um (tangere): Id, quod tactum non est, intactum est. (V. 101)
c **tenebrosus**, -a, -um (tenebrae, -arum *f Pl.*) (V. 113)
d **argenteus**, -a, -um (argentum) (V. 114)

3 Erschließen Sie eine passende Wiedergabe:

a Pax est inter homines, qui **fidem colunt**. (V. 90).
b Temporibus antiquissimis non **erat** bellum, quia non **erant** arma. (V. 99)
c Temporibus antiquissimis non erat bellum; itaque **non erat usus militis**. (V. 99)
d Temporibus antiquissimis non erat bellum; itaque homines non pugnabant, sed **otia (per)agebant**. (V. 100)
e Terra nobis cibum sua sponte dat. Terra nobis cibum **per se** dat. (V. 102)

→ Fortsetzung s. nächste Seite

Aufgaben: Grammatik

4 Nominaler Ablativus absolutus. Übersetzen Sie: (Z. 89)

Caesare mortuo – nobis vivis – iudice nullo

5 Genitiv der Beschaffenheit. Übersetzen Sie und ordnen Sie die den Abbildungen die passende Beschreibung zu: (V. 98)

a Tuba est **aeris derecti** *(derectus: gerade)*.
b Cornu est **aeris flexi**.

6 Kurzformen. Bestimmen Sie die Formen:

norant (V. 96) | subiere (V. 121) | gemuere (V. 124)

Aufgaben: Sachwissen

7 Übersetzen Sie und erläutern Sie den Inhalt mithilfe Ihres mythologischen Wissens:

Saturno in Tartara misso mundus sub Iove erat. (V. 113 f.)

8 Erschließen Sie mithilfe Ihrer Kenntnis des Aufgabenbereichs der Göttin Ceres die Bedeutung des Ausdrucks:

semina Cerealia (V. 123)

Prosafassung (V. 94–96)

Wählen Sie selbst Ihren Textzugang: Beginnen Sie nun mit dem Original oder lesen Sie zuerst hier die syntaktisch vereinfachte Prosaversion.

Nondum **pinus** caesa de suis montibus descenderat in liquidas undas, ut viseret terras **peregrinas**; mortales nulla litora noverant praeter sua litora.

pīnus, *-ī f* Fichte *(gemeint: als Bauholz für Schiffe)* – **peregrīnus** fremd

→ GK 6.2 Ursprung der Welt: Kronos

Weltzeitalter II: Bronze und Eisen Met. 1.125–150

Lernwortschatz

125	**post** *m. Akk.*	nach; hinter; *Adv.* später, danach
	succēdere, succēdō, successī, successum	nachfolgen; gelingen
	→ cēdere	(weg)gehen, weichen
	prōlēs, -is *f*	Nachkommenschaft, Geschlecht
126	**horridus**, -a, -um	struppig; unkultiviert; abstoßend, entsetzlich
128	**prōtinus** *Adv.*	vorwärts; sofort; ununterbrochen
129	**nefās** *n (nur Nom./Akk. Sg.)*	Frevel, Verbrechen
	pudor, -ōris *m*	Scham; Ehrgefühl; Keuschheit
131	**subīre**, subeō, subiī, subitum	auf sich nehmen; nachfolgen (*wörtl.* darunter gehen)
	→ īre	gehen
141	**nocēre**, noceō, nocuī, –	schaden
142	**prōdīre**, prōdeō, prōdiī, prōditum	hervortreten, auftreten; vorrücken
	→ ire	gehen
144	**hospes**, -itis *m*	Gastgeber; Gast
145	**rārus**, -a, -um	selten, vereinzelt
146	**marītus**, -ī *m*	Ehemann
147	**terribilis**, -e	schrecklich
	miscēre, misceō, miscuī, mixtum	mischen; durcheinanderbringen
149	**pietās**, -ātis *f*	Frömmigkeit; Pflichtgefühl; Verantwortungsbewusstsein

Aufgaben: Wortschatz

1 Wiederholen Sie folgende Wörter:

saevus | ingenium | arma | sceleratus | durus | ultimus | ferrum | subire | dolus | insidiae | vis | sanguis | manus | tutus | vir | coniunx | relinquere

2 Erschließen Sie die Bedeutung:

- **a** **nocens**, -entis (nocere): Arma nocent. Arma nocentia sunt. (V. 141)
- **b** **sanguineus**, -a, -um (sanguis) (V. 143)
- **c** **raptum**, -i *n*: Homo sceleratus, qui pecuniam rapuit, praedā gaudet: Homo sceleratus rapto gaudet. (V. 144)
- **d** **caelestis**, -e: Res, quae in caelo sunt, caelestes appellantur: Sol res caelestis est, etiam dei caelestes appellantur. (V. 150)

3 Erschließen Sie eine passende Wiedergabe:

- **a** Corona *(Krone)* **de auro** est. Prima aetas **de auro** erat. (V. 127)
- **b** Aurea aetate homines non mentiebantur *(mentiri: lügen)*, sed **verum** dicebant. (V. 129)
- **c** Aurea aetate homines amabant et fidem et pudorem. Aurea aetate homines amabant fidem**que** pudorem**que**. (V. 129)
- **d** **In locum aureae aetatis** subiit aetas argentea. (V. 130)
- **e** Aurea aetate homines opes habere non studebant: Hominibus non fuit **amor habendi**. (V. 131)
- **f** Aurea aetate homines **vivunt ex cibis**, quos terra dat. | Aurea aetate **vivitur** ex cibis, quos terra dat. (V. 144)
- **g** Frater fratrem diligere debet: Inter fratres gratia esse debet. **Gratia fratrum** magna esse debet. (V. 145)
- **h** Dies mortis hominibus fato constitutus est. Nemo vult **ante diem** mori. (V. 148)
- **i** Aurea aetate fides inter homines fuit. Nunc non iam fides est, sed infidelitas *(Unredlichkeit)*: Nunc fides **victa iacet**, infidelitas victoriam habet. (V. 149)

→ Fortsetzung s. nächste Seite

Aufgaben: Grammatik

4 Steigerung und Ablativ des Vergleichs. (V. 126 ff.)

a – Positiv? Komparativ? Superlativ? Bestimmen Sie jeweils die Steigerungsform (z. B. *meliorem: Komparativ*).
– Ergänzen Sie die übrigen Steigerungsformen; behalten Sie dabei KNG von **a** bei (z. B. *bonum, -am – meliorem – optimum, -am*).
– Geben Sie die Bedeutung des Adjektivs an (z. B. *gut*):

saevior | sceleratus | peioris | nocentius | rarissimus (V. 126 ff.)

b Geben Sie den Ablativ des Vergleichs an und übersetzen Sie:

Auro ferrum durius est. (V. 141)

5 Prädikativum. Geben Sie das Prädikativum an und übersetzen Sie: (V. 150)

Aetas ferrea *(ferreus: eisern)* ultima prodiit.

6 Kurzformen. Bestimmen Sie die Form:

subiere (V. 130)

Prosafassung (V. 144–150)

Wählen Sie selbst Ihren Textzugang: Beginnen Sie nun mit dem Original oder lesen Sie zuerst hier die syntaktisch vereinfachte Prosaversion.

Homines ex rapto vivunt: Hospes tutus non est ab hospite, socer tutus non est a genero; fratrum quoque gratia rara est; vir **imminet exitio** coniugis, coniunx imminet exitio mariti. **Novercae** terribiles miscent **lurida aconita**. [...]
Pietas victa iacet, et Astraea virgo ultima caelestium reliquit terras caede **madentes**.

imminēre, *-eō (m. Dat.) (hier)* planen – **exitium** Tod – **noverca** Stiefmutter – **lūridus** fahl, leichenblass; tödlich – **aconītum** Gift – **madēre** *(m. Abl.)* triefen von

---

Lykaon Met. 1.220–239

Lernwortschatz

220	**vulgus**, -ī *n*	Volk; Masse, Pöbel
221	**prīmō** *Adv.*	zuerst
	vōtum, -ī *n*	Wunsch; Gebet, Gelübde
222	**experīrī**, experior, expertus sum	versuchen, ausprobieren; erfahren
223	**an**	ob; oder
225	**comparāre**	(vor)bereiten, beschaffen; vergleichen
	comparāre *m. Inf.*	planen *(etwas zu tun)*
227	**obses**, -idis *m/f*	Geisel
228	**artūs**, -uum *m Pl.*	Gliedmaßen, Glieder

Aufgaben: Wortschatz

1 Wiederholen Sie folgende Wörter:

precari | incipere | pius | aio | verus | somnus | perdere | mors | terrere | frustra | conari | sanguis | vestis | fieri | vetus | idem | vultus | imago

2 Erschließen Sie die Bedeutung:

a **dubitabilis**, -e (dubitare): Non dubito de potentia deorum. Potentia deorum non est dubitabilis. (V. 223)
b **feritas**, -atis *f* (ferus): Homines feritatem luporum timent. (V. 239)

230	**impōnere**, impōnō, imposuī, impositum	hineinstellen, auferlegen, aufbürden
	aliquid impōnere mēnsae	etwas auf den Tisch stellen
	onus impōnere *m. Dat.*	jmdm. eine Last aufbürden
	→ pōnere	setzen, stellen, legen
	mēnsa, -ae *f*	Tisch, Mahlzeit
	flamma, -ae *f*	Feuer, Flamme
231	**ēvertere**, ēvertō, ēvertī, ēversum	zerstören, umstürzen
232	**silentium**, -ī *n*	Schweigen, Stille; Verschwiegenheit
	rūs, rūris *n*	Land, Landgut
234	**cupīdo**, -inis *f*	Begierde, Trieb, Gier
236	**lacertus**, -ī *m*	Arm; Oberarm
237	**lupus**, -ī *m*	Wolf
	vestīgium, -ī *n*	Spur, Fußspur; Fuß

3 Erschließen Sie eine passende Wiedergabe:

a Peregrinum *(peregrinus: der Fremde)* non timemus. Ille enim **signa dedit** se amicum esse. (V. 220)
b Nihil audio, nihil sentio: Dormio. **Somno gravis** sum. (V. 224)
c Urbem relinquo et **silentia ruris** peto. (V. 232)
d Hostes primum viros necaverunt; nunc autem magna crudelitate **vertuntur in** mulieres et liberos. (V. 235)
e Paulus fuit puer pulcher. Nunc est senex. Sed adhuc **servat vestigia veteris pulchritudinis**. (V. 237)

Aufgaben: Grammatik

4 **Indirekte Frage.** Beschreiben Sie, wie die indirekte Doppelfrage auf Latein formuliert werden kann, und übersetzen Sie: (V. 222 f.)

Scire volo: „Esne amicus an inimicus?“ Itaque experiar, ...
– ... utrum sis verus amicus an inimicus.
– ... sisne verus amicus an inimicus.
– ... sis verus amicus an inimicus.

5 **Genitivus subiectivus/obiectivus.** Geben Sie den Genitivus obiectivus an und übersetzen Sie (V. 234):

Lupus cupit oves *(ovis, -is f: Schaf)* occidere.
Lupus oves magna cupidine caedis petit.

Die Vorgeschichte: Phoebus Apollon trifft Amor Met. 1.451–474

Lernwortschatz

452	**ignārus**, -a, -um *m. Gen.*	unwissend, ohne Wissen (von)
463	**fīgere**, fīgō, fīxī, fīxum	befestigen; (mit dem Pfeil) treffen
464	**arcus**, -ūs *m*	Bogen
468	**tēlum**, -ī *n*	Wurfwaffe *(besonders Lanzen, Pfeile, Schleudern)*, Waffe, Geschoss

Aufgaben: Wortschatz

1 Wiederholen Sie folgende Wörter:

saevus | ira | animal | gloria | consistere | diversus | laedere | per | amare | fugere

2 Erschließen Sie die Bedeutung:

a **umbrosus**, -a, -um (umbra) (V. 467)
b **auratus**, -a, -um (aurum) (V. 470)

→ Fortsetzung s. nächste Seite

469	**fugāre** → fugere, fugiō, fūgī, –	vertreiben fliehen
470	**fulgēre**, fulgeō, fulsī, –	strahlen, glänzen, blitzen
472	**nympha**, -ae (*und* **nymphē**, -ēs) *f*	Nymphe
473	**os**, ossis *n*	Knochen, Gebein
474	**prōtinus** *Adv.*	vorwärts; sofort; ununterbrochen
	alter, altera, alterum (*Gen. Sg.* alterīus, *Dat. Sg.* alterī)	der eine (von beiden); der andere
	alter ..., alter	der eine ..., der andere

3 Erschließen Sie eine passende Wiedergabe:

a Dei multo maiorem potentiam habent quam cuncta animalia. Cuncta animalia deis **potentiā multo cedunt**. (V. 464 f.)
b Ira **facit** bellum, amor **facit** pacem. (V. 469 f.)
c Hostis **telum in milite Romano fixit**. (V. 472)

4 ***Hic* und *ille*.** Das Demonstrativpronomen *hic* bezeichnet etwas (örtlich oder zeitlich) in der Nähe Liegendes, *ille* etwas, das weiter weg liegt. Das gilt auch für Rückverweise innerhalb von Texten: *hic* bezeichnet das zuletzt, *ille* das zuerst Erwähnte (und somit weiter weg Liegende). Erschließen Sie eine passende Wiedergabe: (V. 469 ff.)

Amor et Apollo dei diversi sunt: **Hic** est magnus et coronatus *(bekränzt)*, **ille** parvus et alatus *(geflügelt)*.

Aufgaben: Grammatik

5 Kasusfunktionen.

a **Ablativ des Vergleichs.** Geben Sie den Ablativ des Vergleichs an und übersetzen Sie: (V. 464)

Homines: „Potentia deorum maior est nostrā potentiā."

b **Ablativ des Ortes.** Ortsangaben stehen vor allem in der Dichtung oft mit bloßem Ablativ, ohne Präposition. Geben Sie den Ablativ des Ortes an und übersetzen Sie: (V. 467)

Amor deus per aerem volavit *(volare: fliegen)* et monte alto constitit.

c **Genitiv der Beschaffenheit.** Geben Sie den Genitiv der Beschaffenheit an und übersetzen Sie: (V. 469)

Amor et Apollo sunt dei formae diversae: Alter est parvus et alatus *(geflügelt)*, alter magnus et coronatus *(bekränzt)*.

6 Relativsatz ohne Bezugswort. Übersetzen Sie: (V. 470 f.)

Amor et Apollo sunt dei diversi: Qui est parvus et alatus *(geflügelt)*, Amor est. Qui est magnus et coronatus *(bekränzt)*, Apollo est.

Prosafassung (V. 463–469)

Wählen Sie selbst Ihren Textzugang: Beginnen Sie nun mit dem Original oder lesen Sie zuerst hier die syntaktisch vereinfachte Prosaversion.

Huic filius Veneris ait: „**Figat** tuus arcus omnia, Phoebe – meus arcus figet te;
quantoque cuncta animalia deo cedunt, **tanto** minor est tua gloria gloriā nostrā."
(Tum) constitit umbrosa arce Parnassi et e **sagittifera pharetra prompsit** duo tela diversorum **operum**.

fīgat *(übersetze konzessiv)* mag auch ... – **quantō ... tantō** wie sehr ... um so viel ... – **arx** *(hier)* Gipfel – **sagittifer**, *-a, -um* mit Pfeilen gefüllt – **pharētra** Köcher – **prōmere** *(Perf.* prōmpsī*)* hervorholen – **opus**, *-eris n (hier)* Wirkung

---

Zwei Volltreffer – und die Folgen Met. 1.490–503

Lernwortschatz

490	**cōnūbium**, -ī *n*	Ehe; Beischlaf
492	**levis**, -e	leicht; unbedeutend, leichtfertig
493	**forte** *Adv.*	zufällig; vielleicht
494	**vel ... vel**	entweder ... oder
495	**flamma**, -ae *f*	Feuer, Flamme
	pectus, -oris *n*	Brust, Herz
496	**ūrere**, ūrō, ussī, ustum	verbrennen; entflammen
497	**ōrnāre**	schmücken; auszeichnen, ausstatten
	collum, -ī *n*	Hals, Nacken
	capillus, -ī *m*	(einzelnes) Haar
499	**sīdus**, -eris *n*	Stern, Gestirn; Sternbild
	similis, -e	ähnlich
	ōsculum, -ī *n*	Kuss; Mündchen
	→ **ōs**, ōris *n*	Mund, Gesicht
500	**digitus**, -ī *m*	Finger
501	**bracchium**, -ī *n*	Arm; Unterarm
	nūdus, -a, -um	nackt, unverhüllt; unbewaffnet
	lacertus, -ī *m*	Arm; Oberarm
502	**latēre**, lateō, latuī, –	verborgen sein
	aura, -ae *f*	Luft, Windhauch
503	**revocāre**	zurückrufen

Aufgaben: Wortschatz

1 Wiederholen Sie folgende Wörter:

cupere | fallere | ardere | nimis | relinquere | spectare | ignis | fugere | resistere

2 Erschließen Sie die Bedeutung:

a **viator**, -oris *m* (via): Qui iter facit, viator est. (V. 493)
b **ad-movere**, -moveo, movi, -motum: Si ignem ad stipulas *(stipulae f Pl.: Stroh)* admoves, stipulae facile incenduntur. (V. 494)
c **in-ornatus**: Ovidius: „Puellae, ornate capillos vestros! Capilli inornati non sunt pulchri.“ (V. 497)

3 Geben Sie die im Zusammenhang passende Bedeutung an:

osculum (os + -ulum [*Verkleinerung/Diminutiv*]): Puer **osculum** pulchrum puellae videt. Puer puellae **oscula** dare cupit. (V. 499)

4 Erschließen Sie eine passende Wiedergabe:

a Puer: „Puellam, ubi primum eam vidi, amavi. **Puellam visam** amavi.“ (V. 490)
b Puer: „Utinam puella me amet! **Spero amorem** puellae!“ (V. 491)
c Si ignem ad stipulas *(stipulae f Pl.: Stroh)* admoves, stipulae statim **in flammas abeunt**. | Puer quoque, ubi primum puellam vidit, **in flammas abiit**. (V. 495)
d Puer: „Puella pulchra est, sed capillos non curat. **Quid, si capilli curarentur**? Puella pulchrior esset quam Venus ipsa.“ (V. 498)
e Puer: „Puella pulchra est: Oculi eius **igne micant** *(micare: funkeln)*, oculi **sunt sideribus similes**!“ (V. 498 f.)
f Puer: „Nolo solum videre puellam; volo eam tangere. **Non satis est** eam solum vidisse!“ (V. 499 f.)
g Puer: „Tangere volo digitos**que** manus**que** puellae.“ (V. 500)
h Puer puellae: „Te amo!“ – **Ad haec verba** puella erubescit *(erubescere: rot werden)*. (V. 503)

→ Fortsetzung s. nächste Seite

Aufgaben: Grammatik

5 Relativsatz ohne Bezugswort.
Übersetzen Sie: (V. 491)

Puer puellam habere cupit. Puer, quod vidit, cupit.

6 *nd*-Formen ohne *esse* (Gerund).
Übersetzen Sie: (V. 496)

Puer: „Puellam amo. Eam diu specto; et **spectando** amor crescit.“

7 Indefinitpronomen *aliquis/aliqui*.

a Bestimmen Sie folgende Formen nach KNG (Achtung: Es gibt teils mehrere Möglichkeiten!): (V. 502)

aliquem | aliquae | alicui (!) | aliquă (!) | aliquā

b Erklären Sie das Zustandekommen der Form und übersetzen Sie:

Ovidius: „Si **quis** amorem puellae cupit, eam laudare debet. – Puer, si **qua** in puella laudas, amor eius crescet.“

8 Doppelter Akkusativ. Geben Sie den doppelten Akkusativ an und übersetzen Sie: (V. 502)

Puer: „Puellam non solum pulchram puto. Pulchra est!“ – Saepe pueri amantes puellas pulchriores putant, quam sunt.

9 Steigerung und Ablativ des Vergleichs. (V. 502)

a – Positiv? Komparativ? Superlativ? Bestimmen Sie jeweils die Steigerungsform (z. B. *peiorem: Komparativ*).
– Ergänzen Sie die übrigen Steigerungsformen; behalten Sie dabei KNG von **a** bei (z. B. *malum, -am – peiorem – pessimum, -am*).
– Geben Sie die Bedeutung des Adjektivs an (z. B. *schlecht*): (V. 502)

Positiv | Komparativ | Superlativ

maximam | meliora | minor | plurimis

b Geben Sie den Ablativ des Vergleichs an und übersetzen Sie: (V. 502)

Puer: „Puella mea pulchrior est Venere ipsā.“

10 Griechische Formen. In der Dichtung werden griechische Namen und Fremdwörter häufig nach griechischen Deklinationen flektiert. Ordnen Sie den Formen die passenden Kasus zu: (V. 490)

Nominativ | Genitiv | Akkusativ

Apollo **Daphnen** amat; pulchritudinem **Daphnes** miratur. **Daphne** autem fugit.

„Du weißt ja nicht, wie toll ich bin!“ Met. 1.504–524

Lernwortschatz

504	**nympha**, -ae (*und* **nymphē**, -ēs) *f*	Nymphe
	īnsequī, īnsequor, īnsecūtus sum *m. Akk.*	unmittelbar folgen, verfolgen; *(mit Worten)* angreifen
505	**āgnus**, -ī *m*/ **āgna**, -ae *f*	Lamm
	lupus, -ī *m*	Wolf
	leō, -ōnis *m*	Löwe
506	**aquila**, -ae *f*	Adler, Legionsadler
	penna (*und* **pinna**), -ae *f*	Feder; Flügel
	trepidāre	zittern; sich ängstigen
508	**-ve**	oder
512	**inquīrere**, inquīrō, inquīsīvī, inquīsītum	nachforschen; *(gerichtlich)* untersuchen
	→ quaerere	suchen; fragen
	incola, -ae *m*	Einwohner, Bewohner
513	**pāstor**, -ōris *m*	Hirte
	grex, gregis *m*	Herde; Schar, Trupp
514	**horridus**, -a, -um	struppig; unkultiviert; abstoßend, entsetzlich
	observāre	beobachten; beachten, *(Regeln)* einhalten
	→ servāre	retten, bewahren
515	**ideō** *Adv.*	deshalb
	tellūs, -ūris *f*	Erde
516	**rēgia**, -ae *f*	Königshaus, Königsburg
	→ rēgius, -a, -um	königlich
518	**patēre**, pateō, patuī, –	offenstehen, offensichtlich sein
519	**sagitta**, -ae *f*	Pfeil
522	**herba**, -ae *f*	Kraut; Heilpflanze
523	**sānāre**	heilen
524	**prōdesse**, prōsum, prōfuī, –	nützen, nützlich sein

Aufgaben: Wortschatz

1 Wiederholen Sie folgende Wörter:

precari | manere | hostis | fugere | quisque | causa | miser | cadere | indignus | dolor | asper | orare | servire | carmen | subicere | potentia | ars

2 Erschließen Sie die Bedeutung:

a **inventum**, -i *n* (invenire) (V. 521)
b **medicina**, -ae *f (dt. Fremdwort)* (V. 521)
c **sanabilis**, -e (sanare) (V. 523)

3 Geben Sie die im Zusammenhang passende Bedeutung an:

Hic puer malus est. **Indignus** est amari. | Ille puer bonus est. **Indignus** est neglegi. (V. 508)

4 Erschließen Sie eine passende Wiedergabe:

a Nympha: „Non mihi placet errare **per haec loca** aspera.“ (V. 510)
b Amor: „**Per me** Apollo amat, nympha fugit.“ (V. 517 f.)
c Amor: „**Per orbem** omnes me timent et colunt.“ (V. 521)
d Amor: „Homines me Cupidinem **dicunt**. – Ab hominibus **dicor** Cupido.“ (V. 522)

Aufgaben: Grammatik

5 Prädikativum: Geben Sie das Prädikativum an und übersetzen Sie: (V. 504)

Apollo: „Cur fugis? Non sum hostis, sum amicus: Non insequor hostis!“

6 ***nd*-Formen ohne *esse* (Gerund).**

Übersetzen Sie: (V. 507)

Apollo: „Cur fugis? Amor mihi est causa **sequendi**!“

→ Fortsetzung s. nächste Seite

7 Akkusativ des Ausrufs: Im Lateinischen werden Ausrufe im Akkusativ formuliert, im Deutschen dagegen im Nominativ. Erschließen Sie eine passende Übersetzung: (V. 508)

> Apollo: „**Me miserum**! Nympha me non amat.“

8 Aufforderungen. Wählen Sie alle Sätze aus, die eine Aufforderung enthalten, und übersetzen Sie die ausgewählten Sätze.

> Puella maneret. | Puella, mane. | Puella, maneas. | Puella cecidit. | Puella, ne cadas. | Puella non caderet. | Puella, ne cecideris. | Moderatius curre. | Moderatius curras. | Ne sis tristis.

9 Relativsatz oder indirekter Fragesatz? Bestimmen und übersetzen Sie entsprechend: (V. 514 ff.)

> Apollo: „Cur me non amas, nympha?
> **a** **Quis sim**, nescis.
> **b** Sum, **cui oraculum Delphicum servit**.
> **c** **Quem fugias**, nescis.
> **d** Mihi oraculum Dephicum servit: Scio, **quod fuit et est et erit**.“

Aufgaben: Sachwissen

10 Erklären Sie anhand von Recherche, welche geografische Gemeinsamkeit die Orte **Klaros**, **Tenedos** und **Patara** haben und was sie mit Apollon verbindet. (V. 516)

Die Verfolgungsjagd geht weiter Met. 1.525–539

Lernwortschatz

525	**timidus**, -a, -um	ängstlich, feige; behutsam
	→ timēre	sich fürchten
527	**nūdus**, -a, -um	nackt, unverhüllt; unbewaffnet
528	**adversus**, -a, -um	entgegengesetzt, feindlich
529	**levis**, -e	leicht; unbedeutend, leichtfertig
	aura, -ae *f*	Luft, Windhauch
	capillus, -ī *m*	(einzelnes) Haar
530	**ultrā** *Adv.*	darüber hinaus, (noch) weiter
532	**vestīgium**, -ī *n*	Spur, Fußspur; Fuß
533	**canis**, -is *m/f*	Hund/Hündin
	vacuus, -a, -um	leer, frei
535	**alter**, altera, alterum (*Gen. Sg.* alterīus, *Dat. Sg.* alterī)	der eine (von beiden); der andere
	alter ..., alter	der eine ..., der andere
	similis, -e	ähnlich

Aufgaben: Wortschatz

1 Wiederholen Sie folgende Wörter:

> loqui | cursus | fugere | relinquere | ventus | vestis | impellere | augere | forma | fuga | sustinere | monere | sequi | virgo | spes | celer | timor

2 Erschließen Sie die Bedeutung:

> **a** **imperfectus**, -a, -um (perficere; *perfekt*): Apollo dicere volebat: „Te amo“. Sed Daphne non iam audivit. Apollo verba perficere non potuit: Verba imperfecta erant. (V. 526)
> **b** **nudare**: Ventus lacertos *(lacertus: Arm)* nymphae nudat. Apollo lacertos nudos nymphae videt. (V. 527)

3 Erschließen Sie eine passende Wiedergabe:

> Apollo nymphae verba blanda *(blandus: schmeichelnd)* dicit. Sed Daphne **non sustinet** verba Apollinis audire. (V. 530)

537	**an**	ob; oder
538	**morsus**, -ūs *m*	Biss
	ēripere, ēripiō, ēripuī, ēreptum	entreißen
	ōs, ōris *n*	Mund; Gesicht

Aufgaben: Grammatik

4 Substantivierte Adjektive im Neutrum Plural. Übersetzen Sie: (V. 525)

> **Multa** dico. | **Plura** dico. | **Plurima** dico.

5 Partizip Futur Aktiv …

a … als Prädikatsnomen mit *esse*. Übersetzen Sie: (V. 525)

> Apollo nymphae: „Mane! Tibi multa **dicturus sum**." Apollo multa **dicturus erat**. Sed Daphne eum non audivit.

b … als Participium coniunctum. Übersetzen Sie:

> Apollo nympham sequebatur verba blanda *(blandus: schmeichelnd)* **dicturus**. | Nympha Apollinem verba blanda **dicturum** fugit.

Daphnes Verwandlung Met. 1.540–552

Lernwortschatz

540	**īnsequī**, īnsequor, īnsecūtus sum *m. Akk.*	unmittelbar folgen, verfolgen; *(mit Worten)* angreifen
	→ sequī	folgen
	penna *(und* **pinna**), -ae *f*	Feder; Flügel
	adiuvāre, adiuvō, adiūvī, adiūtum *m. Akk.*	helfen, unterstützen
	→ iuvāre	helfen; erfreuen
541	**requiēs**, -ētis *f*	Ruhe, Erholung; Schlaf
	→ quiēscere, quiēscō, quiēvī, –	ruhen
542	**imminēre**, immineō, –, –	drohen; bevorstehen
	spargere, spargō, sparsī, sparsum	ausstreuen; ausbreiten; bespritzen
	cervīx, -īcis *f*/ **cervīcēs**, -um *f Pl.*	Hals, Nacken

Aufgaben: Wortschatz

1 Wiederholen Sie folgende Wörter:

> negare | tergum | vis/vires | vincere | labor | fuga | ferre | ops/opes | numen | placere | perdere | vix | crescere | pes | habere

2 Geben Sie die im Zusammenhang passende Bedeutung an:

> **a** Apollo nympham insequi non desinit; nympha quiescere non potest: Apollo nymphae requiem **negat**. (V. 541)
> **b** Dei suo **numine** nos adiuvant. (V. 545)

3 Erschließen Sie eine passende Wiedergabe:

> **a** Apollo tergum nymphae paene tangit. Apollo **tergo nymphae imminet**. (V. 541 f.)
> **b** Nympha: „Fugere non iam possum. **Victa sum labore fugae**." (V. 544)
> **c** Quis me adiuvat? Quis **opem fert**? (V. 545)
> **d** Puella laeta fuit, nunc tristis est: Puella **modo tam laeta** nunc tristis est. (V. 551)

→ Fortsetzung s. nächste Seite

543	**citus**, -a, -um	schnell, rasch
544	**unda**, -ae *f*	Welle, Woge
545	**flūmen**, -inis *n*	Fluss
546	**nimium** *Adv.*	zu, allzu
	figūra, -ae *f*	Gestalt, Form, Äußeres
548	**precēs**, -um *f Pl.* (*selten Sg.* prex, precis)	Bitten
	fīnīre, fīniō, fīnīvī, fīnītum	beenden
	occupāre	besetzen, einnehmen
	artūs, -uum *m Pl.*	Gliedmaßen, Glieder
549	**mollis**, -e	weich, angenehm; freundlich
	cingere, cingō, cīnxī, cīnctum	umgeben, umzingeln
	tenuis, -e	dünn, fein, schwach; gering
550	**frōns**, frondis *f*	Laub
	bracchium, -ī *n*	Arm; Unterarm
551	**vēlōx**, -ōcis	schnell
	haerēre, haereō, haesī, (haesūrus)	haften an, hängen bleiben, stecken bleiben
552	**ōs**, ōris *n*	Mund; Gesicht
	remanēre, remaneō, remānsī, (remānsūrus)	zurückbleiben
	→ manēre	bleiben, warten (auf)

Aufgaben: Grammatik

4 Partizipialkonstruktionen.

a Ablativus absolutus oder Parcticipium coniunctum? Weisen Sie die passende Bestimmung zu und erschließen Sie den Inhalt: (V. 540 ff.)

viribus consumptis | ab Amore adiutus | patrem spectans | prece finita

b Ergänzen Sie folgende Sätze mit dem passenden Ausdruck aus **a** und übersetzen Sie:

Apollo ______ celeriter currit. |
Daphne ______ fugere non iam potest. |
Daphne ______ orat: „Adiuva me, pater!“ |
______ Daphne a patre adiuvatur.

c Das PPP muss nicht immer streng vorzeitig sein. Wählen Sie den Satz von **b** aus, auf den diese Aussage zutrifft, und begründen Sie.

5 Orts- und Richtungsangaben. In der Dichtung werden Orts- und Richtungsangaben oft ohne Präposition formuliert.

a Geben Sie den jeweils passenden Kasus zu folgenden Fragen an:

Woher? – Wo? – Wohin?

b Folgender Partizipialausdruck beschreibt eine Frisur. Geben Sie die Ortsangabe an und erschließen Sie eine passende Übersetzung für den gesamten Ausdruck: (V. 542)

crinis *(crinis, -is m: Haar)* cervicibus sparsus

6 Prädikativum. Erschließen Sie eine treffende Übersetzung für das prädikativ gebrauchte Adjektiv: (V. 552)

Puella ad Claudiam amicam: „Omnes amicae me reliquerunt. **Una** remansisti tu, Claudia.“

Verwandelt sich auch Apollon? Met. 1.553–567

Lernwortschatz

553	**dexter**, dext(e)ra, dext(e)rum	rechts
	dext(e)ra (manus), -ae *f*	die rechte Hand
554	**trepidāre**	zittern; sich ängstigen
	pectus, -oris *n*	Brust, Herz
555	**membrum**, -ī *n*	Gliedmaße, Körperteil
	lacertus, -ī *m*	Arm; Oberarm
556	**ōsculum**, -ī *n*	Kuss
	→ **ōs**, ōris *n*	Mund, Gesicht
557	**quoniam**	weil ja, da ja, wo doch
559	**coma**, -ae *f*	(Kopf-)Haar *(als Gesamtheit)*, Haarmähne
	laurus, -ī (*und* **laurea**, -ae) *f*	Lorbeer, Lorbeerbaum
560	**triumphus**, -ī *m*	Triumph, Triumphzug
561	**canere**, canō, cecinī, –	singen, besingen; *(auf einem Instrument)* spielen
	vīsere, vīsō, vīsī, –	besichtigen, besuchen; nachsehen
562	**fīdus**, -a, -um	treu, zuverlässig
564	**capillus**, -ī *m*	*(einzelnes)* Haar
565	**perpetuus**, -a, -um	ununterbrochen, dauerhaft, ewig
	frōns, frondis *f*	Laub
566	**fīnīre**, fīniō, fīnīvī, fīnītum	beenden
567	**agitāre**	(an)treiben; überlegen; hin- und herbewegen

Aufgaben: Wortschatz

1 Wiederholen Sie folgende Wörter:

quoque | ponere | sentire | adhuc | coniunx | arbor | adesse | laetus | idem | custos | medius | tueri | caput | gerere | modo | videri

2 Erschließen Sie die Bedeutung:

a **re-fugere**, -fugio, -fugi *m. Akk.*: Apollo nympham manu tangere vult. Sed nympha manum Apollinis refugit. (V. 556)
b **iuvenalis**, -e: Apollo semper iuvenis est. Semper habet speciem iuvenalem. (V. 564)

3 Geben Sie die im Zusammenhang passende Bedeutung an:

a Cum manum in pectore ponimus, cor palpitare *(klopfen)* **sentimus**. (V. 554)
b Apollo: „Pater meus est Iuppiter, ego dominus sum oraculi Delphici. **Idem** medicinam inveni." (V. 562)
c Imperator inter duos milites stat: Duo milites imperatorem **medium** tuentur. (V. 563)
d Imperator in triumpho laurum **gerit**. Imperator **honores lauri gerit**. (V. 565)
e Apollo ad nympham: „Te diligo, te amo, te cupio!" **Finiverat** Apollo: Nympha non iam aderat. Fugerat. (V. 566)
f Pedes nymphae radices *(radix, -icis f: Wurzel)* **factae sunt**. Nympha radicibus **modo factis** in terra haeret *(haerere: festsitzen)*. (V. 566)

Aufgaben: Grammatik

4 **Futur.** Wählen Sie alle Formen im Futur I aus und übersetzen Sie diese: (V. 558 ff.)

erat | eris | fuerint | habebunt | habebant | canimus | canet | videt | viset | stabas | stabis | tueris | tueberis

5 **Prädikativum.** Geben Sie das Prädikativum an und übersetzen Sie: (V. 563)

Imperator ad milites: „Vos stabitis custodes ante portam meam."

6 **Kurzformen.** Bestimmen Sie die Formen:

finierat (V. 566) | agitasse (V. 567)

→ Fortsetzung s. nächste Seite

Aufgaben: Sachwissen

7 Stellen Sie anhand Ihres Vorwissens, ggf. auch von Recherche, Informationen zum römischen **Triumph** zusammen. Ihre Zusammenstellung sollte u.a. die Begriffe **Gesänge**, **Triumphzug** und **Kapitol** enthalten. (V. 560 f.)

Prosafassung (V. 553–556; 564–567)

Wählen Sie selbst Ihren Textzugang: Beginnen Sie nun mit dem Original oder lesen Sie zuerst hier die syntaktisch vereinfachte Prosaversion.

V. 553–556: **Hanc** quoque Phoebus amat; et [positā in **stipite** dextrā] sentit sub novo **cortice** adhuc trepidare pectus; et [**complexus** suis lacertis **ramos** ut membra humana] **ligno** oscula dat. Tamen lignum refugit oscula Apollinis.

V. 564–567: [Apollo ad lauream:] „Et **ut** caput meum capillis **intonsis** iuvenale est, **ita** tu quoque semper gere perpetuos honores frondis!"
Finiverat **Paean**: Laurea ramis modo factis **adnuit** et visa est **cacumen** agitavisse ut caput.

hanc *(gemeint: Daphne in Baumgestalt)* – **stīpes,** *-itis m* Baumstamm – **cortex**, *-icis m* Baumrinde – **complectī** (*Perf.* complexus sum) umarmen – **rāmus** Ast, Zweig – **lignum** Holz – **intōnsus** ungeschoren – **Paeān** *Beiname Apollons (als Heilgott)* – **adnuere** (*Perf.* adnuī) „zunicken", zustimmen – **cacūmen**, *-inis n* Wipfel

Echo Met. 3.354–401

Lernwortschatz

354	**tener**, -era, -erum	jung, zart; zärtlich
356	**aspicere**, aspiciō, aspexī, aspectum	ansehen, erblicken
	→ cōnspicere	erblicken
	→ perspicere	durchschauen
	trepidus, -a, -um	zitternd, furchtsam
	agitāre	(an)treiben; überlegen; hin- und herbewegen
357	**nympha**, -ae (*und* **nymphē**, -ēs) *f*	Nymphe
379	**agmen**, -inis *n*	Zug, Heereszug, Schar
	fīdus, -a, -um	treu, zuverlässig
381	**aciēs**, aciēī *f*	Schärfe; Scharfsinn; Schlachtreihe
	aciēs oculī	scharfer Blick
383	**rūrsus** *Adv.*	wieder; zurück

Aufgaben: Wortschatz

1 Wiederholen Sie folgende Wörter:

V. 354–357: durus | superbia | forma | iuvenis | tangere | puella |
V. 399–401: vox | manere | mons | vivere

Aufgaben: Grammatik

2 **Kurzformen.** Bestimmen Sie die Formen:

cupiere (V. 353) | tetigere (V. 355)

→ GK 4 Triumphzug

384	**recipere**, recipiō, recēpī, receptum	zurücknehmen; (zurück) erhalten
	→ capere	fangen, fassen
385	**dēcipere**, dēcipiō, dēcēpī, dēceptum	täuschen; entgehen, unbemerkt bleiben
387	**sonus**, -ī *m*	Ton, Klang
388	**favēre**, faveō, fāvī, fautum *m. Dat.*	gewogen sein, unterstützen, zujubeln
	ēgredī, ēgredior, ēgressus sum	herausgehen, hinausgehen
	silva, -ae *f*	Wald
389	**bracchium**, -ī *n*	Arm; Unterarm
	collum, -ī *n*	Hals, Nacken
399	**os**, ossis *n*	Knochen, Gebein
	lapis, -idis *m*	Stein
400	**inde** *Adv.*	von dort; deshalb; von da an
	latēre, lateō, latuī, –	verborgen sein

Narziss Met. 3.454–496

Lernwortschatz

454	**ūnicus**, -a, -um	einzig; einzigartig
455	**-ve**	oder
456	**nympha**, -ae (*und* **nymphē**, -ēs) *f*	Nymphe
458	**porrigere**, porrigō, porrēxī, porrēctum	darreichen, gewähren; ausstrecken
	→ regere	lenken, leiten
	bracchium, -ī *n*	Arm; Unterarm
	ultrō *Adv.*	drüben; obendrein, freiwillig
460	**remittere**, remittō, remīsī, remissum	zurückschicken; nachlassen, erlassen
	→ mittere	schicken
461	**fōrmōsus**, -a, -um	schön
	suspicārī, suspicor, suspicātus sum	verdächtigen, vermuten
	ōs, ōris *n*	Mund; Gesicht

Aufgaben: Wortschatz

1 Wiederholen Sie folgende Wörter:

huc | exire | fallere | abire | forma | aetas | spes | vultus | promittere | signum | motus, -us | referre | auris | pervenire | imago | cupere | corpus | quondam | quotiens

2 Erschließen Sie die Bedeutung:

a **ad-ridere**, -rideo, -risi: Amicus meus semper me vultu hilari *(hilaris, -e: heiter)* adridet. (V. 459)
b **lacrimare** (lacrima) (V. 460)
c **iterare** (iterum): Echo non loquitur, sed verba, quae alii dicunt, iterat. (V. 496)

→ Fortsetzung s. nächste Seite

464	**ūrere**, ūrō, ussī, ustum	verbrennen, entflammen
	flamma, -ae *f*	Feuer, Flamme
465	**an**	ob; oder
	-ne *(indirekte Frage)*	ob
493	**remanēre**, remaneō, remānsī, (remānsūrus)	zurückbleiben
	→ manēre	bleiben, warten (auf)
494	**quamvīs** *m. Konj.*	auch wenn; *Adv.* wenn auch

3 Geben Sie die im Zusammenhang passende Bedeutung an:

a *Narziss spricht zu Echo, die sich im Gebüsch versteckt:* „Ubi es? Veni ad me – **quisquis** es!" (V. 454)
b Narcissus: „**Quid** non venis ad me?" (V. 454)
c Narcissus: „Ubi es? **Quo** fugis?"(V. 455)
d Echo amorem suum infelicem **ferre** non potest. (V. 464)

4 Erschließen Sie eine passende Wiedergabe:

a Echo **amore uritur**. (V. 464)
b Echo amat: **Flammas amoris** ferre non potest. (V. 464)
c Forma Narcissi efficit, ut Echo amet. Forma Narcissi **amorem** in pectore nymphae **movet**. (V. 464)
d Echo amat**que** dolet**que**. (V. 464)
e Multae puellae pueros non **rogant**, ut se *(= sie)* ament: Puellis placet a pueris **rogari**. Echo autem non **rogatur**, sed ipsa **rogat**. (V. 465)
f Philosophus: „Cupimus id, quod non habemus. Id, **quod nobiscum est**, non cupimus." (V. 466)

Aufgaben: Grammatik

5 Partizipialkonstruktion mit einem Personalpronomen als Bezugswort.

a Wählen Sie alle Formen aus, die Akkusativ und Ablativ sein können: (V. 460 ff.)

nobis | nos | te | vos | me | ego | tibi

b Ablativus absolutus oder Parcticipium coniunctum? Weisen Sie die passende Bestimmung zu und übersetzen Sie: (V. 460 ff.)

Echo: „Narcissus me appropinquantem fugit." | Narcissus: „Echo me vocante verba repetebat."

6 Genitivus subiectivus/obiectivus.

a Ordnen Sie, ggf. mithilfe einer Grammatik, den Personalpronomina die passenden Genitive zu und formulieren Sie eine Regel im Hinblick auf deren Bildung: (V. 463)

ego | tu | nos | vos
tibi | vestri | tui | mihi | mei | nobis | nostri

b Genitivus obiectivus oder subiectivus oder beides? Bestimmen und übersetzen Sie:

spes amoris | spes nymphae | amor Narcissi | amor tui

7 Konjunktiv im Hauptsatz. Wunsch (Optativ) oder Überlegung (Deliberativ)? Übersetzen Sie und weisen Sie die entsprechende Funktion zu: (V. 465 ff.)

Echo:
a „Quid faciam?
b Utinam Narcissus me amaret!
c Rogemne Narcissum an exspectem, ut me roget?
d Utinam Narcisso placeam!"

8 Wortstellung bei der Nebensatzeinleitung. Beschreiben Sie die Besonderheit der Wortstellung und übersetzen Sie: (V. 493 ff.)

a Narcissus per silvas *(silva: Wald)* properabat. Quem ut Echo vidit, statim amavit.
b Etiam post multos annos Echo Narcissi, quondam quem amaverat, memor fuit.

9 Kurzformen. Bestimmen Sie die Form:

amarunt (V. 456)

Die lykischen Bauern Met. 6.361–381

Lernwortschatz

362	**addere**, addō, addidī, additum	hinzufügen
364	**lacus**, -ūs *m*	See
	mollis, -e	weich, angenehm; freundlich
366	**sitis**, -is *f*	Durst
367	**supplicāre** *m. Dat.*	demütig bitten; Dankopfer darbringen
	ultrā *Adv.*	darüber hinaus, (noch) weiter
368	**sīdus**, -eris *n*	Stern, Gestirn; Sternbild
370	**ēvenīre**, ēveniō, ēvēnī, ēventum	sich ereignen, eintreten, ausgehen
	unda, -ae *f*	Welle, Woge
371	**membrum**, -ī *n*	Gliedmaße, Körperteil
372	**prōferre**, prōferō, prōtulī, prōlātum	hervorbringen, vorbringen; ausdehnen, verbreiten
	→ ferre	tragen, bringen
373	**super** *m. Akk.*	über, oberhalb
	rīpa, -ae *f*	Ufer
374	**salīre**, saliō, saluī, –	springen, hüpfen
375	**līs**, lītis *f*	Streit; Prozess
	pudor, -ōris *m*	Scham; Ehrgefühl; Keuschheit

Aufgaben: Wortschatz

1 Wiederholen Sie folgende Wörter:

prohibere | procul | satis | pes | manus | turbare | ira | indignus | sustinere | tollere | iuvare | totus | consistere | turpis | pellere

2 Erschließen Sie die Bedeutung:

a **abs-cedere**, -cedo, -cessi, -cessum (ab + cedere) (V. 362)
b **re-silire**, -silio, -silui (salire) (V. 374)
c **maledicere** *m. Dat.* (male + dicere): Is, qui alicui maledicit, verba mala facit. (V. 376)

3 Geben Sie die im Zusammenhang passende Bedeutung an:

a Amicus meus me ad cenam vocaverat *(vocare hier: einladen)*. Nunc autem cenam in alium diem **distulit**. Ergo famem *(fames, -is f: Hunger)* **differre** debeo. (V. 366)
b Cenam desidero. Sed non **iam** exspectare volo. – Neque **iam** expectare neque famem *(fames, -is f: Hunger)* **sustinere** volo: Exspectare non **sustineo**. (V. 367)
c Romani, cum deis supplicant, manus ad caelum **tollunt**. (V. 368)
d Romani manus tollunt, cum deos placare *(besänftigen)* **temptant**. (V. 376)

→ Fortsetzung s. nächste Seite

376	**quamvīs** *m. Konj.*	auch wenn; *Adv.* wenn auch
377	**collum**, -ī *n*	Hals, Nacken
380	**venter**, -tris *m*	Bauch
381	**rāna**, -ae *f*	Frosch

4 Erschließen Sie eine passende Wiedergabe:

a Marcus mihi verba mala fecit; verbis etiam verbera *(verbera, -um n Pl.: Schläge)* **addidit**. (V. 362)
b Cum limum *(limus: Schlamm)* in lacu pedibus **movemus**, fundus *(fundus: Grund, Boden)* videri non iam potest. (V. 365)
c Omnia, quae optaveram, **mihi evenerunt**. | Mihi **optata evenerunt**. (V. 370)
d Phocae *(phoca: Robbe)* semper sub aqua esse non possunt; eis necesse est **caput ex aqua proferre**, ut spiritum trahant *(spiritum trahere: Atem holen)*. (V. 372)
e Phoca *(Robbe)* e profundo *(aus der Tiefe)* ascendit ad **summam aquam** *(vgl. summus mons: Berggipfel)*. (V. 372)
f Orator multis orationibus **linguam exercuit**. Nunc orator optimus est. (V. 375)
g Multi oratores sine pudore verba turpia faciunt. Multi oratores **pulso pudore** verba turpia faciunt. (V. 375)

Aufgaben: Grammatik

5 **Kurzformen.** Bestimmen Sie die Form:

turbavere (V. 364)

Der Gesang des Orpheus Met. 10.17–39

Lernwortschatz

17	**mundus**, -ī *m*	Welt, Weltall
20	**sinere**, sinō, sīvī, situm	lassen, zulassen, erlauben
21	**uti**	*Nebenform von* ut
22	**vincīre**, vinciō, vīnxī, vīnctum	binden, fesseln
23	**venēnum**, -ī *n*	Gift
24	**diffundere**, diffundō, diffūdī, diffūsum	ausgießen, verströmen
27	**an**	ob; oder
29	**plēnus**, -a, -um *m. Gen.*	voll (von etw.)

Aufgaben: Wortschatz

1 Wiederholen Sie folgende Wörter:

aio | numen | licet | huc | descendere | coniunx | auferre | vincere | notus | vetus | iungere | timor | ingens | regnum | orare | debere | morari | ultimus | poscere | fatum | nolle

2 Erschließen Sie die Bedeutung:

vipera, -ae *f (dt. Fremdwort)* (V. 24)

30	**vāstus**, -a, -um	leer; wüst; weit, unermesslich, riesig
	silentium, -ī *n*	Schweigen, Stille; Verschwiegenheit
32	**paulum**	ein wenig, ein bisschen
33	**sērō** *Adv.* (*Komp.* sērius)	spät
	citō *Adv.* (*Komp.* citius)	schnell
	sēdēs, -is *f*	Sitz, Wohnsitz; Standort
36	**mātūrus**, -a, -um	reif; erwachsen; frühzeitig
	peragere, peragō, perēgī, perāctum	durchführen, vollenden; (Zeit) verbringen
	→ agere	tun; handeln
37	**mūnus**, -eris *n*	Amt, Aufgabe; Geschenk
38	**quodsī** (*und* quod sī)	wenn aber, wenn nun
	venia, -ae *f*	Nachsicht, Verzeihung

3 Geben Sie die im Zusammenhang passende Bedeutung an:

a Orpheus: „Mortem uxoris **pati** non possum." (V. 25)
b Orpheus: „**Temptavi** mortem uxoris pati. Sed non possum." (V. 25)
c Orpheus: „Non **nego** me mortem uxoris pati non posse. O di (= dei), reddite mihi uxorem! Nolite **negare** mihi uxorem!" (V. 25, 38)
d Orpheus: „**Dubito**, an sine uxore vivere possim." (V. 27)
e Orpheus: „Nolo uxorem in Tartara *(Tartara, -orum n Pl.: Tartarus)* abire. Tartara **loca** tristia sunt." (V. 29)
f **Sedes** Plutonis et Proserpinae sub terra est. (V. 33)
g Vita longa est **munus** deorum. (V. 37)
h Orpheus: „O di (= dei), veniam **pro** coniuge posco! Sinite eam ad me redire! Sed non munus posco, sed usum *(usus, -us m: Leihgabe, Nutzungsrecht)*: **Pro** munere usum posco." (V. 37)

4 Erschließen Sie eine passende Wiedergabe:

a Oratores non semper **vera loquuntur** (V. 20)
b Cur ad me venisti? Quae est **causa viae**? (V. 23)
c Hic vir mihi **bene notus** est: Est amicus meus. (V. 26)
d Omnes sciunt ante multos annos Helenam a Paride raptam esse: Omnes **illam veterem rapinam** *(rapina: Raub)* sciunt. (V. 28)
e Omnes sciunt Helenam revera *(tatsächlich)* a Paride raptam esse. **Fama illius rapinae** *(rapina: Raub)* vera est. (V. 28)
f Hominibus mori necesse est. **Serius aut citius** nos omnes ad inferos descendemus. (V. 33)
g **Genus humanum** a deis regitur. (V. 35)
h Dei **regnum generis humani tenent**. (V. 35)
i Non omnes homines **maturi** moriuntur, postquam **multos annos per-egerunt**. Multi iuvenes moriuntur. (V. 36)

→ Fortsetzung s. nächste Seite

Aufgaben: Grammatik

5 ***Hic, haec, hoc.***

a Demonstrativpronomen oder Lokaladverb? Ordnen Sie zu: (V. 20 ff.)

hūc | hic | hunc | hīc | hoc | haec |
hāc | hōc | huius

b Geben Sie die Bedeutung der Lokaladverbien an.

c Ordnen Sie die Formen von *hic, haec, hoc* dem nach KNG passenden Substantiv zu (Achtung: eine Form ist zweimal zuzuordnen!):

numina | deus | domus | mundum |
regni | urbe | anno | templum

d Übersetzen Sie die Ausdrücke (in den dt. Nominativ, z. B. *oratoris boni → der gute Redner*).

6 **Griechische Formen.** In der Dichtung werden griechische Namen und Fremdwörter häufig nach griechischen Deklinationen flektiert. Bestimmen Sie die Kasus: (V. 31)

Eurydice mortua est. Orpheus mortem **Eurydices** ferre non potest.

7 **Kurzformen.** Bestimmen Sie die Form:

temptasse (V. 25)

Aufgaben: Sachwissen

8 Nennen Sie anhand Ihres Vorwissens, ggf. auch anhand von Recherche, den Helden, dem es gelang, den Zerberus aus der Unterwelt zu rauben.

Prosafassung (V. 17–29)

Wählen Sie selbst Ihren Textzugang: Beginnen Sie nun mit dem Original oder lesen Sie zuerst hier die syntaktisch vereinfachte Prosaversion.

O numina mundi sub terra positi,
    in quem omnes mortales **recidimus**!
    Si licet et si vera loqui sinitis,
(ego) non huc descendi,
    ut Tartara **opaca** viderem
    nec ut **terna guttura monstri** vincirem:
Causa viae est coniunx,
    in quam vipera **calcata** venenum diffudit
    et cui (vipera) **annos crescentes** abstulit.
Hoc pati posse volui nec nego me temptavisse:
Sed vicit Amor!
Hic deus bene notus est **in supera ora**.
Dubito,
    an Amor notus sit et hic.
Sed tamen **auguror** Amorem et hic notum esse.
    Et si fama veteris rapinae mentita non est,
Amor iunxit vos quoque.

recidere, *-ō* zurückfallen, zurücksinken – **opācus** finster – **terna guttura mōnstrī** die drei Hälse des Untiers – **calcāre** *(m. Akk.)* treten *(auf etwas)* – **annī crēscentēs** das junge Leben – **in superā ōrā** in der Oberwelt – **augurārī** vermuten

---

→ GK 6.5 Einzelne Mythen

Der Gesang des Polyphem Met. 13.838–864

Lernwortschatz

Vers	Wort	Bedeutung
839	**mūnus**, -eris *n*	Amt, Aufgabe; Geschenk
	dēspicere, dēspiciō, dēspexī, dēspectum *m. Akk.*	herabblicken (auf); verachten
	→ cōnspicere	erblicken
	→ perspicere	durchschauen
840	**liquidus**, -a, -um	flüssig
842	**aspicere**, aspiciō, aspexī, aspectum	ansehen, erblicken
	→ cōnspicere	erblicken
	→ perspicere	durchschauen
844	**rēgnāre**	herrschen, regieren
	coma, -ae *f*	(Kopf-)Haar (als Gesamtheit), Haarmähne
847	**frōns**, frondis *f*	Laub
848	**collum**, -ī *n*	Hals, Nacken
851	**lūmen**, -inis *n*	Licht; Auge
	frōns, frontis *f*	Stirn, Gesicht, Vorderseite
853	**ūnicus**, -a, -um	einzig; einzigartig
861	**praeferre**, praeferō, praetulī, praelātum	vor sich her tragen; vorziehen; zeigen
	→ ferre	tragen, bringen

Aufgaben: Wortschatz

1 Wiederholen Sie folgende Wörter:

imago | nuper | placet | forma | quantus | corpus | caelum | solere | vultus | umerus | turpis | arbor | ingens | sol | repellere | sentire | vis/vires

2 Geben Sie die im Zusammenhang passende Bedeutung an:

- **a** „Licetne mihi venire?" – „Licet! Veni **modo**!" (V. 838)
- **b** Acis iuvenis Galateam nympham amat: Acis Galateae multa **munera** dat. (V. 839)
- **c** Galatea nympha **medio** in mari domum habet. (V. 851)
- **d** Galatea iuvenem pulchrum amat. Galatea neminem iuveni pulchro **praefert**. (V. 861)
- **e** Polyphemus magnum corpus et magnas vires habet. Vires Polyphemi **pro** magno corpore magnae sunt. (V. 864)

Aufgaben: Grammatik

3 Partizipialkonstruktion mit einem Personalpronomen als Bezugswort.

a Wählen Sie das Partizip aus, das nach KNG zum jeweils hervorgehobenen Personalpronomen passt: (V. 841)

amantium | loquentem | videnti | ridente

I) Acis: „Galatea, **mihi** placet forma tua."
II) Acis: „Mihi placet **te** audire, Galatea."

b Übersetzen Sie die durch das Partizip ergänzten Sätze.

4 Steigerung und Ablativ des Vergleichs.

a Bestimmen Sie die Steigerungsform und geben Sie den Positiv an: (V. 842 ff.)

optimos | plurima | maior | minori

b Geben Sie den Ablativ des Vergleichs an und übersetzen Sie:

Acis: „Galatea, numquam vidi rem tuo corpore pulchriorem."

→ Fortsetzung s. nächste Seite

5 Doppelter Akkusativ.

a Geben Sie den doppelten Akkusativ an und übersetzen Sie: (V. 846 f.)

Etiam Galatea corpus Acis pulchrum putat.

b In folgendem Fall besteht der doppelte Akkusativ aus einem Objektsatz und einem Adjektiv im Akkusativ. Geben Sie beide Bestandteile an und übersetzen Sie:

Galatea haud turpe putat, quod Acis corpus pulchrum habet.

6 Ellipse. Weisen Sie eine Ellipse nach und übersetzen Sie: (V. 847)

a Acis: „Pulchrum corpus tuum, o Galatea, pulchra coma, pulchri oculi."
b Acis: „Pulchrum tibi corpus, o Galatea."

7 Dativ des Besitzers. Geben Sie den Dativ des Besitzers an und übersetzen Sie: (V. 853 ff.)

a Galateae corpus pulchrum est.
b Polyphemus: „Mihi corpus magnum et vires magnae sunt."

8 Griechische Formen. In der Dichtung werden griechische Namen und Fremdwörter häufig nach griechischen Deklinationen flektiert. Bestimmen Sie die Kasus: (V. 861)

Acis pulcher est. Galatea **Acin** amat.

Prosafassung (V. 838–848)

Wählen Sie selbst Ihren Textzugang: Beginnen Sie nun mit dem Original oder lesen Sie zuerst hier die syntaktisch vereinfachte Prosaversion.

V. 838 f.: Iam **exsere** modo caput **nitidum** e **caeruleo ponto**, Galatea!
Iam veni nec despice munera mea!
V. 840 f.: Certe ego me novi, et me nuper vidi in imagine liquidae aquae,
et forma mea placuit mihi videnti.
V. 842 ff.: Adspice, quantus sim! Hoc corpore non est maior Iuppiter in caelo
(nam soletis narrare **nescioquem** Iovem regnare (in caelo).
Plurima coma **prominet** in vultum meum **torvum** et **obumbrat** umeros meos ut **lucus.**
V. 846 ff.: Nec puta turpe, quod corpus meum **densissimum horret rigidis saetis**:
Turpis enim est arbor sine frondibus, turpis est equus, nisi **iuba velat** collum **flavens.**

exserere, *-ō (m. Abl.)* herausstrecken *(aus)* – **nitidus** glänzend, strahlend – **caeruleus pontus** das dunkelblaue Meer – **nēscioquī**, *-quae, -quod* irgendein – **prōminēre in** *(m. Akk.)* hineinragen in – **torvus** finster, wild – **obumbrāre** umschatten – **lūcus** Wald – **densus** *(hier)* dicht behaart – **horrēre rigidīs saetīs** starren vor/bewachsen sein mit harten Borsten – **iuba** Mähne – **vēlāre** bedecken – **flāvēns**, *-entis* goldgelb, blond

Pygmalion Met. 10.247–294

Lernwortschatz

247	**niveus**, -a, -um	aus Schnee, schneeweiß
249	**concipere**, concipiō, concēpī, conceptum	empfangen, (in sich) aufnehmen; verfassen
	→ capere	fangen, fassen
250	**faciēs**, -ēī *f*	Gesicht; Aussehen
251	**obstāre**, obstō, obstitī, (obstātūrus)	im Weg stehen, hindern
	→ stāre	stehen
252	**adeō** *Adv.*	so sehr
	latēre, lateō, latuī, –	verborgen sein
253	**pectus**, -oris *n*	Brust, Herz
	simulāre	vorgeben, so tun als ob; vortäuschen; nachbilden
254	**an**	ob; oder
281	**ōsculum**, -ī *n*	Kuss
	→ **ōs**, ōris *n*	Mund; Gesicht
283	**mollis**, -e	weich, angenehm; freundlich
287	**stupēre**, stupeō, stupuī, –	starr sein; stutzen, staunen
	dubius, -a, -um	zweifelhaft, ungewiss; zweifelnd
288	**rūrsus** *Adv.*	wieder; zurück
	vōtum, -ī *n*	Wunsch; Gebet, Gelübde
290	**vērō** *Adv.*	wirklich; aber
	plēnus, -a, -um *m. Gen.*	voll (von etw.)
291	**grātiās agere**	danken
293	**timidus**, -a, -um	ängstlich, feige; behutsam
	→ timēre	sich fürchten
	lūmen, -inis *n*	Licht; Auge
294	**pariter** *Adv.*	in gleicher Weise, zugleich
	→ pār, paris	gleich

Aufgaben: Wortschatz

1 Wiederholen Sie folgende Wörter:

mirus | felix | ars | nasci | opus | virgo | verus | vivere | velle | mirari | corpus | fateri | fallere | vereri | falsus | premere | sentire | caelum

2 Erschließen Sie die Bedeutung:

a **ad-movere**, -moveo, -movi, -motum: Statuam tangere volo. Manum statuae admoveo. (V. 254, 282)

b **mollescere**, mollesco (mollis + -sc- [*kennzeichnet den Beginn eines Vorgangs*]): Aurum igne mollescit. (V. 283)

3 Geben Sie die im Zusammenhang passende Bedeutung an:

a Artifex *(Künstler)* naturam **simulat**. Res, quas artifex facit, non verae sunt, sed **simulatae**. (V. 253)

b Hanc statuam artifex *(Künstler)* praeclarus fecit. Nisi eam **temptas**, scire non potes, utrum corpus verum an simulatum sit. (V. 254)

c Nisi eam statuam temptas, scire non potes, utrum corpus verum an **simulacrum** sit. (V. 280)

d Multi homines domum artificis *(artifex, -icis m: Künstler)* praeclari **petunt**. (V. 280)

e Artifex *(Künstler)* praeclarus statuam miram fecit: Vivere **visa est**. (V. 281)

f In caelo magnum **lumen** est: sol. | Amans puellae suae dicit: „Amo **lumina** tua!“ (V. 293)

→ Fortsetzung s. nächste Seite

4 Erschließen Sie eine passende Wiedergabe:

a Artifex *(Künstler)*, qui statuam Veneris deae facere studebat, ei **formam** virginis pulchrae **dedit**. (V. 248)
b Statua pulchrior est quam femina vera. Nulla femina **formā tam pulchrā nascitur**. Artifex *(Künstler)* statuae formam dedit, **quā** nulla femina **nascitur**. (V. 248 f.)
c Ut puellam pulchram vidi, statim **concepi amorem**. (V. 249)

Aufgaben: Grammatik

5 **Genitivus subiectivus/obiectivus.** Geben Sie die Funktion des Genitivs an und übersetzen Sie: (V. 249)

Puer puellam amat:

a Amor pueri magnus est.
b Amor puellae magnus est.

6 **Potentialis.** Beschreiben Sie anhand des folgenden Satzes, wie der Potentialis im Lateinischen ausgedrückt wird, und übersetzen Sie: (V. 250)

Artifex *(Künstler)* statuam miram fecit. Eam vivere credas/credideris.

7 **Relativsatz.**
a **Verschränkt.** Bestimmen Sie die Art der Verschränkung und übersetzen Sie: (V. 250)

Artifex *(Künstler)* statuam fecit, quam vivere credas.

b **Konjunktivisch.** Bestimmen Sie die Sinnrichtung des Relativsatzes und übersetzen Sie: (V. 291)

Amans verba pulchra facit, quibus cor puellae moveat.

8 **Passiv in nicht-passivischer Bedeutung.** Das lateinische Passiv kann mediale Bedeutung haben und reflexiv übersetzt werden, z. B.: *vertor: ich wende mich*. Übersetzen Sie entsprechend: (V. 251)

Artifex *(Künstler)* statuam miram fecit. Statua vivere videtur. Statua **moveri** velle videtur.

Drei, die bleiben **Met. 15.818–879**

Lernwortschatz

819	**nātus**, -ī *m*/**nāta**, -ae *f*	Sohn/Tochter
	→ nāscī, nāscor, nātus sum	geboren werden, entstehen
	hērēs, -ēdis *m*	(der) Erbe
820	**impōnere**, impōnō, imposuī, impositum	hineinstellen, auferlegen, aufbürden
	→ pōnere	setzen, stellen, legen
	→ compōnere	zusammenstellen
	→ dēpōnere	ablegen
	onus, -eris *n*	Last
	caedere, caedō, cecīdī, caesum	fällen; niederschlagen, töten
821	**ulcīscī**, ulcīscor, ultus sum	sich rächen, Rache nehmen
830	**numerus**, -ī *m*	Zahl, Anzahl
	tellūs, -ūris *f*	Erde
832	**cīvīlis**, -e	bürgerlich, Bürger-
839	**sēdēs**, -is *f*	Sitz, Wohnsitz; Standort
	cognātus, -a, -um	(bluts-)verwandt
	sīdus, -eris *n*	Stern, Gestirn; Sternbild
842	**dīvus**, -a, -um	göttlich; *Subst.* Gott/Göttin
	excelsus, -a, -um	hoch; herausragend
871	**exigere**, exigō, exēgī, exāctum	vollenden; einfordern, eintreiben
	→ agere	tun; handeln
873	**nīl** (= nihil)	nichts
874	**incertus**, -a, -um	unsicher, unbestimmt
	spatium, -ī *n*	Raum; Strecke; Dauer
	fīnīre, fīniō, fīnīvī, fīnītum	beenden
875	**super** *m. Akk.*	über, oberhalb
876	**astrum**, -ī *n*	Stern, Gestirn
877	**quā**	wie, wo
	patēre, pateō, patuī, –	offenstehen, offensichtlich sein
878	**ōs**, ōris *n*	Mund; Gesicht
	saeculum (*und* saeclum), -ī *n*	Zeitalter, Jahrhundert; Zeit
879	**vātēs**, -is *m/f*	Dichter(in), Seher(in)

Aufgaben: Wortschatz

1 Wiederholen Sie folgende Wörter:

V. 829–842: accedere | caelum | colere | ferre | gens | quoque | servire | pax | ius | iustus | auctor | exmplum | mos/mores | tangere | interea | aedis/aedes

2 Erschließen Sie die Bedeutung:

a **ultor**, -oris *m* (ulcisci): Caesar occisus est. Quis Caesarem ulciscetur? Quis ultor erit Caesaris? (V. 821)

b **numerare** (numerus): Augustus librum composuit, quo omnia opera sua numeravit. (V. 830)

c **in-dele-bilis**, -e (delere) (V. 876)

3 Erschließen Sie eine passende Wiedergabe:

Augustus primo bella civilia gessit, tum **animum vertit ad** rem publicam restituendam. (V. 832)

→ Fortsetzung s. nächste Seite

Aufgaben: Grammatik

4 Futur. Wählen Sie alle Formen im Futur I aus und übersetzen Sie diese: (V. 818 ff.)

accedat | facies | heres | feret | habebit | numerem | sustinet | erit | serviet | exspectet

5 Prädikativum. Übersetzen Sie die hervorgehobenen Prädikativa treffend. (V. 818 ff.)

a *Die Römer beten zu dem vergöttlichten Caesar:* „O Caesar, **vivus** in terra nobis affuisti. Nunc **deus** ades nobis in caelo!"
b Caesar **unus** rem publicam rexit; Octavianus quoque rem publicam **unus** reget.

6 Ablativ des Ortes. Ortsangaben werden vor allem in der Dichtung manchmal mit bloßem Ablativ, ohne Präposition, formuliert. Geben Sie den Ablativ des Ortes an und übersetzen Sie: (V. 818)

Dei templis coluntur.

7 Konjunktiv im Hauptsatz. Geben Sie die Konjunktive im Hauptsatz an und übersetzen Sie treffend. (V. 829 f.)

„Mihi dicas gentes, quas Augustus vicit!" | „Quid tibi dicam gentes, quas Augstus vicit? Tu bene scis, quas gentes Augustus vicerit."

8 Funktionen des Genitivs. Geben Sie die Funktion des Genitivs an und übersetzen Sie: (V. 831, 879)

a Italia non **Graecorum**, sed **Romanorum** est.
b Omnes terras, quas Augustus vicit, **Augusti** sunt.
c Oracula, etsi vera non sunt, tamen aliquid **veri** habent.

9 *Aliquis/aliqui* ohne *ali*. Begründen Sie den Wegfall von *ali-* und übersetzen Sie: (V. 879)

Si quid veri dicta vatum habent, ego non moriar.

Prosafassung (V. 818–821)

Wählen Sie selbst Ihren Textzugang: Beginnen Sie nun mit dem Original oder lesen Sie zuerst hier die syntaktisch vereinfachte Prosaversion.

Tu facies,
ut Caesar deus in caelum accedat et in templis colatur,
et natus suus (hoc faciet),
qui **heres nominis** feret unus
impositum onus
et fortissimus ultor **parentis** caesi
nos in bella suos habebit.

nōminis hērēs *(als Adoptivsohn Caesars hatte Octavian schon 44 v. Chr. dessen Namen angenommen* → S. 44 f.*)* – **parēns**, *-entis m* Vater – **nōs in bella suōs habēbit** er wird mich im Krieg auf seiner Seite haben

Philosophie auf Latein

Spezialwortschatz: Die Sprache der Philosophie

Die folgende Tabelle enthält Fachbegriffe aus der Philosophie. Zum Teil sind dies bekannte Vokabeln, die aber im Kontext „Philosophie" eine Spezialbedeutung haben: Zu den Begriffen für das, *was* die Philosophen untersuchen, treten die Begriffe für das „*Wie*", also das Sachfeld „Wissen, Untersuchen, Fragen, Denken". – Die Liste ist dabei **nicht als Themenwortschatz** und auch nicht zum Lernen gedacht, sondern soll eher **zum Nachschlagen** dienen, wenn die gelernten Wortbedeutungen in sehr **speziellen, oft abstrakten Kontexten** nicht ausreichen.

fīnis, -is *m*	Grenze, Ende
dē-fīnīre, dēfīniō, dēfīnīvī, dēfīnītum	1. begrenzen, abgrenzen 2. begrifflich abgrenzen: definieren
īn-fīnītus, -a, -um	unbegrenzt
īnfīnītum, -ī *n*	das Unbegrenzte, die Unendlichkeit
nātūra, -ae *f*	1. Natur; Naturgesetz; Weltordnung; Welt 2. Beschaffenheit, Eigentümlichkeit, Wesensart
quaerere, quaerō, quaesīvī, quaesītum	suchen, fragen; (wissenschaftlich) untersuchen
in-quīrere *m. Akk.*	untersuchen, fragen nach, forschen nach
quaestiō, -ōnis *f* (*und* quaesītiō, -ōnis *f*)	Suche, Untersuchung, (philosophische) Fragestellung
rēs, rērum *f Pl.*	die (physisch existierenden) Dinge: Welt, Kosmos, Universum, Natur
rērum nātūra	(physische) Welt, Weltall, Schöpfung
rēs dīvīnae	das Göttliche; die göttliche Sphäre
rēs hūmānae	das Menschliche; das Leben der Menschen

Was ist ein Philosoph? Cic. Tusc. 5.8–9

Lernwortschatz

1	**contemplārī**, contemplor, contemplātus sum	betrachten, bedenken
3	**ūsque ad** *m. Akk.*	bis (zu)
4	**ēloquentia**, -ae *f*	Redegewandtheit, Ausdrucksfähigkeit
	admīrārī, admīror, admīrātus sum	sich wundern, bewundern
8	**reliquus**, -a, -um	übrig
9	**similis**, -e	ähnlich
10	**mercātus**, -ūs *m*	Markt; Handel
	→ mercātor, -ōris *m*	Händler
11	**illīc** *Adv.*	da, dort
12	**corōna**, -ae *f*	Krone, (Sieges-)Kranz
16	**plaudere**, plaudō, plausī, plausum	Beifall klatschen, applaudieren
17	**vīsere**, vīsō, vīsī, –	besichtigen, besuchen; nachsehen
	studiōsus, -a, -um	eifrig, interessiert; *Subst. auch:* Schüler
18	**quōmodo** *Adv.*	auf welche Weise, wie
19	**item** *Adv.*	ebenso, in gleicher Weise
21	**rārus**, -a, -um	selten, vereinzelt
	prō nihilō putāre/habēre	geringschätzen, sich nichts daraus machen
22	**intuērī**, intueor, intuitus sum	erblicken, betrachten
23	**sapientia**, -ae *f*	Weisheit
	→ sapiēns, -entis	weise; *Subst.* der Weise
27	**cōgnitiō**, -ōnis *f*	Erkenntnis; Untersuchung
	→ cōgnōscere, cōgnōscō, cōgnōvī, cōgnitum	erkennen

Aufgaben: Wortschatz

1 Wiederholen Sie folgende Wörter:

sapiens | aetas | ingenium | ars | confidere | respondere | videri | vita | gloria | emere | vendere | perspicere | servire | pecunia

2 **Welt und Natur.**

a Wählen Sie aus den folgenden Definitionen von „Welt" diejenige aus, die dem lateinischen Begriff *rerum natura* bzw. *res* entspricht: (Z. 1 ff.)

I) „die Gesamtheit von Raum und Zeit; alles, was ist, war und sein wird"; Synonym: Universum.

II) „Lebensraum der Menschen"; Synonym: Erde (*Beispiel*: „Es gibt auf der ganzen Welt keinen schöneren Ort").

III) „Gesamtheit der Menschen"; Synonym: alle Menschen (*Beispiel*: „Alle Welt weiß Bescheid über dich").

b Wählen Sie die beiden Sätze aus, in denen das Wort „Natur" dem lateinischen *natura* entspricht.

I) Es liegt in der **Natur** des Menschen, dass er Angst vor dem Tod hat.

II) Zu einem gesunden Leben gehört viel Bewegung in der **Natur**.

III) Der Wechsel von Tag und Nacht entspricht den Gesetzmäßigkeiten der **Natur**.

3 Erschließen Sie die Bedeutung:

a **contemplatio**, -onis *f* (contemplari) (Z. 1)
b **novitas**, -atis *f* (novus) (Z. 7)
c **lucrum**, -i *n (lukrativ)*: Homines emunt et vendunt, quia lucrum facere volunt. (Z. 13)
d **plausus**, -us *m* (plaudere; *dt. Fremdwort*) (Z. 16)

4 Geben Sie die im Zusammenhang passende Bedeutung an:

a Ex amico **quaero**: „Ubi est mercatus?" – Multi homines in mercatu lucrum **quaerunt**. (Z. 4)
b Quam artem **scit** philosophus? (Z. 5)
c Quid **interest** inter sapientem et philosophum? – Multi homines Olympiis *(Olympia, -orum n Pl.: Olympische Spiele)* **intersunt**. (Z. 8)
d Multi homines mercatum **petunt**, ut emant aut vendant. | Multi homines in mercatu lucrum **petunt**. (Z. 13)
e Pythagoras philosophus ceteris hominibus sapientiā **praestat**. | Homines Pythagorae philosopho honores **praestant**. (Z. 27)

5 Erschließen Sie eine passende Wiedergabe:

a Multi sapientes rerum naturam studiose contemplantur. Multi sapientes **in** contemplatione rerum **studia ponebant**. (Z. 1)
b Quoddam genus hominum – **idque** studiosissimum – sapientiam quaerit. Philosophi sapientiam quaerunt – **idque** studiosissime. (Z. 2/15)
c Multi homines ad mercatum veniunt: Spe pecuniae et lucri **ducuntur**. (Z. 14)
d Quidam homines studium sapientiae – **id est** ‚philosohiam' – amant. (Z. 23)
e Pythagoras philosophus ceteris hominibus sapientiā **longe** praestat. (Z. 26 f.)

Aufgaben: Grammatik

6 **Doppelter Akkusativ/Nominativ.** Erklären Sie, wann statt doppeltem Akkusativ der doppelte Nominativ steht, und übersetzen Sie: (Z. 2 ff.)

a Illum, qui multum scit, sapientem habemus. | Illum, qui multum scit, sapientem nominamus/appellamus.
b Ille, qui multum scit, sapiens habetur et nominatur.

7 **Wortstellung bei der Nebensatzeinleitung.** Beschreiben Sie die Besonderheit der Wortstellung und übersetzen Sie: (Z. 3 ff.)

Pythagoras homo sapiens fuit. Cuius sapientia cum maxima fuerit, eum adhuc admiramur.

8 **Relativsatz und indirekter Fragesatz.**
a Ordnen Sie die Pronomina nach folgenden Kriterien: (Z. 5 ff.)

– sowohl Relativpronomen als auch Interrogativpronomen
– nur Interrogativpronomen

qua | quid | qui | quis

b Relativsatz oder indirekter Fragesatz? Bestimmen und übersetzen Sie entsprechend:

a Musica *(Musik)* est ars, qua Orpheus ceteris praestat.
b Artem scire volo, qua Orpheus ceteris praestet.
c Dic mihi, qui sint philosophi!
d Illi, qui sapientiam quaerunt, philosophi sunt.
e Multi videre volunt, quid in theatro agatur.

9 ***nd*-Formen ohne *esse* (Gerund).** Übersetzen Sie: (Z. 13 ff.)

a Multi homines ad mercatum emendi aut vendendi causa veniunt.
b Multi mercatores magnum vendendi quaestum *(quaestus, -us m. Gen.: Einnahmen bei)* facere volunt.

→ Fortsetzung s. nächste Seite

10 Partizipialkonstruktionen.

a Das PPP muss nicht immer streng vorzeitig sein. Zeigen Sie das an folgendem Satz und übersetzen Sie dem Sinn entsprechend: (Z. 21)

Multi homines summo studio lucrum petunt – ceteris rebus pro nihilo habitis.

b Das Bezugswort des Partizips in folgendem Satz ist nicht ausgedrückt. Übersetzen Sie den Partizipialausdruck modal bzw. mit „ohne zu …“: (Z. 24 f.)

Pulchrum est vitam liberam agere **nullum lucrum petentem**.

Die Vorsokratiker: Auf der Suche nach den Gesetzen der Natur **Cic. ac. 2.118**

Lernwortschatz

1	**cōnstāre**, cōnstō, cōnstitī, – (ex)	bestehen (aus); kosten
	→ cōnstat *m. AcI*	es steht fest
3	**gīgnere**, gīgnō, genuī, genitum	(er)zeugen, gebären, hervorbringen
4	**post** *m. Akk.*	nach, hinter; *Adv.* später, danach
11	**similis**, -e	ähnlich
13	**ōrdō**, -inis *m*	Ordnung, Reihe, Stand
16	**fōrmāre**	formen
18	**plēnus**, -a, -um *m. Gen.*	voll (von etw.)
	inānis, -e	leer; eitel, unnütz
20	**nōtus**, -a, -um	bekannt, berühmt
22	**numerus**, -ī *m*	Zahl, Anzahl

Aufgaben: Wortschatz

1 Wiederholen Sie folgende Wörter:

aqua | aer | oriri | terra | ignis | mens | divinus | movere

2 Erschließen Sie die Bedeutung:

a **infinitus**, -a, -um: Id, quod fines non habet, infinitum est: Semper erat, semper erit. (Z. 3 ff.)

b **infinitas**, -atis *f*: Constat ne universum *(Weltall)* quidem infinitum esse. Tamen homines infinitatem universi mirantur. (Z. 3 ff.)

c **definitus**, -a, -um: Id, quod fines habet, definitum est. Id, quod definitum est, oritur et occidit. (Z. 7)

d **materia**, -ae *f*: Materia est, e qua omnes res constant. (Z. 10)

3 Erschließen Sie eine passende Wiedergabe:

a Poetae dicunt homines a deis factos esse. Sed **hoc** poetae **mihi non persuadent**. (Z. 1 f.)

b Suntne homines **similes inter se** an diversi? (Z. 11)

c Homines student res perturbatas **in ordinem adducere**. (Z. 13)

d Thales dicit initium omnium rerum aquam esse. Thales dicit omnes res ex aqua **profectas esse**. (Z. 22 f.)

e Thales **vult** omnes res ex aqua ortas esse. (Z. 23)

Aufgaben: Grammatik

4 Substantivierte Adjektive und Pronomina im Neutrum Plural. Übersetzen Sie: (Z. 1 ff.)

- **a** Thales dicit **omnia** ex aqua constare.
- **b** Non omnes laudant **ea, quae** dixit Thales.
- **c** Thales initium omnium rerum quaesivit: In hoc similis fuit aequalibus *(aequalis, -is m/f: Zeitgenosse)*. **In ceteris** differebat.

KRITIK I: Lohnt sich naturwissenschaftliche Forschung? – Die Sicht des Skeptikers Cic. ac. 2.122–123; 127

Lernwortschatz

1	**latēre**, lateō, latuī, –	verborgen sein
	occultāre	verbergen
	tenebrae, -ārum *f Pl.*	Finsternis, Dunkelheit
2	**aciēs**, aciēī *f*	Schärfe; Scharfsinn; Schlachtreihe
4	**lūna**, -ae *f*	Mond
8	**stēlla**, -ae *f*	Stern, Sternbild; Planet
9	**ūllus**, -a, -um (*Gen. Sg.* ūllīus, *Dat. Sg.* ūllī)	irgendeiner
	mundus, -ī *m*	Welt, Weltall
12	**quasi** *Adv.*	wie wenn, als ob; gleichwie; gewissermaßen
	cōnsīderāre	betrachten
	contemplārī, contemplor, contemplātus sum	betrachten, bedenken
14	**ērigere**, ērigō, ērēxī, ērēctum	aufrichten, erheben
	→ regere	lenken, leiten
	dēspicere, dēspiciō, dēspexī, dēspectum *m. Akk.*	herabblicken (auf); verachten
	→ cōnspicere	erblicken
	→ perspicere	durchschauen

Aufgaben: Wortschatz

1 Wiederholen Sie folgende Wörter:

humanus | ingenium | caelum | terra | aio | mons | iurare | sol | censere | praeter | putare | animus | fieri | videri | cogitare | verus | voluptas

2 Erschließen Sie die Bedeutung:

- **a quaes(i)tio**, -onis *f* (quaerere): Primi philosophi de initiis omnium rerum quaesiverunt. Cicero quaestiones primorum philosophorum tradidit. (Z. 10)
- **b naturalis**, -e (natura) (Z. 11)
- **c consideratio**, -onis *f* (considerare) (Z. 12)
- **d contemplatio**, -onis *f* (contemplari) (Z. 12)

3 Erschließen Sie eine passende Wiedergabe:

- **a** Thali philosopho **magna acies ingenii** fuit. Itaque etiam causas rerum occultatarum invenire potuit. (Z. 1 ff.)
- **b** Sunt, qui dicant in luna homines habitare: Sed **ita se res non habet**. Verum non est. (Z. 6 f.)
- **c** Sunt, qui dicant in luna homines habitare. Sed hoc verum esse non potest: **Veri simile** non est. (Z. 18)

→ Fortsetzung s. nächste Seite

15	**superus**, -a, -um	oben befindlich
	supera, -ōrum *n Pl.*	Oberwelt; Himmel
	superī, -ōrum *m Pl.*	Himmlische, Götter
	caelestis, -e	himmlisch; *Subst. Pl.* die Götter
	→ caelum, -ī *n*	Himmel
16	**contemnere**, contemnō, contempsī, contemptum	verachten, gering schätzen
18	**vērō** *Adv.*	wirklich; aber
	occurrere, occurrō, occurrī, occursum	entgegenlaufen, entgegentreten, begegnen
	→ currere	laufen
	similis, -e	ähnlich
	vērī similis	wahrscheinlich
19	**complēre**, compleō, complēvī, complētum	anfüllen, erfüllen; beenden

Aufgaben: Grammatik

4 **Konjunktivischer Relativsatz mit konsekutivem Nebensinn.** Übersetzen Sie: (Z. 1 ff.)

Nulla acies ingenii tanta est, quae causas omnium rerum invenire possit.

5 **Passiv in nicht-passivischer Bedeutung.** Erschließen Sie passende Übersetzungen: (Z. 4 ff.)

a Sunt, qui dicant: „In luna **habitatur**."
b Terra non stat, sed **movetur**.

6 **Substantivierte Adjektive und Pronomina im Neutrum Plural.** Erschließen Sie eine passende Wiedergabe: (Z. 8 ff.)

a Thales **omnia caelestia** contemplatur.
b Thales non **ea, quae** in terra sunt, contemplatur, sed supera.
c Thales non **haec nostra** contemplatur, sed **ea, quae** in caelo sunt.

7 **Ellipse.** Weisen Sie eine Ellipse nach und übersetzen Sie: (Z. 10 ff.)

Quaestiones philosophorum neglegendas non puto.

KRITIK II: Lohnt sich naturwissenschaftliche Forschung? – Die Sicht des Theologen

Lact. epit. 31 und div. inst. 3.3

Lernwortschatz

1	**sapientia**, -ae *f*	Weisheit
	→ sapiēns, -entis	weise; *Subst.* der Weise
2	**scientia**, -ae *f*	Wissen, Kenntnis; Wissenschaft
	→ scīre	wissen
4	**prōfitērī**, prōfiteor, prōfessus sum	öffentlich bekennen; versprechen
	→ fatērī	bekennen
	→ cōnfitērī	bekennen

Aufgaben: Wortschatz

1 Wiederholen Sie folgende Wörter:

divinus | humanus | verus | mortalis | scire | homo | certe | necesse est | igitur | docere | sapiens | videri | audere | putare | ergo | sequi | tollere

2 Erschließen Sie die Bedeutung:

a **definire**, -finio, -finivi, -finitum *(dt. Fremdwort)* (Z. 1)
b **definitio**, -onis *f (dt. Fremdwort)* (Z. 2)
c **naturalis**, -e (natura) (Z. 15)

5	**omittere**, omittō, omīsī, omissum	übergehen, außer Acht lassen
	→ mittere	schicken
7	**propterea**	deswegen
13	**vindicāre**	in Anspruch nehmen; befreien, retten; bestrafen
14	**affirmāre**	bekräftigen, behaupten
18	**rēctē** *Adv.*	richtig; zu Recht
19	**disputāre**	diskutieren, sprechen über

3 Erschließen Sie eine passende Wiedergabe folgender Sätze:

a Ego credo scientiam hominis parvam esse. **Concedamus, ut** homo plus sciat quam cetera animalia! Omnia certe scire tamen non potest. (Z. 5)

b Liberi **per se** nihil sciunt. Omnia a parentibus discunt. (Z. 6)

c **Nemo** sapiens est **nisi** deus. (Z. 9)

d Homo sapientiam, **id est** scientiam omnium rerum, habere non potest. (Z. 11)

e Is, qui credit hominem omnia scire posse, **demens** *(verrückt)* **iudicandus est**. (Z. 16 f.)

f Socrates negavit homines sapientiam habere: Socrates **sapientiam sustulit**. (Z. 18 f.)

g Philosophi, qui Socratem secuti sunt, negaverunt homines sapientiam habere. | Socrates sapientiam sustulit et **eum secuti sunt** multi alii philosophi. (Z. 18 f.)

Aufgaben: Grammatik

4 **Wortstellung bei der Nebensatzeinleitung.** Beschreiben Sie die Besonderheit der Wortstellung und übersetzen Sie: (Z. 2 f.)

Sapientia est scientia omnium rerum. Quae definitio si vera est, homo sapientiam habere non potest.

5 **Substantivierte Adjektive im Neutrum Plural.** Erschließen Sie eine passende Wiedergabe: (Z. 4)

Quis **omnia** scire potest? Quis **divina** et **humana** scire potest?

6 **Unpersönliche Verben.** Von manchen unpersönlichen Ausdrücken (z. B. *oportet, necesse est*) kann ein bloßer Konjunktiv (vor dem *ut* gedanklich zu ergänzen ist) abhängen. Übersetzen Sie: (Z. 7)

Is, qui omnia scit, deus sit necesse est, non homo.

7 **Relativsatz ohne Bezugswort.**

I Übersetzen Sie und beschreiben Sie den Unterschied von **a** und **b** im Hinblick auf das Bezugswort: (Z. 6 ff.)

a Qui omnia scit, non homo, sed deus est. | Qui omnia scire putant, dementes *(demens, -entis: verrückt)* sunt. (Z. 6)

b Demens *(verrückt)* esse videris, qui credas hominem omnia scire posse. (Z. 13 ff.)

II Begründen Sie den Konjunktiv des Prädikats *credas* im Relativsatz und schlagen Sie eine alternative Übersetzung vor.

8 **Ellipse.** Weisen Sie eine Ellipse nach und übersetzen Sie: (Z. 9)

Nemo sapiens nisi deus.

→ Fortsetzung s. nächste Seite

9 Genitiv der Zugehörigkeit mit *esse*.
Übersetzen Sie: (Z. 18 f.)

a Omnia scire non **hominis**, sed **dei est**.
b Se omnia scire putare **dementis** *(demens, -entis: verrückt)* **est**.
c Homines semper beati esse volunt. Sed aeterna beatitudo *(Glück)* non **scientis**, sed **sperantis est**.

Die sokratische Wende: Vom Blick nach oben zum Blick nach innen **Cic. ac. 1.15 f.**

Lernwortschatz

2	**occultus**, -a, -um	verborgen, geheim, versteckt
3	**occupāre**	besetzen, einnehmen
	occupātus, -a, -um (in *m. Abl.*)	beschäftigt (mit)
7	**caelestis**, -e	himmlisch; *Subst. Pl.* die Götter
	→ caelum, -ī *n*	Himmel
	vel ... vel	entweder ... oder
	cōgnitiō, -ōnis *f*	Erkenntnis; Untersuchung
	→ cōgnōscere, cōgnōscō, cōgnōvī, cōgnitum	erkennen
11	**disputāre**	diskutieren, sprechen über
12	**affirmāre**	bekräftigen, behaupten
21	**ob** *m. Akk.*	wegen
23	**sapientia**, -ae *f*	Weisheit
	→ sapiēns, -entis	weise; *Subst.* der Weise
24	**sēsē** (*verstärktes* sē)	sich

Aufgaben: Wortschatz

1 Wiederholen Sie folgende Wörter:

videri | primus | vita | communis | adducere | omnino | quaerere | procul | censere | fere | sermo | scire | praestare | arbitrari | sapiens

2 Erschließen Sie die Bedeutung:

a-vocare: Philosophia homines a rebus inutilibus *(inutilis, -e: unnütz)* avocat. (Z. 4)

3 Erschließen Sie eine passende Wiedergabe:

a Socrates ipse scit se nihil scire. | Socrates **id ipsum** scit se nihil scire. (Z. 1 ff.)
b Socrates: „Scio me nihil scire. **Id unum** scio." – Socrates: „Homo sapiens esse non potest. Haec **una** sapientia est: Scire se nihil scire." (Z. 20 ff.)
c Socrates ab Apolline deo **sapientissimus omnium dictus est**. (Z. 21 ff.)

Aufgaben: Grammatik

4 Relativsatz ohne Bezugswort.
a Übersetzen Sie: (Z. 11 ff.)

Multi homines arbitrantur se scire, quae nesciant. | Qui arbitrantur se scire, quod nesciant, sapientes non sunt.

b Begründen Sie den Konjunktiv bei *nesciant*, ggf. mithilfe einer Grammatik.

Sokrates' Gesprächsführung Cic. Tusc. 5.34

Lernwortschatz

2	**fortūnae**, -ārum *f Pl.*	Güter; Vermögen
3	**colloquī**, colloquor, collocūtus sum	sich unterhalten; verhandeln, besprechen
4	**aliter** *Adv.*	anders, sonst
8	**an?**	etwa?; oder?
	īgnōrāre	nicht wissen, nicht kennen
	doctus, -a, -um	gelehrt
11	**prōrsus**	völlig; durchaus
13	**iniūstus**, -a, -um	ungerecht

Aufgaben: Wortschatz

1 Wiederholen Sie folgende Wörter:

quaerere | beatus | haud | scire | igitur | ne ... quidem | vita | existimare | improbus | miser | certe

2 Erschließen Sie die Bedeutung:

fortunatus, -a, -um (fortunae, -arum *f Pl.*): Ille, qui dives est, fortunatus est: Nam multae fortunae ei sunt. Estne autem idem beatus? (Z. 2)

Aufgaben: Grammatik

3 Doppelter Akkusativ/Nominativ. Übersetzen Sie: (Z. 1 ff.)

a Quem beatum putas?
b Archelaus fortunatus habetur, quia dives est.
c Hominem malum beatum non existimo. | Malos beatos non existimo.

4 Indirekte Frage.
a Erschließen Sie treffende Übersetzungen: (Z. 1 ff.)

E te quaero, quis beatus sit. |
E te quaero, quam beatus sit Archelaus. |
E te quaero, beatusne sit Archelaus. |
E te quaero, Archelaum nonne beatum putes.

b Beschreiben Sie die Besonderheit bei der Wortstellung im letzten Satz.

5 Ellipse. Weisen Sie eine Ellipse nach und übersetzen Sie: (Z. 12)

Archelaus dives est. Beatus ergo Archelaus?

Den Tod vor Augen: Sokrates' letzte Rede Cic. Tusc. 1.97–99

Lernwortschatz

2	**ēvenīre**, ēveniō, ēvēnī, ēventum	sich ereignen, eintreten, ausgehen
3	**alter**, altera, alterum (*Gen. Sg.* alterīus, *Dat. Sg.* alterī)	der eine (von beiden); der andere
	alter ..., alter	der eine ..., der andere
4	**aut ... aut**	entweder ... oder
5	**migrāre**	wandern, auswandern
6	**quamobrem** (*und* quam ob rem)	deswegen *(rel. Satzanschluss)*
7	**similis**, -e	ähnlich
8	**sīn**	wenn aber
9	**ōra**, -ae *f*	Küste; Gegend; *Pl. auch* Gefilde
	excēdere, excēdō, excessī, excessum	herausgehen, hinausgehen über
	incolere, incolō, incoluī, –	wohnen, bewohnen
12	**ēvādere,** ēvādō, ēvāsī, ēvāsūrus	entkommen; herauskommen
	vērē *Adv.*	echt, wahrhaftig
16	**absolvere**, absolvō, absolvī, absolūtum *m. Gen.*	losmachen, freisprechen (von); vollenden
18	**mortuus**, -a, -um	tot, gestorben
20	**nocēre**, noceō, nocuī, –	schaden
22	**uter**, utra, utrum (*Gen. Sg.* utrīus, *Dat. Sg.* utrī)	welcher (von beiden)
	immortālis, -e	unsterblich; *Subst.* Unsterblicher, Gott
	→ mortālis, -e	sterblich

Aufgaben: Wortschatz

1 Wiederholen Sie folgende Wörter:

iudex | sensus | mors | auferre | quidam | locus | exstinguere | somnus | beatus | appellare | convenire | iustus | fides | ne ... quidem | quisquam | accusare | credere | mori | quidem | arbitrari

2 Erschließen Sie die Bedeutung:

migratio, -onis *f* (migrare) (Z. 8)

3 Erschließen Sie eine passende Wiedergabe:

a **Magna spes me tenet** mortem doloribus carere. (Z. 1)
b **Bene mihi evenit, quod** adest amicus. (Z. 1 f.)
c Socrates a iudicibus **ad mortem missus est**. (Z. 1 f.)
d Poetae de morte dicunt: „Post mortem e terra in Tartarum **migratur**." (Z. 5)
e **Vera sunt, quae dicuntur**: mortem esse migrationem in Tartarum. (Z. 8 f.)
f Illi, qui **e vita excesserunt**, Tartarum incolunt. (Z. 9)

Aufgaben: Grammatik

4 **Ablativ des Vergleichs und des Maßes.**
a Übersetzen Sie und geben Sie die Ablative des Vergleichs und den Ablativ des Maßes (Frage: „Um wieviel?") an: (Z. 7 ff.)

Nemo Socrate beatior est. |
Socrates: „Quis me beatior?" |
Socrates multo beatior est ceteris.

b Weisen Sie in **a** eine Ellipse nach.

5 **Relativsatz ohne Bezugswort.** Geben Sie den Relativsatz ohne Bezugswort an und übersetzen Sie: (Z. 8 ff.)

Dicitur Tartarus esse locus, quem, qui e vita excesserunt, incolunt.

6 **Prohibitiv.** Beschreiben Sie, wie der lateinische Prohibitiv formuliert wird, und übersetzen Sie: (Z. 16 f.)

Ne mortem timueritis!

7 **Genitiv des geteilten Ganzen nach Pronomina.** Geben Sie den Genitiv des geteilten Ganzen an und übersetzen Sie nach dem Beispiel: *Quid novi est? Was gibt es Neues?* (Z. 17)

a Homini bono nihil mali evenire potest.
b Numquam cuiquam bono quicqam mali evenire potest.

Aufgaben: Sachwissen

8 Erläutern Sie, ggf. anhand von Recherche, was die mythischen Figuren **Minos**, **Rhadamanthys**, **Aiakos** und **Triptolemos** mit der **Unterwelt** und mit **Gerechtigkeit** zu tun haben. (Z. 13)

Die Nachfolger des Sokrates Cic. Tusc. 5.10 f.; Cic. ac. 17

Lernwortschatz

1	**ūsque** ad *m. Akk.*	bis (zu)
2	**numerus,** -ī *m*	Zahl, Anzahl
4	**studiōsus,** -a, -um	eifrig, interessiert; *Subst. auch:* Schüler
	sīdus, -eris *n*	Stern, Sternbild
5	**caelestis,** -e	himmlisch; *Subst. Pl.* die Götter
7	**collocāre**	aufstellen, platzieren; ansiedeln
9	**disputāre**	diskutieren, sprechen über
12	**potissimum** *Adv.*	am ehesten, vor allem
14	**error,** -ōris *m*	Irrtum
	levāre *m. Abl.*	heben; erleichtern (von)
	errōre levāre	vom Irrtum befreien
15	**similis,** -e	ähnlich
	vērī similis	wahrscheinlich
17	**cōnsentīre,** cōnsentiō, cōnsēnsī, cōnsēnsum	zustimmen; übereinstimmen
19	**complēre,** compleō, complēvī, complētum	anfüllen, erfüllen; beenden
20	**disciplīna,** -ae *f*	Lehre; Unterrichtsfach; Disziplin
22	**affirmāre**	bekräftigen, behaupten
	affirmātiō, -ōnis *f*	Bekräftigung, Behauptung
	adhibēre, adhibeō, adhibuī, adhibitum	heranziehen, hinzuziehen; verwenden
23	**cōnsuētūdō,** -inis *f*	Gewohnheit, Lebensweise
	disserere, disserō, disseruī, dissertum	besprechen, diskutieren
25	**ōrdō,** -inis *m*	Ordnung, Reihe; Stand

Aufgaben: Wortschatz

1 Wiederholen Sie folgende Wörter:

Z. 1–15: motus, -us | unde | oriri | quo | cursus | cuncti | cogere | mos | ratio | ingenium | memoria | genus | arbitrari | sententia | verus
Z. 16–25: auctoritas | varius | uterque | quidam | atque/ac | probare

2 Erschließen Sie die Bedeutung:

a **Socraticus**, -a, -um: Socratica philosophia non docet, sed quaerit. (Z. 21)
b **dubitans**, -antis: Socrates non docet, sed dubitanter de rebus disserit. (Z. 21)

3 Geben Sie die im Zusammenhang passende Bedeutung an:

a Plato, auditor *(Schüler)* Socratis, novam philosophiae formam **instituit**. (Z. 18)
b Plato certam philosophiae formulam *(formula: System)* **composuit**. (Z. 20)
c E Socratica philosophia **facta est** nova quaedam philosophia. (Z. 23)
d Multi homines se omnia scire credunt: Id Socrates **minime probat**. (Z. 24)

4 Erschließen Sie eine passende Wiedergabe:

a Post mortem Socratis multae formae philosophiae institutae sunt: **Stoicorum et Epicureorum et aliorum.** (Z. 18)
b Socrates in disputationibus *(disputatio, -onis f: Diskussion)* neque docet neque **affirmationes adhibet**, sed quaerit. (Z. 22)

Aufgaben: Grammatik

5 ***nd*-Formen ohne esse (Gerund).**
Übersetzen Sie: (Z. 9)

Socrati fuit certa quaedam disserendi consuetudo. | Socrati fuit certa quaedam de rebus disserendi consuetudo. | Socrati fuit certa quaedam de rebus dubitanter disserendi consuetudo.

KRITIK III: Lohnt sich Philosophie? – Die Sicht des Theologen Lact. div. inst. 3.2

Lernwortschatz

2	**sapientia**, -ae *f*	Weisheit
	→ sapiēns, -entis	weise; *Subst.* der Weise
4	**sīgnificāre**	anzeigen; bedeuten
5	**sapere**, sapiō, –	Verstand haben; weise sein; Geschmack haben
9	**vērō** *Adv.*	wirklich; aber
	studiōsus, -a, -um	eifrig, interessiert; *Subst. auch:* Schüler
11	**facultās**, -ātis *f*	Möglichkeit, Fähigkeit
	vēritās, -ātis *f*	Wahrheit, Wirklichkeit
	→ vērus, -a, -um	wahr
13	**aliquandō** *Adv.*	einst, (irgendwann) einmal
15	**appārēre**, appāreō, appāruī, –	erscheinen, sich zeigen
16	**philosophārī**, philosophor, philosophātus sum	philosophieren

Aufgaben: Wortschatz

1 Wiederholen Sie folgende Wörter:

indicare | studium | igitur | studere | nondum | ergo | quaerere | necesse est | alius | rectus | invenire | ne ... quidem | concedere | tamquam | iter | tot | ingenium | putare | qualis

2 Erschließen Sie die Bedeutung:

a **definire**, -finio, -finivi, -finitum *(dt. Fremdwort)* (Z. 1)
b **significatio**, -onis *f* (significare): Quae est significatio nominis „philosophiae"? (Z. 4)
c **quaes(i)tio**, -onis *f* (quaerere): Philosophi sapientiam quaerunt. Lactantius quaesitiones philosophorum non laudat. (Z. 8)

Aufgaben: Grammatik

3 **Relativsatz ohne Bezugswort.** Übersetzen Sie: (Z. 4 ff.)

a Qui sapientiam quaerit, philosophus est.
b Philosophia quaerit sapientiam. Philosophia non est sapientia: Nam aliud est, quod quaerit, aliud, quod quaeritur.

4 **Potentialis.** Beschreiben Sie anhand der folgenden Sätze, wie der Potentialis im Lateinischen ausgedrückt wird, und übersetzen Sie: (Z. 9 f.)

Lactantius: „Nemo dicat homines plus scire quam deum. | Homines plus scire quam deum non concesserim."

5 **Passiv in nicht-passivischer Bedeutung.** Erschließen Sie eine passende Übersetzung für die Passivform: (Z. 10)

Philosophi ad sapientiam pervenire student. Sed quomodo ad sapientiam **pervenitur**?

6 ***nd*-Formen ohne *esse* (attributives Gerundiv).** Übersetzen Sie: (Z. 11 ff.)

Lactantius: „Hominibus non est facultas inveniendae veritatis."

7 **Ablativus absolutus.** Geben Sie den Ablativus absolutus an und übersetzen Sie: (Z. 13 ff.)

Lactantius: „Tot temporibus in inquisitione *(inquisitio, -onis f hier: Suche)* veritatis consumptis tamen veritas a philosophis nondum est inventa."

Erasmus: Sokrates als Prinzenerzieher LB 162 D und LB 164 A

Lernwortschatz

2	**īnspicere**, īnspiciō, īnspexī, īnspectum	hineinblicken, betrachten; kennenlernen
	→ cōnspicere	erblicken
	→ perspicere	durchschauen
9	**convīvium**, -ī *n*	Gastmahl, Gelage
11	**rēctus**, -a, -um	richtig; gerade

Aufgaben: Wortschatz

1 Wiederholen Sie folgende Wörter:

Z. 1–8: dives | quidam | mittere | loqui | igitur | ingenium | vultus | oratio | certus | animus |
Z. 9–14: acer | familiaris | reprehendere | committere

2 Erschließen Sie die Bedeutung:

a **adulescentulus**, -i *m* (adulescens + -ulus [*Verkleinerung/Diminutiv*]) (Z. 2)
b **paedagogus**, -i *m (dt. Fremdwort)* (Z. 3)

Erasmus: Diogenes als Prinzenerzieher LB 175 A; LB 185 A/B

Lernwortschatz

3	**frequēns**, -entis	zahlreich, häufig; viel besucht
4	**indīgnārī**, indīgnor, indīgnātus sum	empört sein, sich ärgern
	indīgnātus	empört, verärgert
9	**affectus**, -ūs *m*	Leidenschaft, Emotion, Gefühlsaufwallung
10	**percontārī**, percontor, percontātus sum *m. Akk.*	ausforschen, sich erkundigen (bei)
	benīgnus, -a, -um	gütig
11	**item** *Adv.*	ebenso, in gleicher Weise
	quoniam	weil ja, da ja, wo doch
12	**citō** *Adv.* (*Komp.* citius)	schnell
	caecus, -a, -um	blind; unsichtbar, finster
	-ve	oder

Aufgaben: Wortschatz

1 Wiederholen Sie folgende Wörter:

Z. 1–9: quondam | stare | clamare | convenire | desinere | adesse | quidam | aliquis | iubere | putare | vivere | agere
Z. 10–15: ceteri | fieri | quam | cogitare

Diogenes und Alexander LB 175 A/B; LB 177 C/D

Lernwortschatz

2	**colloquī,** colloquor, collocūtus sum	sich unterhalten; verhandeln, besprechen
3	**indīgnārī,** indīgnor, indīgnātus sum	empört sein, sich ärgern
	canis, -is *m/f*	Hund; Hündin
6	**adeō** *Adv.*	so sehr
7	**similis,** -e	ähnlich
8	**praecipuus,** -a, -um	besonders, hervorragend
9	**egēre,** egeō, eguī, – *m. Gen. und Abl.*	Mangel leiden (an); brauchen
14	**subvenīre,** subveniō, subvēnī, subventum	zu Hilfe kommen, beistehen
15	**uter,** utra, utrum (*Gen. Sg.* utrīus, *Dat. Sg.* utrī)	welcher (von beiden)
17	**obicere,** obiciō, obiēcī, obiectum	entgegenstellen, darbieten; vorwerfen

Aufgaben: Wortschatz

1 Wiederholen Sie folgende Wörter:

Z. 1–12: adire | pro | colloqui | tantus | princeps | liber, -a, -um | regnum | rex | servire | quisquis | praestare | verus | quidam | existimare
Z. 13–18: loqui | adesse | desiderare | contentus | patrius | latus, -a, -um | vix | orbis | videri

2 Erschließen Sie die Bedeutung:

a **felicitas**, -atis *f*: Alexander rex felix est. Felicitas Alexandri magna est. (Z. 8)
b **monarchus**, -i *m*: Alexander Magnus solus regnat. Alexander monarchus est. (Z. 11)

3 Geben Sie die im Zusammenhang passende Bedeutung an:

a Homines vident Diogenem ut canem vivere. Itaque vitam Diogenis miseram esse **iudicant**. (Z. 7 f.)
b Potentia Alexandri magna est. Itaque Alexander, quidquid vult, **facile efficit**. (Z. 9)
c Philosophia timores e vita hominum tollit. Philosophia hominibus vitam a timoribus liberam **praestat**. (Z. 10)

4 Erschließen Sie eine passende Wiedergabe:

a Diogenes ut canis vivebat. Itaque homines Diogeni honores non praestabant: Diogeni **honores non habebant**. – Homines nemini **tantum honoris habebant**, quantum Alexandro. (Z. 3 f.)
b Philosophus non sollicitatur rebus humanis velut cupiditatibus, laboribus, morte. Philosophus **omnibus rebus humanis superior est**. (Z. 6 f.)
c Homines vitam a timoribus liberam cupiunt: **Hoc ipsum** philosophia hominibus praestat. (Z. 9 f.)
d **Nihil maius est** quam vita beata. – **Nihil maius est** quam beate vivere. (Z. 11 f.)
e Alexander multa pericula suscepit, cum toti orbi terrarum imperare cuperet. **Alexander multis periculis se obiecit**, cum toti orbi terrarum imperare cuperet. (Z. 17)

Aufgaben: Grammatik

5 Orts- und Richtungsangaben.
Wählen Sie alle Ortsangaben aus, die auf die Frage „Wo?" antworten, und geben Sie – ggf. mithilfe einer Grammatik – die Regel an: (Z. 1)

Corintho | Corinthi | Romae | Romam | Athenis | Athenas

6 *quod*-Sätze.

a Wählen Sie alle Sätze aus, in denen *quod* mit „dass" übersetzt werden kann, und übersetzen Sie: (Z. 3 ff.)

Homines indignabantur, quod Diogenes ut canis vivebat. | Homines: „Diogenes beatus esse non potest, quod multis rebus eget." | Diogenes: „Felicitas mea est, quod nullius rei egeo." | Diogenes: „Contentus sum eo, quod habeo."

b Übersetzen Sie dann die anderen Sätze und bestimmen Sie die Funktion von *quod*.

7 Ablativus absolutus.
Geben Sie den Ablativus absolutus an und übersetzen Sie: (Z. 3)

Diogenes ut canis vivebat hominibus indignantibus.

8 Genitiv des geteilten Ganzen.
Übersetzen Sie: (Z. 3 ff.)

Homines Alexandro **multum honoris** praestabant. Homines nemini **tantum honoris** habebant, quantum Alexandro.

9 Steigerung von Adjektiven.

a Wählen Sie alle Komparative aus, bestimmen Sie sie nach KNG und geben Sie den Positiv an: (Z. 7 ff.)

honoris | similius | nullius | verius | maiorem | pluribus | latius | faciliore

b Geben Sie alle Komparativformen aus **a** an, die auch Adverb sein können.

10 Doppelter Akkusativ. (Z. 11 f.)

a Geben Sie die Bedeutung folgender Verben an, wenn sie mit doppeltem Akkusativ stehen:

vocare | dicere | appellare | credere | putare | existimare | iudicare | ducere | facere | reddere

b Übersetzen Sie:

Vitam, quae a timoribus libera est, beatam **existimo**.

c Hier erfüllt eine Infinitivkonstruktion die Funktion des Akkusativobjekts. Übersetzen Sie:

Regem esse maius quiddam **existimo** quam servum esse.

11 Partizipien. (Z. 13 ff.)

a Partizip Futur. Übersetzen Sie treffend:

Amicus amico: „Adsum tibi subventurus."

b Umschreibung von Verbformen. Übersetzen Sie und beschreiben Sie die Besonderheit der Verwendung des Partizips:

Homines viderunt Diogenem ut canem **viventem**.

METHODEN

Auf den folgenden Seiten finden Sie Methoden, die für die Arbeit mit lateinischen Texten wichtig sind:
- *Kursorisch lesen*
- *Wörterbuchgebrauch*
- *Interpretation lateinischer Texte*
- *Übersetzungsvergleich*
- *Erkennen und Deuten rhetorischer Stilmittel*
- *Versanalyse*
- *Dichtung und Musik: Vertonungen interpretieren*
- *Texte überarbeiten in Word*
- *Kollaboratives Arbeiten*
- *Präsentation*
- *Projektarbeit*

📖 Kursorisch lesen: Texte verstehen ohne Übersetzen

Um einen lateinischen Text zu verstehen, muss man ihn nicht unbedingt wortwörtlich übersetzen. Nicht immer ist der mikroskopische Blick gefragt, der selbst kleine Details ins Visier nimmt. Oft ist es auch wichtig, sich einen raschen Überblick zu verschaffen. Dadurch kann mehr Text in kürzerer Zeit bewältigt werden – ähnlich, wie es auch in den modernen Fremdsprachen geschieht. Man spricht dann von **kursorischer** Lektüre.

Ziel der kursorischen Lektüre ist es, sich eine klare Vorstellung vom Inhalt und der Struktur eines lateinischen Textes zu erarbeiten und Aussagen über den Text am lateinischen Original belegen zu können. Am Ende kann z.B. die **Paraphrase**, also die Wiedergabe des Textinhaltes mit eigenen Worten, stehen. Wie das gelingt, erfahren Sie auf dieser Seite.

Was ist bei kursorischer Lektüre grundsätzlich zu beachten?

Das **Symbol** 📖 kennzeichnet Texte und Textabschnitte, die sich für **kursorisches Lesen** eignen. Für Texte und abschnittsbezogene Aufgaben mit diesem Symbol gelten spezielle Regeln:

- Sie müssen den Text **nicht übersetzen**, aber so weit **erschließen**, dass Sie die Aufgaben lösen können.
- Die 📖-Texte sind **nicht vollständig mit Vokabelhilfen** versehen.
- Bei **unbekannten Wörtern** können Sie ein **Wörterbuch** nutzen.
  → Wörterbuchgebrauch, S. 219
- Der WERKSTATT-Teil zu den 📖-Texten enthält wie immer einen Lernwortschatz, aber meist **keine vorbereitenden Übungen**.

Der erste Schritt zur kursorischen Erschließung ist **sehr aufmerksames Lesen**. Achten Sie dabei vor allem auf Folgendes:

- Den **Arbeitsauftrag** genau lesen.
- Den im Arbeitsauftrag benannten **Textabschnitt** aufmerksam lesen.
- Auf zentrale, bedeutungstragende **Begriffe** achten: **Orte**, **Personen**, **Sach-** und **Wortfelder**. Oft sind diese Begriffe schon im Text markiert oder der Arbeitsauftrag weist darauf hin.
- Nicht an einzelnen Begriffen kleben, sondern den **Satz** bzw. **Text in seiner Gesamtheit** wahrnehmen.

Wörterbuchgebrauch

Für die Lektüre lateinischer Originaltexte benötigen Sie über die Ihnen bekannten Vokabelverzeichnisse und Wortschatzlisten hinaus ein richtiges Wörterbuch – sei es online oder gedruckt –, um unbekannte oder vergessene Vokabeln nachzuschlagen.
Ein Wörterbuch bietet nicht nur mehr lateinische Wörter, sondern auch zu jedem Wort mehr Informationen als die Vokabelliste eines Schulbuchs – und gerade das macht die Wörterbucharbeit durchaus anspruchsvoll. Es tauchen Fragen auf wie:

- **Unter welchem Eintrag (Lemma) muss ich nach einem Wort suchen?** Teilweise sind die Wörter nicht unter der Form verzeichnet, die früher als „Lernform" eingeführt wurde.
- **Welche Bedeutung soll ich auswählen?** Einige Wörter haben so viele Bedeutungen, dass es gar nicht einfach ist, die gerade angemessene herauszufinden.
- **Was bedeuten die Abkürzungen?** In Wörterbüchern wird vieles abgekürzt, und nicht alle Informationen, die sich hinter diesen Abkürzungen verbergen, sind für Sie wichtig.

Einige Hilfen seien hier kurz vorgestellt:

1. Wo finde ich ein Wort? Welche Bedeutung soll ich auswählen?

Bei den meisten Wortarten ist es ganz einfach: Im Allgemeinen stehen die Wörter in den vertrauten Lernformen. Dennoch ist es hilfreich, über grammatische Formen Bescheid zu wissen, wenn man den richtigen Eintrag finden will. Größere Schwierigkeiten können vor allem die Verben bereiten.	• **Substantive, Adjektive, Adverbien** und sonstige **„kleine Wörter"** sind in der **„Lernform"** verzeichnet. • Verben werden in aktuellen Lexika meist im **Infinitiv**, in älteren aber in der **1. Person Singular Präsens** angegeben.
Wenn Sie ein Wort kennen, dann schlagen Sie es nicht nach! Andernfalls verlieren Sie zu viel Zeit.	• Nur dann, wenn die bekannte Bedeutung nicht in den Text passt, sollte man im Wörterbuch überprüfen, welche Bedeutung angemessener ist.
Machen Sie sich im Vorfeld schon klar, was Sie suchen, vor allem, welcher **Wortart** das gesuchte Wort angehört. Hierbei kann es nützen, Wortbildungsregeln zu Rate zu ziehen. → **Wortbildung: Präfixe und Suffixe, S. 244** Lesen Sie den Eintrag im Wörterbuch genau und beachten Sie die Wortarten und die grammatischen Angaben!	• Aus den grammatischen Angaben bei dem jeweiligen Eintrag (z. B. Stammformen, Genitiv, Genus) geht hervor, ob es sich bei dem Eintrag um eine Wortart handelt, die infrage kommt. • Beachten Sie auch die nähere Umgebung des gefundenen Wortes: Wenn mehrere sehr ähnliche Einträge aufeinander folgen, müssen Sie zunächst den aktuell zutreffenden auswählen. Die Feststellung der benötigten Wortart ist der erste Schritt dazu. → Für **digitale Wörterbücher** gilt dies nicht: Passt der gefundene Treffer nicht, müssen Sie selbst überlegen, wie die Grundform des gesuchten Wortes noch aussehen könnte.
Achten Sie stets auf den Kontext des Wortes und – sofern schon erkennbar – auf den Inhalt des Textes, in den es gehört!	→ Wenn man den Sinn des Textes zumindest grob erfasst, kann das beim Nachschlagen eine Hilfe sein.

Achten Sie bei geografischen Eigennamen darauf, ob ein Land / eine Stadt, das dort lebende Volk oder das Adjektiv dazu angegeben wird!	• Bei Volksnamen kann dasselbe Wort oft substantivisch und adjektivisch gebraucht werden; hier geht die Wortart nur aus dem jeweiligen Kontext hervor. → *Roma* ist „Rom“, *Romanus* heißt dagegen „der Römer“ oder „römisch“.
Berücksichtigen Sie beim Nachschlagen, welche Informationen die bisher schon übersetzten Texte eines Autors bieten!	• Vor allem bei Polysemen (mehrdeutigen Wörtern) gilt: Beziehen Sie mit ein, in welcher Bedeutung dieser Autor das Wort auch sonst verwendet und welche insgesamt zur Thematik seines Textes passt. • Nützlich sind hier auch die in vielen Lexika enthaltenen Hinweise auf Spezialbedeutungen lateinischer Wörter bei bestimmten Autoren (siehe unten bei „Abkürzungen“). → *pontifex (maximus)* kann „(Ober-)Priester“, aber auch „Papst“ bedeuten. Wenn dieses Wort bei Cicero auftaucht, kann selbstverständlich nur ersteres gemeint sein.

2. Was bedeuten die Abkürzungen?

Bisweilen erschweren die Abkürzungen in den Wörterbüchern das Nachschlagen. Leider sind diese nicht in allen Wörterbüchern gleich. Einige gängige Zeichen und Abkürzungen sind hier aufgelistet.

Häufig verwendete Zeichen:

~ Hier ist das Wort, um das es in dem Wörterbucheintrag geht, zu ergänzen (bei Wendungen, in denen das Wort vorkommt).

< („entstanden aus“) Verweist auf die Abstammung des Wortes, um das es in dem Wörterbucheintrag geht (nur sprachgeschichtlich relevant, in einigen Wörterbüchern einfach in Klammern angegeben).

* Ein Wort, das in der überlieferten lateinischen Literatur nicht vorkommt, das es aber gegeben haben dürfte (nur sprachgeschichtlich relevant).

Häufig verwendete Abkürzungen:

- **acc.**, **adi.**, **coni./Konj.**, **f**, **Präp.** usw.: Abkürzungen für gängige Grammatikbegriffe, die sich leicht erschließen lassen (Akkusativ, Adjektiv, Konjunktiv, Femininum, Präposition usw.).
- **altl.**, **klass.**, **ml./mlt.**, **t.t.** usw.: Abkürzungen zur Verwendung von Wörtern (altlateinisch, klassisch, mittellateinisch [= Latein des Mittelalters], Terminus technicus [= Fachbegriff] usw.).
- **Ca.**, **Chr.**, **Ma**, **O** usw.: Siglen, mit denen angegeben wird, bei welchem Autor ein Wort in einer bestimmten Bedeutung vorkommt (Catull, christliche Texte, Martial, Ovid usw.)

Grundsätzlich gilt:

- Suchen Sie im Wörterbuch zunächst ein **Verzeichnis der verwendeten Zeichen und Abkürzungen**.
- Lesen Sie immer den Wörterbucheintrag zu dem gesuchten Wort **sorgfältig** durch und achten Sie auf die Informationen, die für die Suche wichtig sein dürften.
- Für die tägliche Arbeit mit dem Wörterbuch sind **Angaben zur Wortgeschichte** meist nicht von Belang.
- Wenn im Wörterbuch **Wendungen** stehen, dann ist zu beachten, dass die dazu angegebene Wortbedeutung an Ihrer Stelle möglicherweise nicht passt.

Interpretation lateinischer Texte

Einen Text zu interpretieren bedeutet, sich **sprachlich** und **inhaltlich** intensiv mit ihm zu beschäftigen. Eine Interpretation soll auf jeden Fall die **Aspekte I, II** und **III** enthalten. Alle weiteren Aspekte können je nach Text integriert werden. Die **Interpretationsaufgabe** enthält meist einen vorgegebenen Interpretationsgesichtspunkt, der es Ihnen erleichtert, den **Schwerpunkt** eines Textes herauszuarbeiten. – Alle Beobachtungen sind, auch wenn eine **Übersetzung** beigegeben ist, stets am **lateinischen** Text zu belegen.

I. Inhalt und Struktur der Textpassage	• Hauptthematik • Gedankenführung, Gliederung → **Herausarbeiten von Gliederungsmerkmalen** • Die wichtigsten Aussagen der Passage erfassen und mit eigenen Worten wiedergeben; darauf achten, dass die Einzelaussagen zu einer Gesamt(be)deutung zusammengeführt werden sollen.
II. Sprache und Stil	• typische stilistische Merkmale eines Autors/Werkes/einer Gattung; ggf. Dichtersprache • Stilmittel (vgl. S. 226), Wortwahl, Satzbau → **Funktion der sprachlichen Mittel**
III. Charakterisierung der Gattung	• Prosa/Dichtung; Versmaß (z. B. Hexameter als Versmaß des Epos) • typische Gattungsmerkmale • für die Gattung typische Sprachebene (z. B. hohe Sprache im Epos) • für die Gattung typische Themen (z. B. Politik und Staat in der politischen Rede)
IV. Literarhistorische Einordnung	• Einordnung der Stelle in das Werk (oder das Gesamtwerk des Autors) • ggf. Einflüsse weiterer Autoren auf den Text / das Werk
V. Historische Einordnung	• geschichtlich-sozialer, ggf. auch biografischer Kontext
VI. Metrik (bei Dichtung)	• Nennung des Versmaßes • Ggf. Hinweis auf Besonderheiten der metrischen Gestaltung • Ggf. Beobachtungen zum Verhältnis von Vers und Gedankengang
Zusammenfassung/Schlussfolgerung	• Zusammenführung der wichtigsten Beobachtungen • Aufgreifen der in der Aufgabenstellung vorgegebenen Interpretationsgesichtspunkte • Ggf. weiterführende Deutung

Interpretation zu Ovid, *Met.* 1.244–252: Die Götterversammlung

Aus Zorn über die Bösartigkeit der Menschen (vgl. S. 70–73) plant Jupiter, das Menschengeschlecht zu vernichten. Er versammelt die übrigen Götter und teilt ihnen seinen Entschluss mit. Die Reaktionen der Götter werden im Folgenden beschrieben.

Interpretieren Sie – ausgehend vom lateinischen Original – folgende Textstelle nach sprachlichen und inhaltlichen Gesichtspunkten. Weisen Sie dabei anhand des vorliegenden Textes nach, dass die Götter bei Ovid auch komische Züge tragen können.

Dicta Iovis pars voce probant stimulosque
frementi adiciunt; alii partes adsensibus inplent.
Est tamen humani generis iactura dolori
omnibus, et, quae sit terrae mortalibus orbae
forma futura, rogant, quis sit laturus in aras
tura, ferisne paret populandas tradere terras.
Talia quaerentes (sibi enim fore cetera curae)
rex superum trepidare vetat subolemque priori
dissimilem populo promittit origine mira.

Die Worte Jupiters billigt ein Teil mit Zwischenrufen und stachelt den Wutschnaubenden noch mehr an; andere füllen durch Zustimmung ihre Rolle aus. Doch der Verlust des Menschengeschlechts bereitet allen Schmerz, und sie fragen, welche Gestalt die von den Sterblichen freie Erde haben werde, wer Weihrauch zu den Altären bringen werde und ob er vorhabe, die Erde den wilden Tieren zur Verwüstung zu überlassen. Während sie solches fragen, verbietet der König der Götter ihnen (er werde sich nämlich um das Übrige kümmern), in Unruhe zu sein, und verspricht ihnen ein dem früheren unähnliches Geschlecht von wunderbarem Ursprung.

I. Inhalt und Struktur der Textpassage

Gliederung:
- gezeigte Reaktionen der Götter auf Jupiters Ankündigung (V. 244/245)
- als Gegensatz dazu (V. 246: *tamen*): innerliche Bestürzung der Götter → besorgte Fragen (V. 246–249)
- Beruhigung der Götter durch Jupiter: Ankündigung eines neuen Menschengeschlechts (V. 250–252)

II. Sprache und Stil

- zunächst Darstellung zweier unterschiedlicher Reaktionen, wodurch die Situation einer echten Senatssitzung abgebildet wird: auf der einen Seite die Eiferer, die lautstark ihre Zustimmung bekunden (V. 244: *voce probant*) und sogar noch anstacheln (V. 244/245: *stimulosque frementi adiciunt*), und auf der anderen die Mitläufer, die nur aus Pflichterfüllung zustimmen (V. 245: *partes inplent*); das Polyptoton (*pars – partes*) betont hier die Unterschiedlichkeit der Reaktionen
- als Gegensatz dazu (V. 246: *tamen*): bei allen Schmerz (V. 246/247: *dolori omnibus*), der sich in an Jupiter gerichteten Fragen ausdrückt: V. 247–249: drei indirekte Fragen (die schnelle Abfolge der Fragen, die nun auf Jupiter „einprasseln", wird durch ein Asyndeton ausgedrückt; besonders hervorgehoben durch ein Trikolon); zentrale Gedanken werden durch Alliteration gleichsam markiert und betont (V. 248: *forma futura*; V. 249: *paret populandas tradere terras*)
- als Antwort auf die Fragen: ein Verbot (V. 251: *vetat*) der Angst durch Jupiter

	• Versprechen eines vom alten ganz verschiedenen Menschengeschlechts, ebenfalls durch Alliteration hervorgehoben (V. 251/252: *priori dissimilem populo promittit*; das weite Hyperbaton mit Enjambement *priori ... populo* deutet dabei an, dass Jupiter eine umfassende Veränderung plant)
III. Charakterisierung der Gattung	• die *Metamorphosen* als Epos • Versmaß: Hexameter • typische Themen: Mythos, Götterwelt
IV. Literarhistorische Einordnung	• Ovids *Metamorphosen* als mythologische Weltgeschichte: Dazu gehört die Auslöschung und Wiedererschaffung der Menschheit. • Die Betonung der Verschiedenheit des neuen Menschengeschlechts (V. 252: *dissimilem*) entspricht dem Konzept der *Metamorphosen* (Verwandlungssagen).
V. Historische Einordnung	• Entstehung der Metamorphosen zur Zeit des Augustus („*aurea aetas*“)
VI. Metrik	• Abbildung der gemäßigten Reaktion der „Mitläufer“ durch die Häufung der Längen (siehe **Hervorhebungen**) bei alii partes adsensibus (V. 245) im Kontrast zum überwiegend daktylischen Rhythmus der aufgeregten Reaktion der Eiferer (V. 244 f.) • Abbildung der Bestürzung der Götter durch zahlreiche **Enjambements** (Zeilensprünge): Die über Zeilengrenzen hinausgehenden Fragen erwecken den Eindruck eines unruhigen Durcheinanders (V. 246–249). • wirkungsvoller Abschluss des Versprechens mit **betonter Stellung** von *origine mira* (V. 252) am Versende als Zeichen, dass doch alles gut ausgehen wird
Zusammenfassung/ Schlussfolgerung	Deutlich menschliche Züge der Götter, die teilweise komisch wirken: • eilfertige öffentliche Zustimmung zu den Plänen des zornigen Jupiter – ja sogar weiteres Anstacheln des Herrschers –, obwohl etwas ganz anderes empfunden wird → Man mag hier an Menschen denken, die alles dafür tun, einem Höherstehenden zu gefallen. • besorgte, hektische Fragen, die aber überhaupt nicht dem Schicksal der Menschen gelten und auch kein Mitgefühl verraten, sondern ausschließlich selbstbezogen dem Problem, dass die Götter ohne Menschen keine Verehrung erfahren (V. 248/249: *quis sit laturus in aras tura*) → Dieser Egoismus wirkt unangebracht und somit komisch. • mögliche weiterführende Deutung: Denken Ovids Zeitgenossen bei dieser Darstellung an Augustus und seine Untertanen? Tatsächlich zog sich Ovid den Unwillen des Herrschers zu (Verbannung; vgl. S. 102); inwiefern seine Dichtung für die Verbannung verantwortlich war, ist allerdings unklar.

Übersetzungsvergleich

Es ist wichtig, sich einen professionellen Blick auf Übersetzungen zu erarbeiten, um nicht auf ungeeignete Texte „hereinzufallen". Durch den genauen Vergleich einer oder mehrerer Übersetzungen mit dem Originaltext erhält man auch einen vertieften Einblick in das Funktionieren von Sprachen und Stilen.

Umgang mit Übersetzungen

Die Übersetzung ist der Versuch, das, was in der **Ausgangssprache (Latein)** geschrieben ist, möglichst treffend in die **Zielsprache (Deutsch)** zu übertragen. Dabei kann der Übersetzer bzw. die Übersetzerin aber **unterschiedliche Ziele** in den Vordergrund stellen, die nur in den seltensten Fällen alle gleichermaßen erreichbar sind. Solche Ziele sind:	• Lateinische **Strukturen** sollen möglichst **genau** ins Deutsche übertragen werden. • Der **Sinn** soll möglichst **verständlich und ausdeutend** ins Deutsche übertragen werden (z.B. durch Umschreibung bzw. Beschreibung von Begriffen, die für den deutschen Leser erklärungsbedürftig sind). • **Stil und Ton** des lateinischen Textes sollen möglichst **treffend** ins Deutsche übertragen werden (z.B. stilistisch durchgestaltete Kunstprosa [Sallust], emotionaler Appell [Cicero-Rede]). • Die **Wortstellung** soll abgebildet werden (z. B. bei Dichtung, bei der die Verse oft durch Stilfiguren strukturiert sind und es stets auch auf Klang und Reihenfolge der Wörter ankommt [Ovid]).
Die Ziele hängen auch davon ab, für **welches Lesepublikum** die Übersetzung gedacht ist, z. B.:	• Fachleute • breites Publikum mit geringer Vorkenntnis der lateinischen Sprache und Kultur • Mitschülerinnen und Mitschüler
Im **Internet** findet man fast zu jedem wichtigen lateinischen Text Übersetzungen. Diese sind allerdings nicht immer gleich hilfreich:	• Manche sind fehlerhaft oder so antiquiert, dass man sie kaum verstehen kann. • Manche sind sehr frei und enthalten zum Teil auch ungekennzeichnete Auslassungen oder Hinzufügungen.

Vorgehen beim Übersetzungsvergleich

1. Beobachten

- Lesen Sie zuerst die deutsche Übersetzung und dann den lateinischen Text.
- Arbeiten Sie heraus, an welchen Stellen und in welcher Hinsicht die Übersetzung vom lateinischen Text abweicht, z. B.: **Satzstruktur, Wortstellung, Wortbedeutung, bildhafte Ausdrücke, Stilmittel**

2. Beschreiben

- Beschreiben Sie die Abweichungen möglichst genau.

3. Beurteilen

- Beurteilen Sie, ob die Abweichungen vom Original **gerechtfertigt** sind oder nicht. Dazu ist es nötig, dass Sie die Aussagen auch im lateinischen Text gut verstanden und richtig interpretiert haben.

- Achten Sie dabei auch darauf, ob durch die Übersetzung der **Ton** des Originals getroffen ist.

- Bei **metrischen Texten** ist es auch sinnvoll, darauf zu achten, ob die Übersetzung eine Nachahmung des lateinischen Versmaßes versucht oder nicht.

Diese Methode lässt sich übrigens auch beim Vergleich und der Bewertung von Übersetzungen, die in Ihrer Lerngruppe entstanden sind, anwenden.
→ Kollaboratives Arbeiten bei Übersetzen, S. 236

Erkennen und Deuten rhetorischer Stilmittel

In der Antike wurden literarische Texte sehr kunstvoll gestaltet. Besonders für **Redner** war es wichtig, ihre Reden mit **rhetorischen Stilmitteln** zu schmücken. Doch auch in anderen Textsorten – nicht zuletzt in der **Geschichtsschreibung** und in der **Dichtung** – spielen Stilmittel eine große Rolle. Die folgende Liste zeigt auch, wie man Stilmittel für die Interpretation (vgl. S. 221) auswerten kann.

Typische **Funktionen** von Stilmitteln:

- Steigerung der **Attraktivität** eines Textes durch kunstvolle Sprache, insbesondere durch ansprechenden **Wortklang** und **Satzrhythmus**,
- **Hervorhebung** eines Begriffs oder einer Aussage,
- **Beeinflussung** oder sogar Steuerung der Gefühle und Meinungen des Lesers/Zuhörers.

1. Wortstellung/Satzbau

Alliteration: Verwendung des gleichen Lauts am Beginn aufeinanderfolgender Wörter → Betonung einer Aussage bzw. der Zusammengehörigkeit von Wörtern	Cicero, **Phil. 3.3** (S. 48): C. Caesar adulescens, paene potius puer ... Hervorgehoben wird die große Jugend Octavians.
Anapher: Wiederholung desselben Wortes oder Ausdrucks am Beginn von Sätzen, Teilsätzen oder Versen → Betonung (eines Aspekts) der Aussage	Ovid, **Met. 1.98 f.** (S. 68): Non tuba derecti, non aeris cornua flexi, non galeae, non ensis erat ... Die Wiederholung von non betont die Abwesenheit von Kriegsgerät und damit von Krieg.
Antithese: unmittelbare Gegenüberstellung inhaltlich gegensätzlicher Begriffe → Erreichen einer besonderen Prägnanz im Ausdruck durch Nennung eines Gegensatzpaars; Lenkung der Aufmerksamkeit auf den Gegensatz	Ovid, **Met. 1.469** (S. 74): Fugat hoc, facit illud amorem. In Verbindung mit Parallelismus wird die gegensätzliche Wirkung der beiden Pfeile Amors hervorgehoben.
Asyndeton: unverbundene Aufzählung → Verkürzung des Ausdrucks, manchmal als Zeichen von Erregung oder schneller Handlungsabfolge	Sallust, **Cat. 20.8** (S. 20): Omnis gratia, potentia, honos, divitiae apud illos sunt. Die stakkatoartige Aufzählung wirkt ohne Konjunktionen geradezu einhämmernd.
***Brevitas*:** Kürze Verzicht auf möglichst alle nicht-bedeutungstragenden Wörter, z.B. Konjunktionen, Subjunktionen und Formen von *esse* → Eindruck von äußerster Gedrängtheit und Dichte der Aussage	Sallust, **Cat. 5.4** (S. 14): Animus audax, subdolus, varius, ..., alieni adpetens, sui profusus, ardens in cupiditatibus. Die asyndetische und verblose Reihung von Eigenschaften bei gleichzeitiger → *Variatio* wirkt gedrängt und ungeduldig, passend zum Charakter Catilinas.

Chiasmus: Aufbau von Wendungen, Sätzen oder Teilsätzen in der Struktur a-b, b-a; schreibt man diese Strukturen untereinander, dann lassen sich die entsprechenden Begriffe zu dem griechischen Buchstaben X („chi") verbinden
→ Hervorhebung eines Ausdrucks durch besonders anspruchsvolle Wortstellung

Sallust, **Cat 5.4** (S. 14):
Satis eloquentiae,
×
sapientiae parum.

Die chiastische Stellung hebt das Missverhältnis zwischen Redetalent und gesundem Menschenverstand bei Catilina hervor.

Ellipse: Auslassung eines Wortes, das aber leicht ergänzt werden kann (zumeist eine Form von *esse* oder ein Begriff aus dem vorangehenden Satz)
→ Verknappung des Ausdrucks

Cicero, **Phil. 4.12** (S. 52):
Nec mirum (est).

Durch die Auslassung wirkt der Satz pointierter.

Enjambement (dt.: Zeilensprung): Wird ausschließlich in der Dichtung verwendet.
Eine Satz- oder Sinneinheit geht über die Grenzen eines Verses hinaus und „springt" in den nächsten Vers weiter.
→ Spannungssteigerung, Betonung der sinntragenden Wörter zu Beginn des Folgeverses

Ovid, **Ars 1.1 f.** (S. 63):
In nova fert animus mutatas dicere formas
corpora.

Durch den Zeilensprung wird besondere Spannung erzeugt, was denn nun das Neue (*nova*) sein wird (auch Hyperbaton!).

Hendiadyoin: Verwendung zweier bedeutungsähnlicher Begriffe, häufig durch „und" verbunden
→ Hervorhebung eines Sachverhalts durch Doppelung in seiner Beschreibung; oft mit **einem** Begriff (Adjektiv und Substantiv) zu übersetzen

Cicero, **Phil. 8.8** (S. 56):
non in dissensione et discordia civium, sed in consensione incredibilique concordia

Der Gegensatz zwischen Zwiespalt und Zwietracht und vollkommener Einmütigkeit wird durch die Doppelungen noch stärker betont.

Historischer Infinitiv: Infinitiv anstelle einer finiten Verbform
→ schnelles Vorantreiben der Handlung, Spannungssteigerung, Dramatisierung

Sallust, **Cat. 31.2** (S. 24):
repente omnes tristitia invasit: festinare, trepidare, mulieres ... adflictare sese ...

„<Alles> eilte, zitterte, Frauen schlugen sich gegen die Brust." – Die Infinitive verdeutlichen die besondere Dramatik der Situation.

Historisches Präsens: Präsens bei Schilderungen von Ereignissen in der Vergangenheit, bei denen eigentlich Perfekt oder Imperfekt stehen müsste
→ „Vergegenwärtigung" einer Handlung, die dadurch dramatischer auf den Leser wirkt

Sallust, **Cat. 29.1** (S. 24):
Ea cum Ciceroni nuntiarentur, (...) rem ad senatum refert.

Mitten im Satz wechselt das Erzähltempus: Konsul Cicero ist schlagartig „präsent", die Catilina-Krise spitzt sich dramatisch zu.

Homoioteleuton: Gleichklang von Wortenden
→ Wörter wirken als Einheit, oft besonders einprägsam (wie beim Reim)

Sallust, **Cat. 54.3** (S. 30):
Caesar dando, sublevando, ignoscundo, Cato nihil largiundo gloriam adeptus est.

Die Gleichwertigkeit des so unterschiedlichen Verhaltens beider Männer wird betont.

Hyperbaton: Auseinanderrücken aufeinander bezogener Begriffe (oft: Substantiv und Adjektiv) → Hervorhebung der gesperrt gestellten Wendung; bisweilen abbildende Wortstellung	Ovid, **Met. 1.468** (S. 74): ... eque sagittifera prompsit duo tela pharetra. Der „pfeilgefüllte Köcher" umschließt auch real die darin befindlichen Geschosse.
Inkonzinnität: Bewusstes Durchbrechen klassischer Stilmittel wie Parallelismus, Chiasmus, Trikolon → Es entsteht ein Überraschungsmoment, der Leser wird zum genauen Hinsehen und zum Mitdenken gezwungen und entdeckt so auch in bekannten Gedanken Neues.	Sallust, **Cat. 1.4** (S. 10): Nam divitiarum et formae gloria fluxa atque fragilis est, virtus clara aeternaque habetur. In den beiden Teilsätzen gibt es vier Elemente, die einander inhaltlich entsprechen, die aber syntaktisch ganz unterschiedlich konstruiert sind (ein Parallelismus wäre etwa: „Das Prestige des Reichtums ... ist vergänglich, der Ruhm der Tüchtigkeit währt ewig"). Der Leser muss auf jedes Wort achten.
Klimax: inhaltliche Steigerung in den einzelnen Gliedern einer Aufzählung, sehr oft verbunden mit weiteren Stilmitteln wie Parallelismus und Trikolon → Intensivierung, dramatische Zuspitzung einer Handlung oder Aussage	Cicero, **Phil. 4.12** (S. 52): ... quam cruor, quam caedes, quam ante oculos trucidatio civium Die Blutrünstigkeit des Antonius wird effektvoll verdreifacht: Das Empörendste steht am Ende.
Parallelismus: paralleler Aufbau von Wendungen, Sätzen oder Teilsätzen (z. B. Struktur a-b-c, a-b-c), z. B. durch gleiche Abfolge von Wörtern bestimmter Wortarten, Formen oder Bedeutungsfelder → Schaffung einer besonders klaren Ausdrucksweise; bisweilen Eindruck bedeutungsschwerer, erhabener oder feierlicher Abläufe	Sallust, **Cat. 52.22** (S. 28): Laudamus divitias, sequimur inertiam. Die Teilsätze sind gleich gebaut, was den mentalen Widerspruch noch unterstreicht: „Wir" wollen reich sein, aber nichts dafür tun.
Polyptoton: Verwendung mehrerer verschiedener Formen eines Wortes kurz hintereinander → Starke Betonung eines Wortes, bisweilen Akzentuieren von Gleichheit oder Vergleichbarkeit	Cicero, **Phil. 2.117** (S. 46): cum illum homines non tulerint, te ferent? Wenn schon Caesar (*illum*) unerträglich war, dann Antonius (*te*) erst recht.
Polysyndeton: Aufzählung, deren Glieder sämtlich durch Konjunktionen verbunden sind. → Verlangsamung der Handlung; Erweckung des Eindrucks von Ausführlichkeit oder besonderer Vielzahl.	Ovid, **Met. 1.515 f.** (S. 78): Mihi Delphica tellus et Claros et Tenedos Patareaque regia servit. Apollon kann gar nicht aufhören aufzuzählen, was ihm alles untertan ist.
Trikolon: Aufzählung oder Satzgefüge, das aus genau drei Gliedern besteht → Betonung der Aussage, die durch die Nennung dreier Elemente besondere Bedeutung erlangt	Cicero, **Phil. 6.18** (S. 54): Eodem incumbunt municipia, coloniae, cuncta Italia. Die Dreizahl steht für Vollständigkeit: Alle streben nach demselben Ziel.

Variatio: Variation von Stilmitteln; Abfolge mehrerer, bewusst unterschiedlicher Stilmittel hintereinander → Vermeidung von Eintönigkeit	Sallust, **Cat. 5.4** (S. 14): Animus audax, subdolus, varius, quoius rei lubet simulator ac dissimulator, alieni adpetens, sui profusus, ardens in cupiditatibus. Durch die *Variatio* (Trikolon + komplexerer Ausdruck + Chiasmus + weiterer Ausdruck) wirkt die asyndetische Aufzählung unruhig und überraschungsreich, was auch den unausgeglichenen Charakter Catilinas abbildet.

2. Wortbedeutung / Bedeutung von Aussagen

Apostrophe: direkte Anrede von Figuren einer Erzählung durch den Erzähler → Verlebendigung; emotionale Zuwendung des Erzählers zu der Figur	Cicero, **Phil. 1.34** (S. 38): Utinam, M. Antoni, avum tuum meminisses! Die (hier ironische) Zuwendung wirkt umso stärker, als Antonius gar nicht anwesend ist.
Hyperbel: Übertreibung → besonders drastische Formulierung des eigenen Standpunkts	Cicero, **Phil. 1.34** (S. 40): is vomens ... totum tribunal inplevit! So unmäßig Antonius sich auch übergeben musste, füllte dies doch wohl kaum die gesamte Tribüne.
Ironie: Ausdruck eines Gedankens mit Worten, die eigentlich das Gegenteil bedeuten → humorvolle, aber oft auch aggressive Hervorhebung des Gedankens, meist mit dem Ziel, Personen als lächerlich darzustellen	Cicero, **Phil. 2.113** (S. 44): ista tua minime avara coniunx Dadurch, dass Cicero Fulvia als „gar nicht habgierig" bezeichnet, unterstreicht er ihre (angebliche) Habgier nur noch mehr.
Litotes: Verneinung des Gegenteils (oft doppelte Verneinung) → Verstärkung der Aussage	Cicero, **Rosc. Phil. 2.118** (S. 46): Non negabo ... „Ich werde nicht leugnen", also völlig bestätigen.
Metapher: bildhafter Ausdruck, der für etwas anderes steht als das, was er wörtlich bezeichnet (häufig für etwas Abstraktes, mit dem die ausgewählte Metapher aber eine Ähnlichkeit haben muss) → aufgrund der Bildhaftigkeit besondere Anschaulichkeit des Ausgedrückten	Ovid, **Met. 1.495 f.** (S. 76): Sic deus in flammas abiit, sic pectore toto uritur ... Die Feuermetapher („in Flammen aufgehen, brennen") veranschaulicht die unwiderstehliche Macht der Liebe.

Metonymie: Vertauschung eines Begriffs mit einem anderen aus demselben Zusammenhang (oft wird Abstraktes durch Konkretes ersetzt, z. B. die Institution „Bundesregierung“ durch den Ort „Berlin“) → größere Anschaulichkeit, oft aber auch nur spielerische Variation	Ovid, **Met. 15.878** (S. 100): Ore legar populi ... Eigentlich werde nicht „ich“ gelesen, sondern das Buch. Ovid identifiziert sich freilich so sehr mit seinem Werk, dass das Stilmittel mit der Realität verschmilzt.
Oxymoron: Gegenüberstellung zweier sich widersprechender Ausdrücke → Verdeutlichung eines inneren Widerspruchs oder der zwei Seiten einer Sache.	Ovid, **Met. 1.510 f.** (S. 78): Moderatius, oro, curre fugamque inhibe! Apollons Wunsch („Lauf langsam!)“ ist in sich widersprüchlich – wie (seine) Liebe überhaupt.
Personifikation: Vermenschlichung einer unbelebten – oft abstrakten – Sache durch die Darstellung als handelnde, denkende und oft sprechende Person → Möglichkeit, unbelebten Sachen „eine Stimme zu geben“	Ovid, **Met. 1.94 f.** (S. 68): Nondum ..., peregrinum ut viseret orbem, montibus in liquidas pinus descenderat undas. Natürlich ist die Fichte nie freiwillig aus den Bergen herabgestiegen, um etwas zu besichtigen. Die Personifikation verdeutlicht aber die Rücksichtslosigkeit des Menschen, der Bäume für den Schiffsbau fällt.
Poetischer Plural: Plural statt Singular → Erzeugung eines poetischen Klangs: Plural wird oft als „schöner“ empfunden; → poetisch ist auch *nos/noster* für „ich/mein“.	Ovid, **Met. 1.558 f.** (S. 86): Habebunt ... te citharae, te nostrae, laure, pharetrae! Apollon spricht von sich, seiner Leier und seinem Köcher im Plural.
Rhetorische Frage: Stellen einer Frage, auf die keine Antwort erwartet wird; Verwendung einer Frage als Aussagesatz → Verstärkung der Aussage durch Frageform; oft Einbeziehung des Lesers durch direkte Anrede	Cicero, **Phil. 2.63** (S. 40): Quis [hoc] non turpe duceret? Die einzig mögliche Antwort lautet: Niemand. Alle sind sich einig im moralischen Urteil.
Vergleich: Gegenüberstellung zweier Bereiche, zwischen denen eine inhaltliche Gemeinsamkeit (sog. *tertium comparationis*) besteht → aufgrund der Bildhaftigkeit größere Anschaulichkeit des Ausgedrückten	Ovid, **Met. 1.495 ff.** (S. 76): ut ... leves stipulae demptis adolentur aristis, ut ... saepes ardent ... sic deus in flammas abiit, sic ... uritur. Das lichterloh brennende Stroh und Holz (Bildteil) veranschaulicht den Ausbruch des Liebesfeuers (Sachteil). Die unwiderstehliche Gewalt, mit der dies geschieht, ist das *Tertium comparationis*.

Versanalyse

Antike Dichtung ist in **Versen** geschrieben, deren **Rhythmus** auf der geordneten Abfolge von langen (Symbol: —) und kurzen (◡) **Silben** basiert.

Wir beschäftigen uns hier mit dem Hexameter, dem Versmaß des Epos.

Wann gilt eine Silbe als lang bzw. kurz?

Eine Silbe ist **lang**,
- wenn sie einen langen Vokal hat (**Naturlänge**),
- wenn auf einen kurzen Vokal zwei oder mehr Konsonanten folgen (**Positionslänge**).

Eine Silbe ist **kurz**,
- wenn auf einen kurzen Vokal (Silbenträger) nicht mehr als ein Konsonant folgt (z. B.: *făcĭs*)
- wenn auf einen Vokal direkt ein Vokal folgt (z. B.: *mĕus, ratĭo*)

Zu den **naturlangen** Silben gehören zum Beispiel die **Diphthonge** (Doppelvokale, z. B. ***ae***, die als ein Laut gesprochen werden).

TIPP: Naturlängen werden im Lexikon mit einem Strich über dem Vokal gekennzeichnet, z. B. *tēctum*.

Achtung, Länge!
- ***x*** und ***z*** sind Doppelkonsonanten („cs" bzw. „ts") und führen daher zu **Positionslänge**.

Achtung, Kürze!
- ***h*** gilt nicht als Konsonant.
- ***qu*** gilt als nur ein Konsonant.
- Die Konsonantenverbindung ***muta (b, p, d, t, g, c) cum liquida (l, r)*** führt meist nicht zu Positionslänge.

Woraus besteht ein Versfuß, woraus ein Vers?

Die einzelnen Silben bilden **Versfüße** (Metren), rhythmische Einheiten ähnlich Takten in der Musik. Für uns sind diese Versfüße wichtig:

- der **Daktylus**: — ◡ ◡ (eine lange Silbe, zwei kurze Silben)
- der **Spondeus**: — — (zwei lange Silben)

Ein **Vers** besteht jeweils aus einer bestimmten Anzahl von Versfüßen. So bilden **sechs Versfüße** den **Hexameter**.

Den **Hexameter** kennen Sie bereits als Bestandteil des **elegischen Distichons** bzw. **Epigramms**. Vor allem ist er das Versmaß des antiken **Epos**. Seine Variabilität sorgt dafür, dass auch eine Vielzahl hexametrischer Verse hintereinander nicht monoton klingt.

Wie sieht ein Hexameter aus?

Hexameter:

Versfuß 1–4:	Daktylus oder Spondeus	— — | — — | — — | — — | — ◡ ◡ | — ×
Versfuß 5:	meist Daktylus, selten Spondeus	— ◡ ◡ | — ◡ ◡ | — ◡ ◡ | — ◡ ◡ | — ◡ ◡ | — ×
Versfuß 6:	eine lange Silbe und eine Silbe, die lang oder kurz ist (***anceps:*** ×)	Die blaue Markierung kennzeichnet unveränderbare Versfüße/Längen.

Angewandt auf Ovid **Met. 1.1** (S. 63) sieht das Schema so aus:

— ◡ ◡ | — ◡ ◡ | — — | — — | — ◡ ◡ | — —
In nova fert animus mutatas dicere formas.

Was ist sonst noch zu beachten?

Endet ein Wort auf einen Vokal (oder Vokal + *m*) und beginnt das nächste mit Vokal (oder *h* + Vokal), dann entsteht ein sogenannter **Hiat**. Dieses Aufeinanderstoßen zweier Vokale vermied man, indem man beim Sprechen den ersten ausließ **(Elision)** oder – wenn *es* oder *est* folgte – das *e* von *es* bzw. *est* **(Aphärese)**:

- Vokal vor Vokal — ... metusqu(e)‿aberant (sprich: *metus**quab**erant*)
- Vokal + *m* vor Vokal — amic(um)‿alium (sprich: *ami**cal**ium*)
- Vokal / Vokal + *m* vor *est*/*es* — terra‿(e)st (sprich: *terr**ast***); meum‿(e)st (sprich: *me**umst***)

Wie analysiere ich einen Vers metrisch?

Um einen Vers metrisch zu analysieren, geht man am besten nach folgendem **4-Schritte-Schema** vor.

Kopieren Sie dafür die zu analysierenden Verse auf ein Blatt (Beispiel: Ovid **Met. 1.89**):
Aurea prima sata est aetas, quae vindice nullo

① Man prüft den Vers auf mögliche Hiate, streicht den letzten Vokal des vorderen Wortes bzw. das *e* von *est* durch und verbindet beide Wörter mit einem Bogen:

z. B.: sata est → sata‿est.
Nun hat man die korrekte Anzahl von Silben für die Analyse.

② Man trägt über den unveränderlichen Silben das Schema ein. Dies sind:
- die erste Silbe (immer lang),
- die letzten 5 Silben (= 5. und 6. Versfuß) (immer daktylisch)

z. B.:

— | — ◡ ◡ | — —
Aurea prima sata‿est aetas, quae vindice nullo

③ Man legt die restlichen Längen fest. Dabei orientiert man sich an den Vokalen (= Silbenträger). Bei Diphthongen kann man sofort eine Länge eintragen, bei einfachen Vokalen prüft man, ob jeweils zwei oder mehr Konsonanten folgen, und trägt auch dort Längen ein. Dabei aber stets auf *muta cum liquida* achten!	Dabei gilt *pr*, da *muta cum liquida*, als nur ein Konsonant: — —— — — |—◡◡ |—— Aurea prima sata‿est aetas, quae vindice nullo
④ Man trägt von links nach rechts die noch fehlenden Kürzen ein und trennt die einzelnen Versfüße durch senkrechte Striche ab. Wenn dabei in einer zweiten Versfußhälfte nur eine Silbe verbleibt, handelt es sich um eine **Naturlänge**.	Entsprechend ist bei *prima* eine Länge einzutragen: — ◡◡|—◡◡|— —|— — |—◡◡ |—— Aurea prima sata‿est aetas, quae vindice nullo

Wie lese ich Verse richtig?

Wie antike Gedichte tatsächlich geklungen haben, wenn man sie vortrug, ist umstritten: Achtete man mehr auf den **Rhythmus des Verses** oder auf den **natürlichen Wortakzent**? Dass die natürliche Betonung ganz ignoriert wurde, ist zumindest unwahrscheinlich.	Der Lesepraxis dürfte also ein Vortrag nahekommen, der einerseits dem natürlichen Wortakzent folgt (wobei auch **Hiatvermeidung** beachtet werden muss), andererseits den Rhythmus der Längen und Kürzen berücksichtigt.
In den modernen europäischen Sprachen und ihrer Dichtung spielt die Länge der Silben allerdings keine Rolle mehr, sodass wir beim Vortrag antiker Verse die Unterschiede zwischen langen und kurzen Silben kaum wahrnehmen. Daher hat sich bei der Rezeption antiker Dichtung im Laufe der Jahrhunderte als Behelfslösung für das Vorlesen antiker Verse eine **akzentuierende Vortragsweise** eingebürgert. Dabei betont man jeweils die erste Silbe eines Versfußes.	Man liest also z. B.: *Aúrea príma satá (e)st aetás, quae víndice núllo …* Nach diesem Prinzip werden antike Versmaße auch in moderner Dichtung verwendet: Versakzent und Wortakzent fallen weitgehend zusammen, so z. B. in Friedrich Schillers Epigramm: *Wánderer, kómmst du nach Spárta, verkúendige dórten, du hábest* || *úns hier líegen geséhn, wie das Gesétz es befáhl.* (Vgl. auch u.a. die Übersetzungen von J. H. Voß auf S. 79 und S. 93.)

Achten Sie beim Interpretieren (vgl. S. 221) also auch darauf, wie der Versbau die inhaltliche Aussage unterstützt.

Dichtung und Musik: Vertonungen interpretieren

Nicht nur Texte erzählen Geschichten. Auch Musik kann – oft sogar viel unmittelbarer – Handlungen schildern, Gefühle erzeugen und Bilder im Kopf entstehen lassen. All dies wird von Komponisten bewusst gestaltet. Wird Dichtung vertont, kommt beides zusammen. Vertonungen ermöglichen es, literarische Texte in einer ganz neuen Dimension zu entdecken.

Instrumentierung/Satz
Komponisten setzen Instrumente gezielt ein: Spielt ein großes Orchester? Gibt es Solisten (Instrumentalist oder Sänger)? Werden Instrumentengruppen (wie z. B. Blechbläser, Schlagwerk, Streicher) für besondere Effekte punktuell eingesetzt? Spielen alle Beteiligten den gleichen Rhythmus (homophon), die gleichen Töne? Oder spielen alle etwas ganz Unterschiedliches (polyphon)? Welche Assoziationen erzeugen diese Effekte beim Hörer?

Rhythmus
Der Rhythmus bestimmt (neben den Tonhöhen) den Melodieverlauf und Charakter. Er kann über einen Abschnitt oder ein ganzes Stück gleich sein oder sich häufig ändern und je nachdem z.B. Emotionen (Aufgeregtheit, Freude etc.), Dramatik oder Spannung erzeugen.

Dynamik
Die Lautstärke von ***fff*** (*fortefortissimo* — äußerst laut) bis ***ppp*** (*pianopianissimo* — äußerst leise) kann für (dramatische) Effekte und Kontraste eingesetzt werden. Außerdem können Übergänge in der Lautstärke, z. B. *crescendo* (lauter werden) und *decrescendo* (leiser werden), Spannung ausdrücken oder aufsteigende/abnehmende Emotionen wiedergeben.

Melodie
Eine Melodie kann in Bezug auf ihren Verlauf beschrieben werden: Sind die Intervalle (Abstände) zwischen aufeinanderfolgenden Tönen groß oder klein, gibt es Tonwiederholungen, Tonschritte oder Tonsprünge? Gibt es einzelne Töne, die hervorstechen? Eine Melodie kann aufsteigend oder absteigend, wellenförmig oder linear (z. B. [chromatische] Tonleiter) sein und unterschiedliche Situationen schildern oder Emotionen wiedergeben. Außerdem können bestimmte Melodien bestimmten Personen oder Dingen zugeordnet sein und so einen Charakterisierungs- und/oder Wiedererkennungseffekt erzeugen.

Tempo
Das Tempo beschreibt — anders als der Rhythmus — die grundsätzliche Geschwindigkeit des Stückes, unabhängig von den Notenwerten. Unterschiedliche Tempi können verschiedene Gemütszustände (z. B. schnell: Emotion, Dramatik; langsam: Ruhe, Stille) anzeigen.

Charakter/Höreindruck
Der Charakter eines Stückes kann z. B. majestätisch, melancholisch, gelangweilt, heiter, intim, unruhig, dramatisch oder aufgeregt sein – oft eben auch der literarischen Vorlage entsprechend. Der Charakter kann auch rhythmisch sein, wenn der Rhythmus eine große Rolle spielt, pulsierend und vorantreibend, wenn etwa durchgehend Achtel gespielt werden.

Texte überarbeiten in Word

Jeder getippte Text – etwa Handouts für Referate oder Hausaufgaben, die digital abgegeben werden sollen – kann in Word überarbeitet werden.

Dazu hält man sich am besten an folgende Vorgehensweise:

1. Zu den digitalen Überarbeitungsmöglichkeiten gelangen:	• Im geöffneten Worddokument klickt man oben in der Menüleiste auf den Reiter „Überprüfen".
2. Eine Überarbeitung kann im Wesentlichen auf zwei verschiedene Weisen erfolgen: – durch **Ergänzung** in einem Kommentar, ohne den Text zu verändern oder – durch **direktes Hineinschreiben** in den Text.	• **Ergänzung:** Man klickt auf die Schaltfläche **„Neuer Kommentar"**, um eigene Gedanken, Anmerkungen, Meinungen, Änderungsvorschläge zu einer Stelle im Dokument zu formulieren und ggf. zur **Diskussion** zu stellen. • **Direktes Hineinschreiben:** Man schreibt direkt in den Text, um z.B. Rechtschreib- und Zeichensetzungsfehler zu verbessern. Man kann durch Klicken auf **„Nachverfolgung" > „Änderungen nachverfolgen"** diese Änderungen für andere transparent machen. • In beiden Fällen muss die betreffende Stelle vor der Ausführung der gewünschten Aktion im Dokument **markiert** werden.
3. Hat man die Überarbeitung abgeschlossen, kann das Dokument zur Überprüfung an andere Personen weiterverschickt oder an den Verfasser/die Verfasserin zurückgesendet werden (Speichern vorher nicht vergessen!).	• Dadurch haben weitere Personen bzw. der ursprüngliche Verfasser die Möglichkeit, Einblick in alle Überarbeitungen zu erhalten und ggf. erneut Anmerkungen zu machen. • Die Schritte 1 und 2 sind von beliebig vielen Personen beliebig oft wiederholbar.
4. Zuletzt müssen alle Anmerkungen entweder angenommen bzw. eingearbeitet oder verworfen werden. Dadurch erhält das verbesserte Worddokument wieder eine der ursprünglichen ähnliche Gestalt und kann zum Schluss ausgedruckt werden, falls dies erforderlich ist:	• Die Inhalte von **Textkommentaren** werden in den Dokumententext eingearbeitet und der Kommentar anschließend durch Klicken auf die Schaltfläche „Löschen" entfernt. • Verbesserungen, die direkt in den Text geschrieben sind, nimmt man durch einen Klick auf die Schaltfläche **„Annehmen"** an oder lehnt sie durch einen Klick auf die Schaltfläche **„Ablehnen"** ab.

Kollaboratives Arbeiten beim Übersetzen

Übersetzen ist ein komplexer Vorgang, den man in der Regel nicht ohne Mühe bewerkstelligt. Manchmal ist es effektiver, in einer **Kleingruppe** (maximal **zu fünft**) zusammenzuarbeiten. Dabei sollte man sich von Anfang an darüber im Klaren sein, dass es nicht nur die eine, richtige Übersetzung gibt, sondern man aus mehreren Vorschlägen um die treffendste ringen muss.

Um zu dieser besten Lösung zu gelangen, **überarbeitet** die Gruppe idealerweise ihre Vorschläge **gegenseitig**. Geschieht dies in Echtzeit, so spricht man von **„kollaborativem Arbeiten"**. Hierbei hat jede/r die gleichen Rechte und Pflichten, es übernimmt also niemand die Rolle des „Gruppenchefs".

Folgende Vorgehensweise bietet sich an:

1. Den Text in der Gruppe aufteilen: Dadurch lässt sich mehr Text bewältigen, als wenn man alleine arbeiten würde.	• Jedem Gruppenmitglied wird im Vorfeld ein bestimmtes Textstück zum Übersetzen zugeteilt. • Man sollte auf eine gerechte Verteilung achten, d.h. alle Abschnitte sollten etwa die gleiche Länge haben.
2. Sicherstellen, dass alle im selben digitalen Raum arbeiten.	• Entweder entscheidet sich die Gruppe für ein digitales Werkzeug zum kollaborativen Arbeiten oder die Lateinlehrkraft legt es fest. • Es bietet sich an, mit den Online-Werkzeugen zu arbeiten, die an Ihrer Schule üblicherweise verwendet werden.
3. In Echtzeit gemeinsam arbeiten (Kollaboratives Arbeiten): Aus den Teilstücken entsteht in kurzer Zeit eine Rohübersetzung des Gesamttextes.	• Zu einem Zeitpunkt, der verbindlich festgelegt wird, treffen sich alle Gruppenmitglieder im Internet zum kollaborativen Arbeiten. • Um sich später zusätzliche Arbeit zu ersparen, sollte bereits in dieser Phase darauf geachtet werden, dass die einzelnen Teiltexte in der richtigen Reihenfolge des Gesamttextes stehen. • Jede/r übersetzt zunächst ihr/sein Textstück. • Dabei werden alle Änderungen in Echtzeit für alle anderen angezeigt.
4. Gegenseitiges Feedback geben: Jedes Gruppenmitglied kann sich mit dem eigenen besonderen Vorwissen einbringen.	• Jeder/jede gibt im Anschluss an die eigene Übersetzung Feedback zu den Übersetzungsversuchen der anderen. • Dazu kann z. B. die Kommentar- bzw. Chatfunktion genutzt werden.
5. Eine gemeinsame Übersetzung des Gesamttextes erstellen.	• Aus den Übersetzungsvorschlägen und den Feedbacks erstellt die Gruppe gemeinsam die ihrer Meinung nach beste Übersetzung des gesamten Textes. • Zu den Kriterien einer guten Übersetzung: → S. 224

Präsentation: Lateinische Texte anschaulich machen

Wenn man einen lateinischen Text in der Lerngruppe vorstellen soll, kann sich der Einsatz digitaler Medien empfehlen. Digitale Textverarbeitung eignet sich besonders gut, um lange, komplexe Sätze übersichtlich aufzubereiten.

Wichtig ist vor allem, dass die Informationen, die man vermittelt, beim „Publikum" im Gedächtnis bleiben. Dabei gilt folgende Grundregel:
Vortrag + Visualisierung = bessere Verankerung im Gedächtnis.

1. Gestaltung einer digitalen Präsentation

Eine **Schrift** wählen: Wählen Sie geeignete **Schriftarten**, **Schriftgrößen** und **Farben**:	• optimale **Schriftgröße**: 28pt, mindestens 20pt • Klare **Schriftart** ohne Schnörkel auswählen, kein Wechsel der Schriftart • **Farben** sparsam verwenden, grundsätzlich gilt: **gleiche Farbe für gleiche Bedeutung** (z. B.: Chiasmus immer blau, Antithese immer rot) • **Hervorhebungen** können durch **Fettung**, **farbigen Text** oder Markierungen erfolgen.
Auf **Kontraste** achten: • Der eigentliche Text muss immer **gut lesbar** sein und sich gut vom Hintergrund abheben.	• **Gut: Dunkel auf Hell** (z. B. Schwarz auf Weiß) • **Ungeeignet:** allzu ähnliche Farben, Muster oder Fotos als Hintergrund
Folien/Tafelbilder gestalten: Grundsätzlich gilt für eine effektive Präsentation: **Weniger ist (oft) mehr.**	• Text immer **auf das Nötigste reduzieren**; in Stichpunkten formulieren • Folien **nicht überfrachten**: **maximale Anzahl** von Stichpunkten pro Folie: **5 (+/– 2)**

2. Die stilistische Kunst Ovids digital veranschaulichen (Beispiel: Ovid Met. 1.469–471)

1. Verschiedene Farben, um die Beziehungen zwischen den Verben darzustellen → zur stilistischen Analyse vgl. S. 226	• rot: Thema Liebe • blau: Bleierner Pfeil • goldgelb: Goldener Pfeil
2. Zusammengehöriges als Blöcke darstellen	• parallel strukturierte Sätze untereinander • *Variatio* in den Hauptsätzen

Beispiel: Ovid: Die zwei Pfeile Amors Met. 1.469–471

Fugat hoc, **facit** illud amorem;
quod **facit**, *auratum* est et cuspide fulget acuta,
quod **fugat**, *obtusum* est et habet sub harundine plumbum.

Projektarbeit

In Projekten können Unterrichtsinhalte in sehr umfangreicher Form erarbeitet werden. Dabei werden nicht nur Themen und Arbeitsweisen verschiedener Fächer einbezogen, sondern man arbeitet auch unter Verwendung unterschiedlicher Methoden und Sozialformen (z. B. Recherche in Bibliotheken oder Internet, Gruppenarbeit, Präsentation usw.). Häufig wird ein Projekt nicht allein von der Lehrkraft, sondern unter aktiver Beteiligung der Schülerinnen und Schüler geplant, organisiert und durchgeführt. Auf den folgenden Seiten finden Sie dann Vorschläge für Projekte, die mit den Texten im Buch (sowie mit Ergänzungsmaterialien) durchgeführt werden können:

- Frauen und Politik in der späten Republik
- Richard Strauss: *Daphne* als Oper

Folgendes Vorgehen bietet sich für die Planung, Organisation und Durchführung eines Projekts an:

---

1. Festlegung des Projektthemas
Da die Arbeit an einem Projekt einen längeren Zeitraum umfassen wird, ist es wichtig, dass ein Thema gewählt wird, das möglichst viele der Beteiligten interessiert. Häufig wird die Lehrkraft Themen vorschlagen und die Schülerinnen und Schüler in die Wahl einbeziehen, aber auch Schülervorschläge können geäußert werden.

- Die genannten Themen bieten eine Auswahl; natürlich können auch andere Themen bearbeitet werden, die vom Aufeinandertreffen antiker und nachantiker Kulturen handeln.
- Damit möglichst schnell ein Eindruck von den konkreten Inhalten eines Projektthemas entsteht, empfiehlt es sich, Leitfragen zu formulieren und so gleich zu Beginn mögliche Arbeitsschwerpunkte und Ziele des Projekts zu entwickeln.

---

2. Planung der Arbeit
Wichtig ist, dass klar definiert wird, wie lange das Projekt dauern wird und welche Gesichtspunkte des gewählten Themas bearbeitet werden sollen. Dazu teilt sich die Lerngruppe in Kleingruppen auf, von denen jede die Bearbeitung eines Themenbereichs übernimmt; innerhalb der Gruppen kann wiederum eine Aufteilung von Aufgaben vorgenommen werden. Den Großteil der Arbeit (z. B. Übersetzung eines lateinischen Textes) sollte die Gruppe aber gemeinsam erledigen. Bei der Planung ist wichtig, dass man sich realistische Ziele setzt, die für alle sichtbar festgehalten werden (dennoch kann später eine Anpassung der Ziele notwendig werden; vgl. das Folgende).

- Einteilung der Arbeitsgruppen
- Auswahl der Materialien für die Projektarbeit in Gruppen (die genannten Projektvorschläge bieten z. B. zahlreiche Anregungen, die sicher nicht alle verfolgt werden können)
- Festlegung, welche Gruppe welches Teilthema (z. B. welchen Autor, welche Texte, welche Themenbereiche) übernimmt
- Aufteilung von Aufgaben innerhalb der Gruppe (z. B. Wer recherchiert zu welchem Thema? Wer erstellt eine Computerpräsentation? Wer bereitet Inhalte anderer Fächer auf und bringt sie in die Gruppe ein?)
- schriftliche Fixierung der Aufgabenverteilung und Arbeitsplanung sowie v. a. der Projektziele

---

3. Erarbeitungsphase
Während der Durchführung des Projekts sollte es immer wieder zu Präsentationen von Teilergebnissen – sowohl innerhalb der Arbeitsgruppen als auch im Plenum – kommen. Die Inhalte werden also von einzelnen Schülerinnen und Schülern bearbeitet, dann in der Gruppe vorgestellt sowie überarbeitet und in der Lerngruppe präsentiert.

- Wechsel von Einzelarbeit (bzw. Partnerarbeit), Gruppenarbeit und Präsentation von Zwischenergebnissen im Plenum
- Auf die Präsentationen in der Kleingruppe und in der gesamten Lerngruppe können Phasen der weiteren Planung bzw. der Überarbeitung zuvor erstellter Arbeitspläne folgen.

4. Präsentation Nach der Durchführung sollte es Schlusspräsentationen der Kleingruppen geben. Diese können ihrerseits zu einer Gesamtpräsentation der ganzen Lerngruppe zusammengefasst werden (z. B. im Rahmen einer Ausstellung am Projekttag oder an einem Präsentationsabend).	• zur Gestaltung von Präsentationen vgl. S. 237 • Bereits im Vorfeld sollte geklärt sein, ob und wie die Projektarbeit benotet wird: Häufig wird die Präsentation ein zentraler Bestandteil der Bewertung sein; die Kriterien dafür müssen transparent sein.
5. Evaluation Alle Teilnehmer bewerten die Qualität der Planung, Zusammenarbeit und Ergebnisse. Besonders erfolgreich war ein Projekt, wenn alle Lernenden in eigenverantwortlicher Arbeit an einem Thema zu relevanten Ergebnissen gelangt sind.	• Abschlussgespräch im Plenum • ggf. Bewertung durch Evaluationsbögen, die im Rahmen des Projekts erstellt werden

Projektarbeit im Rahmen der Wissenschaftswoche

In der Wissenschaftswoche erarbeiten Sie innerhalb eines allgemeinen Rahmenthemas (z. B. „Geschlechterrollen“) aus der Perspektive eines Leitfachs in Kleingruppen eine Frage- bzw. Problemstellung (z.B. „Frauen und Politik in der späten Republik“, → S. 240) und stellen Ihre Ergebnisse am Ende der Woche dar. Durch die unterschiedlichen Beiträge der einzelnen Fächer soll ein möglichst umfassender Blick auf das Rahmenthema aus unterschiedlichen Perspektiven entstehen. – Möglicher Ablauf:

1. Tag	• Fragestellung klären • Materialen sichten • Arbeit im Team planen → danach: Beratungsgespräch
2. Tag	• Informationen recherchieren • Untersuchungen durchführen • Materialien auswerten
3. Tag	• Ergebnisse prüfen • Zwischenstand bewerten • Belege sammeln → danach: Beratungsgespräch
4. Tag	• Ergebnisse festhalten • Ergebnisse strukturieren • Darstellung vorbereiten
5. Tag	• Ergebnisse darstellen • Fachpositionen austauschen • Gesamtergebnis dokumentieren → danach: Feedback
Gesamtbetrachtung des Themas Am Ende der Woche ordnen Sie Ihre Ergebnisse in das Rahmenthema ein und tauschen sich fächerübergreifend auf der Grundlage der einzelnen Darstellungen über die verschiedenen Perspektiven aus.	Mögliche Formen der Darstellung: Ausstellung, Blog, Debatte, Podcast, Präsentation, Sammelband, Wiki **Wichtig:** Die wissenschaftliche Vorgehensweise soll klar werden!

Frauen und Politik in der späten Republik

Frauen durften in Rom keine Ämter bekleiden, spielten aber dennoch in vielfältiger Weise in der Politik mit – ganz besonders am Ende der Republik. Die folgende Doppelseite bietet Anregungen, um drei von ihnen näher kennenzulernen: **Sempronia** aus dem Kreis um Catilina, **Fulvia**, die Frau des Marcus Antonius, und **Hortensia**, die Tochter des bedeutenden Redners Hortensius, die selbst eine öffentliche Rede hielt.

Thema 1: Sempronia Sall. Cat. 25.1–25.5

Sed in iis erat Sempronia, quae multa saepe virilis audaciae facinora conmiserat. Haec mulier genere atque forma, praeterea viro, liberis satis fortunata fuit; litteris Graecis et Latinis docta, psallere et saltare elegantius quam necesse est probae, multa alia, quae instrumenta luxuriae sunt. Sed ei cariora semper omnia quam decus atque pudicitia fuit; pecuniae an famae minus parceret, haud facile discerneres; libido sic adcensa, ut saepius peteret viros quam peteretur. Sed ea saepe antehac fidem prodiderat, creditum abiuraverat, caedis conscia fuerat: Luxuriā atque inopiā praeceps abierat.
Verum ingenium eius haud absurdum: Posse versus facere, iocum movere, sermone uti vel modesto vel molli vel procaci; prorsus multae facetiae multusque lepos inerat.

Aber zu ihnen (=den Catilinariern) gehörte auch Sempronia, die oft viele Taten von ______ begangen hatte. Diese Frau war durch ______ vom Glück begünstigt, Harfe spielen und tanzen konnte sie ______, und vieles mehr, was ______. Aber ihr war immer alles wichtiger als ______; und es ist schwer zu entscheiden, ob sie ______; und ihre sexuelle Begierde war so brennend, dass ______.
Aber sie hatte schon vielfach zuvor ihr Wort gebrochen, anvertrautes Geld unterschlagen, war Mitwisserin von Mördern gewesen: Durch ______ war es mit ihr steil bergab gegangen.
Und doch – ______: Sie konnte ______, ______, auf zurückhaltende oder liebenswürdige oder freche Art ______; kurz: ______.

1. Ergänzen Sie die Übersetzung mithilfe eines Wörterbuchs.
2. Erstellen Sie mit lateinischen Begriffen eine Charakteristik der Sempronia.
3. Arbeiten Sie ausgehend davon und von den impliziten Vorwürfen Verhaltensregeln für eine republikanische Adelige heraus.
4. Vergleichen Sie Ihre Ergebnisse mit den männlichen Catilinariern (→ S. 18 f.).

Thema 2: Fulvia Plutarch, *Antonius* 10

[Antonius] vermählte sich mit **Fulvia**, der Witwe des Demagogen Clodius, **einer Frau, die nicht wohl Arbeit und Hauswirtschaft im Sinne hatte,** auch sich nicht begnügte, einen einfachen Mann zu beherrschen, sondern einen führenden Mann führen und einen General kommandieren wollte, so dass **Kleopatra** der Fulvia eigentlich Lehrgeld schuldete für die **Gewöhnung des Antonius an ein Frauenregiment**, da sie ihn als einen Mann in die Hand bekam, der schon **völlig gezähmt** und von Anfang an dazu erzogen war, Frauen zu gehorchen.

5. Rolle, Charakter und Bewertung der Fulvia kann man einer Zusammenstellung unterschiedlicher Dokumente entnehmen:
   – S. 44 Z. 15–17 → **Fulvia, S. 45**,
   – Plutarch, Antonius-Vita (siehe links)
   – Münze des Antonius von 43 v. Chr.: (Fulvia war die erste Römerin, die auf einer Münze abgebildet wurde),
   – Recherche im Internet: Fulvias Rolle im Perusinischen Krieg,
   – Abb. S. 45 mit Bildunterschrift.

   a Erstellen Sie aus diesen Materialien, ggf. anhand von Recherche, ein Charakterbild Fulvias.

   b Beurteilen Sie, inwieweit dieses Bild von Vorurteilen geprägt ist.

   c Nehmen Sie Stellung dazu und entwerfen Sie ggf. eine positive Charakteristik.

Thema 3: Hortensia Appian, *Bellum civile* 4.32–34

Im Jahr 43 versuchten die Triumvirn – Marcus Antonius, Octavian, Lepidus – von den 1400 reichsten Frauen Steuern einzutreiben. Die Tochter des großen Redners Hortensius hält hierzu eine öffentliche Rede, als deren Ergebnis die Triumvirn ihre Forderungen erheblich einschränken.

[Zunächst jedoch] **beschlossen die Frauen, sich mit Bitten an die weiblichen Verwandten der Triumvirn zu wenden**. Bei **Octavians Schwester** und auch bei der **Mutter des Antonius** hatten sie Erfolg; **Fulvia** hingegen, die Ehefrau des Antonius, wies sie von ihrer Tür, eine üble Behandlung, welche die Frauen kaum zu ertragen vermochten. Nun bahnten sie sich ihren Weg zum Tribunal der Triumvirn auf dem Forum, wobei das Volk und die Leibgarden ihnen Platz machten. Dort ließen sie sich durch **Hortensia**, die sie zuvor für diese Aufgabe gewählt hatten, folgendermaßen vernehmen:

„Wie es sich für **Frauen unseres Standes**, die euch eine Bitte vortragen wollen, **geziemt**, haben wir uns hilfesuchend **an die Frauen eures Kreises gewandt**. Unschicklich jedoch von Fulvia behandelt, wurden wir durch sie **auf das Forum gedrängt**. Ihr aber habt uns schon Eltern, Söhne, Gatten und Brüder unter der Beschuldigung genommen, dass ihr von ihnen Unrecht erfahren hättet; solltet ihr aber auch noch unser Eigentum nehmen, dann werdet ihr uns zu einer Stellung erniedrigen, die weder unserem Herkommen noch unsere Lebensweise noch unserem Geschlecht entspricht. [...] **Was sollen wir nun Steuern entrichten, wo wir doch weder an Ämtern, Ehren, Kommandostellen oder überhaupt an der Staatsleitung beteiligt sind**, um die ihr euch nunmehr mit solch verhängnisvollen Ergebnis streitet? Ihr sagt: ‚Es ist eben Krieg.' Wann hat es nicht schon Kriege gegeben, und **wann haben je Frauen Steuern bezahlen müssen**, welche doch **von Natur aus** bei allen Menschen davon ausgenommen sind? Unsere Mütter haben sich nur ein einziges Mal **über ihr Geschlecht hinweggesetzt**, in jenen Tagen, da ihr unter dem Ansturm der Karthager um euer ganzes Reich und um die Stadt selbst bangen musstet. Damals aber gaben sie freiwillig ihren Beitrag, nicht indessen von ihrem Landbesitz, ihren Feldern, Aussteuern oder Häusern, **ohne die freie Frauen nicht leben können**, sondern einzig und allein von ihrem häuslichen Schmuck [...]. **Für Bürgerkriege hingegen möchten wir nie und nimmer Beiträge leisten**, auch nicht euch gegeneinander unterstützen. Denn wir haben weder unter Caesar noch unter Pompeius Steuern bezahlt. [...]" *(Übersetzung: Otto Veh)*

6 Arbeiten Sie Folgendes aus dem Text heraus:
- die Wege, welche die Frauen nutzen, um ihre Forderungen zu stellen, und wie sie ihr Vorgehen begründen,
- geschlechtsspezifische Vorstellungen der Hortensia (was ist für Frauen richtig / „natürlich", was für Männer?),
- den Gebrauch von Personalpronomina („unser", „euer", was gehört Frauen, was Männern?)

7 Diskutieren Sie, wie nachvollziehbar und berechtigt die Argumente sind.

8 Rechte und Pflichten von Frauen heute:

a Diskutieren Sie, ob es heute noch Bereiche gibt, in denen von Frauen gesellschaftlich anderes Verhalten verlangt wird als von Männern.

b Stellen Sie zusammen, in welchen Bereichen Frauen andere Rechte als Männer haben oder bis vor kurzem hatten; recherchieren Sie dafür nach dem Gleichberechtigungsgesetz.

9 Diskutieren Sie, ob es heute noch Situationen gibt, in denen Hortensias Argumente Anwendung finden können.

Richard Strauss: *Daphne* als Oper

Am Anfang des 20. Jh. komponierte Richard Strauss die einaktige Oper *Daphne* (uraufgeführt 1938 in Dresden). Daphne ist hier keine Nymphe, sondern eine Fischerstochter, Apollo aber weiterhin ein Gott. Das Libretto (Textbuch) stammt von Joseph Gregor, wurde jedoch vom Komponisten überarbeitet, besonders in der Verwandlungsszene.

Material 1: Daphnes Verwandlung
Ov. Met. 1.548–552 (→ S. 82)

torpor gravis occupat artus
pes modo tam velox pigris radicibus haeret,
mollia cinguntur tenui praecordia libro,
in frondem crines, in ramos bracchia
crescunt, ora cacumen habet.

Material 2: „Kopfkino" bei Bernini

Auch Gian Lorenzo Bernini „erzählt" mit seiner Statue *Apoll und Daphne* die Metamorphose Daphnes. Er bringt den Betrachter dazu, die Figur sukzessive wahrzunehmen und erzeugt, ähnlich wie Ovid mit seinem Text, eine Art „Kopfkino" beim Betrachter.
→ Großes Kino, S. 84.
Es soll vor allem Berninis Statue gewesen sein, die Strauss zu seiner Oper anregte.

Material 3: Auszug aus dem Libretto: Daphnes Verwandlung
J. Gregor./R. Strauss

Daphne:
Ich komme – ich komme –
Grünende Brüder ...
Süß durchströmt mich
Der Erde Saft!
Dir entgegen –
In Blättern und Zweigen –
Keuschestes Licht!

Daphne unsichtbar, an ihrer Stelle erhebt sich der Baum.

Stimme der Daphne:
Apollo! Bruder!
Nimm ... mein ... Gezweige
Wind ... Wind ...
Spiele mit mir!
Selige Vögel,
Wohnet in mir ...
Menschen ... Freunde ...
Nehmt mich ... als Zeichen ...
Unsterblicher Liebe ...

Mondlicht hat sich über den ganzen Baum gebreitet. Daphnes Stimme tönt aus seinem Geäst weiter.

1. Material 1 und 3: Arbeiten Sie heraus, inwiefern das Libretto von Gregor/Strauss den Daphne-Mythos völlig neu interpretiert.
2. Material 2: Arbeiten Sie die narrative Technik heraus, mit der Bernini die Geschichte erzählt.
3. Material 3 und 4:
   - **a** Arbeiten Sie heraus, wie Strauss Text und Bild umsetzt und mit welchen musikalischen Mitteln er „Kopfkino" erzeugt. Hören sie dabei mehrfach die Passage der Verwandlung Daphnes.
   - **b** Erstellen Sie eine „Beweistabelle", in der Sie den Textpassagen aus Ovid und dem Libretto phasenweise die jeweilige musikalische Entsprechung gegenüberstellen.
   - **c** **EXTRA:** Verwenden Sie, ggf. anhand von Recherche, eine Partitur und markieren Sie darin die von Ihnen erarbeiteten Ergebnisse.

Material 4: Die Musik

- Richard Strauss, *Daphne*, Verwandlungsszene
  (z. B. in der im Internet frei verfügbaren Aufführung unter dem Dirigat von Semyon Bychkov an der Wiener Staatsoper mit Untertiteln – Verwandlung etwa ab der 90. Minute)
- Checkliste: Achten Sie besonders auf folgende Aspekte (→ S. 234 Dichtung und Musik):

Instrumentierung	• Welche Instrumente werden verwendet, werden sie in der tiefen oder in der hohen Lage eingesetzt? • Werden eher (Holz- bzw. Blech-)Blasinstrumente oder Streichinstrumente verwendet und mit welcher Absicht? • Ahmen einzelne Instrumente bestimmte Naturerscheinungen nach (z. B. in den Boden dringende Wurzeln, Wind, Vogelgezwitscher)?
Rhythmus	• Herrschen schnelle bzw. punktierte Rhythmen vor oder dominieren statische, ruhige Akkorde?
Melodie	• Entwickelt sich die Melodie in Halbtonschritten oder in großen Intervallen?
Polyphonie/ Homophonie	• Bilden die einzelnen Instrumente eigene „Stimmen" und ergeben dadurch ein klangliches „Geflecht" oder werden sie einstimmig eingesetzt?
Charakter/ Höreindruck	– Welchen Eindruck bzw. Effekt erzeugt dies beim Hörer? – Welches Bild stellt sich im Kopf des Hörers dadurch ein („Kopfkino"-) Effekt? – Welcher Aspekt, welche Phase der Metamorphose wird damit jeweils beschrieben? – Weshalb wird das Sprechen Daphnes immer fragmentarischer, bis zum Schluss nur noch ihre Stimme zu hören ist?

Weiterführung: Neben den Arbeitsaufträgen können hier auch die folgenden Themen beachtet werden:

- **Diskussion:** Stellen Sie sich vor: In einem Kultur-Podcast verfolgen Sie eine Diskussion, bei der ein Teilnehmer Folgendes behauptet: „Geschichten bzw. Ereignisse kann man richtig eindrucksvoll nur in der Literatur und bildenden Kunst wiedergeben. Die Musik kann nur beeindrucken, aber nicht beschreiben oder gar erzählen." Produzieren Sie einen eigenen Podcast, in dem Sie, z. B. in einem Dialog, diese These widerlegen.
- **Deutungen:** Sowohl die Handlung der Strauss-Oper als auch die verschiedenen modernen Inszenierungen dieser Oper deuten die Geschichte Daphnes jeweils völlig neu. Recherchieren Sie z. B. nach
  – der Handlung der Oper,
  – der Inszenierung an der Wiener Staatsoper 2004,
  – der Inszenierung in Hamburg 2016.
  a Präsentieren Sie Ihre Ergebnisse in der Lerngruppe und stellen Sie jeweils einen Bezug zu der Erzählung Ovids her.
  b Bewerten Sie die Neudeutungen und diskutieren Sie in der Lerngruppe darüber.

Wortbildung: Präfixe und Suffixe

Präfix		Bedeutung	Beispiel
ā/ab	*ā-*	„fort-, von-, weg-, ent-"	*ā-mittere*
	ab-		*ab-dūcere*
	abs-		*abs-tulī*
	ar-		*ar-ripere*
	au-		*au-ferre*
ad	*ac-*	„dabei-, heran-, hin-, hinzu-"	*ac-cēdere*
	ad-		*ad-esse*
	af-		*af-ficere*
	al-		*al-lātus*
	ap-		*ap-pārēre*
	at-		*at-tingere*
cum	*co-*	Verstärkung: „zusammen, völlig"	*cō-gere*
	col-		*col-ligere*
	com-		*com-mittere*
	con-		*con-currere*
	cor-		*cor-ruere*
dē	*dē-*	„nieder-, herab-, ab-"	*dē-cēdere*
dis	*dī-*	„weg-, auseinander-"/Verneinung: „un-, nicht"	*dī-mittere*
	dif-		*dif-ficilis*
	dis-		*dis-cēdere*
ē/ex	*ē-*	„aus-, heraus-, weg-"	*ē-ripere*
	ef-		*ef-fugere*
	ex-		*ex-pellere*
in	*il-*	„in, hinein"/Verneinung: „un-, nicht"	*il-lātus*
	im-		*im-pius*
	in-		*īn-īre*
ne	*ne-*	Verneinung: „un-, nicht"	*ne-scīre*
	neg-		*neg-ōtium*
ob	*ob-*	„entgegen"	*ob-icere*
	oc-		*oc-currere*
	of-		*of-ferre*
	op-		*op-primere*
per	*per-*	„(hin)durch-"/Verstärkung: („durch und durch") „sehr, ganz"	*per-terrēre*
prae	*prae-*	„vorn, an der Spitze; voraus-; vor-"	*prae-mittere*
prō	*prō-*	„vor-, für-"	*prō-vidēre*
	prōd-		*prōd-esse*
re	*re-*	„zurück, wieder"/„wider, gegen"	*re-sistere*
	red-		*red-īre*
sub	*sub-*	„unter-, nach-, auf sich"	*sub-icere*
	suc-		*suc-cedere*
	sus-		*sus-cipere*

Suffix		Bedeutung	Beispiel
Substantive	*-tor* (m)	handelnde Person: „-er", gebildet aus einem PPP	*victum* → *vic-tor*
	-or (m)	Abstraktum, abgeleitet von einem Verb	*dolēre* → *dol-or*
	-ium (n)		*gaudēre* → *gaud-ium*
	-(t)iō (f)	Tätigkeit/Eigenschaft	*ōrāre* → *ōrā-tiō*
	-tus (Gen. *-tūs* m)		*impellere* → *impe-tus*
	-ia (f)		*memor* → *memor-ia*
	-itia (f)		*iūstus* → *iūst-itia*
	-tās (f)		*līberāre* → *līber-tās*
	-tūs (Gen. *-tūtis* f)		*vir* → *vir-tūs*
	-tūdō (f)		*māgnus* → *māgni-tūdō*
	-men (n)	Vorgang, Ergebnis, Zustand	*agere* → *ag-men*
	-mentum (n)	Mittel, Werkzeug	*ōrnāre* → *ōrnā-mentum*
Adjektive	*-eus*	Stoff, Material	*aurum* → *aur-eus*
	-bilis	Möglichkeit, Fähigkeit: „-bar, -haft, -lich"	*nōscere* → *nō-bilis*
	-ilis		*facere* → *fac-ilis*
	-ōsus	Fülle („voll")	*fōrma* → *fōrm-ōsus*
Verben	*-tāre*	Wiederholung, Verstärkung	*habēre* → *habitāre*

Es werden jeweils die Seiten angegeben, auf denen die genannten Begriffe in prägnanter Weise vorkommen. Lateinische Wörter und Namen sind *kursiv*, Verweise auf das **Grundwissen** sind farblich **hervorgehoben**.

A

N

O

P

Q

R

S

T

U

V

W

X

Z

Texte und Übersetzungen

Cicero, Marcus Tullius: Die Philippischen Reden. Lateinisch/Deutsch. Übers. von Manfred Fuhrmann, hg., überarb. und eingel. von Rainer Nickel, Berlin 2013.

Ovidius Naso, Publius: Metamorphosen. Lateinisch/Deutsch. Hg. und übers. von Michael von Albrecht, Stuttgart 1994.

Ovidius Naso, Publius: Metamorphosen. Lateinisch/Deutsch. Hg. und übers. von Niklas Holzberg (Reihe Tusculum), Berlin u. a. 2017.

Sallustius Crispus, Gaius: De coniuratione Catilinae/Die Verschwörung des Catilina. Lateinisch/Deutsch. Hg. von Michael Mohr, Ditzingen 2021.

Die Vorsokratiker: Griechisch/Deutsch. Hg. und übers. von Jaap Mansfeld und Oliver Primavesi, Ditzingen 2021.

Nachschlagewerke und Sachbücher

Albrecht, Michael von: Geschichte der römischen Literatur, Band 1 und 2, München 1997.
ders.: Ovid. Eine Einführung, Stuttgart 2004.

Aurnhammer, Achim/Martin, Dieter (Hgg.): Mythos Pygmalion. Texte von Ovid bis John Updike, Leipzig 2003.

Baker, Simon: Rom. Aufstieg und Untergang einer Weltmacht, Stuttgart 2006.

Coarelli, Filippo: Rom. Ein archäologischer Führer, Mainz 2000.

De Crescenzo, Luciano: Geschichte der griechischen Philosophie, Zürich 2016.

Der Neue Pauly (DNP), Supplemente, Band 5: Mythenrezeption. Die antike Mythologie in Literatur, Musik und Kunst von den Anfängen bis zur Gegenwart, Stuttgart 2008. [darin u.a. Artikel zu Daphne, Narcissus, Orpheus, Polyphemos, Pygmalion; Online-Zugang z.B. über die Bayerische Staatsbibliothek]

Eck, Werner: Augustus und seine Zeit, München ^{5}2009.

Figal, Günter: Sokrates, München ^{3}2006.

Fuhrmann, Manfred: Geschichte der römischen Literatur, Stuttgart 2005.

Gaarder, Jostein: Sofies Welt, München 1998.

Gehrke, Hans-Joachim: Kleine Geschichte der Antike, München 2003.

Hahn, Rainer: Lexikon zur lateinischen Literatur: Fachbegriffe und Autoren, Stuttgart ^{8}2005.

Hartmann, Elke: Frauen in der Antike. Weibliche Lebenswelten von Sappho bis Theodora, München ^{2}2021.

Hirt, Annette: Lateinische Literatur – Schlag nach!, Göttingen 2009.

Holzberg, Niklas: Ovids Metamorphosen, München 2007.
ders.: Ovid: Dichter und Werk, München ^{3}2006.

Horn, Christoph: Philosophie der Antike, München ^{2}2020.

Howatson, M. C.: Reclams Lexikon der Antike, Stuttgart 2006.

Irmscher, Johannes (Hg.): Lexikon der Antike, Köln 2010.

Jehne, Martin: Die Römische Republik. Von der Gründung bis Augustus, München ^{3}2013.

Jung, Hermann: Orpheus und die Musik. Metamorphosen eines antiken Mythos in der europäischen Kulturgeschichte, Berlin u.a. 2018.

Kipf, Stefan/Schauer, Markus (Hgg.): UTB Fachlexikon zum altsprachlichen Unterricht, Stuttgart 2023.

Kolb, Frank: Das antike Rom. Geschichte und Archäologie, München ^{2}2010.

Köhler, Peter: Geh mir aus der Sonne! Anekdoten über Philosophen und andere Denker, Ditzingen ^{2}2011.

König, Ingemar: Kleine römische Geschichte, Stuttgart 2004.

Krefeld, Heinrich u.a. (Hgg.): Res Romanae. Literatur und Kultur im antiken Rom. Neue Ausgabe, Berlin 2017.

Kutschera, Franz von: Die Anfänge der Philosophie. Eine Einführung in die Gedankenwelt der Vorsokratiker, Münster 2018.

Larsson, Lars O.: Antike Mythen in der Kunst – 100 Meisterwerke, Ditzingen ^{2}2020.

Mantei, Robin: Orpheus und Eurydike im 21. Jahrhundert. Die Rezeption eines musikalischen Mythos in Literatur und Medien der Gegenwart, Berlin u.a. 2021.

Martens, Ekkehard: Sokrates. Eine Einführung, Ditzingen 2004.

Mickisch, Heinz: Basiswissen Antike, Stuttgart 2006.

Münkler, Herfried: Thomas Hobbes. Eine Einführung, Frankfurt/New York 2014.

Narducci, Emanuele: Cicero. Eine Einführung, Ditzingen 2012.

Nickel, Rainer / Waiblinger, Franz-Peter: Kleines Lexikon zur römischen Welt, Bamberg 2002.

Pausch, Dennis: Virtuose Niedertracht. Die Kunst der Beleidigung in der Antike, München 2021.

Perler, Dominik/Beckermann, Ansgar: Klassiker der Philosophie heute, Ditzingen 2010.

Rebello, Merryl: Antike – Schlag nach!, Göttingen 2009.

Rebenich, Stefan: Die 101 wichtigsten Fragen. Antike, München [2]2008.

Reischmann, Hans-Joachim: Große Frauen von großen Römern: Der markante Charme römischer First Ladies, Berlin 2022.

Ribhegge, Wilhelm: Erasmus von Rotterdam, Darmstadt 22016.

Rovelli, Carlo: Die Geburt der Wissenschaft. Anaximander und sein Erbe, Hamburg 2019.

Salsflausen, Nik (Hg.): Afterwork mit Sisyphos. Alte Mythen – neue Texte im Poetry Slam, Berlin 2017.

Schmal, Stephan: Sallust, Hildesheim u.a. 2001.

Schuller, Wolfgang: Das Römische Weltreich. Von der Entstehung der Republik bis zum Ausgang der Antike, Stuttgart 2003.

Schwab, Gustav: Die schönsten Sagen des klassischen Altertums, Bindlach 2003.

Storch, Wolfgang (Hg.): Mythos Orpheus. Texte von Vergil bis Ingeborg Bachmann, Ditzingen 2010.

Stroh, Wilfried: Latein ist tot, es lebe Latein! Kleine Geschichte einer großen Sprache, Berlin 2008.
ders.: Die Macht der Rede. Eine kleine Geschichte der Rhetorik im alten Griechenland und Rom, München 2011.
ders.: Cicero. Redner, Staatsmann, Philosoph, München 2015.

Tetzner, Reiner/Wittmeyer, Uwe: Griechische Götter- und Heldensagen, Ditzingen [2]2019.

Walther, Lutz: Antike Mythen und ihre Rezeption. Ein Lexikon, Leipzig 2003.

Wappenschmidt, Friederike: Metamorphosen. Antike Götter im Wandel von Glaube und Kunst, Mainz 2004.

Zanker, Paul: Augustus und die Macht der Bilder, München [5]2008.
ders.: Die römische Kunst, München 2007.

Ziegler, Konrat / Sontheimer, Walther (Hgg.): Der Kleine Pauly. Lexikon der Antike in fünf Bänden, München [13]2006.

Übersicht zur römischen Republik

5./4. Jh. v. Chr. **Frühe Republik**	*Außen:* Rom erringt die Vorherrschaft in Mittelitalien und dehnt allmählich seine Macht bis in die Po–Ebene und nach Unteritalien aus.
	Innen: In den sog. Ständekämpfen erkämpfen sich die Plebejer gegen den Widerstand des Adels (Patrizier) mehr Rechte.
3./2. Jh. v. Chr. **Mittlere Republik** 146 v. Chr.	*Außen:* Die drei Punischen Kriege zwischen Rom und Karthago enden mit dem Sieg Roms und der Zerstörung Karthagos (146 v. Chr.). Zudem erringen die Römer die Vorherrschaft im ganzen Mittelmeergebiet.
	Innen: Die Großmachtpolitik bringt wachsende soziale Probleme mit sich: Die Kluft zwischen den verarmenden Schichten (verschuldete Bauern; städtisches Proletariat) und den Reichen wird immer größer.
1. Jh. v. Chr. **Späte Republik.**	*Außen:* Rom wächst weiter, u. a. durch die Siege des **Marius** und **Sulla**, später des **Pompeius** in Spanien, Afrika und Asien sowie **Caesars** in Gallien.
	Innen: Die großen **Feldherren** mit ihren Machtmitteln (Heer, Geld) tragen dazu bei, dass innere Konflikte immer wieder zu **Bürgerkriegen** ausarten. **Drei Hauptphasen** zeichnen sich ab:
ca. 90–82 v. Chr. 79/78 v. Chr.	• **Marius und Sulla:** **Sulla** (Optimat) gewinnt den **Bürgerkrieg** gegen **Marius** (Popular). Als *dictator* führt er blutige **Proskriptionen** durch.
63 v. Chr. 60 v. Chr. 49 v. Chr. 15. März 44 v. Chr.	• **Pompeius und Caesar:** In den folgenden Jahren steigt **Cicero** bis zum **Konsulat** auf. Über sein Wirken als Konsul schreibt er später: *Cedant arma togae!*, denn er habe, nur mit der zivilen Macht des Redners (*toga*), die Republik gerettet, was mehr wert sei als militärischer Ruhm (*arma*). **Pompeius** verbündet sich mit **Caesar** und **Crassus** (**1. Triumvirat**), doch das Bündnis zerbricht und es kommt zu einem neuen **Bürgerkrieg**. Caesar siegt, wird aber bald danach **ermordet** („Iden des März").
43 v. Chr. 31 v. Chr.	• **Marcus Antonius und Octavian:** Weitere Bürgerkriege folgen. Das **2. Triumvirat** (Marcus Antonius, Octavian und Lepidus) installiert neue **Proskriptionen**, denen nun auch **Cicero** zum Opfer fällt. Die Kriege enden erst mit dem Sieg von Caesars Erben Octavian über Kleopatra und Antonius bei **Actium**. Octavian wird Alleinherrscher und nimmt den Ehrennamen „Augustus" an.

Geschichtlicher Überblick von der Gründung Roms bis zur Neuzeit

Jahr	Geschichte	Schriftsteller/*Texte*
753 v. Chr. 753–509 v. Chr.	Gründung Roms der Sage nach Königszeit	
509–31 v. Chr.	Römische Republik *(siehe links)*	Caesar, Nepos, Catull Cicero, Sallust
27 v.–14 n. Chr.	Prinzipat des Augustus	Vergil, Horaz, Ovid
1. Jh. n. Chr.	Frühe Kaiserzeit: • julisch-claudische Dynastie: Tiberius, Caligula, Claudius, Nero • Vierkaiserjahr (69 n. Chr.) • flavische Dynastie: Vespasian, Titus, Domitian • Vesuvausbruch (79 n. Chr.)	Phaedrus, Velleius Paterculus, Valerius Maximus Martial
2./3. Jh. n. Chr.	Mittlere Kaiserzeit • Trajan: größte Ausdehnung des Reiches • Hadrian: Grenzsicherung durch den Limes • Ausbreitung des Christentums • Diokletian: letzte Christenverfolgungen	Plinius d. J., Tacitus, Sueton Laktanz
4./5. Jh. n. Chr.	Späte Kaiserzeit • Das Christentum wird Staatsreligion • endgültige Reichsteilung (West- und Ostrom) • Völkerwanderung	*Vulgata*
476 n. Chr.	Ende Westroms (Absetzung des letzten Kaisers Romulus Augustulus)	
ca. 6. bis ca. 14. Jh.	Mittelalter • Karl der Große • Heiliges Römisches Reich (etwa ab dem 11. Jh.) • Fortdauer des oströmischen (= byzantinischen) Reiches bis zur Eroberung durch die Türken (1453)	Einhard *Carmina Burana* Jacobus de Voragine *Gesta Romanorum*
ab ca. 15. Jh.	Beginn der Neuzeit Renaissance	Vespucci Erasmus v. Rotterdam

Überblick zur antiken Geistes- und Literaturgeschichte

Zeit	ROM	GRIECHENLAND	
8./7. Jh. v. Chr.	**Vorliterarische Zeit**	**Archaische Literatur**	
		DICHTUNG	**PROSA**
		Epos Homer *(Ilias, Odyssee)* Hesiod *(Theogonie, Werke und Tage)*	
ca. 650–450 v. Chr.		**Lyrik** Alkaios Sappho	**Philosophie** **Vorsokratiker/Naturphilosophen** Thales, Anaximander, Pythagoras, Leukipp, Demokrit u.a.
		Die Klassik	
5./4. Jh. v. Chr.		**Tragödie** Aischylos Sophokles Euripides **Komödie** Aristophanes	**Geschichtsschreibung** Herodot Thukydides **Philosophie** **Sophisten** Gorgias u. a. **Sokratische Wende** Sokrates → Skeptizismus Platon → Akademie Aristoteles → Peripatos Diogenes → Kynismus **Rhetorik/Rede** Demosthenes (Reden gegen Philipp)
3. Jh. v. Chr. (ab Tod Alexanders d. Gr.)	Vorklassik	Hellenismus	
	(Anfänge: Epos, Tragödie, Komödie)	**Alexandrinische Dichtung** Kallimachos *(Aitien)*	**Philosophie** **Suche nach dem Glück** Zenon → Stoa Epikur → Epikureismus
2. Jh. v. Chr.	**Komödie** Plautus, Terenz **Geschichtsschreibung** Cato *(Origines)*		**Geschichtsschreibung** Polybios

Zentrale Bezüge	
römische Literatur	**griechisches Vorbild**
Vergil; Ovid *(Metamorphosen)*	Homer, Hesiod
Neoteriker	Kallimachos
Cicero als Redner	Demosthenes
Cicero als Philosoph	Platon
Seneca	Stoa
Sallust	Thukydides

Zeit	ROM	
ab 78 v. Chr. (Tod Sullas)	**Die Klassik zur Zeit Ciceros**	
	DICHTUNG	PROSA
	Lyrik **Neoteriker** Catull **Epos (Lehrepos)** Lukrez *(De rerum natura)*	**Rhetorik/Rede** Cicero (Rhetorische Schriften, Gerichtsreden, politische Reden) **Philosophie** Cicero: Skeptizismus/ Eklektizismus (u.a. *Tusculanae disputationes, Academici libri*) **Geschichtsschreibung** Caesar: Commentarii *(Bellum Gallicum)* Sallust: Monografien (u.a. *Coniuratio Catilinae*), Historien **Biografie** Nepos
31 v. Chr. (Schlacht von Actium) –14 n. Chr. (Tod des Augustus)	**Die Klassik zur Zeit des Augustus**	
	Liebeselegie Properz Tibull **Lyrik** Horaz *(Carmina)* **Epos** Vergil *(Aeneis)* Ovid *(Metamorphosen)*	**Geschichtsschreibung** Livius *(Ab urbe condita)*
1./2. Jh. n. Chr.	**Literatur der Kaiserzeit: Nachklassik**	
	Fabeln Phaedrus **Epigramm** Martial	**Philosophie** Seneca: Stoa Mark Aurel: Stoa **Geschichtsschreibung** Velleius Paterculus Valerius Maximus Tacitus **Biografie** Sueton Plutarch (griech.)
3.–5. Jh. n. Chr.	**Literatur der Kaiserzeit: Christentum**	
		Bibel *Vulgata* (Übersetzung des Hieronymus) **Theologische Traktate** Laktanz *(Divinae institutiones)* Augustinus *(Confessiones, De civitate dei)*

Bildquellen:
Cover: Shutterstock.com/Maxx-Studio, akg-images/Florian Monheim/Bildarchiv Monheim/www.bildarchiv-monheim.de, akg-images/Bildarchiv Steffens; S. IV Shutterstock.com/Maxx-Studio; S. 4 o. r. sciencephotolibrary/Paulo Amorim, VW PICS, u.l. mauritius images/alamy stock photo/Zuri Swimmer; S. 5 o. r. bpk/Alinari Archives/Bencini, Raffaello, m.l. mauritius images/alamy stock photo/Azoor Photo; S. 7 a Bridgeman Images/Granger, b akg-images, c akg-images, d mauritius images/alamy stock photo/Erin Babnik; S. 9 mauritius images/alamy stock photo/Shotshop GmbH; S. 11 akg-images/Album; S. 13 Imago Stock & People GmbH/Political-Moments; S. 15 Imago Stock & People GmbH/Everett Collection/xWarnerxBros/CourtesyxEverettxCollectionx MCDDAKN EC015; S. 17 Bridgeman Images/Alinari; S. 21 dpa Picture-Alliance/Eva Bee/Ikon Images; S. 23 mauritius images/alamy stock photo/Andriy Popov; S. 25 Bridgeman Images/Stefano Bianchetti; S. 31 M bpk/Antikensammlung, SMB/Johannes Laurentius, C akg-images/Philippe Maillard; S. 33 mauritius images/alamy stock photo/The Picture Art Collection; S. 35 Shutterstock.com/Cris Foto; S. 39 Bridgeman Images/Photo © Luisa Ricciarini; S. 41 akg-images/WHA/World History Archive; S. 43 a, b Bridgeman Images/The Holbarn Archive; S. 45 mauritius images/alamy stock photo/Tibbut Archive; S. 47 Shutterstock.com/Oasis World; S. 49 u.m. bpk/Münzkabinett, SMB/Dirk Sonnenwald; S. 49 u.r. Bridgeman Images/Luisa Ricciarini; S. 53 mauritius images/alamy stock photo/PeerPoint; S. 55 Bridgeman Images/Stefano Bianchetti; S. 57 sciencephotolibrary/Paulo Amorim, VW PICS; S. 58 Bridgeman Images/Stefano Bianchetti; S. 59 Shutterstock.com/Cris Foto; S. 61 a mauritius images/Ikon Images, b akg-images/Erich Lessing, c mauritius images/alamy stock photo/History and Art Collection, d akg-images/ © VG Bild-Kunst, Bonn 2023; Wolfgang Mattheuer: Sisiphos behaut den Stein, 1974; S. 63 akg-images/Album/Oronoz; S. 65 o. r. Bridgeman Images, m. r. Bridgeman Images/Giancarlo Costa; S. 67 akg-images/Rabatti & Domingie; S. 69 akg-images/De Agostini Picture Lib./A. Dagli Orti; S. 71 bpk/New Picture Library/DeAgostini/A. Dagli Orti; S. 73 interfoto e.k./ARTOKOLORO; S. 75 mauritius images/alamy stock photo/NMUIM; S. 77 akg-images/Erich Lessing; S. 79 mauritius images/Memento; S. 81 mauritius images/alamy stock photo/Zuri Swimmer; S. 83 akg-images/Eric Vandeville; S. 85 o. l. akg-images/Pirozzi, o.r. bpk/Alinari Archives/Magliani, Mauro for Alinari, u.l. mauritius images/alamy stock photo/giuseppe masci, u.r. bpk/Scala - courtesy of the Ministero Beni e Att. Culturali; S. 86 bpk/Scala - courtesy of the Ministero Beni e Att. Culturali; S. 87 Shutterstock.com/delcarmat; S. 89 Bridgeman Images; S. 91 o.r. Shutterstock.com/Trismegist san, u.m. Bridgeman Images; S. 92 u.l. Shutterstock.com/Gerald A. DeBoer, u.m. Shutterstock.com/Kurit afshen; S. 93 bpk/Städel Museum; S. 95 Bridgeman Images; S. 97 o.r. Bridgeman Images/A. De Gregorio / De Agostini Picture Library; out of copyright, u.l. Bridgeman Images; S. 99 o.r. Bridgeman Images/Whitford & Hughes, London, UK; French, out of copyright, u.r. akg-images; S. 101 akg-images/Erich Lessing; S. 102 bpk/Scala - courtesy of the Ministero Beni e Att. Culturali; S. 105 o.r. Bridgeman Images, u.l. Bridgeman Images; S. 106 o.l. mauritius images/alamy stock photo/Peter Horree, u.r. Shutterstock.com/Ljupco Smokovski; S. 107 m.l. bpk/Alinari Archives/Bencini, Raffaello, m. akg-images/jh-Lightbox_Ltd./John Hios; S. 108 o.l. bpk/New Picture Library/DeAgostini/G. Dagli Orti, u.r. mauritius images/alamy stock photo/The Picture Art Collection; S. 109 bpk/Scala - courtesy of the Ministero Beni e Att. Culturali; S. 116 mauritius images/Pitopia; S. 117 stock.adobe.com/James Thew; S. 123 akg-images/bilwissedition; S. 125 mauritius images/alamy stock photo/Azoor Photo; S. 128 mauritius images/alamy stock photo/Peter Hermes Furian; S. 129 stock.adobe.com/slaw1949; S. 130 u Bridgeman Images; S. 131 akg-images/Heritage Images/Heritage Art; S. 133 mauritius images/alamy stock photo/The Picture Art Collection; S. 135 stock.adobe.com/James Thew; S. 176 o.l. mauritius images/alamy stock photo/The Reading Room, o.l. stock.adobe.com/Nachez/Erica Guilane/cortex.fr/RomanSoldiers_Antiquity_1800sdDivers2_www.neo/Erica Guilane-Nachez; S. 240 bpk/Münzkabinett, SMB/Reinhard Saczewski;

Textquellen:
S. 11 J. Kocka: Geschichte als Wissenschaft, in: G. Budde/D. Freist/H. Günther-Arndt (Hgg.): Geschichte. Studium – Wissenschaft – Beruf. Berlin: Akademie (2008), S. 13; S. 11 Übers.: Thukydides: Der Peloponnesische Krieg (Auswahl), hg. und übers. von H. Vretska: Ditzingen, Reclam (1966): S. 56; S. 16 Übers.: Sallust: Werke. Lat. und dt., eingel., übers. und komm. von Th. Burkard. Darmstadt 2010: WBG (Z. 5/6 leicht verändert); S. 19 L. Kampf/G. Mascolo/A. Spinrath, IS-Terror: Wie der IS im Internet Mitglieder rekrutiert. Süddeutsche Zeitung vom 1. 2. 2017; S. 19 Grafik nach Informationen aus: J. Köberl: Rechtsextreme Strategien. Diss. Passau (2019), insbes. S. 49–72; S. 21 Aufg. 3c: B. Huß: Revolutionsrhetorik/V. Italien/4. 20. Jh., in: G. Ueding (Hg.): Historisches Wörterbuch der Rhetorik, Bd. 7: Pos—Rhet. Tübingen: Max Niemeyer (2005), Sp. 1353; S. 22 Übers.: Sallust: Werke. Lat. und dt., eingel., übers. und komm. von Th. Burkard. Darmstadt 2010: Wissenschaftliche Buchgesellschaft (Z. 14 leicht verändert); S. 31 © Statista 2023; S. 49 R. Syme: Die römische Revolution, dt. von F. W. Eschweiler und H.G. Degen, hg. v. W. Dahlheim. München: Piper (1992, engl. Orig. Oxford: Clarendon Press, 1939), S. 149 und 151; S. 51 P. Henry: https://de.alphahistory.com/americanrevolution/patrick-henry-liberty-or-death-1775/ (leicht überarbeitet); S. 53 H. M. Enzensberger: Hitlers Wiedergänger, in: DER SPIEGEL 6/1991 S. 55 Hobbes zit. nach H. Münkler: Thomas Hobbes. Eine Einführung. Frankfurt u.a.: Campus (2014), S. 18f.; S. 57 Ursula von der Leyen: Rede auf der Plenartagung des Europäischen Parlaments am 1.3.2022 (https://ec.europa.eu/commission/presscorner/detail/de/speech_22_1483) S. 61 Albert Camus: Der Mythos von Sisyphos. Reinbek: Rowohlt (1959) (franz. Orig. Paris 1942: Gallimard), S. 101; S. 63 Homer: Ilias. Neue Übertragung von W. Schadewaldt. Frankfurt a.M.: insel (1975); S. 65 Mary Shelley: Frankenstein, übers. von U. und Ch. Grawe. Ditzingen: Reclam (2018), S. 11; S. 79, 82, 93, 95 Übers. Albrecht: Ovid: Metamorphosen. In deutsche Prosa übers. von M. von Albrecht. München: Wilhelm Goldmann (1991). S. 79, 93 Übers. Voß: P. Ovidius Naso: Metamorphosen. In der Übertragung von J. H. Voß, mit einem Nachwort von B. Kytzler. Frankfurt a. M.: insel (1990); S. 82 Übers. Holzberg: P. Ovidius Naso: Metamorphosen, hg. und übers. von N. Holzberg. Berlin/Boston: De Gruyter (2017) [Reihe Tusculum]; S. 91 Beschreibungstext und Kriterien zur narzisstischen Persönlichkeitsstörung, in: P. Falkai/H.-U. Wittchen (Hgg.): Diagnostisches und statistisches Manual psychischer Störungen DSM-5®. Göttingen: Hogrefe (2015), S. 918; S. 93 H. Delbrück/S. Holmes: Hybris, in: D. Burdorf/Ch. Fasbender/B. Moennighoff (Hgg.): Metzler Lexikon Literatur, 3. Aufl. Stuttgart u.a.: Metzler (2007); S. 93 Übers. Suchier: Ovids Werke, Bd. 3: Metamorphosen, dt. von R. Suchier/E. Klussmann/A. Berg. Berlin: Langenscheidt (1855–1919); S. 95 E. Jelinek: Schatten (Eurydike sagt), in: Theater heute 10/2012 (Beilage), S. 13; S. 101 R. Gernhardt: Reim und Zeit. Gedichte. Mit einem Nachwort des Autors. Stuttgart: Reclam (1990), S. 75; S. 106 J. Gaarder: Sofies Welt. Dt. von G. Haefs. München/Wien: Carl Hanser (1993, norweg. Orig. Oslo: H. Aschehoug & Co. 1991), S. 21; S. 113 N. Willard: https://quotepark.com/quotes/1358090-nancy-willard-sometimes-questions-are-more-important-than-answer/; S. 113 J. Bender: „Manchmal kommt dann ein Einfall", in: ZEIT Campus 3/2010 (https://www.zeit.de/campus/2010/03/studieren-sprechstunde/seite-2); S. 115 Wikipedia (30. Mai 2023) (https://de.wikipedia.org/wiki/Materie_(Physik)); S. 117 https://somesh-ks.medium.com/the-greatest-enemy-of-knowledge-is-not-ignorance-it-is-the-illusion-of-knowledge-5c0dd1dcca7e; S. 123 Aufg. 7: S. Streif: „Die Grundidee kommt von Sokrates", in: Badische Zeitung, 20.10.2015 (https://www.badische-zeitung.de/die-grundidee-kommt-von-sokrates--112741906.html); S. 125 Romano Guardini: Der Tod des Sokrates. Reinbek Rowohlt (1956); S. 134 https://beruhmte-zitate.de/zitate/2000284-albert-einstein-wichtig-ist-dass-man-nicht-aufhort-zu-fragen/; S. 240 Plutarch: Lebensbeschreibungen, Bd. 6: Antonius, Übers. J.F. Kaltwasser/H. Floerke/M. Vosseler. Frankfurt/Berlin: Goldmann (1964); S. 241 Appian: Römische Geschichte, Zweiter Teil: Die Bürgerkriege. Übers. von O. Veh, hg. von K. Brodersen und W. Will, Stuttgart: Hiersemann (1989); S. 242 Richard Strauss: Daphne (Libretto) © 1933 Richard Strauss © 1994 Fürstner Musikverlag GmbH, Mainz